KB080907

데이터 과학 효율을 높이는

데이터 클리닝

불량 데이터의 문제를
발견하고 해결하는 방법

데이터 과학 효율을 높이는

데이터 클리닝

유동하 옮김 데이비드 메르츠 지음

에이콘

에이콘출판의 기틀을 마련하신 故 정완재 선생님 (1935-2004)

| 옮긴이 소개 |

유동하(dongha.yoo@gmail.com)

디지털 분석 기업 넷스루에서 전략 기획을 담당하며, Google Analytics 공식 인증 파트너가 되도록 기여했다. 서울 과학종합대학원aSSIST과 한국 외국어대학교 경영대학원에서 웹 마이닝 과목을 가르쳤다. 그 외에도 네이버 사내 강의와 검색 광고주 대상으로 웹 분석과 관련된 강의를 했으며, 대학에서 인터넷 마케팅을 강의했다.

국내외 게임 회사와 인터넷 쇼핑몰, 금융권, 공공기관 등의 웹 분석 프로젝트를 수행했으며, 월간지에 데이터 마이닝과 웹 마이닝 주제로 강좌를 연재했고 인터넷 광고 측정에 관한 칼럼을 쓰기도 했다. 번역서로는 에이콘출판사에서 출간한 『데이터 과학자가 되는 핵심 기술』(2017)이 있다.

| 옮긴이의 말 |

데이터 과학이나 데이터 엔지니어링 작업 중 80%는 데이터 수집, 변환, 정제와 같은 준비 작업이다. 나머지 20%의 작업이 통계, 머신러닝 또는 기타 다양한 분석 기업을 적용하는 것이다. 80% 추정치가 정확하지 않더라도 데이터를 다루는 대부분의 시간과 노력이 여기에 소비된다.

이처럼 데이터의 수집과 변환, 정제에 이르기까지 데이터 과학의 효율을 높이는 작업을 데이터 클리닝이라고 하며, 데이터 과학자라면 피할 수 없는 작업이다. 데이터 클리닝은 데이터 과학 및 머신 러닝 작업을 위한 데이터 파이프라인에서 시간이 많이 걸리고 중요한 작업이지만 가장 적게 언급되는 부분이다. 주로 책이 아닌 경험이나 시행착오를 통해 배우게 되지만 데이터 클리닝에 관한 적합한 책을 찾을 수 있다면 이러한 시간과 비용을 줄일 수 있다.

하지만 데이터 과학 관련 서적들이 주로 첫째 장에서만 데이터 준비 과정을 다루기 때문에 이론적 토대에 관한 지식을 제대로 전달하지 않고 관련 파이썬 및 R 패키지를 사용하는 방법만 보여준다. 이 책의 전반적인 구성은 데이터 과학 실무에서 개발할 데이터 파이프라인 단계와 유사한 순서로 배열돼 있으며 효율적인 데이터 과학을 위해서 표준 데이터 파이프라인에서 해결해야 할 데이터 클리닝 문제를 다룬다.

광범위한 테이블 형식, 계층적 형식 등 여러 타입의 데이터 형식을 살펴보며 결측값을 보정하고 신뢰할 수 없는 데이터 및 통계적 이상치를 감지하고 합성하는 기술을 설명한다. 특히 다양한 형태의 데이터에 대한 구조적 문제와 내용적 문제를 짚어보고 유용하게 정리하는 방법의 장단점을 살펴본다. 또한 데이터 준비 과정에 대한 필수 내용을 구체화했고 실제 데이터 과학에서 응용할 수 있는 기술을 전달한다. 데이터 클리닝을 수행하기 위한 도구와 기술을 설명하고 새로 습득한 기술을 테스트하고 개선해 지식이 강화되도록 각 장의 끝부분에서는 자세한 연습을 제공하고 있다.

이 책에서 다루는 파이썬이나 R 코드를 감안할 때 이러한 언어에 대한 지식과 경험이 있는 것은 좋지만 전부 알고 있을 필요는 없다. 템플릿으로 사용할 수 있는 코드 예제가 많지만 코드의 이해나 잘라내기 및 붙여넣기 예제보다 사고방식과 사고 과정을 강조한다. 즉, 파이썬, 셸 스크립트, R을 모르더라도 몇 줄의 코드로 얼마나 많은 일을 할 수 있는지 보는 것만으로도 도움이 된다.

데이터 과학이나 AI 분야에서 일하는 사람이라면 누구나 이 책을 읽고 더 정제되고 유용한 데이터를 얻고자 프로세스를 구현하는 방법을 학습할 수 있을 것이다. 데이터를 준비하는 전처리 과정과 관련이 있는 독자에게 이 책을 강력히 추천하며 전산학 학위 취득을 위해 데이터 구조와 알고리즘을 배우는 시기에 읽을 것을 권장한다.

| 지은이 소개 |

데이비드 메르츠David Mertz

머신러닝과 과학 컴퓨팅 분야에서 개발자와 데이터 과학자를 교육하는 데 전념하는 KDM 트레이닝의 설립자다. 아나콘다 사Anaconda Inc.의 선임 트레이너였으며 데이터 과학 훈련 프로그램을 만들었다. 심층 신경망의 등장으로 로봇 오버로드를 훈련시키는 쪽으로 방향을 틀었다.

이전에 D.E. 쇼 리서치D. E. Shaw Research에서 8년 동안 일했으며 파이썬 소프트웨어 재단Python Software Foundation의 이사이기도 했다. 상표 위원회와 Scientific Python Working Group의 공동 의장직을 유지하고 있다. 칼럼인 「Charming Python」과 「XML Matters」는 한때 파이썬 분야에서 가장 널리 읽히는 기사였다.

이 책을 더 좋게 만들 수 있도록 도움을 주신 분들께 깊은 감사를 드립니다. 먼저 개발 편집자 루시 완Lucy Wan과 기술 평론가 미키 테베카Miki Tebeka의 세심한 관심과 통찰력 있는 제안에 감사드립니다.

이 책의 일부를 읽고 도움이 되는 의견을 제공한 동료와 친구로는 미카 두빙코Micah Dubinko, 블라디미르 슐라크Vladimir Shulyak, 로라 리히터Laura Richter, 알레산드라 스미스Alessandra Smith, 매리 앤 쑤신스키Mary Ann Sushinsky, 팀 처치스Tim Churches, 파리 핀리Paris Finley 등이 있습니다.

이 책의 본문은 그 분들의 친절과 지성 때문에 빛을 발합니다. 모든 오류와 결점은 전적으로 저의 몫입니다.

제가 진행하는 다른 많은 작업에서 사용되고 이 책을 만들 때도 사용했던 무료 소프트웨어를 만든 수천 명의 기고자들에게 감사를 표합니다. 이 책을 제작할 때 어떤 측면에서도 독점 소프트웨어를 사용하지 않았습니다. 운영체제, 텍스트 편집기, 플롯 작성 도구, 글꼴, 프로그래밍 언어, 셸, 커맨드라인 도구, 사용되는 기타 모든 소프트웨어는 어떤 배타적인 사적 실체라기보다는 우리 인간 공동체의 것입니다.

| 감수자 소개 |

미키 테베카 Miki Tebeka

353solutions의 CEO이며 교육 및 멘토링에 대한 열정을 갖고 있다. 전 세계의 다양한 기술 주제를 많은 워크숍에서 가르치고 있으며 성공을 향한 많은 젊은 개발자를 멘토링했다. 오픈소스에 참여하고 있고 여러 프로젝트를 보유하고 있으며 파이썬 프로젝트 및 Go 프로젝트를 포함해 여러 프로젝트에 기여했다. 25년 동안 소프트웨어를 만들어왔다. 『Forging Python』(CreateSpace, 2018), 『Python Brain Teasers』(O'REILLY, 2021), 『Go Brain Teasers』(Pragmatic Bookshelf, 2021), 『Pandas Brain Teasers』(O'REILLY, 2021)를 집필했으며 『LinkedIn Learning』의 저자다. Go Israel Meetup, GopherCon Israel, PyData Israel Conference의 주최자다.

| 차례 |

2부 오류의 변천

07장 피처 엔지니어링 479

4부 부록

| 들어가며 |

어떤 것이 깨끗해지려면 다른 것은 더러워질 수밖에 없다.

– Imbesi의 오염 보존의 법칙

나머지 80% 작업 수행

데이터 과학, 데이터 분석, 머신러닝에서 실제 목적을 달성하고자 필요한 대부분의 노력은 데이터를 클리닝하는 데 있다. 이 책의 부제는 데이터 클리닝에 할당된 일반적인 비율을 암시한다. 몇 년 전에 데이터 과학 콘퍼런스에서 기조 연설자는 동료와 함께 이와 관련된 농담을 했는데, 아마 널리 되풀이된 농담일 것이다. 동료는 데이터 클리닝이 작업 시간의 절반을 차지한다고 불평했고 기조 연설자는 단지 절반만 차지한다는 사실에 놀랐다.

정확한 비율을 할당하는 것을 크게 걱정할 필요는 없다. 기술자 및 데이터 과학자로 일해 보니 내 일의 대부분은 통계 분석, 머신러닝 모델 또는 미묘한 차이가 있는 시각화를 위해 데이터를 준비하는 것임을 깨달았다. 성공을 바라는 임원들이나 기술 관리자들은 실무와 다소 떨어져 있기 때문에 조직이 획득하는 데이터 세트가 깨끗하고 작업하기 쉬울 것이라는 낙관적 생각을 가지곤 한다. 하지만 나의 경험상 그런 적은 없었다.

물론 어떤 데이터는 더 좋고 어떤 데이터는 더 나쁘다. 그러나 통계의 매우 작은 오차 범위 내에서 모든 데이터는 오염돼 있다. 통계 교과서나 소프트웨어 라이브러리의 표준 예제로서 널리 배포되고 출판돼 주의 깊게 연구된 데이터 세트도 데이터 무결성 문제가 있다. 최선의 전처리 후에도 데이터를 덜 오염시키는 것이 더 달성해야 할 목표가 된다. 데이터를 깨끗하게 만드는 것은 지나치게 이상적인 목표로 남아 있다.

데이터 품질과 데이터 효용성을 구별해야 하는데, 이 말은 크게 보면 서로 상충된다. 데이터가 오염돼 있을 수 있지만 때로는 매우 유용하다. 클리닝된 데이터리 하더라도 거의 목적이 없거나 목적에 적합하지 않을 수 있다. 수집할 측정값의 선택, 가능한 선택 편향Selection Bias[1] 또는 기타 방법론적 및 과학적 질문에 대한 우려는 대부분 이 책의 범위를 벗어난다. 내가 제시하는 많은 기술은 데이터의 효용성을 평가하는 데 도움이 될 수 있지만 시스템 문제를 해결하는 기계적 메서드는 없는 경우가 많다. 예를 들어 통계 및 기타 분석에서 특정 데이터 필드가 신뢰할 수 없음을 드러내거나 최소한 강하게 암시할 수는 있다. 그러나 일반적으로 이 책에서 소개하는 기술은 신뢰할 수 없는 데이터를 자동으로 수정하거나 더 나은 데이터를 수집할 수는 없다.

이 책의 목적은 특정 도구의 사용법을 배우는 것이 아니라 데이터 품질의 근본적인 목적을 이해하는 것이다. 제시된 개념은 데이터 처리와 머신러닝에 사용되는 모든 프로그래밍 언어에 적용할 수 있어야 한다. 내가 보여준 기술을 여러분이 선호하는 도구와 프로그래밍 언어에 쉽게 적용할 수 있기를 바란다.

오염의 유형

데이터 세트에서 발견되는 문제에는 대략 두 가지 유형이 있다. 모든 문제가 이러한 유형으로 명확하게 나눠는 것은 아니며 근본 원인을 알지 못한 채 어떤 문제가 어떤 유형에 속하는지 항상 분명하지는 않다. 그러나 일반적으로 데이터를 형식화하는 구조적 문제와 기록된 실제 값의 콘텐츠적 문제를 생각할 수 있다. 구조적 측면은 데이터 세트를 어떤 방식으로 인코딩하는 데 사용된 형식이 단순히 '잘못된 위치에

1. 샘플을 사전 또는 사후에 선택하게 되면서 통계 분석이 왜곡되는 오류를 말한다. – 옮긴이

값을 넣는 것'일 수 있다. 콘텐츠적 측면은 데이터의 형식 자체는 정확하지만 신뢰할 수 없는 잘못된 값이 결함이 있는 도구나 작성 오류, 숫자 오버플로 또는 기타 기록하는 프로세스의 다른 요인에서 문제된 것일 수 있다.

'데이터 수집[Data Ingestion]'에 대해 설명하는 몇 개의 장은 데이터 소스의 구조적 문제에 훨씬 더 초점을 맞추고 있으며, 숫자 또는 콘텐츠적 문제는 거의 다루지 않는다. 이러한 문제를 항상 명확하게 나눌 수 있는 것은 아니지만 강조할 점은 '데이터 수집' 관련 장에서는 구조적 문제를 살펴보고 이후 장에서는 이상 징후, 데이터 품질, 특징 추출, 값 보정, 모델 기반의 클리닝에 대한 콘텐츠적 문제에 주의를 기울이는 것이 좋다.

구조적 문제의 경우 거의 항상 데이터를 수동으로 수정해야 한다. 데이터를 구성하는 바이트가 잘못된 정확한 위치는 엄청나게 다양할 수 있으며, 일반적으로 단일 상위 수준 설명에 적합한 패턴을 따르지 않는다. 종종 우리는 콘텐츠적 문제에 대해 다소 쉽게 생각하지만 한편으로는 수작업으로도 해결하기 어려운 경우가 많다.

여기 6학년 수업을 설명하는 CSV(쉼표로 구분된 값) 데이터 소스를 살펴보자.

```
Student#,Last Name,First Name,Favorite Color,Age
1,Johnson,Mia,periwinkle,12
2,Lopez,Liam,blue,green,13
3,Lee,Isabella,,11
4,Fisher,Mason,gray,-1
5,Gupta,Olivia,9,102
6,,Robinson,,Sophia,,blue,,12
```

익숙한 방식으로 합당한 필드 이름을 표시하고 각 열의 의미에 대한 힌트를 제공하는 헤더 라인이 있다. 프로그래밍 방식으로 일부 필드 이름 안의 구두점이나 공백을 제거하고 싶지만 그것은 (아마도 이름 바꾸기처럼) 데이터 처리 도구에서 제공하는 API(라이브러리의 함수 및 메서드)로 해결할 수 있는 도구의 편의성 문제다.

각 레코드를 차례로 생각해보자. 학생 1번인 Mia Johnson은 문제없는 레코드를 갖고 있는 것 같다. 이 행에는 4개의 쉼표로 구분된 5개의 값이 있으며, 각 데이터 값은 데이터 타입 및 값 도메인에 대한 직관적인 기대치를 충족한다. 문제는 그 이후부터 시작된다.

Liam Lopez는 행에 너무 많은 필드를 갖고 있다. 그러나 4열과 5열 모두 색상 이름의 어휘다. 중복 엔트리가 발생했거나 복합 색상 '청록색'이 의도된 것 같다. 구조적으로 행에는 문제가 있지만 몇 가지 그럴듯한 해결 방법이 제시된다.

Isabella Lee는 전혀 문제가 없는 것 같다. 필드 중 하나가 비어 있어서 선호하는 색상을 사용할 수 없다. 그러나 구조적으로 이 행은 CSV 형식에 완벽하게 적합하다. 누락된 값을 처리하는 방법을 결정하고자 일부 도메인이나 문제 지식을 사용하면 된다.

Mason Fisher는 아마도 Isabella와 비슷해 보인다. 일반적으로 이해되는 데이터 필드로서 '나이'의 특성상 여기 기록된 나이 -1은 의미가 없다(그러나 인코딩이 다른 것을 의도할 수도 있음). 반면에 -1은 매우 일반적으로 누락된 데이터를 나타내는 데 사용되는 여러 플레이스홀더Placeholder 값 중 하나다. 누락된 나이 데이터를 처리할 수 있는지 여부를 알고자 특정 문제를 알아야 하지만 여러 번 처리해야 한다. 그러나 -1을 일반적인 값으로 취급하지 않도록 주의해야 한다. 예를 들어 연령의 평균, 최솟값 또는 표준 편차는 이에 의해 버려질 수 있다.

Olivia Gupta는 더 까다로운 문제를 제시하기 시작한다. 구조적으로 이 행은 완벽해 보인다. 그러나 '9'는 우리가 아는 색상 이름 어휘집의 문자열이 아닌 것 같다. 그리고 6학년 수업에 관한 자료를 이해한 결과 102세 학생이 여기에 있을 것이라고 기대하지 않는다. 이 행을 해결하려면 수집 절차와 데이터의 의도를 더 많이 알아야 한다. 색상에 대한 별도의 숫자 매핑이 어딘가에 있을 것이다. 12세를 102세로 잘못 표기했을 것이다. 아니면 102세의 학생이 이 수업에서 조교로 활동하고 있으며 학생들만 기록된 게 아닐지도 모른다.

Sophia Robinson은 명백한 구조적 오류가 있어 보인다. 육안으로 볼 때 행에는 완전하고 그럴듯한 값이 포함돼 있지만 중복된 쉼표로 구분된다. 기계적 오류로 인해 라인이 잘못 형식화됐을 것이다. 그러나 대부분의 상위 레벨 도구는 정보 가치가 없다고 판단하고 이 행에서 초크할 가능성이 있으므로 문제를 좀 더 수동으로 해결해야 할 것이다.

이 6개 행의 데이터로 무엇을 해야 할지 꽤 좋은 아이디어를 갖고 있다면 처음부터 다시 입력하는 것은 어렵지 않을 것이다. 대신 백만 개의 행이 있으면 난이도는 크게 증가하고 사용 가능한 데이터에 도달하기 전에 상당한 노력이 필요할 것이다.

명명법

이 책에서 특징, 필드, 측정값, 칼럼, 때때로 변수라는 용어를 다소 혼용해서 사용할 것이다. 마찬가지로 행, 레코드, 관측치, 샘플이라는 용어도 동의어에 가깝게 사용할 것이다. 튜플은 데이터베이스를 다룰 때 (특히 학문적으로) 동일한 개념으로 사용된다. 다른 학문이나 비즈니스 분야에서는 이러한 용어 중 다른 용어가 더 두드러지게 사용되며, 마찬가지로 서로 다른 소프트웨어 도구가 그중에서 선택된다.

개념적으로 대부분의 데이터는 공통된 기본 항목의 다양한 속성을 측정하는 여러 경우로 생각할 수 있다. 대부분의 도구에서 이러한 관측치/샘플을 각각 한 행에 배치하는 것이 일반적으로 편리하다. 열에는 이와 관련된 비교 가능한 항목에 대한 해당 데이터를 포함하는 측정값/특징/필드를 저장한다.

필자가 대략 이와 동등한 용어를 다양하게 사용하듯이 독자들도 작업 중인 도메인에 맞추고 비슷한 취지로 여러 곳에서 접하게 될 모든 용어에 익숙해지는 것이 좋다. 유사한 동의어 중에서 선택하는 것은 현재 논의되고 있는 특정 도구, 라이브러리, 프로그래밍 커뮤니티 내에서 주로 사용되는 방식에 따라 결정된다.

대부분의 경우 도구나 라이브러리에서 그 개념을 구현하거나 표현하고자 사용하는 특정한 이름은 일반적인 개념과 많이 겹친다. 그래서 관련성이 있는 경우 나는 이름에 작은 활자체 구분자를 사용해서 초점을 맞추려고 한다. 예를 들어 데이터를 조작하는 일반적인 패러다임으로 data frames를 이야기하지만 사용된 특정 클래스에 대해 해당 스펠링을 사용하는 판다스 또는 기타 라이브러리를 이야기할 때는 DataFrame을 참조한다. 마찬가지로, R의 `data.frame` 객체는 패러다임의 특정한 구현이며 컨텍스트에 맞게 대문자와 구두점이 조정될 것이다.

서체

대부분의 프로그래밍 책과 마찬가지로 코드 문자는 인라인 인용이나 단락 사이의 코드 블록처럼 고정폭 글꼴로 설정된다. 예를 들어 코드 조각에서 이름은 `sklearn.pipeline.Pipeline`처럼 표시된다. 블록은 다음과 같이 표시된다.

```
scaler = sklearn.preprocessing.RobustScaler()
scaler.fit(X)
X_scaled = scaler.transform(X_train)
```

셸 내의 입력과 출력은 다음과 같이 표시된다.

```
sqlite> CREATE TABLE mytable(a SMALLINT, b VARCHAR(10), c REAL);
sqlite> INSERT INTO mytable(a, b, c) VALUES('123', 456, 789);
```

데이터 과학에서 특별하거나 고유한 의미로 사용되는 소프트웨어 라이브러리, 도구 및 용어의 이름은 처음 또는 초기 언급될 때 **고딕체**로 표시되지만 일반적으로 다른 곳에서는 일반 명사로 쓰일 때는 기본 서체로 표시된다. 이 책의 전자 버전에서 밑줄은 외부 리소스에 포함된 링크가 있음을 나타낸다.

소프트웨어 도구와 라이브러리의 이름은 맞춤법(예, 철자법)에 대한 다소 어려운 과제다. 대문자 또는 대문자의 부재는 종종 양식화된 방식으로 사용되며, 때로는 이러한 소프트웨어 비트는 다른 컨텍스트에서 다르게 렌더링된다. 일반적으로 리터럴 형식, 커맨드라인 또는 코드의 이름으로 입력되는 도구 또는 라이브러리는 고정 너비로 설정된다.

여전히 다른 도구에는 비공식적인 이름과 문자 그대로의 이름이 있다. 예를 들어 scikit-learn은 소문자로 양식화되지만 실제 sklearn 라이브러리에서 가져온 이름은 아니다. 또한 `sklearn.preprocessing`과 같은 하위 패키지를 참조할 때 비공식적인 이름은 적절하지 않게 보인다.

NOTE

별도

때때로 이와 같이 추가 정보나 주석은 의도된 컨텍스트를 표시하고자 별도로 표시된다.

TIP

경우에 따라 팁, 경험 규칙 및 기타 기억해야 할 사항은 이렇게 표시한다.

분류법

이 책의 처음 몇 장에서는 데이터 과학자, 개발자, 데이터 분석가 또는 다른 직무에서 접할 수 있는 많은 소프트웨어 도구와 라이브러리를 언급한다. 이 책의 코드에 있는 예제는 이러한 도구 중 주로 파이썬 및 R과 같이 비교적 작은 도구와 해당 언어에서 몇 개의 라이브러리만 사용한다.

접할 가능성이 상당히 높고 작업 중에 사용해야 하는 도구는 훨씬 더 많다. 이 책은 많은 예제에서 접하는 도구 그 자체를 특별히 문서화하려고 시도하지는 않았지만 특정 작업에서 필요할 수 있는 도구의 일반적인 역할을 이해하는 것은 중요하다.

도구를 언급할 때 그 도구의 종류에 대한 일반적인 개념 프레임워크를 제공하고, 그것과 가장 유사한 목적과 도구를 설명하는 절이나 장에서 방향을 가리키려고 한다. 언급된 많은 도구를 모두 잘 알고 있을 필요는 없다. 예제에 사용된 도구 중 어느 것도 잠재적으로는 주요 프로그래밍 언어가 아닐 수도 있다.

더글러스 애덤스Douglas Adams의 유명한 충고 중 주된 교훈은 "당황하지 마십시오!"다. 설명된 특정 도구를 배울 필요는 없지만 필요하거나 원할 때 배울 수 없는 것도 아니다. 이 책의 부록 B에서는 이 책 전반에 걸쳐 사용되는 용어와 이름에 대한 간단한 설명과 정의도 제공한다.

포함된 코드

이 책에서는 주로 파이썬과 판다스, `sklearn.preprocessing`, `scipy.stats`처럼 관련 도구를 사용해 제시된 데이터 클리닝 문제를 해결한다. R 및 Tidyverse 도구는 코드 대안으로 자주 표시된다. 일부 코드 샘플은 단순히 배시Bash와 사용 가능한 많은 텍스트/데이터 커맨드라인 처리 도구를 사용한다. 관련된 경우 다른 프로그래밍 언어의 예가 가끔 언급된다.

이 텍스트 전반에 걸쳐 상당히 많은 추가 라이브러리와 도구가 언급돼 있는데, 간략하게 소개하거나 존재감을 나타내기 위해서만 사용된다. 특정 작업 영역, 코드베이스, 동료에 따라 이 책에 표시된 주요 도구가 아니더라도 그중 일부 또는 전부를 사용해야 할 수 있다. 부록 B는 그 목적에 대한 간단한 설명과 함께 언급된 거의 모든 라이브러리를 설명한다.

이 책의 모든 코드는 퍼블릭 도메인에 공개되거나 여러분 관할권에서 퍼블릭 도메인의 콘텐츠에 부여된 명확한 메커니즘이 없는 경우에는 Creative Commons CC0 (https://creativecommons.org/share-your-work/public-domain/cc0/)에 공개된다. https://github.com/PacktPublishing/Cleaning-Data-for-Effective-Data-Science에는 이 책에 직접 인

쇄된 코드와 동일한 용어로 시연된 기술을 지원하는 작은 모듈이나 라이브러리가 포함돼 있다. 활용된 모든 데이터 세트는 저자의 웹 사이트(https://www.gnosis.cx/cleaning/)에서 제공된다. 일부 데이터 세트에는 다른 라이선스 조건이 있을 수 있지만 사용 및 수정에 대해 합리적으로 개방된 조건이 있는 데이터 세트만 사용된다. 데이터 세트가 큰 경우가 많기 때문에 이 책은 매우 작은 데이터 세트만 직접 재현할 것이다. 텍스트에서는 더 큰 데이터의 몇 가지 대표적인 절을 종종 보여줄 것이다.

이 책의 실행

이 책 자체는 주피터 노트북Jupyter notebook(https://jupyter.org/)을 사용해 작성됐다. 이러한 생성 방식을 사용하면 발행 전에 책의 거의 모든 코드를 적극적으로 실행할 수 있다. 위에 제공된 저장 공간에는 유사한 작업 환경을 만들 수 있도록 지침과 구성 파일을 제공한다. 표시된 코드 샘플은 일반적으로 이를 실행하는 실제 출력과 함께 제공된다. 예를 들어 파이썬 코드는 다음과 같다.

```
from src.intro_students import data, cleaned
print(data)
```

```
Student#,Last Name,First Name,Favorite Color,Age
1,Johnson,Mia,periwinkle,12
2,Lopez,Liam,blue,green,13
3,Lee,Isabella,,11
4,Fisher,Mason,gray,-1
5,Gupta,Olivia,9,102
6,,Robinson,,Sophia,,blue,,12
```

```
Cleaned
```

```
Student_No   Last_Name  First_Name   Favorite_Color   Age
         1     Johnson         Mia       periwinkle   12.0
         2       Lopez        Liam       blue-green   13.0
         3         Lee    Isabella        <missing>   11.0
         4      Fisher       Mason             gray   NaN
         5       Gupta      Olivia            sepia   NaN
         6    Robinson      Sophia             blue   12.0
```

이 구성에서도 마찬가지로 R 코드를 똑같이 잘 실행할 수 있다. 때때로 코드 샘플은 R과 파이썬 커널 간에 전송되는 데이터를 보여준다.

```
%load_ext rpy2.ipython

%%R -i cleaned
library('tibble')
# Select and rename columns
tibble(First=cleaned$First_Name,
       Last=cleaned$Last_Name,
       Age=cleaned$Age)
```

```
# A tibble: 6 x 3
  First     Last       Age
  <chr>     <chr>    <dbl>
1 Mia       Johnson     12
2 Liam      L      opez 13
3 Isabella  Lee         11
4 Mason     Fisher     NaN
5 Olivia    Gupta      NaN
6 Sophia    Robinson    12
```

커맨드라인 도구도 코드 셀 내에 표시된다. 예를 들면 다음과 같다.

```
%%bash
sed s/,,/,/g data/students.csv |
  cut -f2,3 -d, |
  tail -n +2 |
  tr , ' ' |
  sort
```

```
Fisher Mason
Gupta Olivia
Johnson Mia
Lee Isabella
Lopez Liam
Robinson Sophia
```

이 책의 코드는 다음과 같은 버전의 주요 프로그래밍 언어(파이썬과 R)를 사용해 실행됐다. Bash, 셸 유틸리티 또는 스칼라Scala와 같은 다른 도구들도 사용되지만 첫 번째 두 가지는 버전 간에 매우 안정적이며 동작에 따라 달라지지 않아야 된다. 표시된 코드의 대부분은 주요 언어에 대해 최소한 여러 버전에서 동작한다. 대부분의 경우 코드는 아직 작성하지 않았지만 앞으로 여러 버전에서 계속 사용할 것이다. 사용된 특정 라이브러리와 이상한 숫자가 많으면 동작이 변경될 수 있다.

```
import sys
sys.version
```

```
'3.9.0 | packaged by conda-forge | (default, Oct 14 2020, 22:59:50)
\n[GCC 7.5.0]'
```

```
%%R
R.version.string
```

```
[1] "R version 4.0.3 (2020-10-10)"
```

이 책의 사용

> 아무렇게나 하는 것은 데이터 과학의 일부가 아니다... 청결함은 실제로 경건함 옆에 있다.
>
> – 존 웨슬리John Wesley

이 책은 자기 주도적인 독자나 좀 더 체계적인 학술, 훈련 또는 인증 과정에서 사용하기 적합하다. 각 장의 말미에는 독자나 학생들에게 이전 자료에서 방금 배운 것과 관련된 작업을 완성하게 요구하는 연습이 있다. 이 책의 저장 공간에는 몇 가지 연습에 대한 추가 논의가 포함돼 있지만 단순한 복사-붙여넣기를 위한 명시적인 솔루션은 제시하지 않을 것이다.

이 책에 대한 강의 자료를 계획하려는 강사인 경우 저자에게 연락 바란다. 컨설팅 계약에 따라 솔루션 코드, 연습, 기타 콘텐츠 사용에 대한 제안 등을 제공하게 된다면 기쁠 것이다.

데이터 세트와 지원 자료는 앞에서 설명한 저장 공간에서 사용할 수 있으며, 제시된 좀 더 개방적인 문제 중 일부와 완전히 관련돼 있다. 이러한 추가 자료들은 책만 읽는 것보다 책과 함께 수반돼 더 상호작용적으로 사용할 수 있게 할 것이다. 다만 글로 작성된 내용만으로도 이해할 수 있게 충분한 설명도 본문에서 제공한다.

이 책을 통해 나는 많은 기술적 질문에 대해 강한 의견을 나눴다. 내 의견과 내가 제시하는 단순한 사실들을 구별하는 것이 어려울 것이라고 생각하지 않는다. 나는 이 분야에서 수년 동안 일해 왔으며 내가 도달한 결론을 독자들과 공유하고자 한다. 물론 책의 저자조차도 오류가 있는 존재이기에 나의 주장에 동의하지 않는다면 새로 배운 것과 여러분의 의견 및 결론을 강화시키고 달리 만드는 데 있어서 둘 다 큰 이점을 얻을 것이다.

이 책은 무거운 수학이나 통계를 사용하지 않지만 가끔 그 개념에 대한 언급이 있다. 일부 개념은 부록 B에 간략하게 설명했다. 이러한 개념을 더 알아보고 싶은 독자에게는 다음과 같은 책을 추천한다.

- Allen B. Downey의 『Think Stats: Exploratory Data Analysis in Python』(https://greenteapress.com/thinkstats2/thinkstats2.pdf)(O'Reilly Media, 2014; available both in free PDF and HTML versions, and as a printed book)
- Larry Wasserman의 『All of Statistics: A Concise Course in Statistical Inference』(Springer, 2004)

이 책 역시 데이터 시각화의 규범에 초점을 맞추지 않았지만, 본문 전반에 걸쳐 사용하는 플롯을 양심적으로 쓰려고 노력해왔다. 이러한 문제를 고려하는 좋은 텍스트는 다음과 같다.

- 『데이터 시각화 기본기 다지기』(에이콘, 2020)
- 『The Visual Display of Quantitative Information(https://www.edwardtufte.com/tufte/books_be)』(Graphics Press, 2001)

데이터 청결성

이 책에서는 다운로드한 원본 버전의 데이터 세트를 수정하는 다양한 방법을 보여준다. 때때로 이러한 변환은 데이터 형식이나 인메모리 표현 간에 이뤄진다. 다른 경우에는 데이터 보정, 다듬기, 샘플링, 집계, 대조한다.

데이터에 대한 어떤 변환이 이뤄질 때마다 특정한 가정이나 목표를 가져온다. 이것은 작업 목적이나 수치 및 통계 분석에 의해 동기가 부여될 수 있으며, 이상적으로는 그래야 한다. 그러나 그들은 틀릴 수 있는 가정으로 남아 있다.

데이터 과학을 사용해 작업할 때 데이터 세트의 버전을 지정하는 것이 중요하다. 또한 결론을 내릴 때나 단순히 다음 변환 단계를 준비할 때 이 작업의 기반이 되는 데이터 버전을 나타내는 것도 중요하다. 데이터 세트의 버전을 관리하는 방법에는 여러 가지가 있다.

데이터 세트의 크기가 적당하고 변환 자체에 시간이 많이 걸리지 않는 경우 프로그램 흐름 내에서 버전 관리를 수행하는 것이 좋다. 예를 들어 파이썬과 유사한 다음과 같은 의사 코드가 있다고 하자.

```
data1 = read_format(raw_data)
data2 = transformation_1(data1)
data3 = transformation_2(data2)
# ... 기타 등등 ...
```

큰 프로그램에서 어느 버전을 사용할 때 변수 이름(또는 룩업 키 등)에서 어떤 버전이 포함돼 있는지 명확하고 문제를 좀 더 쉽게 진단할 수 있다.

데이터 세트의 크기가 다소 큰 경우(메모리에 유사한 복사본을 많이 보관하는 것이 리소스 제약일 정도로) 단순히 작업 데이터 세트의 메타데이터로 변경 사항을 추적할 수 있다. 이는 코드의 여러 버전에 동시 액세스할 수는 없지만 디버깅과 분석에는 여전히 매우 유용하다. 다시 다음과 같은 의사 코드가 있다고 하자.

```
data = Annotated(read_format(raw_data))
inplace_transform_1(data)
data.version = "Transformed by step 1"
# ... 데이터에 대한 작업 ...
inplace_transform_2(data)
data.version = "Transformed by step 2"
# ... 기타 등등 ...
```

전체 프로그램의 어느 부분에서든 최소한 데이터 세트와 관련된 버전(또는 기타 메타데이터)을 확인할 수 있다.

단일 프로그램을 실행하는 것보다 오래 지속하려는 변환의 경우 VCS^Version Control Systems^를 사용하는 것이 매우 바람직하다. 대부분의 VCS는 서로 다른 버전의 파일을 병렬로 유지할 수 있게 분기 개념을 허용한다. 가능한 경우 이 기능을 사용하는 것이 바람직하다. 데이터 세트 버전이 엄격하게 선형이더라도 필요한 경우 특정 이전 버전으로 되돌릴 수 있다. 정확하고 설명적인 커밋 메시지를 사용하면 데이터 버전 관리에 큰 도움이 된다.

대부분의 VCS는 변경 사항을 설명하고자 가능한 한 적은 수의 바이트로 저장하는 데 지능적이다. 단순히 각 버전에 대해 완전히 새로운 유사한 복사본을 저장하는 것보다 변환을 설명하고자 '최소한의 변경 세트'를 계산하는 것이 종종 가능하다. VCS가 작업하는 형식으로 이 작업을 수행하든 그렇지 않든 더 많은 디스크 공간을 할당해야 하는 잠재적인 필요성보다 데이터 무결성과 데이터 출처가 더 중요한 문제가 될 수 있다. 최근에는 깃^Git^이 가장 널리 사용되는 VCS지만, 아파치 서브버전^Apache Subversion^, Mercurial, Perforce, 마이크로소프트 비주얼 SourceSafe, IBM Rational ClearCase 또는 다른 최신 VCS를 사용해 이러한 조언을 똑같이 따를 수 있다. 실제로 CVS^Concurrent Versions System^[2]와 같은 예전 시스템은 이 용도로 충분하다.

연습

이 책의 어떤 연습도 특정한 프로그래밍 언어 사용에 의존하지 않는다. 설명에는 파이썬이 가장 자주 사용되고, R도 조금 사용되고, 가끔은 다른 프로그래밍 언어가 사용된다. 그러나 모든 연습은 단순히 하나 이상의 데이터 세트를 제공하고 이를

---

2. CVS(Concurrent Versions System)는 파일 버전을 관리하는 네트워크 지원 애플리케이션 소프트웨어를 말한다. 주로 프로그램 개발 작업 중에 개별적으로 파일을 바꾸고자 할 때 갱신자, 날짜, 코멘트 등 각종 정보를 기록해 그 버전을 일원적으로 관리한다. 특히 임의의 버전을 추출하고 원래대로 되돌릴 수도 있다. 네트워크를 경유해 다수의 접속자가 동시에 같은 파일의 편집을 실시하는 것도 가능하다. 편집 내용이 동일하지만 않으면 양측의 갱신을 자동으로 통합한다. 또 다른 특징으로는 하나의 버전이라도 각각의 변경을 추가할 수 있어 도중에 개발한 개발판이나 안정판 등 서로 다른 내용을 구별하기도 한다. 다양한 개발 수요를 지원하는 기능을 갖추고 있는 셈이다. – 옮긴이

사용해 몇 가지 작업을 수행하도록 요청한다. 선택한 프로그래밍 언어를 사용해 이러한 목표를 달성하는 것은 멋진 일이다(이 책이 공식적인 교육에서 사용되는 경우 강사가 제공할 수 있는 제약 조건에 따라 다름).

예제로 사용했던 학생에 대한 테이블 형식 데이터는 다음에서 확인할 수 있다.

https://www.gnosis.cx/cleaning/students.csv

이 연습의 경우 표시된 코드 샘플에 설명된 가정에 따라 클리닝된 데이터 버전을 만든다. 선호하는 프로그래밍 언어와 도구를 사용하겠지만 목표는 다음과 같다.

- 일관된 이중 쉼표는 단일 구분 기호로 읽어야 한다.
- 선호하는 색상 필드의 누락된 데이터는 `<missing>` 문자열로 대체돼야 한다.
- 학생 연령은 9세에서 14세 사이여야 하며 다른 모든 값은 누락된 데이터로 간주된다.

일부 색상은 숫자로 코딩되지만 앨리어싱되지 않아야 한다. 매핑은 다음과 같다.

Number	Color	Number	Color
1	beige	6	alabaster
2	eggshell	7	sandcastle
3	seafoam	8	chartreuse
4	mint	9	sepia
5	cream	10	lemon

작은 테스트 데이터 세트를 사용해 코드를 테스트할 수 있다. 유사하거나 다른 문제가 있는 행에 수동으로 추가하고 코드가 합리적인 결과를 얼마나 잘 생성하는지 확인해보자. 이 문제를 해결할 수 있는 프로그래밍 언어를 사용했을 가능성이 있지만 이 연습을 수행하는 도구는 아직 설명하지 않았다. 지금 해결을 시도하되 원한다

면 다음 장 이후에 이 문제로 되돌아올 수 있다.

***

예제 코드 파일 다운로드

한국어판의 예제 코드는 에이콘출판사의 깃허브 저장소 https://github.com/AcornPublishing/data-cleaning에서 다운로드할 수 있다.

원서의 코드 번들은 깃허브 https://github.com/PacktPublishing/Cleaning-Data-for-Effective-Data-Science에서 호스팅된다.

컬러 이미지 다운로드

이 책에 사용된 스크린 샷 / 다이어그램에 컬러 이미지가 있는 PDF 파일도 제공한다. https://static.packt-cdn.com/downloads/9781801071291_ColorImages.pdf에서 다운로드할 수 있다. 또한 에이콘출판사의 도서정보 페이지인 http://www.acornpub.co.kr/book/data-cleaning에서도 다운로드할 수 있다.

독자 의견

독자로부터의 피드백은 항상 환영이다.

일반적인 의견: feedback@packtpub.com으로 이메일을 보내고 메시지 제목에 책 제목을 언급해야 한다. 이 책에 대해 궁금한 점이 있으면 questions@packtpub.com으로 이메일을 보내주기 바란다.

오탈자: 내용의 정확성을 위해 모든 노력을 기울였음에도 오류가 있을 수 있다. 이 책에서 잘못된 것을 발견하고 전달해준다면 매우 감사할 것이다. http://www.packtpub.com/submit-errata에서 해당 책을 선택하고 Errata Submission Form 링크를 클릭한 다음 발견한 오류 내용을 입력하면 된다. 한국어판의 정오표는 에이콘출판사의 도서정보 페이지 http://www.acornpub.co.kr/book/data-cleaning에서 볼 수 있다.

저작권 침해: 어떤 형태로든 불법 복제물을 인터넷에서 발견한다면 적절한 조치를 취할 수 있도록 해당 주소나 사이트명을 알려주길 바란다. 의심되는 불법 복제물의 링크는 copyright@packtpub.com으로 보내주길 바란다.

문의

이 책과 관련해 질문이 있다면 questions@packtpub.com으로 문의하길 바란다. 한국어판에 관한 질문은 에이콘출판사 편집 팀(editor@acornpub.co.kr)이나 옮긴이의 이메일로 문의하길 바란다.

1부

데이터 수집

01

테이블 형식

> 깔끔한 데이터 세트는 모두 비슷하지만 지저분한 데이터 세트는 각각의 고유한 방식으로 지저분하다.
>
> – 해들리 위컴Hadley Wickham(레프 톨스토이Leo Tolstoy 인용)

많은 양의 데이터는 테이블 형식으로 존재하고 있어야 한다. 간단히 말하면 **행**row과 **열**column이 있는 형식을 의미한다. 이론적 의미에서 관계의 개념을 갖고 있다면 **구조화된 데이터**structured data의 모든 컬렉션은 여러 '평면' 또는 '테이블 형식' 컬렉션의 관점에서 표현할 수 있다. **관계형 데이터베이스 관리 시스템**RDBMS, Relational DataBase Management Systems은 1970년부터 큰 성공을 거뒀으며, 전 세계 데이터의 상당 부분이 RDBMS에서 사용되고 있다. 또한 자체가 관계형이지 않더라도 테이블 형식으로는 돼 있으며 이를 관계형으로 일반화할 수 없지만 번거롭지는 않다.

'들어가며'에서 언급했듯이 '데이터 수집'에 관련된 장들은 주로 데이터를 지저분하게 만드는 구조적이거나 기계적인 문제와 관련이 있다. 이 책의 뒷부분에서는 데이터의 내용이나 수치 문제에 더 중점을 둔다.

1장에서는 CSV, 스프레드시트, SQL 데이터베이스, 과학적 배열 저장 형식을 포함한 테이블 형식을 설명한다. 마지막 절에서는 일반적으로 데이터 과학자가 테이블 형식 데이터를 조작하는 방법인 **데이터 프레임**data frame에 대한 몇 가지 일반적인 개념을 살펴본다. 1장의 대부분은 여러 도구와 프로그래밍 언어를 사용해 다양한 데이터 형식을 수집하고 작업하는 실제 메커니즘과 관련된다. '들어가며'에서 내가 선택한 언어에 구애받지 않는(또는 다국어를 사용하는) 이유를 설명했다. 각 형식이 특정 종류의 데이터 무결성 문제를 일으키는 경향이 있는 경우 특별히 주의해야 한다. 실제로 이러한 특징적인 문제를 해결하는 것은 이후 장까지 대부분 남아 있다. 이러한 문제를 감지하는 것이 여기서 주목할 점이다.

『은하수를 여행하는 히치하이커를 위한 안내서』(책세상, 2005)에는 "당황하지 마세요!"가 유머러스하게 새겨져 있다. 언급한 개념을 여기에서는 훨씬 더 자세히 설명하려고 한다.

***

이 책 전반에 걸쳐 표준이 될 설치 코드를 실행한다. '들어가며'에서 언급했듯이 사용할 수 있는 구성 파일이 활용됐다고 가정하면 각 장을 전체적으로 실행할 수 있다. 일반적으로 파이썬Python에서 `import *`를 사용하는 것이 가장 좋은 방법은 아니지만 여기서는 임포트의 긴 블록 없이 많은 이름을 가져온다.

```
from src.setup import *
%load_ext rpy2.ipython
```

```
%%R
library(tidyverse)
```

이제 다양한 파이썬 및 R 라이브러리를 사용할 수 있으므로 이를 활용해 데이터 클리닝을 시작해보자.

정리

> 전쟁이 끝날 때마다 누군가는 정리를 해야 한다.
>
> – 마리아 비스와바 심보르스카Maria Wisława Anna Szymborska

개념:

- 정리와 데이터베이스 정규화
- 행과 열
- 레이블과 값

해들리 위컴Hadley Wickham과 가렛 그롤먼드Garrett Grolemund는 무료로 사용할 수 있는 뛰어난 책인 『R for Data Science』(https://r4ds.had.co.nz/)에서 '데이터 정리'라는 개념을 알리고 있다. R 패키지의 Tidyverse 컬렉션은 구체적인 라이브러리로 이 개념을 실현하려고 한다. 정리된 데이터에 대한 위컴과 그롤먼드의 아이디어는 데이터베이스 정규화 개념에서 매우 밀접한 지적 선구자 역할을 한다. 이 개념은 이 책에서 자세히 다루지 않은 큰 주제다. 데이터베이스 정규화에 대한 표준 참조는 데이트C. J. Date의 『An Introduction to Database Systems』(Addison Wesley, 1975 및 수많은 후속 버전)다.

간단히 말해 정리된 데이터는 변수(특징 또는 필드라고도 하는 테이블의 열)를 **관측치**(샘플이라고도 하는 테이블의 행)에서 조심스럽게 분리한다. 이 두 가지가 교차하는 지점인 각 셀에서 하나의 데이터 항목(데이텀datum)이 있는 값을 찾는다. 불행하게도 우리가 접하는 데이터는 종종 이렇게 유용한 방식으로 정렬되지 않으며 정규화를 필요로 한다. 특히 실제 값은 종종 열이나 행으로 표시된다. 이것이 무엇을 의미하는지 예를 들어 살펴보자.

'들어가며'에서 제시한 소규모 초등학교 수업으로 돌아가면 다음과 같은 데이터가 나타날 수 있다.

```
students = pd.read_csv('data/students-scores.csv')
students
```

	Last Name	First Name	4th Grade	5th Grade	6th Grade
0	Johnson	Mia	A	B+	A-
1	Lopez	Liam	B	B	A+
2	Lee	Isabella	C	C-	B-
3	Fisher	Mason	B	B-	C+
4	Gupta	Olivia	B	A+	A
5	Robinson	Sophia	A+	B-	A

이 데이터 뷰는 사람이 쉽게 읽을 수 있다. 수년간의 교육 기간 동안 각 학생이 받은 점수의 추세를 볼 수 있다. 또한 이 형식은 유용한 시각화에 매우 쉽게 도움이 될 수 있다.

```
# 문자 등급 점수를 숫자로 일반 변환
def num_score(x):
    to_num = {'A+': 4.3, 'A': 4, 'A-': 3.7,
              'B+': 3.3, 'B': 3, 'B-': 2.7,
              'C+': 2.3, 'C': 2, 'C-': 1.7}
    return x.map(lambda x: to_num.get(x, x))
```

다음 셀은 일부 파이썬 프로그래머에게는 생소해 보일 수 있는 '능숙한' 프로그래밍 스타일을 사용한다. 데이터 프레임에 대한 다음 절에서 이 스타일을 설명한다. 능숙한 스타일은 많은 데이터 과학 도구와 언어에서 사용한다.

예를 들어 다음은 학생들의 연도별 점수를 나타내는 일반적인 판다스[Pandas] 코드다.

```
(students
    .set_index('Last Name')
    .drop('First Name', axis=1)
```

```
    .apply(num_score)
    .T
    .plot(title="Student score by year")
    .legend(bbox_to_anchor=(1, .75))
);
```

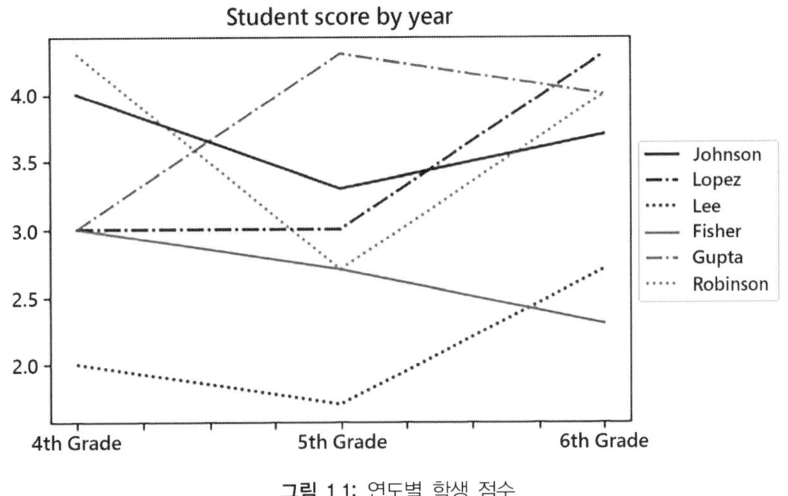

그림 1.1: 연도별 학생 점수

이 데이터 레이아웃은 7학년으로 넘어가거나 3학년 정보를 얻으려는 경우 한계를 드러낸다. 이러한 추가 데이터를 수용하려면 단순히 행을 추가하는 것이 아니라 열의 수와 위치를 변경해야 한다. 새로운 관측치를 만들거나 새로운 샘플(행)을 식별하는 것은 자연스러운 일이지만 일반적으로 기본 변수(열)를 변경하는 것은 어색하다.

문자 학년letter grade과 관련된 특정 클래스 수준(예, 4th Grade)은 본질적으로 변수가 아니라 값이다. 이렇게 생각하는 또 다른 방법은 독립 변수independent variables와 종속 변수dependent variables 또는 머신러닝 용어로 특징features과 목표target의 측면이다. 어떤 면에서 클래스 수준은 결과적인 문자 학년과 관련이 있거나 영향을 미칠 수 있다. 예를 들어 여러 수준의 교사는 여러 가지의 편견을 갖고 있거나 특정 연령의 아이들은 학교 공부에 흥미를 얻거나 잃을 수 있다.

대부분의 분석 목적에서 이 데이터는 추가로 처리하기 전에 정리(정규화)하면 더 유용하다. 판다스에서 DataFrame.melt() 메서드는 이러한 정리를 수행할 수 있다. 일부 열을 id_vars로 고정하고, 결합된 열의 이름을 변수로 설정하고 문자 학년을 새로운 단일한 열로 설정한다. 이 판다스 메서드는 마법적이며 익숙해지려면 약간의 연습이 필요하다. 핵심은 데이터를 보존하고 단순히 열 레이블과 데이터 값 사이를 이동한다는 것이다.

```
students.melt(
    id_vars=["Last Name", "First Name"],
    var_name="Level",
    value_name="Score"
).set_index(['First Name', 'Last Name', 'Level'])
```

```
      First Name    Last Name        Level     Score
             Mia      Johnson    4th Grade         A
            Liam        Lopez   4th GradeB
        Isabella          Lee    4th Grade         C
           Mason       Fisher    4th Grade         B
   ... ... ... ...
        Isabella          Lee    6th Grade         B
           Mason       Fisher    6th Grade        C+
          Olivia        Gupta    6th Grade         A
          Sophia     Robinson    6th Grade         A
18 rows × 1 columns
```

R Tidyverse에서도 절차는 비슷하다. 여기에서 볼 수 있는 tibble은 Tidyverse에서 선호하는 데이터 프레임의 일종이다.

```
%%R
```

```
library('tidyverse')

studentsR <- read_csv('data/students-scores.csv')
studentsR
```

```
— Column specification ————————————————————————————————
cols(
  'Last Name' = col_character(),
  'First Name' = col_character(),
  '4th Grade' = col_character(),
  '5th Grade' = col_character(),
  '6th Grade' = col_character()
)
# A tibble: 6 x 5
  'Last Name' 'First Name' '4th Grade' '5th Grade' '6th Grade'
  <chr>       <chr>        <chr>       <chr>       <chr>
1 Johnson     Mia          A           B+          A-
2 Lopez       Liam         B           B           A+
3 Lee         Isabella     C           C-          B-
4 Fisher      Mason        B           B-          C+
5 Gupta       Olivia       B           A+          A
6 Robinson    Sophia       A+          B-          A
```

Tidyverse, 특히 tidyr 패키지에는 판다스의 .melt()와 유사한 pivot_longer() 함수가 있다. 집계 이름과 값에는 names_to와 values_to 철자로 지정된 매개변수가 있지만 작업은 동일하다.

```
%%R
studentsR <- read_csv('data/students-scores.csv')
studentsR %>%
  pivot_longer(c('4th Grade', '5th Grade', '6th Grade'),
               names_to = "Level",
               values_to = "Score")
```

```
── Column specification ────────────────────────────────────
cols(
  'Last Name' = col_character(),
  'First Name' = col_character(),
  '4th Grade' = col_character(),
  '5th Grade' = col_character(),
  '6th Grade' = col_character()
)

# A tibble: 18 x 4
     'Last Name' 'First Name' Level       Score
     <chr>       <chr>        <chr>       <chr>
1    Johnson     Mia          4th Grade   A
2    Johnson     Mia          5th Grade   B+
3    Johnson     Mia          6th Grade   A-
4    Lopez       Liam         4th Grade   B
5    Lopez       Liam         5th Grade   B
6    Lopez       Liam         6th Grade   A+
7    Lee         Isabella     4th Grade   C
8    Lee         Isabella     5th Grade   C-
9    Lee         Isabella     6th Grade   B
10   Fisher      Mason        4th Grade   B
11   Fisher      Mason        5th Grade   B-
12   Fisher      Mason        6th Grade   C+
13   Gupta       Olivia       4th Grade   B
14   Gupta       Olivia       5th Grade   A+
15   Gupta       Olivia       6th Grade   A
16   Robinson    Sophia       4th Grade   A+
17   Robinson    Sophia       5th Grade   B-
18   Robinson    Sophia       6th Grade   A
```

이 간단한 예는 테이블 형식 데이터의 정리에 대한 첫 번째 느낌을 제공한다. 변수(열)를 값(행)으로 이동하는 정리 작업을 되돌리려면 tidyr의 `pivot_wider()` 함수를 사용할 수 있다. 판다스에서는 `.pivot()`, `.pivot_table()`, `.groupby()`가 `.unstack()`과 결합돼 행에서 열을 생성할 수 있고 다른 많은 작업도 수행할 수 있는 DataFrames에 대한 여러 가지의 관련 메서드가 있다.

테이블 형식의 일반적인 목표로 정리의 개념을 살펴봤으므로 쉼표로 구분된 값과 고정 너비 파일로 시작하는 특정 데이터 형식을 살펴보자.

CSV

> 언어로 수행하는 작업에 비춰보지 않고는 말소리를 이해하고 구분하고 분류하고 설명할 수 없다.
>
> – 로만 야콥슨Roman Jakobson

개념:

- 구분된 고정 너비 데이터
- 파싱 문제
- 휴리스틱스Heuristics와 아이볼링Eyeballing[1]
- 데이터 타입 추론
- 특수 문자 이스케이프
- 관련된 CSV 파일의 계열

구분된 텍스트 파일, 특히 **쉼표로 구분된 값**CSV, Comma-Separated Values 파일은 어디에나 있다. 이러한 텍스트 파일은 각 라인에 여러 값을 입력하고 쉼표와 같은 반예약 문자로 해당 값을 구분하는 텍스트 파일이다. 이 형식은 거의 항상 다른 테이블

1. 아이볼링(Eyeballing)이란 시각적인 변형을 수정하는 것 또는 본래 감춰져 보이지 않는 부분 등을 허용할 수 있는 범위에서 위치의 이동, 과장 등을 해서 이해하기 쉬운 그림을 만드는 기법을 말한다. – 옮긴이

형식 사이에서 데이터를 전송하는 데 사용되는 교환 형식이지만 많은 양의 데이터는 CSV로 시작하고 끝나기 때문에 다른 형식은 통하지 않을 수도 있다.

구분된 파일을 읽는 것은 디스크에서 RAM 메모리로 읽는 가장 빠른 방법은 아니지만 가장 느린 것도 아니다. 물론 이는 데이터 과학자로서 작업의 대부분을 구성하는 작은 데이터 세트가 아니라 대규모 데이터 세트에만 문제가 된다(요즘에 작다는 것은 대략 '10만 행 미만'을 의미).

CSV 파일에는 많은 결함이 있지만 몇 가지 주목할 만한 장점도 있다. CSV 파일은 구조적 문제에서 두 번째로 취약한 형식이다. 모든 형식은 일반적으로 형식 자체와는 관련이 없는 콘텐츠 문제에서 발생하기 쉽다. 물론 엑셀[Excel]과 같은 스프레드시트는 매우 큰 여백으로 인해 모든 종류의 데이터 무결성 문제에 있어 최악의 형식이다.

동시에 구분된 형식(또는 고정 너비 텍스트 형식)은 텍스트 편집기에서 쉽게 열고 이해하거나 텍스트 처리를 위한 커맨드라인 도구를 사용해 쉽게 조작할 수 있는 유일한 형식이다. 따라서 구분된 파일은 특수 판독기와 라이브러리 없이 완전히 수동으로 수정할 수 있는 유일한 파일이다. 물론 구조적 제약 조건을 엄격하게 적용하는 형식은 이를 수행할 필요가 없다. 이 장의 뒷부분과 다음 두 개의 장에서 구조를 더 강화하는 여러 형식을 설명한다.

CSV 또는 기타 텍스트 파일을 읽을 때 발생할 수 있는 한 가지 문제는 실제 문자 세트 인코딩이 예상한 인코딩이 아니거나 현재 시스템의 기본값이 아닐 수 있다는 것이다. 유니코드 시대에 이러한 우려는 줄어들고 있지만 여전히 보관된 파일은 계속 존재한다. 이 항목은 3장의 '사용자 정의 텍스트 형식' 절에서 설명한다.

온전성 검사

예를 들어 중간 크기의 CSV 파일을 방금 받았는데, 이 파일에 대해 온전성 검사[sanity check]를 빠르게 수행한다고 가정하자. 이 단계에서는 파일의 형식이 올바른지 여부를 걱정한다. 대부분의 라이브러리가 다음 코드 셀에 표시된 것처럼 응답하지 않는 경우에 커맨드라인 도구를 사용해 이 작업을 수행할 수 있다. 물론 처음에 라인을 텍스트로만 간주하는 경우 파이썬, R 또는 다른 범용 언어를 사용할 수도 있다.

```
# 예제에서 전체 역추적을 피하기 위해 try/except를 사용
try:
  pd.read_csv('data/big-random.csv')
except Exception as err:
  print_err(err)
```

```
ParserError
Error tokenizing data. C error: Expected 6 fields in line 75, saw 8
```

뭐가 잘못됐는지 확인해보자.

```
%%bash
# 이 파일의 일반적인 크기/모양은?
wc data/big-random.csv
```

```
100000   100000   4335846   data/big-random.csv
```

좋다, 100,000행. 그러나 판다스에 따르면 75번 라인에 어떤 문제가 있다고 한다(그리고 아마 다른 줄도 마찬가지일 것이다). 라인당 쉼표를 연산하는 단일 파이프된 Bash 명령을 사용해 통찰력을 얻을 수 있다. 파이썬, R 또는 다른 언어로도 이와 동일한 분석을 수행할 수 있지만 커맨드라인 도구에 익숙해지면 다음과 같은 일회성 분석을 수행할 때 데이터 과학자로서 도움이 된다.

```
%%bash
```

```
cat data/big-random.csv |
  tr -d -c ',\n' |
  awk '{ print length; }' |
  sort |
  uniq -c
```

```
     46 3
  99909 5
     45 7
```

그래서 99,909개의 라인에 예상되는 5개의 쉼표가 있다는 것을 이미 알아냈다. 그러나 46개는 쉼표가 부족하고 45개는 초과된다. 어쩌면 단순히 나쁜 라인을 버릴지도 모르지만 텍스트 편집기에서도 손으로 고치는 것을 고려하기에 너무 많은 것은 아니다. 몇 가지 문제가 되는 행을 살펴보자.

```
%%bash
grep -C1 -nP '^([^,]+,){7}' data/big-random.csv | head
```

```
74-squarcerai,45,quiescenze,12,scuoieremo,70
75:fantasmagorici,28,immischiavate,44,schiavizzammo,97,sfilzarono,49
76-interagiste,50,repentagli,72,attendato,95
--
712-resettando,58,strisciato,46,insaldai,62
713:aspirasse,15,imbozzimatrici,70,incanalante,93,succhieremo,41
714-saccarometriche,18,stremaste,12,hindi,19
--
8096-squincio,16,biascicona,93,solisti,70
8097:rinegoziante,50,circoncidiamo,83,stringavate,79,stipularono,34
```

이러한 이탈리아어 단어 목록과 필드 수가 약간씩 다른 정수를 보면 문제의 본질이 즉시 밝혀지지는 않는다. 더 많은 도메인이나 문제 지식이 필요할 것 같다. 그러나

1% 미만의 행이 문제이므로 지금은 단순히 해당 행을 삭제해야 한다. 행을 제거하거나 수정하기로 결정한 경우 변경 내역과 이유에 대한 문서와 함께 데이터 버전을 관리하는 것이 좋은 데이터와 프로세스 출처에 중요하다.

다음 셀은 정규식을 사용해 '대부분 CSV' 파일의 라인을 필터링한다. 패턴이 혼란스럽게 보일 수 있지만 정규식은 텍스트에서 패턴을 설명하는 간단한 방법을 제공한다. pat의 일치는 라인의 시작(^)부터 해당 라인의 끝($)까지 쉼표를 포함하지 않는 문자 시퀀스가 정확히 5번 반복되고 각각 뒤에 하나의 쉼표가 있음([^,]+,)을 나타낸다.

```
import re
pat = re.compile(r'^([^,]+,){5}[^,]*$')
with open('data/big-random.csv') as fh:
  lines = [l.strip().split(',')
           for l in fh if re.match(pat, l)]
pd.DataFrame(lines)
```

	0	1	2	3	4	5
0	infilaste	21	esemplava	15	stabaccavo	73
1	abbadaste	50	enartrosi	85	iella	54
2	frustulo	77	temporale	83	scoppianti	91
3	gavocciolo	84	postelegrafiche	93	inglesizzanti	63
...	...	...	...	...	...	...
99905	notareschi	60	paganico	64	esecutavamo	20
99906	rispranghiamo	11	schioccano	44	imbozzarono	80
99907	compone	85	disfronderebbe	19	vaporizzavo	54
99908	ritardata	29	scordare	43	appuntirebbe	24

99909 rows × 6 columns

파이썬에서 관리하는 코드에서 형식 문제없이 모든 행을 읽을 수 있다. pd.read_csv() 매개변수 error_bad_lines = False를 사용해 동일한 효과를 얻을 수도 있지만 일반 파이썬과 Bash에서 살펴보면 이러한 매개변수가 제외되는 이유를 더 잘 이해할 수 있다.

좋은 데이터, 나쁜 데이터, 텍스트 데이터

CSV 파일의 장점과 단점으로 돌아가보자. 여기서 CSV를 언급할 때 실제로 모든 종류의 구분된 파일을 의미한다. 특히 테이블 형식 데이터를 저장하는 텍스트 파일은 거의 항상 구분 기호로 단일 문자를 사용하고, 줄 바꿈(또는 레거시 형식의 줄 바꿈과 캐리지 리턴)으로 행/레코드를 끝낸다. 쉼표 이외의 가장 일반적인 구분 기호는 탭과 파이프 문자 |이다. 그러나 거의 모든 도구는 임의의 문자를 사용해도 괜찮다.

고정 너비 파일은 구분된 파일과 유사하다. 기술적으로는 라인 지향적이지만 각 라인 내의 특정 문자 위치에 각 데이터 필드를 배치한다는 점에서 다르다. 다음의 코드 셀에 예제가 사용된다. 수십 년 전 포트란Fortran과 코볼Cobol이 더 많이 사용됐을 때 고정 너비 형식이 더 많이 사용됐다. 내 생각에는 구분된 파일을 선호해 사용이 감소했다고 생각한다. 어쨌든 고정 너비 텍스트 데이터 파일에는 구분된 파일과 동일한 함정과 장점이 있다.

나쁜 데이터

구분된 파일이나 플랫 파일에 있는 열은 데이터 타입을 전달하지 않으며 텍스트 값일 뿐이다. 많은 도구가 (선택적으로) 데이터 타입을 추론하지만 이러한 도구들은 함정에 빠질 수 있다. 또한 도구가 광범위한 타입 카테고리(예를 들어 문자열, 정수, 실수)를 정확하게 추론하더라도 원하는 특정 비트 길이를 추론할 수 없다.

마찬가지로 '실제' 숫자에 사용되는 표현은 인코딩되지 않는다. 대부분의 시스템은 일정 길이의 IEEE-754 부동소수점 숫자를 처리하지만 때로는 특정 길이의 소수가 목적에 더 적합하다.

타입 추론이 잘못되는 가장 일반적인 방법은 일부 데이터 세트의 초기 레코드에는 명백한 패턴이 있지만 이후 레코드는 이 패턴에서 벗어나는 경우다. 소프트웨어 라이브러리는 하나의 데이터 타입을 유추할 수 있지만 나중에 이와 같이 형 변환cast

할 수 없는 문자열을 만날 수 있다. 여기서 '이전'과 '이후'는 여러 가지 다른 의미를 가질 수 있다.

느리게 읽는 Vaex와 Dask(파이썬 라이브러리) 같은 핵심 밖의 데이터 프레임 라이브러리의 경우 타입 휴리스틱이 처음 몇 개의 레코드(및 아마도 일부 다른 샘플링)에 적용될 수 있지만 가정된 패턴을 따르지 않는 문자열은 표시되지 않는다. 그러나 이후는 새로운 데이터를 얻게 되는 몇 달 후를 의미할 수도 있다.

NOTE

partnum

예를 들어 전 직장에서 '부품 번호(part number)'가 있는 상용 제품에 대한 고객 데이터를 받았다. 그 숫자는 수개월 동안 실제 정수였다. 때때로 문자와 숫자가 섞인 문자열이 되지 않을 때까지 말이다. 안타깝게도 다른 도구들은 문서화되지 않은 데이터 타입(이 경우 SQL 스키마지만 다른 코드일 수도 있음)에 대해 그때까지 잘못된 가정을 했다.

대부분의 데이터 프레임 라이브러리는 데이터 타입을 추론하는 데 욕심을 부리지만 추론을 단축하기 위한 수동 사양을 허용한다.

많은 레이아웃에서 데이터 프레임 라이브러리는 고정 너비 형식을 추론하고 열 위치와 데이터 타입을 추론할 수 있다(추론할 수 없는 경우 수동으로 지정할 수 있음). 그러나 데이터 타입에 대한 추론은 잘못될 수 있다. 예를 들어 원시 텍스트를 보면, parts.fwf에 고정 너비 레이아웃이 표시된다.

```
%%bash
cat data/parts.fwf
```

```
Part_No  Description               Maker              Price (USD)
12345    Wankle rotary engine      Acme Corporation   555.55
67890    Sousaphone                Marching Inc.      333.33
2468     Feather Duster            Sweeps Bros        22.22
A9922    Area 51 metal fragment    No Such Agency     9999.99
```

판다스로 이것을 읽으면 필드에서 의도된 열 위치를 올바르게 추론한다.

```
df = pd.read_fwf('data/parts.fwf', nrows=3)
df
```

```
    Part_No          Description              Maker  Price (USD)
0     12345  Wankle rotary engine  Acme Corporation       555.55
1     67890           Sousaphone      Marching Inc.       333.33
2      2468       Feather Duster        Sweeps Bros        22.22
```

```
df.dtypes
```

```
Part_No           int64
Description      object
Maker            object
Price (USD)     float64
dtype: object
```

일부러 parts.fwf 파일의 시작 부분만 읽었다. 처음 몇 행에서 판다스는 `Part_No` 열에 대해 `int64`의 타입 추론을 수행했다.

전체 파일을 읽어보자. 판다스는 여기서 '올바른 일'을 수행한다. `Part_No`는 일반 객체, 즉 문자열이 된다. 그러나 대신 백만 개의 행이 있고 속도와 메모리 효율성을 위해 판다스가 사용하는 휴리스틱스 추론을 처음 100,000개의 행으로 제한했다면 운이 좋지 않을 수 있다.

```
df = pd.read_fwf('data/parts.fwf')
df
```

```
    Part_No          Description              Maker  Price (USD)
0     12345  Wankle rotary engine  Acme Corporation       555.55
1     67890           Sousaphone      Marching Inc.       333.33
```

```
2       2468          Feather Duster        Sweeps Bros         22.22
3      A9922  Area 51 metal fragment     No Such Agency       9999.99
```

```
df.dtypes    # 'Part_No' 유형 변경
```

```
Part_No          object
Description      object
Maker            object
Price (USD)     float64
dtype: object
```

R tibbles는 판다스와 동일하게 동작하지만 데이터 타입 보정으로 항상 1,000개의 행을 사용하고 이후에 불일치가 발생하면 값을 버린다는 사소한 차이가 있다. 판다스는 추론을 위해 모든 행을 읽게 구성할 수 있지만 기본적으로는 동적으로 결정된 숫자를 읽는다. 판다스는 R보다 더 많은 행을 샘플링하지만 여전히 수만 개에 불과하다. R 컬렉션 `data.frame`과 `data.table`도 비슷하다. R을 사용해 위와 동일한 파일을 읽어보자.

```
%%R
read_table('data/parts.fwf')
```

```
— Column specification ————————————————————————————————
cols(
  Part_No = col_character(),
  Description = col_character(),
  Maker = col_character(),
  'Price (USD)' = col_double()
)
# A tibble: 4 x 4
   Part_No  Description                Maker              'Price (USD)'
   <chr>    <chr>                      <chr>                      <dbl>
```

```
1 12345   Wankle rotary engine       Acme Corporation          556.
2 67890   Sousaphone                 Marching Inc.             333.
3 2468    Feather Duster             Sweeps Bros                22.2
4 A9922   Area 51 metal fragment     No Such Agency          10000.
```

다시 말하지만 처음 세 행은 정수 데이터 타입과 일치하지만 이후 행에서는 정확하지 않다.

```
%%R
read_table('data/parts.fwf',
           n_max = 3,
           col_types = cols("i", "-", "f", "n"))
```

```
# A tibble: 3 x 3
     Part_No Maker        'Price (USD)'
       <int> <fct>                <dbl>
1      12345 Acme Corporation      556.
2      67890 Marching Inc.         333.
3       2468 Sweeps Bros            22.2
```

***

구분된 파일(고정 너비 파일은 많지 않음)은 이스케이프 문제가 발생하기 쉽다. 특히 CSV에는 값 자체에 쉼표가 포함된 설명 필드가 포함돼 있는 경우가 많다. 제대로 수행하려면 이 쉼표를 이스케이프해야 한다. 실제로는 종종 제대로 수행되지 않는다.

CSV는 실제로 서로 다른 방언의 일종이며 대부분의 이스케이프 규칙이 다르다. 때로는 쉼표 앞뒤의 간격이 방언에 따라 다르게 처리된다. 이스케이프에 대한 한 가지 접근 방식은 모든 문자열 값이나 모든 종류의 모든 값 또는 금지된 쉼표가 포함된 값을 따옴표로 묶는 것이다. 이는 도구와 도구의 버전에 따라 다르다. 물론 필드를 따옴표로 묶는 경우 잠재적으로 해당 따옴표를 이스케이프해야 할 필요가 있다.

일반적으로 따옴표가 값의 일부일 때 따옴표 문자 앞에 백슬래시를 배치하면 된다.

다른 방법은 구분 기호가 아닌 문자열 값이나 형식화될 수 있는 숫자 값(예, $1,234.56)의 일부로 쉼표 앞에 백슬래시를 배치하는 것이다. 변형을 추론하는 것은 엉망이 될 수 있고 실제로 단일 파일조차도 행 사이에 반드시 일관성이 있는 것은 아니다(종종 다른 도구나 도구의 버전이 데이터에 영향을 미침).

이스케이프 문제를 피하고자 탭으로 구분된 형식과 파이프로 구분된 형식이 종종 선택된다. 이는 어느 정도 효과가 있다. 탭과 파이프 기호는 모두 일반적인 산문에서 그리 흔하지 않다. 그러나 둘 다 여전히 텍스트에서 가끔 발생하고, 모든 이스케이프 문제가 다시 발생한다. 게다가 이스케이프 상황에서 가장 간단한 도구가 때로는 실패한다. 예를 들어 Bash 명령 `cut -d`는 이러한 경우에 동작하지 않으며, 파이썬의 `str.split(',')`도 동작하지 않는다. 완전한 문법에 비해 간단하지만 더 많은 사용자 정의 파서가 필요하다. 파이썬의 표준 라이브러리 `csv` 모듈은 이러한 맞춤 파서 중 하나다.

고정 너비 파일의 경우 구분된 파일과 달리 값이 너무 길어진다는 위험이 있다. 특정 라인 위치 범위 내에서 줄 바꿈을 제외한 모든 코드 포인트를 가질 수 있다. 그러나 누군가가 20자보다 길지 않을 것이라고 생각한 설명이나 이름이 21자가 되면 그 형식은 제대로 동작하지 않는다.

***

datetime 형식 읽기와 관련해 특별한 고려 사항이 있다. datetime 값을 읽는 데이터프레임 라이브러리에는 일반적으로 특정 열을 datetime 형식으로 파싱하는 선택적 스위치가 있다. 판다스와 같은 라이브러리는 datetime 형식의 휴리스틱 추론을 지원한다. 여기서 문제는 수백만 개의 행 각각에 휴리스틱을 적용하는 것이 매우 느릴 수 있다는 것이다. 날짜 형식이 균일한 경우 수동 형식 지정자를 사용하면 몇 배 더 빨리 읽을 수 있다. 물론 형식이 다양할 때 휴리스틱은 사실상 마술과도 같다.

개가 사용하는 문법을 비판하는 것보다 개가 말을 할 수 있다는 것에 그저 경탄해야 할 것이다. 판다스가 탭으로 구분된 파일의 각 행에 대해 datetime을 추론하는 방법을 살펴보자.

```
%%bash
# 많은 날짜 형식에 주목
cat data/parts.tsv
```

```
Part_No       Description                  Date    Price (USD)
  12345     Wankle rotary   2020-04-12T15:53:21         555.55
  67890        Sousaphone        April 12, 2020         333.33
   2468    Feather Duster             4/12/2020          22.22
  A9922      Area 51 metal             04/12/20        9999.99
```

```
# 판다스가 각 행에 대해 추론하게 함
# 대행 테이블의 경우 매우 느림
parts = pd.read_csv('data/parts.tsv',
            sep='\t', parse_dates=['Date'])
parts
```

	Part_No	Description	Date	Price (USD)
0	12345	Wankle rotary	2020-04-12 15:53:21	555.55
1	67890	Sousaphone	2020-04-12 00:00:00	333.33
2	2468	Feather Duster	2020-04-12 00:00:00	22.22
3	A9922	Area 51 metal	2020-04-12 00:00:00	9999.99

날짜가 실제로 DataFrame 내에서 datetime 데이터 타입인지 확인할 수 있다.

```
parts.dtypes
```

```
Part_No                object
Description            object
```

```
Date              datetime64[ns]
Price (USD)              float64
dtype: object
```

구분 및 고정 너비 형식의 몇 가지 도전과 한계를 살펴봤다. 많은 장점도 살펴보자.

좋은 데이터

CSV 파일의 가장 큰 장점은 파일을 읽고 쓸 수 있는 도구가 어디에나 있다는 것이다. 모든 프로그래밍 언어에서 데이터 프레임이나 배열을 처리하는 모든 라이브러리는 이러한 처리 방법을 알고 있다. 대부분의 경우 라이브러리는 기발한 케이스를 잘 분석한다. 모든 스프레드시트 프로그램은 CSV로 가져오고 내보낸다. 모든 RDBMS와 대부분의 비관계형 데이터베이스는 CSV로 가져오고 내보낸다. 대부분 프로그래머의 텍스트 편집기에는 CSV를 더 쉽게 편집할 수 있는 기능까지 갖추고 있다. 파이썬에는 CSV(또는 기타 구분된 형식)의 많은 방언을 라인 단위 레코드 리더로 처리하는 `csv`라는 표준 라이브러리 모듈이 있다.

구조적으로 결함이 있는 CSV 파일이 매우 많다는 사실은 모든 도구가 이러한 파일을 완전히 올바르게 처리하지는 않는다는 것을 보여준다. 부분적으로는 사용자 정의 도구 없이도 거의 동작할 수 있을 만큼 형식이 간단하기 때문일 것이다. 나는 '그냥 쓰고 버리는 스크립트'에 `print(",". join ([1,2,3,4]), file = csv)`를 수없이 적었고 잘 동작했다. 물론 그냥 쓰고 버리는 스크립트는 데이터 흐름에 대해 매우 자주 고정된 표준 절차가 된다.

***

타입 규격의 부족함은 종종 약점이라기보다는 강점이다. 예를 들어 몇 페이지 앞에서 언급된 부품 번호는 실제 비즈니스 의도로 항상 정수로 시작하지만 나중에는 정수가 아닌 '숫자'를 사용해야 할 필요성이 생긴다. 타입 지정자가 있는 형식에서는 일반적으로 이전 데이터를 완화되거나 수정된 제약 조건을 따르는 새로운 형식으로 이동하고자 마이그레이션과 복사를 수행해야 한다.

내 경험상 데이터 타입 변경이 특히 자주 발생하는 한 가지 특별한 경우는 유한 너비 문자 필드다. 처음에는 일부 필드가 최대 길이에 5자, 15자 또는 100자를 필요한 것으로 지정하지만 나중에 더 긴 문자열이 필요해 이것을 수용하고자 고정 테이블 구조나 SQL 데이터베이스를 수정해야 한다. 특히 데이터베이스의 경우 요구 사항이 문서화되지 않은 경우가 훨씬 더 많으며, 결국 유용성이 거의 없고 데이터가 영구적으로 손실될 수도 있는 잘린 문자열로 채워진 데이터 세트가 생성된다.

텍스트 형식은 이와 관련해 대체로 유연하다. 고정 너비 파일이 아닌 구분된 파일에는 임의의 길이의 필드가 포함된다. 이는 JSON 데이터, YAML 데이터, XML 데이터, 로그 파일과 텍스트를 단순히 사용하는 기타 형식(종종 라인 지향 레코드)에서도 마찬가지다. 이 모든 것에서 데이터 타입은 매우 느슨하며 데이터 처리 단계에서만 실제로 존재하며 이는 종종 매우 좋은 점이다.

NOTE

config

YAML에는 일반적으로 프로토타입적 의미의 데이터보다는 비교적 짧은 구성 정보가 포함돼 있다. TOML은 이전 INI 형식과 마찬가지로 이와 관련해 유사한 형식이다. 이 모든 것은 실제로 손으로 편집하기 위한 것이므로 데이터를 읽고 쓰기에 좋은 API가 일반적이지만 대개 크기가 작다. 백만 개의 레코드를 이러한 형식으로 넣을 수는 있지만 실제로는 거의 발생하지 않는다.

***

CSV 및 유사한 형식과 관련된 '느슨함'은 종종 동일한 비공식 스키마를 따르는 여러 CSV 파일을 무한정 집계한다는 것이다. 일부 진행 중인 데이터 수집에 대해 매일, 매시간 또는 매월 다른 CSV 파일을 작성하는 것은 매우 일반적이다. Dask 및 Spark와 같은 많은 도구는 CSV 파일(파일 시스템의 glob 패턴과 일치) 컬렉션을 단일 데이터 세트로 원활하게 처리한다. 물론 이를 직접 지원하지 않는 도구에서는 수동 연결이 여전히 어렵지 않다.

그러나 관련 CSV 스냅샷을 무제한으로 포함하는 디렉터리를 갖는 모델에서는 디렉터리를 단일 공통 객체로 표시하는 것이 유용하다.

CSV 파일 계열을 원활하게 처리하는 라이브러리는 일반적으로 느리고 분산돼 있다. 즉, 이러한 도구를 사용하면 일반적으로 모든 CSV 파일을 한 번에 읽지 않거나 적어도 단일 시스템의 주 메모리로 읽지 않는다. 오히려 클러스터의 다양한 코어 또는 다양한 노드가 각각 개별 파일에 대한 파일 핸들을 가져오며 스키마 정보는 특정 (병렬) 연산이 시작될 때까지 실제 처리가 지연된 상태에서 하나 또는 몇 개의 파일에서만 추론된다. 개별 CSV 파일의 처리를 여러 코어로 분할하는 것은 쉽게 다루기 어렵다. 새 라인을 찾을 때까지 스캔해 새 레코드가 시작되는 위치만 결정할 수 있기 때문이다.

분산 데이터 프레임용 라이브러리의 특정 API에 대한 세부 사항은 이 책의 범위를 벗어나지만 데이터를 여러 파일로 초기 분할할 때 병렬 처리가 쉽게 가능하다는 사실은 CSV 형식의 중요한 장점이다. 특히 Dask는 개별 판다스 객체의 동일한 메서드를 정확하게 복사하는 API를 사용해 많은 판다스 DataFrames를 만들고 모든 데이터 프레임(또는 주어진 결과에 필요한 데이터 프레임)에 대한 연산을 조정해 동작한다.

```
# 임의의 값으로 생성된 데이터 파일
from glob import glob
# glob() 함수를 사용해 패턴과 일치하는 파일을 식별
glob('data/multicsv/2000-*.csv')[:8] # ... 그 외의 여러 가지
```

```
['data/multicsv/2000-01-27.csv',
 'data/multicsv/2000-01-26.csv',
 'data/multicsv/2000-01-06.csv',
 'data/multicsv/2000-01-20.csv',
```

```
'data/multicsv/2000-01-13.csv',
'data/multicsv/2000-01-22.csv',
'data/multicsv/2000-01-21.csv',
'data/multicsv/2000-01-24.csv']
```

판다스로 로드하는 것이 로컬 시스템에서 허용하는 것보다 더 많은 메모리가 필요하더라도 이 CSV 파일 계열을 판다스 DataFrame처럼 동작하는 하나의 가상화된 DataFrame으로 읽는다. 이러한 특정 예에서 CSV 파일 컬렉션을 최신 워크스테이션이 메모리로 읽기에 너무 크지 않지만 그렇게 되면 Dask와 같은 분산 또는 코어 밖의 시스템을 사용해 진행해야 한다.

```
import dask.dataframe as dd
df = dd.read_csv('data/multicsv/2000-*-*.csv',
                 parse_dates=['timestamp'])
print("Total rows:", len(df))
df.head()
Total rows: 2592000
```

	Timestamp	id	name	x	y
0	2000-01-01 00:00:00	979	Zelda	0.802163	0.166619
1	2000-01-01 00:00:01	1019	Ingrid	-0.349999	0.704687
2	2000-01-01 00:00:02	1007	Hannah	-0.169853	-0.050842
3	2000-01-01 00:00:03	1034	Ursula	0.868090	-0.190783
4	2000-01-01 00:00:04	1024	Ingrid	0.083798	0.109101

일부 요약을 연산해야 할 때 Dask는 작업자를 조정해 각 개별 DataFrame에서 집계한 다음 이러한 집계를 다시 집계한다. 이러한 'mapreduce' 스타일로 작업을 재구성할 수 있는 것과 할 수 없는 것에 대해 더 미묘한 문제가 있지만 이것이 일반적인 아이디어다(Dask 또는 Spark 개발자가 이 작업에 대해 생각했기 때문에 필요하지 않음).

```
df.mean().compute()
```

```
id      999.965606
x         0.000096
y         0.000081
dtype: float64
```

CSV 데이터 작업의 장단점을 살펴봤으므로 많은 양의 데이터가 저장되는 다른 형식을 살펴보자. 안타깝게도 스프레드시트의 경우 거의 예외적으로 단점이 있다.

유해하다고 간주되는 스프레드시트

> 마약은 나빠요. 마약을 하면 안 돼요. 그렇게 하면 당신은 나빠져요. 마약은 나쁘기 때문이죠. 마약을 하는 것은 나쁜 일이니 마약을 해서 나쁘게 되지 마세요.
>
> – 매카이[Mr. Mackay](South Park)

개념:

- 비강제 필드/열 식별
- 연산 불분명성
- 반테이블 형식 데이터
- 비연속 데이터
- 보이지 않는 데이터와 데이터 타입 불일치
- 매력적이지만 귀찮은 사용자 인터페이스

정보 시각화에 뛰어난 대가인 에드워드 터프티Edward Tufte는 「The Cognitive Style of PowerPoint: Pitching Out Damages Inside」(https://www.edwardtufte.com/tufte/powerpoint)라는 에세이를 썼다. 그의 관찰에는 파워포인트PowerPoint 슬라이드 프레젠테이션이 2003년 칼럼비아 우주 왕복선 참사의 주요 원인을 드러내지 않고 더 중요한 정보를 감춘다는 것이다. 파워포인트는 정보를 명확하게 표현하지 못하는 골칫거리다.

일반적인 스프레드시트와 특히 엑셀은 효과적인 데이터 과학에 있어 어느 정도 골칫거리다. CSV 파일만큼은 아니지만 전 세계 데이터의 상당 부분이 엑셀 스프레드시트로 저장돼 있다. 스프레드시트의 특수한 범위에는 수많은 종류의 데이터 손상이 있다. 게다가 데이터 과학 도구는 다른 모든 형식보다 스프레드시트를 읽는 속도가 훨씬 느리지만 반면에 스프레드시트는 포함할 수 있는 데이터의 양에 엄격한 제한이 있어 다른 형식을 부과할 수 없다.

스프레드시트가 사용자의 편의를 위해 수행하는 대부분의 작업은 과학적 재현성, 데이터 과학, 통계, 데이터 분석 및 관련 영역에 좋지 않다. 스프레드시트에는 행과 열이 분명히 있지만 단일 시트 내에서도 일관된 사용을 강제하는 것은 없다. 예를 들어 일부 특정 특징은 일부 행의 경우 F열에 있는 경우가 많지만 다른 행의 경우 H열에 동일한 특징이 있다. 이것을 CSV 파일이나 SQL 테이블과 비교해보자. 후자의 경우 열의 모든 데이터가 반드시 좋은 데이터는 아니지만 일반적으로 동일한 특징에 속해야 한다.

NOTE

computation

스프레드시트의 또 다른 위험 요소는 데이터 수집 그 자체가 전혀 아니다. 스프레드시트 내의 연산은 쉽게 검사할 수 없는 순서로 많은 셀에 분산돼 있어 수많은 대규모 재앙적인 결과를 초래했다(금융 거래에서 수십억의 손실(https://www.businessinsider.com/excelpartly-to-blame-for-trading-loss-2013-2); 전 세계 경제 계획의 위기(https://theconversation.com/the-reinhart-rogoff-error-or-how-not-to-excel-ateconomics-13646); 영국의 Covid-19 연락처 추적 대규모 실패(https://www.bbc.com/news/technology-54423988)). European Spreadsheet Risks

Interest Group(http://www.eusprig.org/)은 그러한 오류를 기록하는 데 전념하는 더할 나위 없는 조직이다. 그들은 다음과 같은 멋진 인용구를 많이 제시한다.

> 질병과 불치병을 앓는 많은 사람이 자신의 상태의 심각성이나 조치의 필요성을 부인한다는 사실에 초점을 맞춘, 거부에 관한 문헌이 있다. 분명히 매우 어렵고 불쾌한 일을 생각하기가 어렵다. 거부는 의학 문헌에서 광범위하게 연구됐는데, 필요한 조치가 어렵거나 번거로울 때마다 나타날 가능성이 높다. 스프레드시트 테스트에 노력이 많이 들어가는 특성을 감안할 때 개발자는 이처럼 거부의 피해자가 될 수 있으며, 이는 정확성을 과신해 광범위한 테스트를 필요로 하지 않는 형태로 나타날 수 있다.
>
> – 레이 판코(Ray Panko, 2003, https://arxiv.org/abs/0804.0941)

절차적 프로그래밍(객체지향 프로그래밍 포함)에서는 분기나 함수 호출의 위치가 명확하고 코드를 통해 순차적으로 작업이 흐른다. 기능적 패러다임에서도 구성은 명시적으로 언급된다. 스프레드시트에서는 연산이 어떤 항목에 따라 달라지는지, 실제로 포함되는 데이터 범위는 어느 정도인지 누구나 추정할 수 있다. 가끔 우연히 오류를 발견할 수 있지만 프로그램 분석과 디버깅은 거의 불가능하다. 스프레드시트만 알고 있거나 대부분을 알고 있는 사용자는 스프레드시트 내에 종속성을 식별하는 일부 도구가 있다는 사실에 반대할 것이다. 이는 화물 열차로 운송되는 많은 상품이 수레로 운반될 수 있다는 것과 같은 의미에서 기술적으로 사실이다.

또한 스프레드시트의 모든 셀은 서로 다른 데이터 타입을 가질 수 있다. 일반적으로 타입은 스프레드시트 인터페이스 내의 휴리스틱 추론에 의해 지정된다. 이는 사용된 정확한 키 입력, 셀 입력 순서, 블록 간에 데이터 복사/붙여넣기 여부, 예측하기도 어렵고 모든 스프레드시트 소프트웨어 프로그램의 모든 버전 간에 변경되는 수많은 기타 사항에 매우 민감하다. 예를 들어 악명 높게도 엑셀은 유전자 이름 SEPT2(Septin 2)를 날짜(적어도 다양한 버전에서)로 해석한다. 문제를 더욱 복잡하게 만드는 스프레드시트의 인터페이스는 주어진 셀의 데이터 타입을 결정하기 어렵게 만든다.

예를 들어 다음 스크린샷은 평범한 스프레드시트다. 그렇다. 일부 값은 셀에서 정확히 일관되게 정렬되지 않지만 순전히 미적 문제다. 눈에 띄는 첫 번째 문제는 하나의 시트가 두 개의 다른(이 경우 관련된) 데이터 테이블을 나타내는 데 사용된다는 사실이다. 이미 이 작업은 정리하기가 어려울 것이다.

	A	B	C	D
1	**timestamp**	**id**	**name**	**x**
2	2000-01-01 0:00:00	979	Zelda	0.802163
3	2000-01-01 0:00:01	1020	Ingrid	-0.349999
4	2000-01-01 0:00:02	1007	Hannah	-0.169853
5	2000-01-01 0:00:03	1034	Ursula	0.86809
6				
7				
8	**timestamp**	**id**	**name**	**y**
9	2000-01-01 0:00:02	1007	Hannah	-0.050842
10	2000-01-01 0:00:03	1034	Ursula	-0.190783
11	2000-01-01 0:00:04	1024	Ingrid	0.109101

그림 1.2: 엑셀 함정

단순히 판다스(또는 특히 지원하는 openpyxl 라이브러리)로 이 파일을 이해하려면 진지한 노력을 기울이고 상당히 지능적인 휴리스틱을 적용해야 한다. 다른 DataFrame 라이브러리는 유사하며, 학습해야 할 다른 기발함이 있다. 하지만 처음에 볼 수 있는 문제는 무엇일까?

```
# 디폴트 엔진 'xlrd'는 Python 3.9에서 버그가 있을 수 있음
pd.read_excel('data/Excel-Pitfalls.xlsx',
              sheet_name="Dask Sample", engine="openpyxl")
```

```
            Timestamp       id     name          x
0   2000-01-01 00:00:00     979    Zelda   0.802163
1    2000-01-01 0:00:01  1019.5   Ingrid  -0.349999
2   2000-01-01 00:00:02    1007   Hannah  -0.169853
3   2000-01-01 00:00:03    1034   Ursula    0.86809
4             timestamp      id     name          y
5   2000-01-01 00:00:02    1007   Hannah  -0.050842
6   2000-01-01 00:00:03    1034   Ursula  -0.190783
7   2000-01-01 00:00:04    1024   Ingrid   0.109101
```

id 열에 스프레드시트 표시에서 보이지 않는 1019.5 값이 포함돼 있음을 바로 알 수 있다. 해당 열이 부동소수점인지 정수인지 여부는 이 시점에서 명확하지 않다. 또한 동일한 행에서 날짜는 시각적으로 약간 문제가 있어 보인다. 다시 이 문제로 돌아올 것이다.

첫 번째 단계로, 어려운 수동 개입으로 실제로 신경 써야 하는 두 개의 별도 테이블을 뽑아낼 수 있다. 판다스는 실제로 여기에서 너무 똑똑하다. 기본적으로 스프레드시트에 실제로 입력하는 데이터를 무시하고 CSV 파일로 수행하는 것과 유사한 추론을 수행한다. 이를 위해 엑셀에서 실제로 저장한 데이터 타입을 사용하도록 지시한다. 판다스의 추론이 만병통치약은 아니지만 때때로 유용한 옵션이다(다음에 언급된 문제의 전부는 아니지만 일부를 수정할 수 있다. 그러나 다른 문제는 더 악화된다). 다음 몇 단락에서는 스프레드시트 자체에 저장된 원시 데이터 타입을 보고 확인하려고 한다.

```
df1 = pd.read_excel('data/Excel-Pitfalls.xlsx',
                    nrows=5, dtype=object, engine="openpyxl")
df1.loc[:2] # 처음 몇 줄만 본다.
```

	Timestamp	id	name	x
0	2000-01-01 00:00:00	979	Zelda	0.802163
1	2000-01-01 00:00:01	1019.5	Ingrid	-0.349999
2	2000-01-01 00:00:02	1007	Hannah	-0.169853

pd.read_excel() 매개변수 skiprows를 사용해 두 번째 내재된 테이블도 읽을 수 있다.

```
pd.read_excel('data/Excel-Pitfalls.xlsx', skiprows=7, engine="openpyxl")
```

	Timestamp	id	name	y
0	2000-01-01 00:00:02	1007	Hannah	-0.050842
1	2000-01-01 00:00:03	1034	Ursula	-0.190783

```
2   2000-01-01 00:00:04      1024   Ingrid   0.109101
```

읽은 데이터 타입을 살펴보면 다양한 셀 타입을 보존하고자 모두 파이썬 객체임을 알 수 있다. 그러나 우리가 실제로 갖고 있는 것을 좀 더 자세히 살펴보자.

```
df1.dtypes
```

```
timestamp     datetime64[ns]
id                    object
name                  object
x                     object
dtype: object
```

이 작은 예제의 타임스탬프는 판다스로 파싱하기에 모두 합리적이다. 그러나 실제 스프레드시트는 훨씬 더 모호하게 제공하기 때문에 주로 날짜로 파싱할 수 없다. 스프레드시트 자체에서 데이터 타입이 보이지 않음을 확인하려면 그림 1.2를 참고하자. 각 셀에 저장된 일반적인 객체의 파이썬 데이터 타입을 찾을 수 있다.

```
# 각 셀의 저장된 데이터 타입을 조사
tss = df1.loc[:2, 'timestamp']
for i, ts in enumerate(tss):
  print(f"TS {i}: {ts}\t{ts.__class__.__name__}")
```

```
TS 0: 2000-01-01 00:00:00       Timestamp
TS 1: 2000-01-01 00:00:01       Timestamp
TS 2: 2000-01-01 00:00:02       Timestamp
```

판다스의 `to_datetime()` 함수는 멱등적이고[idempotent] `pd.read_excel()` 호출에서 `dtype=object`를 사용해 특별히 비활성화하지 않았다면 실행됐을 것이다. 그러나 대부분의 스프레드시트는 훨씬 더 지저분하고 변환이 성공되지 못해 어떤 경우에는 객체 열이 생성된다. 열의 특정 셀에는 날짜와는 다른 숫자, 수식 또는 문자열이 포함될 수 있다(또는 때로는 컴퓨터가 아닌 사람의 의도를 추정할 수 있는 날짜 문자열과 비슷하게 보이는 문자열, "Decc 23,, 201.9").

NOTE

멱등(idempotent)

멱등이라는 단어와 개념은 일반적으로 수학, 컴퓨터 과학, 프로그래밍에서 유용하다. 이는 자체 출력에서 동일한 함수를 다시 호출하면 동일한 응답이 계속 생성된다는 것을 의미한다. 이는 attractor의 수학에서 훨씬 더 멋진 개념과 관련이 있다. 일반적인 프로그래밍 용어에서 이것은 잠재적으로 값을 멱등적 방식으로 반복 수정하는 것에 대해 크게 걱정할 필요가 없음을 의미하며, 이는 프로그램 흐름의 변천에서 나타날 수 있다. 즉, 초기 x가 무엇이든 다음을 알 수 있다. python pd.to_datetime(x) == pd.to_datetime(pd.to_datetime(x))

pd.to_datetime()을 사용해보자.

```
pd.to_datetime(tss)
```

```
0    2000-01-01 00:00:00
1    2000-01-01 00:00:01
2    2000-01-01 00:00:02
Name: timestamp, dtype: datetime64[ns]
```

다른 열도 비슷한 어려움을 갖고 있다. id 열의 스프레드시트 뷰에서 동일하게 보이는 값은 실제로 정수, 부동소수점 숫자, 문자열의 혼합이다. 이것이 의도된 것이라고 생각할 수 있지만 실제로는 거의 항상 스프레드시트가 사용자로부터 정보를 숨기는 방식으로 인한 우연한 결과다. 이러한 데이터 세트가 데이터 과학 데스크에 도착할 즈음에는 데이터 세트는 그저 지저분해지고, 그 원인을 찾는 것은 시간낭비다. id 열의 데이터 타입을 살펴보자.

```
# 각 셀의 저장된 데이터 타입을 조사
ids = df1.loc[:3, 'id']
for i, id_ in enumerate(ids):
  print(f"id {i}: {id_}\t{id_.__class__.__name__}")
```

```
id 0: 979        int
id 1: 1019.5   float
id 2: 1007       int
id 3: 1034       str
```

물론 판다스와 같은 도구는 형 변환cast 값을 읽은 후 입력할 수 있지만 어떤 형 변환이 적절한지 알려면 데이터 세트에 대한 도메인별 지식이 필요하다. .astype() 메서드를 사용해 데이터를 형 변환해보자.

```
ids.astype(int)
```

```
0     979
1    1019
2    1007
3    1034
Name: id, dtype: int64
```

언급한 내용을 종합하면 다음과 유사한 방식으로 데이터를 신중하게 입력할 수 있다.

```
# 인덱스 '3'까지의 행만 유용
# 좀 더 구체적인 데이터 타입으로 형 변환
# 도메인과 문제 지식 기반
df1 = df1.loc[0:3].astype(
  {'id': np.uint16,
   'name': pd.StringDtype(),
```

```python
    'x': float})
# datetimes에는 타입뿐만 아니라 변환 함수가 필요
df1['timestamp'] = pd.to_datetime(df1.timestamp)
print(df1.dtypes)
```

```
timestamp    datetime64[ns]
id                   uint16
name                 string
x                   float64
dtype: object
```

```python
df1.set_index('timestamp')
```

```
          timestamp      id      name          x
2000-01-01 00:00:00     979     Zelda   0.802163
2000-01-01 00:00:01    1019    Ingrid  -0.349999
2000-01-01 00:00:02    1007    Hannah  -0.169853
2000-01-01 00:00:03    1034    Ursula   0.868090
```

스프레드시트를 유해하게 만드는 것은 주로 기본 데이터 형식이 아니다. 이전 버전의 엑셀(.xlsx), 리브레오피스[LibreOffice](OpenDocument, .ods), 그누메릭[Gnumeric](.gnm)은 모두 바이트 수준에서 유사한 형식을 채택했다. 즉, 모두 데이터를 XML 형식으로 저장한 다음 압축해 공간을 절약한다. 앞서 언급했듯이 이는 다른 접근 방식보다 느리지만 그 우려는 부차적인 것이다.

이러한 스프레드시트 형식 중 하나가 구조화된 도구 간의 교환 형식으로만 사용된다면 데이터를 보존하고 표현하는 데 완벽하게 적합할 것이다. 대신 스프레드시트를 위험하게 만드는 것은 소셜 및 사용자 인터페이스[UI] 요소다. 엑셀의 '테이블 형식'은 타입이 지정되지 않은 CSV와 강력한 타입의 SQL 데이터베이스에서 최악의 요소를 결합한 형태다. 데이터 타입을 열/특징별로 할당하는 대신 셀당 타입 할당을 허용한다.

셀 단위 입력은 거의 모든 데이터 과학의 목적을 위해 수행하는 잘못된 작업이다. 그것은 프로그래밍 도구 또는 추론이나 타입 선언 API를 사용하는 도구에 의한 유연한 결정을 허용하지 않으며, 데이터가 저장될 때 동일한 특징에 속해야 하는 다른 값의 일관성을 강요하지도 않는다. 또한 스프레드시트 UI의 비교적 자유로운 형식 스타일의 엔트리는 사용자를 수많은 종류의 엔트리 오류(데이터 입력뿐만 아니라 그리드 내의 다양한 정렬 오류, 우발적인 삭제나 삽입 등)에서 벗어나는 데 아무런 도움이 되지 않는다. 은유적으로 스프레드시트 UI에 의해 야기되는 위험은 '유인적 방해물'이라는 불법 행위법의 개념과 비슷하다. 즉, 직접적으로 피해를 입히지는 않지만 사소한 부주의로 피해를 입힐 가능성이 매우 높다.

안타깝게도 현재 널리 사용되는 범용 데이터 엔트리 도구는 없다. 데이터베이스 엔트리 형식은 데이터 엔트리에 구조를 적용하는 목적으로 사용될 수 있지만 프로그래밍되지 않은 데이터 탐색에는 제한된다. 더욱이 데이터가 저장될 수 있는 형식에 관계없이 구조화된 형식을 사용하려면 적어도 현재 어느 정도의 소프트웨어 개발 노력이 필요하지만 스프레드시트를 사용하는 많은 일반 사용자는 이러한 능력이 부족하다. 스프레드시트와 비슷하지만 열에서 데이터 타입 제약을 잠그는 것은 세상에 환영받을 만한 추가 기능이 될 것이다. 이 책을 읽는 누군가는 그러한 도구를 만들고 대중화할 것이다.

많은 사용자가 데이터 과학자로서 데이터를 추출하는 데 필요한 스프레드시트를 만들 것이다. 이는 다른 형식을 제공받은 경우보다 불가피하게 더 많은 작업이 될 것이다. 그러나 실제 관련성이 있는 블록 영역과 탭/시트, 형 변환에 필요한 문제 데이터 타입과 처리할 수 없는 값을 정리하는 방법을 신중하게 생각해보자. 데이터가 데이터 파이프라인으로 들어가도록 노력을 기울이자.

이제 잘 구조화되고 신중한 날짜 타입의 형식으로 전환할 수 있다. 이러한 형식은 관계형 데이터베이스에 저장돼 있다.

SQL RDBMS

> 당시 닉슨은 중국과의 국교를 정상화하고 있었다. 닉슨이 관계를 정상화할 수 있다면 나 또한 정규화할 수 있다고 생각했다.
>
> – 코드E. F. Codd(관계형 데이터베이스 이론의 발명가)

개념:

- 파이썬 DB-API과 SQL 드라이버
- 데이터 타입 임피던스 불일치
- 정확한 데이터 타입으로 수동 형 변환
- 트런케이션Truncation과 오버플로Overflow
- 래핑Wrapping과 클리핑Clipping

관계형 데이터베이스 관리 시스템RDBMS은 매우 강력하고 다재다능하다. 대부분의 경우 엄격한 열 타입 분류와 공식적인 외래키 및 제약 조건의 빈번한 사용 요구 사항은 데이터 과학에 큰 도움이 된다. 특정 RDBMS는 정규화, 인덱싱, 설계 상태에 따라 크게 다르지만 모든 조직이 특별히 데이터베이스 엔지니어를 보유하거나 활용하는 것은 아니다. 그리고 비공식적으로 모든 데이터베이스조차도 데이터 과학에 바람직한 속성이 많다. 모든 관계형 데이터베이스가 깔끔하지는 않지만 모두 바람직한 방향으로 몇 가지 큰 단계를 거친다.

관계형 데이터베이스로 작업하려면 SQLStructured Query Language에 대한 지식이 필요하다. 작은 데이터와 중간 크기 데이터의 경우 전체 테이블을 데이터 프레임으로 메모리에 읽어 들일 수 있다. 필터링, 정렬, 그룹화, 조인과 같은 작업을 데이터 프레임 라이브러리로 수행할 수 있다. 그러나 이러한 종류의 작업을 데이터베이스 수준에서 직접 수행할 수 있다면 훨씬 더 효율적이다. 빅데이터big data로 작업할 때는 반드시 필요하다. 수백 개의 관련 테이블에 분산된 수백만 또는 수십억 개의 레코드가 있는 데이터베이스는 당면한 작업에 필요한 수십만 개의 행(튜플tuples)을 신속하게 생성할 수 있다. 그러나 이러한 모든 행을 메모리에 로드하는 것은 불필요하거나 불가능하다.

SQL에 대한 훌륭한 책과 튜토리얼이 많다. 다른 것들보다 특별히 추천할 만한 건 없지만 속도를 낼 수 있는 적절한 텍스트를 찾는 것은 어렵지 않다. `GROUP BY`, `JOIN` 및 `WHERE` 절의 일반적인 개념은 데이터 과학자로서 알아야 할 주요 사항이다.

데이터를 가져오는 데이터베이스를 좀 더 제어할 수 있는 경우 지능적으로 테이블을 인덱싱하고 재구성하고 `EXPLAIN` 출력을 확인해 느린 쿼리를 최적화하는 방법을 알면 도움이 된다. 그러나 데이터 과학자로서 데이터베이스 관리에 대한 전체 액세스 권한이 없을 가능성이 크다. 그러한 액세스 권한이 있는 경우 조심해야 한다.

이 책에서는 로컬 PostgreSQL 서버를 사용해 API를 설명한다. PostgreSQL이 주요 오픈소스 경쟁자인 MySQL보다 쿼리 최적화에서 훨씬 더 우수하다는 것을 알게 됐다. 둘 다 신중한 인덱스 튜닝으로 똑같이 잘 동작하지만 일반적으로 PostgreSQL은 쿼리 플래너가 임시로 최적화해야 하는 쿼리에 대해 훨씬 빠르다. 일반적으로 내가 보여주는 거의 모든 API는 PostgreSQL, MySQL, 오라클Oracle DB, DB2, SQL 서버 또는 기타 RDBMS를 사용하든 관계없이 파이썬이나 R(및 대부분의 다른 언어)의 드라이버에서 거의 동일하다. 특히 파이썬 DB-API는 드라이버 전반에 걸쳐 잘 표준화돼 있다. 파이썬 표준 라이브러리에 포함된 단일 파일 RDBMS SQLite3도 거의 DB-API와 호환된다(그리고 .sqlite는 매우 좋은 저장 형식이다).

각 장에서 로드되고 소스코드 저장소 내에서 사용할 수 있는 setup.py 모듈 내에서 일부 데이터베이스 설정이 수행된다. 여기에 포함된 일부 기능을 실행하면 일반적으로 여기서 작성하는 시스템과 동일한 구성을 여러분의 시스템에 만들 수 있다. RDBMS의 실제 설치는 이 책에서 다루지 않는다. 데이터베이스 소프트웨어와 함께 제공되는 지침을 참조하면 된다. 그러나 핵심적이고 간단한 단계는 데이터베이스에 대한 연결을 만드는 것이다.

```
# psycopg2 이외의 어댑터와 유사
con = psycopg2.connect(database=db, host=host,
                       user=user, password=pwd)
```

이 연결 객체는 이 책의 후속 코드에서 사용된다. 또한 몇 가지 개선 사항을 추가하는 연결 주위에 SQLAlchemy 래퍼인 엔진 객체를 생성한다. 판다스와 같은 일부 라이브러리는 연결이 아닌 엔진을 사용해야 한다. 다음과 같이 생성할 수 있다.

```
engine = create_engine(
        f'postgresql://{user}:{pwd}@{host}:{port}/{db}')
```

데이터 타입 다듬기

이 장의 앞부분에서 만든 Dask 데이터를 사용해 다음 스키마로 테이블을 채웠다. 이러한 메타데이터 값은 RDBMS 자체에서 정의된다. 이 절에서는 관계형 데이터베이스가 제공하는 정교하고 정확한 데이터 타입을 살펴본다.

열	데이터 타입	데이터 너비
index	integer	32
timestamp	시간대가 없는 timestamp	None
id	smallint	16
name	character	10
x	numeric	6
y	real	24

이것은 이전에 언급했던 Dask에서 만든 것과 동일한 데이터 구조지만 임의로 필드에 좀 더 구체적인 데이터 타입을 적용했다. 표시된 PostgreSQL '데이터 너비'는 타입에 따라 비트 길이와 바이트 길이를 혼합해 약간 이상하다. 또한 부동소수점 y의 경우 전체 32비트 메모리 워드가 아닌 가수mantissa의 비트 길이를 표시한다. 그러나 일반적으로 열마다 다른 특정 타입이 있음을 알 수 있다.

테이블을 설계할 때 데이터베이스 엔지니어는 일반적으로 목적에 충분하지만 요구사항이 허용하는 한 작은 데이터 너비를 선택하려고 한다. 예를 들어 수십억 명의 나이를 저장해야 하는 경우 256비트 정수는 확실히 해당 숫자를 저장할 수 있지만 8비트 정수는 1/32의 저장 공간을 사용해 발생할 수 있는 모든 값을 저장할 수도 있다.

파이썬 DB-API를 사용하면 일부 데이터 타입 정보가 손실된다. 꽤 잘 동작하지만 파이썬에는 전체 범위의 네이티브 타입이 없다. 소수는 `Decimal` 또는 네이티브 부동소수점으로 정확하게 저장되지만 특정 비트 길이는 손실된다. 마찬가지로 정수는 무제한 크기의 파이썬 정수다. `name` 문자열의 길이는 항상 10자지만 대부분의 경우 `str.rstrip()`(오른쪽 끝에 공백 제거)을 적용해 주변의 공백을 제거할 수 있다.

```
# 함수 connect_local()은 4장(이상 징후 감지)에서 자세히 설명
con, engine = connect_local()
cur = con.cursor()
cur.execute("SELECT * FROM dask_sample")
pprint(cur.fetchmany(2))
```

```
[(3456,
  datetime.datetime(2000, 1, 2, 0, 57, 36),
  941,
  'Alice     ',
  Decimal('-0.612'),
  -0.636485),
  (3457,
```

```
datetime.datetime(2000, 1, 2, 0, 57, 37),
1004,
'Victor    ',
Decimal('0.450'),
-0.687718)]
```

안타깝게도 판다스를 사용하면 더 많은 데이터 타입 정보를 잃게 된다(적어도 이 글을 쓰는 현재 판다스 1.0.1 및 SQLAlchemy 1.3.13이다). 판다스는 넘파이[NumPy]의 전체 타입 시스템을 사용할 수 있으며, 자체 사용자 정의 타입을 몇 가지 더 추가할 수도 있다. 이러한 풍부함은 RDBMS에서 제공하는 타입 시스템(실제로는 특히 확장 타입에서 서로 다름)과 비슷하지만 반드시 동일하지는 않다. 그러나 변환 계층은 기본 `string`, `float`, `int`, `date` 타입으로만 형 변환된다.

PostgreSQL 테이블을 판다스로 읽은 다음 해당 SQL 데이터를 근사화하고자 어떤 네이티브 데이터 타입이 사용됐는지 살펴보자.

```
df = pd.read_sql('dask_sample', engine, index_col='index')
df.tail(3)
```

index	timestamp	id	name	x	y
5676	2000-01-02 01:34:36	1041	Charlie	-0.587	0.206869
5677	2000-01-02 01:34:37	1017	Ray	0.311	0.256218
5678	2000-01-02 01:34:38	1036	Yvonne	0.409	0.535841

DataFrame에서 특정 `dtype`은 다음과 같다.

```
df.dtypes
```

```
timestamp      datetime64[ns]
id                      int64
```

```
name                   object
x                     float64
y                     float64
dtype: object
```

좀 더 힘들지만 이러한 기술을 결합하고 친숙한 데이터 프레임 내에서 데이터와 함께 작업할 수 있지만 더 밀접하게 일치하는 타입을 사용한다(데이터베이스와 완벽하게 일치하지는 않음). 여기서 두 가지 단점은 다음과 같다.

- 각 열에 가장 적합한 타입을 수동으로 결정해야 한다.
- 판다스의 작업은 객체 칼럼을 사용하면 훨씬 느려진다.

데이터 프레임에 더 나은 데이터 타입을 선택하려고 노력해보자. PostgreSQL 타입 코드를 기억하는 사람이 거의 없기 때문에 RDBMS 문서에서 정확한 타입을 결정해야 할 것이다. DB-API 커서 객체에는 열 타입 코드를 포함하는 `.description` 속성이 있다.

```
cur.execute("SELECT * FROM dask_sample")
cur.description
```

```
(Column(name='index', type_code=23),
 Column(name='timestamp', type_code=1114),
 Column(name='id', type_code=21),
 Column(name='name', type_code=1042),
 Column(name='x', type_code=1700),
 Column(name='y', type_code=700))
```

결과에 사용된 파이썬 타입을 살펴본다. 물론 이것은 데이터베이스의 비트 길이를 갖고 있지 않으므로 수동으로 선택해야 한다. Datetime은 판다스의 `datetime64[ns]` 타입에 넣을 수 있을 만큼 간단하다.

```
rows = cur.fetchall()
[type(v) for v in rows[0]]
```

```
[int, datetime.datetime, int, str, decimal.Decimal, float]
```

Decimal 숫자로 작업하는 것은 다른 타입보다 까다롭다. 파이썬의 표준 라이브러리 decimal 모듈은 IBM의 일반 10진 산술 규격(http://speleotrove.com/decimal/)을 준수하지만 불행히도 데이터베이스는 그렇지 않다. 특히 IBM 1981 규격(수많은 업데이트 포함)은 정밀도, 반올림 규칙, 기타 사항을 제공하는 일부 선택된 'decimal context' 내에서 각 작업을 수행할 수 있게 한다. 이는 반올림 규칙에 대한 특정 제어 없이 열당 소수 정밀도를 갖는 것과 단순히 다르다. 일반적으로 이러한 뉘앙스를 무시할 수 있지만 조심해야 한다. 이런 이슈는 데이터 과학에서보다 토목공학과 은행/금융에서 더 많이 발생하지만 유의해야 한다.

다음 코드에서는 특정 비트 폭을 가진 특정 숫자 데이터 타입에 여러 열을 형 변환했다.

```
# 부과된 데이터 유형이 없는 데이터 읽기
df = pd.DataFrame(rows,
                  columns=[col.name for col in cur.description],
                  dtype=object)

# 일부 필드에 특정 int 또는 float 길이를 할당
types = {'index': np.int32, 'id': np.int16, 'y': np.float32}
df = df.astype(types)

# 파이썬 datetime을 Pandas datetime으로 변환
df['timestamp'] = pd.to_datetime(df.timestamp)
df.set_index('index').head(3)
```

index	timestamp	id	name	x	y

```
3456  2000-01-02 00:57:36   941    Alice  -0.612  -0.636485
3457  2000-01-02 00:57:37  1004   Victor   0.450  -0.687718
3458  2000-01-02 00:57:38   980    Quinn   0.552   0.454158
```

이러한 데이터 타입이 사용되는지 확인할 수 있다.

```
df.dtypes
```

```
index                 int32
timestamp    datetime64[ns]
id                    int16
name                 object
x                    object
y                   float32
dtype: object
```

판다스 '객체' 타입은 저장된 파이썬 객체의 기본 클래스와의 차이점을 숨긴다. 좀 더 구체적으로 살펴볼 수 있다.

```
pprint({repr(x): x.__class__.__name__
        for x in df.reset_index().iloc[0]})
```

```
{"'Alice '": 'str',
 '-0.636485': 'float32',
 '0': 'int64',
 '3456': 'int32',
 '941': 'int16',
 "Decimal('-0.612')": 'Decimal',
 "Timestamp('2000-01-02 00:57:36')": 'Timestamp'}
```

R에서 반복

대부분의 경우 R에서 SQL 데이터를 읽는 단계는 파이썬의 단계와 유사하다. 데이터 타입을 올바르게 가져오는 데 따르는 함정도 마찬가지다. 데이터 타입이 판다스가 생성한 실제 데이터베이스 타입의 대략적인 근사치임을 알 수 있다. 분명히 실제 코드에서는 암호를 소스코드의 리터럴 값으로 지정해서는 안 되지만 비밀 관리를 위해 몇 가지 도구를 사용한다.

```
%%R
require("RPostgreSQL")
drv <- dbDriver("PostgreSQL")
con <- dbConnect(drv, dbname = "dirty",
                 host = "localhost", port = 5432,
                 user = "cleaning", password = "data")
sql <- "SELECT id, name, x, y FROM dask_sample LIMIT 3"
data <- tibble(dbGetQuery(con, sql))
data
```

```
# A tibble: 3 x 4
     id name                x       y
  <int> <chr>           <dbl>   <dbl>
1   941 "Alice     "   -0.612  -0.636
2  1004 "Victor    "    0.45   -0.688
3   980 "Quinn     "    0.552   0.454
```

흥미로운 점은 직접 데이터베이스 테이블(여기 예제와 같이 처음 몇 행도 아님)이 아닌 데이터 프레임을 생성할 수 있지만 해당 데이터의 더 복잡한 조작이나 조합을 생성할 수 있다는 것이다. 조인은 여러 테이블에서 데이터를 가져오기 때문에 여기서 가장 흥미로운 경우다. 그러나 그룹화와 집계도 자주 유용하며, 백만 개의 행을 1,000개의 요약 설명으로 줄일 수 있다.

```
%%R
sql <- "SELECT max(x) AS max_x, max(y) AS max_y,
               name, count(name)
        FROM dask_sample
        WHERE id > 1050
        GROUP BY name
        ORDER BY count(name) DESC
        LIMIT 12;"
# 여기서는 단순히 data.frame을 검색
# tibble로 변환하는 대신
dbGetQuery(con, sql)
```

```
    max_x     max_y      name  count
1   0.733  0.768558    Hannah     10
2   0.469  0.849384   Norbert     10
3   0.961  0.735508     Wendy      9
4   0.950  0.673037     Quinn      8
5   0.892  0.853494   Michael      7
6   0.772  0.989233    Yvonne      7
7   0.958  0.859792  Patricia      6
8   0.953  0.865918    Ingrid      6
9   0.998  0.980781    Oliver      6
10  0.050  0.501860     Laura      6
11  0.399  0.808572     Alice      5
12  0.604  0.826401     Kevin      5
```

SQL이 잘못되는 위치(및 이것을 확인하는 방법)

다음 예제에서는 2012년의 Amtrak 기차역을 설명하는 데이터 세트로 시작한다. 초기에 존재했던 많은 필드가 삭제됐지만 일부 지점을 설명하고자 일부는 조작됐다. 실제 데이터 세트에서 파생됐더라도 이를 '가짜 데이터'라고 생각하자. 특히 방문자 열은 처음부터 끝까지 꾸며낸 것이다. 방문자 수 데이터를 본 적이 없으며 어디서 수집됐는지도 알 수 없다. 패턴이 있는 것은 숫자일 뿐이다.

```
amtrak = pd.read_sql('bad_amtrak', engine)
amtrak.head()
```

	Code	StationName	City	State	Visitors
0	ABB	Abbotsford-Colby	Colby	WI	18631
1	ABE	Aberdeen	Aberdeen	MD	12286
2	ABN	Absecon	Absecon	NJ	5031
3	ABQ	Albuquerque	Albuquerque	NM	14285
4	ACA	Antioch-Pittsburg	Antioch	CA	16282

표면상으로는 읽고 있는 테이블의 이름 말고는 아무것도 어울리지 않는 것 같다. 문제를 찾아보자. 다음의 테스트는 어떤 면에서 이상 징후 감지가 될 것이며, 이는 2장에서 설명한다. 그러나 발견한 이상 징후는 SQL 데이터 타입에만 해당된다.

RDBMS의 문자열 필드는 특정 문자 길이가 제공되는 경우 잘리는 경향이 있다. 최신 데이터베이스 시스템에는 길이 제한이 없는 문자열에 대한 VARCHAR 또는 TEXT 타입도 있지만 실제로는 특정 길이를 사용하는 경우가 많다. 어느 정도는 데이터베이스 작업이 알려진 텍스트 길이에 더 효율적일 수 있으므로 단순하고 어리석은 선택은 아니다. 그러나 이유가 무엇이든 실제로는 그러한 고정 길이를 자주 발견할 것이다. 특히 `StationName` 열은 `CHAR(20)`로 정의된다. 이것이 문제일까?

문자 길이를 안다고 해서 우리가 관심을 갖는 질문에 자동으로 대답하는 것은 아니다. 아마도 Amtrak 규정은 모든 스테이션 이름의 일정 길이를 요구한다. 이는 데이터 과학자로서 가질 수 없는 영역별 지식이다. 사실 분석되지 않았거나 시간이 지남에 따라 규칙이 변경됐기 때문에 도메인 전문가는 이러한 지식을 갖고 있지 않을 수 있다. 데이터 자체를 분석해보자.

또한 데이터베이스 필드가 현재 가변 길이거나 매우 긴 경우에도 데이터베이스 수명 동안 열이 변경됐거나 마이그레이션이 발생했을 가능성이 높다. 안타깝게도 여러 세대의 오래된 데이터는 각각 고유한 방식으로 손상됐을 수 있으므로 감지를 모호하게 만들 수 있다.

이러한 문제의 데이터 기록이 발생할 수 있는 곳은 두 자리 연도가 사용된 이전 데이터 세트의 날짜다. 'Y2K' 문제는 활성 데이터베이스 시스템에 대해 20년 전에 해결돼야 했다. 예를 들어 나는 주로 이 문제를 1998년도에 관심을 가졌지만 일부 드물게 액세스되는 레거시 데이터 저장소가 남아 있고 이러한 모호함으로 인해 실패하게 된다. 문자열 '34'가 YEAR라는 열에 저장돼 있다면 20세기에 일어난 일을 의미할까? 아니면 이 책이 써지고 나서 10년 후에 예상되는 미래의 사건을 의미할까? 이에 답하려면 도메인 지식이 필요하다.

다소 간결한 판다스 코드는 유용한 정보를 알려줄 수 있다. 첫 번째 단계는 고정 길이 문자 필드의 패딩을 정리하는 것이다. 공백 패딩은 일반적으로 코드에서 유용하지 않다. 그런 다음 각 값의 길이를 살펴보고, 길이당 레코드 수를 세고 해당 길이별로 정렬해 히스토그램을 생성할 수 있다.

```
amtrak['StationName'] = amtrak.StationName.str.strip()
hist = amtrak.StationName.str.len().value_counts().sort_index()
hist
```

```
4      15
5      46
6     100
7     114
      ...
17     15
18     17
19     27
20    116
Name: StationName, Length: 17, dtype: int64
```

이것을 시각화하면 패턴이 더욱 두드러진다. 분명히 역 이름이 20자 너비를 따른다. 이는 아직 명백한 증거는 아니지만 매우 암시적이다.

```
hist.plot(kind='bar',
          title="Lengths of Station Names");
```

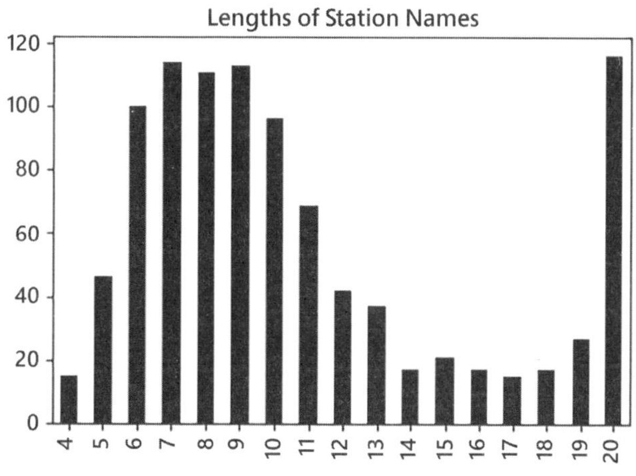

그림 1.3: 역 이름의 길이를 보여주는 히스토그램

근본적인 현상을 데이터 아티팩트[data artifact]로 간주하지 않도록 주의하고 싶다. 예를 들어 이 절을 준비하면서 트위터[Twitter] 2015 트윗 컬렉션을 분석하기 시작했다. 이들은 자연스럽게 140자에 '부딪치는' 유사한 패턴을 형성한다. 하지만 데이터 아티팩트가 아니라 정확한 기본 데이터의 한계 때문에 이렇게 하는 것을 깨달았다. 그러나 트위터 히스토그램 곡선은 역 이름과 비슷하다. 트위터가 2018년에 한도를 두 배로 늘렸다는 것을 알고 있다. 시간이 지남에 따라 집계된 컬렉션이 140과 280에서 점근선을 보이겠지만 '자연적인' 현상이다.

데이터 기록에서 문자 너비 제한이 변경된 경우 여러 소프트 제한 패턴을 볼 수 있다. 특히 이러한 제한은 20자로 시작되는 것보다 훨씬 큰 경우 식별하기가 더 어려울 수 있다. 예를 들어 Amtrak 명명 규칙이 아닌 데이터 아티팩트가 있다고 결론을 내리기 전에 구체적인 데이터를 살펴보자.

이것은 천 개의 행으로 시작할 때 비실용적이지는 않지만 백만 개의 행으로 시작하면 더 어려워진다. 판다스의 `.sample()` 메서드를 사용하면 일부 필터와 일치하는 행의 임의의 하위 집합을 볼 수 있는 좋은 방법이 있지만 여기에서는 처음과 마지막 몇 개만 표시한다.

```
amtrak[amtrak.StationName.str.len() == 20]
```

```
Code StationName City State Visitors
28    ARI    Astoria (Shell Stati                Astoria      OR    27872
31       ART Astoria (Transit Cen                Astoria      OR    22116
42       BAL Baltimore (Penn Stat              Baltimore      MD    19953
50       BCA Baltimore (Camden St              Baltimore      MD    32767
... ... ... ... ... ...
965      YOC Yosemite - Curry Vil  Yosemite National Park      CA    28352
966      YOF Yosemite - Crane Fla  Yosemite National Park      CA    32767
969      YOV Yosemite - Visitor C  Yosemite National Park      CA    29119
970      YOW Yosemite - White Wol  Yosemite National Park      CA    16718
116 rows × 5 columns
```

조사한 데이터에서 트런케이션truncation이 여기서 진정한 문제라는 결론을 내리는 것이 합리적이다. 대부분의 샘플에는 문자 길이에서 중간에 끝나는 단어가 있다. 이것을 수정하는 것은 또 다른 결정이며 더 많은 노력이 필요하다. 아마도 후속 조치로 전체 텍스트를 얻을 수 있을 것이다. 운이 좋으면 접두사가 전체 문자열과 고유하게 일치할 것이다. 물론 실제 데이터는 손실될 가능성이 높다. 고유성에만 관심이 있다면 이는 큰 문제가 아닐 것이다(3글자 코드는 이미 고유함). 그러나 분석이 누락된 데이터 자체에 관한 것이라면 전혀 진행하지 못할 수도 있다. 그럼에도 접두사가 분석 중인 것의 대표적인 샘플이라는 문제별 방식으로 결정할 수 있다.

***

고정된 길이의 수에서도 유사한 문제가 발생한다. 부동소수점 숫자는 원하는 정밀도를 잃을 수 있지만 정수는 줄 바꿈 또는 잘릴 수 있다. `Visitors` 열을 검사해 16비트 `SMALLINT`를 저장하는지 확인할 수 있다. 즉, 32,767보다 큰 값을 나타낼 수 없다. 그것은 어떤 단일 역보다 더 많은 방문자일 것이다.

또는 데이터 손상이 발생할 수 있다.

```
max_ = amtrak.Visitors.max()
amtrak.Visitors.plot(
        kind='hist', bins=20,
        title=f"Visitors per station (max {max_})");
```

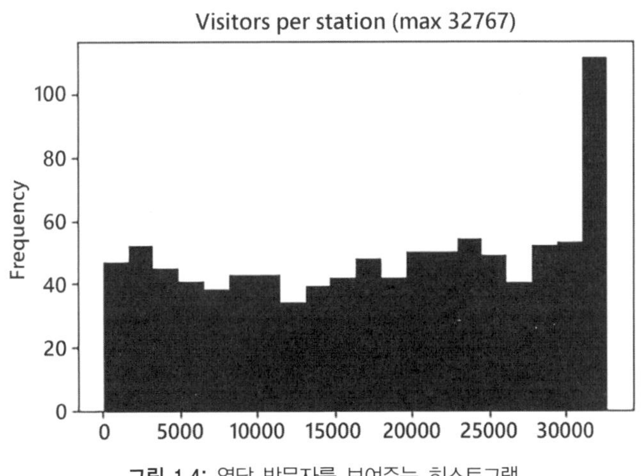

그림 1.4: 역당 방문자를 보여주는 히스토그램

이 경우 한계에 부딪치는 강한 신호다. 여기서 추가 힌트는 특정 한계에 도달했다는 것이다. 이는 인식하고자 알아야 하는 특별한 숫자 중 하나다. 비트 길이 N의 **부호 있는 정수**Signed integers는 -2^{N-1}에서 $2^{N-1}-1$까지 범위다. **부호 없는 정수**Unsigned integers의 범위는 $0 \sim 2^N$이다. 32,767은 $2^{16}-1$이다. 그러나 다양한 프로그래밍 이유로 데이터 타입 경계에 미달되는 숫자도 하나(또는 약간) 종종 발생한다. 일반적으로 정확히 이러한 경계 중 하나인 측정값을 보게 되면 다시 한 번 살펴보고 그것이 진짜 값이 아닌

아티팩트적인 숫자인지 생각해봐야 한다. 이는 데이터베이스 컨텍스트 밖에서도 좋은 규칙이다.

다루기 더 어려운 문제는 값이 대신 래핑wrapping되는 경우다. 사용하는 도구에 따라 큰 양의 정수가 음의 정수로 래핑될 수 있다. PostgreSQL을 포함한 많은 RDBMS는 허용되지 않는 값을 가진 트랜잭션을 허용하지 않고 거부한다. 그러나 시스템마다 다르다. 부호를 래핑하는 것은 본질적으로 0이 아닌 숫자의 경우 분명하지만 양수와 음수가 모두 의미가 있는 값의 경우 감지가 더 어렵다.

예를 들어 short 정수 타입으로 형 변환되는 이 판다스 시리즈 예제에서 양수 및 음수 15,000의 값을 실제 요소와 형 변환의 아티팩트로 볼 수 있다.

```
ints = pd.Series(
  [100, 200, 15_000, 50_000, -15_000, -50_000])
ints.astype(np.int16)
```

```
0        100
1        200
2      15000
3     -15536
4     -15000
5      15536
dtype: int16
```

이와 같은 경우 래핑될 수 있는 범위를 벗어난 값이 합리적인 측정이 될 수 있는지 여부를 알 수 있는 충분한 도메인 전문 지식을 습득하면 된다. 즉, 이 가상 측정값에 50,000이 합리적일까? 모든 합리적인 관측치가 수백 개에 해당하는 경우 32,000으로 래핑하는 것은 큰 문제가 아니다. 합리적인 값이 불합리한 값에서 래핑된 것으로 생각할 수 있다. 그러나 다양한 이유로 잘못된 값이 발생할 수 있으며 이는 지나치게 큰 문제는 아니다.

정수와 부동소수점 숫자는 광범위한 컴퓨터 아키텍처에서 8, 16, 32, 64, 128비트 크기로만 제공된다. 정수의 경우 부호를 갖거나 부호가 없거나, 표현할 수 있는 최대 수의 절반이나 두 배가 된다. 이러한 서로 다른 비트 폭 내에서 표현할 수 있는 최댓값은 서로 완전히 다르다. 어림짐작으로 정수 표현을 선택할 수 있는 경우 발생할 것으로 예상되는 최대 크기의 10배까지 범위의 패딩을 남겨두는 것이다. 그러나 때로는 최대 크기의 10배라도 예상치 못한(그러나 정확한) 값에 대한 좋은 경계 설정은 아니다.

예를 들어 가상 방문자 수에서 최대 약 20,000명이 합리적으로 예상됐지만 수년 동안 35,000명까지 증가해서 그림 1.4에 있는 가상 데이터의 플롯에서 본 효과를 가져왔다. 역에 9,223,372,036,854,775,807($2^{63}-1$)명의 방문자를 허용하는 것은 초기 데이터베이스 엔지니어에게 불필요한 오버헤드처럼 보일 수 있다. 그러나 최대 2,147,483,647($2^{31}-1$)의 32비트 정수는 실제 최댓값이 지금까지 관찰되는 것보다 훨씬 더 크게 유지되더라도 더 나은 선택이었을 것이다.

이제 과학적 요구 사항에 자주 사용되는 일반적인 바이너리 데이터 형식으로 작업할 가능성이 있는 다른 데이터 형식을 살펴보자.

기타 형식

백 송이의 꽃이 피어나게 하고 백 개의 학파가 경쟁하게 하자.

– 공자의 말

개념:

- 바이너리 칼럼너 데이터 파일Binary columnar data files
- 계층적 배열 데이터Hierarchical array data

- 단일 파일 RDBMS[Single-file RDBMS]

테이블 형식 데이터를 보관하는 데 사용할 수 있는 다양한 데이터 형식이 있다. 대부분의 경우 앞의 절들에서 다루지 않은 특별히 새로운 데이터 정리 문제는 발생하지 않는다. 데이터 자체의 속성은 이후 장들에서 설명한다. 데이터 타입 옵션은 스토리지 형식에 따라 다르지만 RDBMS에서 다루는 것과 동일한 종류의 일반적인 문제가 모든 형식에 적용된다. 기본적으로 이 책의 관점에서 볼 때 이러한 형식은 기본 데이터를 가져오고자 다소 다른 API를 필요로 하지만 모든 열마다 데이터 타입을 제공한다. 여기에 언급된 형식은 완전한 목록이 아니며, 이 글을 작성한 후 명확하게 새로운 형식이 만들어지거나 중요성이 증가할 수 있다. 그러나 여기서 다루지 않은 형식의 경우에도 접근 방법은 유사하다.

밀접하게 관련된 형식인 HDF5와 NetCDF(다음에 설명)는 대개 상호 운용이 가능하며 둘 다 메타데이터가 연결된 여러 배열을 저장하는 방법을 제공하고, 단순히 테이블 형식의 2차원 배열이 아닌 고차원 데이터를 허용한다. 데이터 프레임 모델과 달리 이러한 과학적 형식 내의 배열은 전체적으로 같은 종류의 타입이다. 즉, 동일한 객체 내에 텍스트 열과 숫자 열을 저장하는 설계상 메커니즘이 없으며 비트 너비가 다른 숫자 열도 없다. 그러나 동일한 파일에서 여러 배열을 사용할 수 있으므로 SQL이나 데이터 프레임 모델과는 다른 방식으로 전체 일반성을 사용할 수 있다.

SQLite(다음에 설명)는 단일 파일에서 잠재적으로 여러 테이블로 구성된 관계형 데이터베이스를 제공하는 파일 형식이다. 매우 널리 사용되고 있으며 모든 iOS와 안드로이드 장치부터 가장 큰 슈퍼컴퓨터 클러스터에 이르기까지 모든 곳에서 사용되고 있다. SQLite용 인터페이스는 파이썬 표준 라이브러리의 일부며 거의 모든 다른 프로그래밍 언어에서 사용할 수 있다.

아파치 파켓[Apache Parquet](다음에 설명)은 열 지향 데이터 스토어다. 열 지향이란 단순히 데이터 프레임이나 테이블을 디스크에 저장하는 방법이지만 일반적으로 행이 아닌 열을 따라 벡터화하는 일반적인 작업을 최적화하는 방식이다.

유사한 철학은 단순히 쿼리 최적화 가능성이 다른 아파치 카산드라Apache Cassandra 및 모넷DBMonetDB와 같은 칼럼너 RDBMS에 동기를 부여한다. 둘 다 SQL 데이터베이스이며 단순히 다른 쿼리 최적화 가능성을 갖고 있다. kdb+는 유사한 문제에 대한 오래된 비SQL 접근 방식이다. PostgreSQL과 마리아DBMariaDB는 모두 열 구성을 사용하는 선택적 스토리지 형식을 갖고 있다. 일반적으로 이러한 내부 최적화는 데이터 과학에 직접적인 문제가 되지 않지만 파켓Parquet에는 자체 비SQL API가 필요하다.

NOTE

마리아DB(MariaDB)

마리아DB는 MySQL 개발자인 몬티 와이드리어스(Monty Widenius)가 만든 MySQL의 아류다. 이는 오라클이 2009년에 MySQL을 인수한 이후 지적 재산권의 자유에 대한 우려에서 비롯됐다. 대부분 디자인과 기능은 MySQL과 비슷하지만 일부 고급 기능은 분할 이후 달라졌다. 셸 도구와 드라이버는 일반적으로 호환성을 위해 mysql이라는 이름을 유지하기 때문에 이런 사실을 모르더라도 마리아DB를 사용하고 있을 수 있다.

***

합리적으로 널리 사용되는 바이너리 데이터 형식이 많지만 이 책에서는 구체적으로 설명하지 않는다. 다른 많은 형식도 고유한 장점이 있지만 데이터 과학자로서 주기적으로 작업할 때 가장 많이 접할 것으로 여겨지는 몇 안 되는 형식으로 토론을 제한했다. 일부 추가 형식이 아래에 나열돼 있으며 대부분 해당 홈페이지에는 적용된 특성화가 있다. 가장 유사한 형식을 다루는 설명에서 볼 수 있으며 일반적으로 내가 설명한 형식과 동일한 데이터 무결성 및 품질 문제가 적용된다. 차이점은 주로 성능 특성에 있다. 즉, 디스크에 있는 파일의 크기, 다양한 시나리오에서 파일을 읽고 쓸 수 있는 속도 등이 있다.

- **페더Feather(및 애로우Arrow)**: 페더는 기본적으로 매우 얇은 어댑터 레이어가 있는 디스크에 저장하기 위한 애로우 인메모리 형식을 직렬화한다. 아파치 애로우Apache Arrow는 인메모리 분석을 위한 개발 플랫폼으로, 애로우 문서(https://

arrow.apache.org/docs/)에 설명된 대로 최신 하드웨어에서 효율적인 분석 작업을 위해 구성된 플랫과 계층적 데이터에 대해 표준화된 언어 독립적인 칼럼너 메모리 형식을 지정한다.

- **아파치 에이브로**Apache Avro: 에이브로는 영구 데이터를 저장하고자 풍부한 데이터 구조, 컴팩트하고 빠른 바이너리 데이터 형식, 컨테이너 파일을 제공하는 데이터 직렬화 시스템이다. 코드를 생성할 필요 없이(드리프트Thrift 및 프로토콜 버퍼Protocol Buffers와 같은 유사한 시스템과는 달리) 동적 언어와 통합된다(아파치 에이브로 문서(https://avro.apache.org/docs/1.3.3/)에서 참고).
- **bcolz**: bcolz는 인메모리 및 온디스크로 압축할 수 있는 칼럼너, 청크 데이터 컨테이너를 제공한다. 칼럼 스토리지를 통해 테이블을 효율적으로 쿼리하고 쉬운 열 추가와 제거를 수행한다. 넘파이를 기반으로 하며 bcolz 객체와 통신하기 위한 표준 데이터 컨테이너를 사용하지만 bcolz 문서(https://github.com/Blosc/bcolz)에 설명된 대로 HDF5/PyTables 테이블과 판다스 데이터 프레임에 가져오거나 내보내는 기능도 지원한다.
- **Zarr**: Zarr는 넘파이 배열처럼 동작하지만 데이터가 청크로 분할되고 각 청크가 압축되는 *N*차원 배열 작업을 위한 클래스와 함수를 제공한다. HDF5에 이미 익숙한 경우 Zarr 배열은 유사한 기능을 제공하지만 Zarr 문서(https://zarr.readthedocs.io/en/stable/tutorial.html)에 설명된 대로 약간의 추가 유연성이 있다.

HDF5와 NetCDF-4

1987년, NCSANational Center for Supercomputing Applications에서 시작된 계층적 데이터 형식HDF, Hierarchical Data Format의 역사는 약간 복잡하다. HDF4는 상당히 과도하게 설계됐으며 현재 널리 사용되지 않는다. HDF5는 HDF4의 파일 구조를 단순화했다. 단일 데이터 타입의 다차원 배열인 '데이터 세트'와 데이터 세트 및 기타 그룹을 포함하는 컨테이너 구조인 '그룹'으로 구성된다. 그룹과 데이터 세트 모두 이름이 지정된 메타

데이터의 일부인 속성이 첨부될 수 있다. 실제로 이것이 하는 일은 단일 파일 내에서 파일 시스템을 에뮬레이트하는 것이다. 이 가상 파일 시스템 내의 노드나 '파일'은 배열 객체다. 일반적으로 단일 HDF5 파일에는 동일한 기본 문제를 처리하기 위한 다양한 관련 데이터가 포함된다.

NetCDF[Network Common Data Form]는 배열 데이터를 저장하고 검색하기 위한 함수 라이브러리다. 이 프로젝트 자체는 HDF만큼 오래됐으며 다양한 과학 기관에서 개발하고 지원하는 개방형 표준이다. 버전 4부터는 스토리지 백엔드로 HDF5 사용을 지원한다. 이전 버전은 일부 다른 파일 형식을 사용했으며 현재 NetCDF 소프트웨어에는 이러한 이전 형식에 대한 지속적인 지원을 필요로 한다. 종종 NetCDF-4 파일은 콘텐츠에 대해 충분히 특별한 작업을 수행한다. 그래서 일반 HDF5 라이브러리로 파일을 읽는 것이 어색할 정도다.

HDF5 파일의 확장자는 일반적으로 .h5, .hdf5, .hdf, .he5다. 이들은 모두 동일한 바이너리 형식을 나타내며 다른 확장자도 가끔 존재한다. HDF4에 해당하는 일부 확장자도 존재한다. 이상하게도 NetCDF는 수많은 기본 파일 형식으로 구성될 수 있지만 모두 .nc 확장자로 표준화된 것처럼 보인다.

도구와 라이브러리

나는 일반적으로 GUI 도구에 의존하지 않지만 상당히 복잡한 구조를 가진 HDF5를 살펴보는 경우 GUI 도구가 도움이 될 수 있다. 예를 들어 NASA의 지구 과학 데이터 컬렉션에 있는 파일을 이 책의 샘플 데이터 저장소에 포함했다. 사용자는 자유롭게 등록해 NASA의 데이터 세트를 얻을 수 있지만 전체 크기가 페타바이트에 달하는 정보다. 이 HDF5/NetCDF 파일에는 98분 동안 표면 압력, 수직 온도 프로파일, 표면 및 수직 바람 프로파일, 대류권 압력, 경계층 상단 압력, 표면 지오퍼텐셜[surface geopotential]에 대한 데이터 세트가 포함돼 있다. 특히 일부 데이터는 공간적으로 3차원적이다.

오픈소스 뷰어 HDF Compass(https://hdf-compass.readthedocs.io/en/latest/index.html)를 사용해 데이터의 일부 구조를 볼 수 있다. 표시된 특정 데이터 세트는 파일 16개 중 1개다. 이 DELP 데이터 세트는 압력 두께에 관한 것이며, 데이터 세트를 설명하는 8개의 속성과 32비트 값의 배열을 모두 포함한다. 다음 스크린샷에서 이 GUI 도구가 3차원을 선택 위젯으로 표시하고 처음 2차원을 테이블 형식으로 표시하는 것을 볼 수 있다.

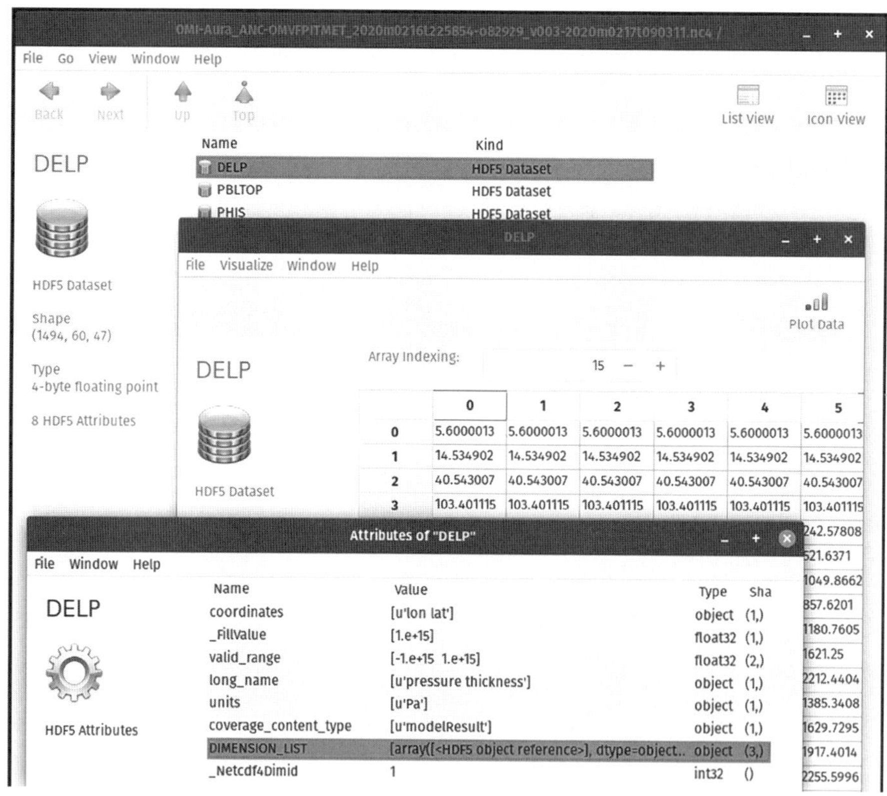

그림 1.5: HDF Compass NASA data

파이썬에는 HDF5, PyTables, h5py 작업용 두 가지 인기 있는 오픈소스 라이브러리가 있다. 특히 NetCDF 작업을 위한 `netcdf4-python` 라이브러리도 있다. HDF5 파일에서 데이터를 읽고 NetCDF 특정 메타데이터를 추가하지 않으려면 일반 HDF5

도구 중 하나가 적합하다(h5py는 PyTables보다 특수 메타데이터를 더 잘 처리한다).

PyTables와 h5py는 약간 다른 형태를 가진다. H5py는 HDF5 사양 자체에 근접한 반면 PyTables는 더 높은 수준의 'Pythonic' 인터페이스를 제공하려고 한다. PyTables는 2000년에 내가 작성한 XML 액세스용 라이브러리에서 데이터 모델을 차용하고 이를 인정한다는 장점이 있다. 그러나 이 장점은 개인적으로는 나보다 일반 독자에게는 관련성이 적을 수 있다. R 세계에서는 `rhdf5` 라이브러리를 사용할 수 있다.

HDF5 데이터 작업을 위한 라이브러리에서는 대규모 데이터 세트를 처리할 때 어느 정도의 게으름이 허용된다. 파이썬 인터페이스에서 데이터 세트는 가상화된 넘파이 배열이다. 중요한 것은 이러한 배열에 대해 슬라이스 작업을 수행할 수 있으며, 실제로 표시된 데이터만 메모리로 읽을 수 있다는 점이다. 테라바이트의 기본 정보를 처리할 수 있지만 한 번에 메가바이트만 처리하거나 수정해 디스크 어레이의 영역에서 효율적으로 읽고 쓸 수 있다.

NASA에서 사용하는 데이터 파일의 이름은 장황하지만 이름 자체에 데이터 세트의 특성이 자세히 표시돼 있다. 하나의 파일을 열고 해당 데이터 세트의 요약을 살펴보자. 데이터 세트 이름, 차원, 데이터 타입, 형태, 이러한 모든 항목이 갖는 '단위' 속성을 표시한다. 일반적으로 속성은 어떤 이름이든 가질 수 있지만 NASA에서 사용하는 규칙이 있다.

```
import h5py
h5fname = ('data/earthdata/OMI-Aura_ANC-OMVFPITMET'
           '_2020m0216t225854-o82929_v003'
           '-2020m0217t090311.nc4')

data = h5py.File(h5fname, mode='r')

for name, arr in data.items():
    print(f"{name:6s} | {str(arr.shape):14s} | "
```

```
        f"{str(arr.dtype):7s} | {arr.attrs['units'][0]}")
```

```
DELP    | (1494, 60, 47)  | float32 | Pa
PBLTOP  | (1494, 60)      | float32 | Pa
PHIS    | (1494, 60)      | float32 | m+2 s-2
PS      | (1494, 60)      | float32 | Pa
T       | (1494, 60, 47)  | float32 | K
TROPPB  | (1494, 60)      | float32 | Pa
U       | (1494, 60, 47)  | float32 | m s-1
U10M    | (1494, 60)      | float32 | m s-1
V       | (1494, 60, 47)  | float32 | m s-1
V10M    | (1494, 60)      | float32 | m s-1
lat     | (1494, 60)      | float32 | degrees_north
lev     | (47,)           | int16   | 1
line    | (1494,)         | int16   | 1
lon     | (1494, 60)      | float32 | degrees_east
sample  | (60,)           | int16   | 1
time    | (1494,)         | float64 | seconds since 1993-01-01 00:00:00
```

데이터 세트 배열 중 하나의 부분에만 메모리 뷰를 천천히 만들 수 있다. 이 예제에서는 읽기 전용 모드로 열었지만 'r+' 또는 'a' 모드를 사용해 열었다면 파일을 변경할 수 있다. 'w' 모드는 기존 파일을 덮어쓰므로 매우 주의해서 사용해야 한다. 모드가 디스크에서 수정을 허용하는 경우 data.flush()나 data.close()를 호출하면 변경 사항이 HDF5 소스에 다시 기록된다.

3차원 V 데이터 세트의 작은 섹션만의 뷰를 생성해보자. 여기서는 데이터 도메인을 이해하는 데 특별히 관심이 없고 API를 시연할 뿐이다. 특히 복잡한 메모리 뷰에서 일반적인 넘파이 스타일을 사용할 수 있음을 보여주고자 한 개 차원을 사용했다. 참조된 데이터만 실제로 메인 메모리에 저장되고 나머지는 디스크에 남아 있다.

```
# DELP 배열 중간의 3D 블록
```

```
middle = data['V'][::500, 10:12, :3]
middle
```

```
array([[[17.032158 , 12.763597  , 3.7710803 ],
        [16.53227  , 12.759642  , 4.1722884 ]],

       [[ 4.003829 , -1.0843939 , -6.7918572 ],
        [ 3.818467 , -1.0030019 , -6.6708655 ]],

       [[-2.7798688 , 0.24923703, 20.513933 ],
        [-2.690715  , 0.2226392  , 20.473366 ]]], dtype=float32)
```

뷰 middle에서 데이터를 수정하면 핸들을 플러시하거나 닫을 때 (읽기 전용 모드가 아닌 경우) 다시 기록된다. 다른 연산이나 데이터 과학 목적으로 데이터 슬라이스를 사용할 수도 있다. 예를 들어 그러한 선택은 신경망에 입력되는 텐서 역할을 할 수 있다. 더 간단한 경우에는 단순히 데이터에 대한 통계나 축소화/추상화reduction/abstraction를 찾을 수 있다.

```
middle.mean(axis=1)
```

```
array([[16.782215 , 12.76162   , 3.9716845 ],
       [ 3.911148 , -1.0436978 , -6.7313614 ],
       [-2.735292 , 0.23593812 , 20.493649 ]], dtype=float32)
```

***

R 또는 대부분의 다른 언어에서 HDF5 파일로 작업하는 것은 일반적으로 파이썬에서 작업하는 것과 유사하다. R 라이브러리 rhdf5를 살펴보자.

```
%%R -i h5fname
```

```
library(rhdf5)
h5ls(h5fname)
```

```
   group   name       otype  dclass           dim
0      /   DELP H5I_DATASET   FLOAT 47 x 60 x 1494
1      / PBLTOP H5I_DATASET   FLOAT      60 x 1494
2      /   PHIS H5I_DATASET   FLOAT      60 x 1494
3      /     PS H5I_DATASET   FLOAT      60 x 1494
4      /      T H5I_DATASET   FLOAT 47 x 60 x 1494
5      / TROPPB H5I_DATASET   FLOAT      60 x 1494
6      /      U H5I_DATASET   FLOAT 47 x 60 x 1494
7      /   U10M H5I_DATASET   FLOAT      60 x 1494
8      /      V H5I_DATASET   FLOAT 47 x 60 x 1494
9      /   V10M H5I_DATASET   FLOAT      60 x 1494
10     /    lat H5I_DATASET   FLOAT      60 x 1494
11     /    lev H5I_DATASET INTEGER             47
12     /   line H5I_DATASET INTEGER           1494
13     /    lon H5I_DATASET   FLOAT      60 x 1494
14     / sample H5I_DATASET INTEGER             60
15     /   time H5I_DATASET   FLOAT           1494
```

차원의 순서가 R과 파이썬에서 바뀐 것을 알 수 있으므로 관심 영역을 선택할 때 이를 고려해야 한다. 그러나 일반적으로 R에서의 슬라이싱 작업은 넘파이에서의 작업과 매우 유사하다. `h5save()` 함수는 수정된 데이터를 디스크에 다시 쓰는 데 사용된다.

```
%%R -i h5fname
V = h5read(h5fname, 'V')
V[1:2, 10:12, 10:11]
```

```
, , 1
```

```
         [,1]      [,2]      [,3]
[1,]  17.69524  17.23481  16.57238
[2,]  12.46370  12.44905  12.47155

, , 2

         [,1]      [,2]      [,3]
[1,]  17.71876  17.25898  16.56942
[2,]  12.42049  12.40599  12.43139
```

***

표시된 NASA 데이터는 그룹 계층 구조를 사용하지 않고 최상위 데이터 세트만 사용한다. 그룹과 데이터 세트를 중첩하는 간단한 데이터 컬렉션을 살펴보자.

```
make_h5_hierarchy() # HDF5 파일 초기화
f = h5py.File('data/hierarchy.h5', 'r+')
dset = f['/deeply/nested/group/my_data']
print(dset.shape, dset.dtype)
```

```
(10, 10, 10, 10) int32
```

정수 데이터의 4차원 배열이 있음을 알 수 있다. 일부 메타데이터 설명도 첨부됐을 수 있다. 또한 `'r+'` 모드에서 열었으므로 데이터의 일부 섹션을 보고 수정해보자. 데이터를 변경한 후 디스크에 다시 쓸 수 있다. 유사하게 일반 딕셔너리 스타일에서 속성을 변경하거나 추가할 수 있다. 예를 들면 다음과 같다.

```
dset.attrs[mykey] = myvalue
```

데이터 세트의 조각을 살펴보자.

```
for key, val in dset.attrs.items():
  print(key, "→", val)
print()
print("Data block:\n", dset[5, 3, 2:4, 8:])
```

```
author      David Mertz
citation    Cleaning Data Book
shape_type  4-D integer array

Data block:
  [[-93 -53]
  [ 18 -37]]
```

이제 표시한 것과 동일한 데이터 슬라이스를 수정한 다음 파일 핸들을 닫아 디스크에 다시 쓴다.

```
dset[5, 3, 2:4, 8:] = np.random.randint(-99, 99, (2, 2))
print(dset[5, 3, 2:4, 8:])
f.close()                        # 디스크에 변경 사항 쓰기
```

```
[[-45 -76]
 [-96 -21]]
```

파이썬의 h5py 패키지에서 계층 구조를 살펴볼 수 있지만 경로를 반복하는 것은 다소 수동적이다. R의 rhdf5는 이 테스트 파일의 구조를 더 많이 볼 수 있게 해주는 멋진 유틸리티 함수 h5ls()를 제공한다.

```
%%R
library(rhdf5)
h5ls('data/hierarchy.h5')
```

```
                     group        name      otype  dclass              dim
0                        /      deeply  H5I_GROUP
1                  /deeply      nested  H5I_GROUP
2           /deeply/nested       group  H5I_GROUP
3     /deeply/nested/group     my_data H5I_DATASET  INTEGER  10 x 10 x 10 x 10
4                  /deeply        path  H5I_GROUP
5             /deeply/path   elsewhere  H5I_GROUP
6 /deeply/path/elsewhere         other H5I_DATASET  INTEGER                20
7             /deeply/path   that_data H5I_DATASET    FLOAT             5 x 5
```

SQLite

본질적으로 SQLite는 데이터 과학자의 관점에서 볼 때 또 다른 RDBMS다. 개발자나 시스템 엔지니어를 위한 몇 가지 특별한 속성이 있지만 이 책의 독자는 SQL 쿼리를 통해 SQLite 파일에서 데이터를 얻을 수 있다. HDF5와 다소 유사하게 SQLite 파일(확장자는 종종 .sqlite, .db 또는 .db3지만 일부 파일 타입만큼 표준화되지 않음)에는 많은 테이블이 포함될 수 있다. SQL에서는 여러 테이블의 데이터를 결합하기 위한 조인 및 서브 쿼리를 자동으로 가져오는 반면 여러 HDF5 데이터 세트의 데이터를 결합하는 유사한 표준은 없다.

SQLite3 데이터 형식과 서버는 매우 효율적이며 쿼리는 일반적으로 빠르다. 다른 SQL 데이터베이스와 마찬가지로 전체적으로 성공하거나 실패하는 **원자적 트랜잭션**atomic transactions으로 동작한다. 이는 데이터베이스가 논리적으로 일관되지 않은 상태에 도달하는 것을 방지한다. 그러나 동시 액세스 모델은 없다.

또는 서버 기반 RDBMS가 수행하는 방식으로 공통 데이터베이스에 대한 여러 동시 작성자를 허용하지 않는다. 많은 리더 클라이언트가 어려움 없이 동일한 파일을 동시에 열 수 있다. 많은 클라이언트가 쓰기 트랜잭션을 수행하려고 할 때만 중단된다. 이런 상황을 해결하는 방법이 있지만 이 책의 범위를 벗어난다.

다른 RDBMS에 비해 SQLite의 중요한 장점은 데이터베이스를 구성하는 단일 파일을 배포하는 것이 매우 간단하다는 것이다. 다른 시스템에서는 새 사용자에게 액세스 권한을 부여하고자 자격증명 및 방화벽 규칙 등을 추가해야 한다. 또는 필요한 데이터를 다른 형식(일반적으로 CSV)으로 내보내야 한다. 이러한 형식(예, 데이터 타입)은 느리고 다소 손실이 있다.

SQLite에서 데이터 타입 분류는 키메라와 같다. 여기서 다룰 기본 데이터 유형은 거의 없다. 그러나 거의 모든 다른 SQL 데이터베이스와 달리 SQLite는 열이 아닌 값별로 데이터 타입을 전달한다. 이는 스프레드시트에 대해 논의된 것과 동일한 취약성에 부딪치는 것처럼 보이지만 실제로는 스프레드시트보다 훨씬 적은 문제다. 값당 타입이 그다지 문제가 되지 않는 한 가지 이유는 이를 채우는 데 사용되는 인터페이스 때문이다. SQLite에서 개별 값을 대화식으로 편집하는 것은 매우 드문 일이며 공통 소스의 데이터로 많은 행을 `INSERT` 또는 `UPDATE`하는 프로그래밍 SQL 명령을 실행하는 것이 훨씬 더 일반적이다.

그러나 데이터 타입과 별도로 SQLite에는 타입 선호도라는 개념이 있다. 각 열에는 다른 데이터 타입이 발생하는 것을 방지하지 않지만 열의 선호도에 따라 선호도를 조금씩 이동하는 선호 타입이 제공된다. 커맨드라인에서 `sqlite` 도구를 실행해 대화형 SQLite 프롬프트로 이동할 수 있다. 다음 예를 살펴보자(SQLite 문서에서 수정 됨).

```
sqlite> CREATE TABLE mytable(a SMALLINT, b VARCHAR(10), c REAL);
sqlite> INSERT INTO mytable(a, b, c) VALUES('123', 456, 789);
```

여기 행에는 `a` 열에 정수, `b` 열에 `TEXT`, `c` 열에 부동소수점이 삽입된다. SQL 구문 자체는 느슨한 타입이지만 기본 데이터베이스는 형 변환 결정을 내린다. 이는 다른 RDBMS에도 해당되지만 열 데이터 타입에 대해서는 더 엄격하다. 따라서 SQLite에서도 이 작업을 실행할 수 있으며 다른 데이터베이스에서는 실패한다.

```
sqlite> INSERT INTO mytable(a, b, c) VALUES('xyz', 3.14, '2.71');
```

어떤 결과가 나오는지 살펴보자.

```
sqlite> SELECT * FROM mytable;
123|456|789.0
xyz|3.14|2.71
```

SQLite 대화형 셸은 데이터 타입이 완전히 명확하지는 않지만 파이썬에서 쿼리를 실행하면 명확해진다.

```
import sqlite3
db = sqlite3.connect('data/affinity.sqlite')
cur = db.cursor()
cur.execute("SELECT a, b, c FROM t1")
for row in cur:
    print([f"{x.__class__.__name__} {x}" for x in row])
```

```
['int 123', 'str 456', 'float 789.0']
['str xyz', 'str 3.14', 'float 2.71']
```

a 열이 정수로 해석될 수 있게 설정된 경우 정수 보유를 선호하지만 필요한 경우 더 일반적인 데이터 타입으로 대체된다. 마찬가지로 c 열은 부동소수점을 선호하며 인용되지 않은 정수나 부동소수점과 같은 문자열을 해석할 수 있다.

SQLite의 실제 데이터 타입은 독점적으로 NULL, INTEGER, REAL, TEXT, BLOB이다. 그러나 다른 SQL 데이터베이스에 있는 대부분의 타입 이름은 이러한 단순 타입의 앨리어스[aliases]다. 예에서 VARCHAR(10)은 TEXT의 앨리어스고 SMALLINT는 INTEGER의 앨리어스다. REAL 값은 항상 64비트 부동소수점 숫자로 표시된다. INTEGER 값 내에서 스토리지 효율성을 위해 1, 2, 3, 4, 6 또는 8의 비트 길이가 선택된다. SQLite 스토리지에는 datetime 타입이 없지만 시간 지향 SQL 함수는 TEXT(ISO-8601 문자열), REAL(BC 4714년 11월 24일 이후 날짜) 또는 INTEGER(1970-01-01T00:00 이후 초)를 허용한다.

SQLite 데이터베이스 작업에 대한 전반적인 요점은 데이터를 읽을 때 데이터 타입을 다시 확인하는 데 약간의 추가적인 주의가 필요하지만 대부분의 경우 열마다 강력하게 타입별로 분류된 것으로 간주할 수 있다는 점이다. 트런케이션truncation, 클리핑clipping, 랩어라운드wrap-around 문제가 발생하지 않는다. 실제 소수 데이터 유형은 없고 앨리어스만 있다. 회계나 재무에 비해 데이터 과학의 경우 이는 거의 문제가 되지 않는다. 그러나 부동소수점 반올림 문제에 대한 일반적인 주의 사항이 적용된다.

아파치 파켓

파켓 형식은 하둡Hadoop 생태계에서 성장했지만 핵심은 테이블과 같은 데이터를 저장하고자 최적화된 열 지향 파일 형식이다. 파켓에는 숫자 유형에 초점을 맞춘 타입 시스템이 있다. SQLite만큼 단순하지는 않지만, 예를 들어 넘파이 또는 C/C++처럼 가능한 모든 비트 길이를 제공하지 않는다. 모든 정수 타입은 부호가 있다. 숫자가 아닌 모든 것은 애플리케이션 레벨에서 필요한 목적을 위해 형 변환되는 바이트 배열이다(즉, 스토리지 형식 레벨이 아님).

하둡 도구에서 성장한 파켓은 특히 병렬 컴퓨팅에 최적화돼 있다. 실제로 파켓 '파일'은 레이아웃과 기타 세부 정보를 설명하는 해당 디렉터리의 _metadata 파일과 함께 여러 데이터 파일을 포함하는 디렉터리다.

```
%%bash
ls -x data/multicsv.parq
```

```
_common_metadata _metadata        part.0.parquet   part.10.parquet
part.11.parquet  part.12.parquet  part.13.parquet  part.14.parquet
```

```
part.15.parquet  part.16.parquet  part.17.parquet  part.18.parquet
part.19.parquet  part.1.parquet   part.20.parquet  part.21.parquet
part.22.parquet  part.23.parquet  part.24.parquet  part.25.parquet
part.26.parquet  part.27.parquet  part.28.parquet  part.29.parquet
part.2.parquet   part.3.parquet   part.4.parquet   part.5.parquet
part.6.parquet   part.7.parquet   part.8.parquet   part.9.parquet
```

때때로 파일 시스템은 대용량 데이터 세트에 대한 연산 효율성을 더욱 지원하는 **하둡 파일 시스템**HDFS, Hadoop File System과 같은 병렬 분산 시스템이다. 이러한 경우 파켓은 데이터를 다양하고 교묘하게 샤딩sharding, 효율적인 압축(다양한 전략 사용), 연속 읽기 최적화를 수행하고 속도와 스토리지 크기 모두에서 일반적인 사용 사례를 개선하고자 분석하고 수정됐다.

파켓을 지원하는 일부 도구나 라이브러리는 **아파치 하이브**Apache Hive, **클라우데라 임팔라**Cloudera Impala, **아파치 피그**Apache Pig, **아파치 스파크**Apache Spark며, 모두 병렬 컴퓨팅 공간에 있다. 그러나 파이썬과 R(및 기타 언어)에도 사용할 수 있는 인터페이스가 있다. 많은 상위 수준 도구는 SQL 계층으로 파켓 데이터를 처리한다.

파이썬의 경우 `pyarrow` 및 `fastparquet` 라이브러리는 파일 형식에 대한 직접적인 인터페이스를 제공한다. 이러한 라이브러리는 일반적이지만 주로 파켓 데이터를 데이터 프레임(일반적으로 판다스, 때로는 Dask, Vaex 또는 기타)으로 변환하도록 설계됐다. R 세계에서 `sparklyr`는 스파크에 대한 인터페이스지만 실행 중인 스파크 인스턴스가 필요하다(로컬 설치는 괜찮음). `arrow` 패키지는 파이썬 라이브러리와 유사한 다이렉트 리더다.

일반적으로 진정한 빅데이터로 작업하는 경우 적절한 컴퓨팅 클러스터와 함께 제공되는 하둡이나 스파크 도구가 좋은 선택이다. Dask는 파이썬에서 병렬 처리에 대한 접근 방식으로 매우 좋다. MPI와 같은 다른 접근 방식은 R, 파이썬, 기타 여러 언어에서 사용할 수 있다. 그러나 하둡과 스파크는 효율적이고 대규모 병렬 컴퓨팅과 관련해 가장 많은 관심을 기울인 도구다.

빅데이터(수억에서 수십억 행)보다는 중간 크기의 데이터(수십만에서 수백만 행)에 대해서만 걱정할 필요가 있더라도 파켓은 여전히 작업하기에 빠른 형식이다. 또한 열별로 데이터를 입력하는 것이 일반적으로 바람직한 속성을 갖고 있어 데이터를 깨끗하고 깔끔하게 만드는 데 최소한 한 걸음 더 가까이 다가갈 수 있다.

예를 들어 앞서 Dask로 생성한 중간 크기의 데이터 세트를 읽어보자. 판다스와 Dask는 설치된 항목에 따라 pyarrow 또는 fastparquet를 사용한다.

```
pd.read_parquet('data/multicsv.parq/')
```

```
index           timestamp    id    name          x          y
    0  2000-01-01 00:00:00   979   Zelda   0.802163   0.166619
    1  2000-01-01 00:00:01  1019  Ingrid  -0.349999   0.704687
    2  2000-01-01 00:00:02  1007  Hannah  -0.169853  -0.050842
    3  2000-01-01 00:00:03  1034  Ursula   0.868090  -0.190783
  ...                 ...   ...     ...        ...        ...
86396  2000-01-10 23:59:56   998   Jerry   0.589575   0.412477
86397  2000-01-10 23:59:57  1011  Yvonne   0.047785  -0.202337
86398  2000-01-10 23:59:58  1053  Oliver   0.690303  -0.639954
86399  2000-01-10 23:59:59  1009  Ursula   0.228775   0.750066
2592000 rows × 5 columns
```

dask.dataframe과 같은 구문, 즉 dd.read_parquet(...)을 사용해 위의 읽기를 배포할 수 있다. 대규모 데이터 세트의 경우 코어를 제외하고 비활성 세그먼트를 로컬 시스템의 모든 코어에 작업을 분산시킬 수 있다. 그러나 이와 같은 중소규모 데이터의 경우 판다스는 코디네이션 오버헤드를 피하는 데 더 빠르다.

이미 판다스와 함께 파이썬 및 tibbles와 함께 R을 모두 사용해 데이터 프레임의 개념을 활용했지만 기본 추상화abstraction가 무엇으로 구성돼 있는지 살펴볼 가치가 있다. 다양한 프로그래밍 언어로 구현된 여러 가지 데이터 프레임을 간략하게 살펴보고 많은 공통점이 무엇인지 이해한다.

데이터 프레임

어떤 일을 하려고 하면 먼저 해야 할 다른 일이 생긴다.

– 머피Murphy의 (첫 번째) 추론

개념:

- 필터/변환/그룹/집계
- 스파크 데이터 프레임
- 판다스와 파생 모델
- 기타 파이썬 데이터 프레임
- R `Tidyverse`
- R `data.tables`
- 유닉스 철학

거의 많은 프로그래밍 언어의 많은 라이브러리가 데이터 프레임 추상화를 지원한다. 대부분의 데이터 과학자들은 이러한 추상화가 강력하고 선호하는 데이터 처리 방식이라고 생각한다. 데이터 프레임을 사용하면 SQL과 동일한 기본 개념이나 작업을 쉽게 표현할 수 있지만 특정 프로그래밍 언어와 나머지 프로그램의 메모리 공간 내에서 가능하다. SQLite와 같은 순수 로컬 데이터베이스를 처리하는 경우에도 SQL은 실제로 데이터 프레임이 허용하는 대화형 탐색보다 항상 '원격 패치remote fetch'에 가깝다.

이러한 작업은 기본적으로 필터링, 그룹화, 집계, 정렬, 벡터화된 함수 애플리케이션으로 구성된다. 일반적으로 모든 데이터 프레임 라이브러리는 최종 결과를 생성하고자 이러한 작업을 일부 순서로 연결하는 '능숙한' 프로그래밍 스타일을 허용한다. 적어도 동작하는 최종 결과는 일반적으로 데이터 프레임이나 스칼라 값이다. 때로는 시각화가 이러한 처리 결과와 관련이 있으며 대부분의 데이터 프레임 도구는 시각화 라이브러리와 완벽하게 통합된다.

물론 이런 능숙한 연결 작업의 목표는 재현할 수 있는 워크플로를 설명하는 것이다. 다양한 데이터 수정에 대한 탐색은 단계적으로 구성될 수 있으며 중간 결과는 종종 잘못됐을 수 있다는 힌트를 주거나 경로가 정확하다는 확신을 준다. 탐색이 끝나면 도메인의 새 데이터 및 해결 중인 문제와 함께 재사용할 수 있는 데이터의 복합 변환에 대한 표현식을 얻게 된다. 코드의 주석과 이러한 체인이나 파이프라인에 수반되는 주석은 항상 사용자와 다른 코드 리더 모두의 삶을 더 쉽게 만들어준다.

분산이나 코어 외부 라이브러리는 대규모 데이터 세트 작업을 원활하게 수행할 수 있으며, 이는 데이터 프레임 추상화가 특정 라이브러리에 약간의 제한이 있더라도 거의 무제한으로 확장된다는 것을 의미한다. 이 절에서는 여러 데이터 프레임 라이브러리를 사용해 유사한 코드를 제시하고 이들 간의 강점, 약점, 차이점을 간략하게 설명한다.

이 책은 일반적으로 판다스와 함께 파이썬을 사용하고 `tibbles`와 함께 R은 적게 사용한다. 파이썬/R의 다른 라이브러리(Vaex, data.table), `coreutils`를 사용하는 스칼라/스파크 또는 Bash와 같은 다른 프로그래밍 언어에서도 이러한 라이브러리의 개념과 사용 유사성을 확인할 수 있다. 많은 데이터 과학자가 특히 스파크를 사용한다. 특히 데이터 프레임 접근 방식을 사용할 수 있는 경우 어떤 특정 도구를 사용하든 전체 개념은 쉽게 해석돼야 한다.

이 책에 있는 대부분의 코드는 판다스를 사용한다. 이 글을 쓰는 시점에서 파이썬은 데이터 과학에 가장 널리 사용되는 언어며 판다스는 가장 널리 사용되는 데이터 프레임 라이브러리다. 실제로 일부 '경쟁' 라이브러리 자체가 판다스를 내부 구성 요소로 사용한다. 그러나 이 절에서는 이러한 모든 라이브러리가 얼마나 유사한지 설명하고 강조하고 싶다. 이를 위해 여러 라이브러리를 사용해 동일한 작업을 수행할 것이다.

데이터 프레임으로 수행할 수 있는 매우 복잡한 작업과 파이프라인이 매우 많다. 이 간단한 절은 특정 라이브러리에 대한 자습서가 아니라 데이터 조작을 표현하도록 공유되는 스타일과 다른 도구 간의 작은 차이점을 간략하게 보여준다.

각 데이터 프레임 라이브러리를 사용해 다음을 수행한다.

1. x와 y 두 열의 비교를 기반으로 필터링한다.
2. 비교된 한 열에서 파생된 값 y를 벡터화한다.
3. 다른 열, 이름에 공통 값을 갖는 데이터를 그룹화한다.
4. 그룹화된 열 x의 데이터를 집계한다.
5. 계산된 열 `Mean_x`를 기준으로 데이터를 정렬한다.
6. 설명을 위해 결과에 처음 5개 행을 표시한다.

스파크/스칼라

시작하기 전에 분산 컴퓨팅 프레임워크인 스파크와 네이티브 프로그래밍 언어인 스칼라를 사용하는 단계의 파이프라인을 설명하고자 한다. 파이썬, R, 기타 언어에서 스파크로의 바인딩도 존재하지만 작업 속도를 늦추는 어느 정도의 변환 오버헤드가 발생한다. 이 파이프라인은 이 장의 다른 예에 표시된 샘플 Dask 데이터 세트를 사용하고 데이터 세트에 언급된 모든 기본 작업을 수행한다.

NOTE

Setup

이 책에서 파이썬와 R 코드에 대해 사용하는 환경 구성과 복제는 함께 제공되는 저장소에 설명돼 있다. 그러나 하둡과 스파크를 구성하는 것은 몇 가지 구성 파일로 캡슐화하기가 쉽지 않은 별도의 단계다. 단계는 어렵지 않지만 이러한 도구와 함께 제공되는 공식 문서나 온라인에서 사용할 수 있는 다른 자습서를 따라야 한다.

다음 몇 라인은 스파크 셸 내에서 실행됐다. 이 책의 구성을 위해 하둡과 스파크의 로컬 인스턴스가 실행됐지만 이는 원격 클러스터에 대한 연결이다. 시작하면 다음과 유사한 내용이 표시된다.

```
Spark context Web UI available at http://popkdm:4040
Spark context available as 'sc' (master = local[*], app id =
local-1582775303458).
Spark session available as 'spark'.
Welcome to
      ____              __
     / __/__  ___ _____/ /__
    _\ \/ _ \/ _ '/ __/  '_/
   /___/ .__/\_,_/_/ /_/\_\   version 2.4.5
      /_/

Using Scala version 2.11.12 (OpenJDK 64-Bit Server VM, Java 11.0.6)
Type in expressions to have them evaluated.
Type :help for more information.
```

셸에서 공통 디렉터리에 있는 CSV 파일 컬렉션을 읽을 수 있다. 다른 많은 데이터 소스도 유사한 인터페이스에서 사용할 수 있다. 데이터 타입을 추론하고 필드 이름을 지정하고자 열 헤더를 사용할 수 있다. 파이프 기호(|)는 단순히 연속 라인을 나타내는 스파크 셸 인터페이스의 일부일 뿐이며, 자체가 스칼라 코드가 아니다.

```
scala> val df = spark.read.      // Local file or Hadoop resource
     | options(Map("inferSchema"->"true","header"->"true")).
     | csv("data/multicsv/")    // Directory of multiple CSVs
df: org.apache.spark.sql.DataFrame = [
     timestamp: timestamp, id: int ... 3 more fields]
```

다음의 능숙한 코드는 의도한 단계를 단순히 순서대로 수행한다.

```
scala> df. // Working with loaded DataFrame
     | filter($"x" > ($"y" + 1)).     // x more than y+1 (per row)
     | groupBy($"name").              // group together same name
     | agg(avg($"x") as "Mean_x").    // mean within each group
     | sort($"Mean_x").               // order data by new column
     | show(5)

+------+------------------+
| name |            Mean_x|
+------+------------------+
| Ray  |0.6625697073245446|
|Ursula|0.6628107271270461|
|Xavier|0.6641165295855926|
| Wendy|0.6642381725604264|
| Kevin| 0.664836301676443|
+------+------------------+
only showing top 5 rows
```

판다스와 파생된 래퍼

많은 라이브러리가 판다스 API를 에뮬레이트하거나 이를 종속성으로 직접 활용한다. Dask와 Modin은 모두 판다스를 직접 래핑하고 하나의 네이티브 DataFrame을 여러 별도의 판다스 DataFrame으로 분할한다. 네이티브 DataFrame의 메서드는 일반적으로 DataFrame당 기본 해당 판다스 메서드로 디스패치된다. Modin은 Dask 또는 Ray를 병렬/클러스터 실행 백엔드로 사용할 수 있지만 Modin은 Dask와 달리 실행 모델에 즉각적[eager]이다.

Dask는 dask.dataframe 서브패키지가 단 하나의 구성 요소인 범용 실행 백엔드다. Dask가 하는 일의 대부분은 라이브러리 Ray와 유사하며, 원하는 경우 Modin도 사용할 수 있다(이 글의 벤치마크는 사용 사례에 따라 Ray를 약간 선호한다). Dask에서 대부분의 판다스 API 메서드 호출은 필요한 작업의 방향성 비순환 그래프[DAG, Directed Acyclic Graph]만 처음에 빌드한다. 연산은 빌드된 DAG의 .compute() 메서드가 호출될 때만 수행된다. 다음 예제는 Dask를 사용하지만 최종 .compute()와 pd로 초기 import modin.pandas as pd를 제외하고는 Modin과 정확히 동일하게 보인다.

cuDF는 판다스의 API를 매우 밀접하게 따르는 또 다른 라이브러리지만 CUDA GPU에서 메서드를 실행한다. 기본 실행은 완전히 다른 종류의 칩 아키텍처에서 이뤄지기 때문에 cuDF는 판다스와 코드를 공유하거나 판다스를 래핑하지 않는다. 그러나 거의 모든 API 호출은 동일하지만 시스템에 최신 CUDA GPU가 있는 경우 훨씬 더 빠르다.

cuDF는 판다스 및 Modin과 마찬가지로 실행 모델에 즉각적이다.

```
import dask.dataframe as dd
dfd = dd.read_csv('data/multicsv/*.csv', parse_dates=['timestamp'])
```

다음 판다스 스타일의 작업은 스파크 작업과 매우 유사하다. 접근자accessor .loc은 여러 셀렉션 스타일을 오버로드하지만 술어predicate 필터는 허용한다. 다른 하나는 동일한 행에서 열, 즉 일련의 이름을 선택하는 데 사용한다. 그룹화는 메서드 이름의 대문자를 제외하고 거의 동일하다. 판다스에는 평균 함수나 'mean' 문자열을 전달할 수 있는 .agg() 메서드도 있다. 집계에서 열의 이름이 자동으로 변경되지 않으므로 더 정확하게 일치시킨다. 정렬하고 보여주는 대신 단일 메서드에서 가장 작은 5개를 사용한다. 실제로 개념적 요소는 동일하며 철자만 약간 다르다.

```
(dfd
  .loc[dfd.x > dfd.y+1,          # 행 술어
      ['name', 'x']]             # 열 목록
  .groupby("name")               # 열 그룹핑
  .mean() # Aggregation
  .rename(columns={'x': 'Mean_x'})     # 네이밍
```

```
  .nsmallest(5, 'Mean_x')              # 순서 선택
).compute() # 응결시킴
```

```
Name        Mean_x
Ray       0.662570
Ursula    0.662811
Xavier    0.664117
Wendy     0.664238
Kevin     0.664836
```

Vaex

Vaex는 판다스와 완전히 독립적인 파이썬 라이브러리지만 거의 유사한 API를 사용한다. 상당한 양의 코드는 두 스타일의 데이터 프레임 모두에서 동일하게 동작하지만 다른 하나의 데이터 프레임을 위해 한 코드를 단순히 드롭할 수 있는 것은 아니다. Vaex의 철학은 판다스와 다소 다르다. 한편으로 Vaex는 느린 연산과 암묵적으로 병렬성을 강조한다. 표현식은 즉각적으로 평가되지만 주어진 작업에 필요하지 않은 데이터 부분을 건드리지 않게 주의해야 한다. 이는 대부분의 코어 외부 작업과 함께 진행된다. Vaex 메모리는 데이터를 메모리로 읽는 대신 디스크에 데이터를 매핑하고 작업에 필요한 부분만 로드한다.

Vaex는 데이터 복사본을 만드는 것을 피해 선택 항목을 뷰로 표현한다. **표현식**expressions과 **가상 열**virtual columns의 개념을 갖고 있다. 예를 들어 여러 열에 대한 연산은 새 열에 할당된 경우에도 데이터가 아닌 기능적 형식만 저장되므로 새 메모리를 중요하게 사용하지 않는다. 해당 데이터가 필요할 때만 연산이 수행되고 영향을 받는 행에 대해서만 수행된다. 전체적인 결과는 Vaex가 대규모 데이터 세트에서 매우 빠를 수 있다는 것이다. 그러나 Vaex는 머신 클러스터가 아닌 한 머신의 여러 코어에서만 병렬 처리된다.

메모리 매핑 방식으로 인해 Vaex는 실제 내부적으로 CSV 파일을 직접 처리하려고 하지 않는다. 각 데이터를 디스크의 예측 가능한 위치에 배치하는 직렬화된 페더Feather 또는 HDF5와 달리 CSV는 본질적으로 디스크의 레이아웃에서 비정형이다. `.read_csv()` 메서드는 단일 파일을 메모리로 읽어 들이는 반면 디렉터리에서 CSV 계열로 작업하려면 해당 계열의 HDF5 파일로 변환해야 한다. 다행히도 `.read_csv_and_convert()` 메서드가 자동으로 이 작업을 수행한다. 결과적으로 이러한 컬렉션을 처음 읽을 때 변환에 시간이 걸리지만 이후에 열 때는 기존 HDF5 파일을 활용해 즉시 열린다(실제 메모리로 읽지 않고 메모리 맵만).

```
import vaex
dfv = vaex.read_csv_and_convert('data/multicsv/*.csv', copy_
index=False)
```

판다스와의 또 다른 차이점은 Vaex 데이터 프레임이 깔끔하다는 것이다(이 장의 시작 부분에서 설명함). 판다스에 대한 많은 작업은 여러 중첩 열로 구성된 계층적 인덱스일 수도 있는 행 인덱스에 의존한다. Vaex의 '인덱스'는 단순히 행 번호다. 필터링, 그룹화, 정렬 등을 수행할 수 있지만 항상 정규 열을 기반으로 한다. 이 철학은 R의 `tibble` 및 `data.table`과 공유되며, 둘 다 이전 `data.frame`의 측면을 거부한다.

```
print(
dfv
   [dfv.x > dfv.y + 1]       # 행의 술어 선택
   [['name', 'x']]           # 열 선택 목록
   .groupby('name')          # 그룹핑
   .agg({'x': 'mean'})       # 집계
   .sort('x')                # 정렬(Vaex에 .nsmallest() 메서드가 없음)
   .head(5)                  # 처음 5
)
```

```
#   이름          x
0   Ray       0.66257
1   Ursula   0.662811
2   Xavier   0.664117
3   Wendy    0.664238
4   Kevin    0.664836
```

Vaex 이외의 라이브러리에 대한 논의를 위해 임시로 HDF5 파일을 제거한다.

```
%%bash
rm -f data/multicsv/*.hdf5
```

이제 R 내에서 유사한 데이터 프레임 옵션을 살펴보자.

R의 데이터 프레임(Tidyverse)

Tidyverse에서 `tibbles`는 선호되는 데이터 프레임 객체며 `dplyr`은 종종 연결된 파이프라인 데이터 조작을 위한 관련 라이브러리다. `dplyr`이 능숙한 스타일을 얻는 방법은 연결된 메서드 호출을 기반으로 하지 않는다. 실제로 객체지향 프로그래밍은 일반적으로 R에서 거의 사용되지 않는다. 대신 `dplyr`은 '파이프' 연산자(%>%)에 의존한다. 이 연산자는 이전 표현식의 결과를 호출된 다음 함수에 대한 첫 번째 인수argument로 처리한다. 이렇게 하면 다음과 같이 간결하지만 깊이 중첩된 표현식을 다시 작성할 수 있다.

```
round(exp(diff(log(x))), 1)
```

능숙한 스타일로 다음과 같이 된다.

```
x %>%
  log() %>%
  diff() %>%
  exp() %>%
  round(1)
```

먼저 이전에 생성된 CSV 파일 컬렉션을 읽을 수 있다. 이 데이터의 총 250만 행은 여전히 중간 크기의 데이터지만 다음 코드의 패턴은 빅데이터에 적용될 수 있다.

```
%%R
files <- dir(path = "data/multicsv/", pattern = "*.csv", full.names = TRUE)
read_csv_quiet <- function(file) {
  read_csv(file, col_types = cols("T", "n", "f", "n", "n"), progress = FALSE)
}

data <- files %>%
  # 각 파일에서 read_csv(), rbind를 사용해 하나의 DF로 축소
  map(read_csv_quiet) %>%
  # 이것이 정말 큰 데이터라면 각 파일을 처리한다.
individually
  reduce(rbind)

data
```

```
# A tibble: 2,592,000 x 5
    timestamp                 id name          x         y
    <dttm>                 <dbl> <fct>     <dbl>     <dbl>
 1  2000-01-01 00:00:00      979 Zelda     0.802     0.167
 2  2000-01-01 00:00:01     1019 Ingrid   -0.350     0.705
 3  2000-01-01 00:00:02     1007 Hannah   -0.170   -0.0508
 4  2000-01-01 00:00:03     1034 Ursula    0.868    -0.191
 5  2000-01-01 00:00:04     1024 Ingrid    0.0838    0.109
 6  2000-01-01 00:00:05      955 Ingrid   -0.757     0.308
 7  2000-01-01 00:00:06      968 Laura     0.230    -0.913
```

```
8   2000-01-01 00:00:07      945 Ursula          0.265   -0.271
9   2000-01-01 00:00:08     1020 Victor          0.512   -0.481
10  2000-01-01 00:00:09      992 Wendy           0.862   -0.599
# ... 2,591,990개의 추가 행이 있음
```

dplyr 파이프는 데이터를 필터링, 수정, 그룹화, 집계하는 함수로 연결되며 다른 데이터 프레임 라이브러리에서 사용되는 연결 메서드와 거의 동일하게 보인다. 일부 함수 이름은 다른 라이브러리와 약간 다르지만 수행되는 단계는 동일하다.

```
%%R
summary <- data %>%
  filter(x > y+1) %>%         # 행의 술어 선택
  select(name, x) %>%         # 열 선택
  group_by(name) %>%          # 그룹핑
                              # 집계와 네이밍
  summarize(Mean_x = mean(x)) %>%
  arrange(Mean_x) %>%         # 정렬 데이터
  head(5)                     # 처음 5

summary
```

```
'summarise()' ungrouping output (override with '.groups' argument)
# A tibble: 5 x 2
   name     Mean_x
   <fct>     <dbl>
1  Ray       0.663
2  Ursula    0.663
3  Xavier    0.664
4  Wendy     0.664
5  Kevin     0.665
```

R의 데이터 프레임(data.table)

Tidyverse를 벗어나 현대 R에서 테이블 형식 데이터로 작업하는 주요 접근 방식은 data.table이다. 이는 오래됐지만 표준인 R data.frame을 대체한 것이다. 새 코드는 항상 tibbles 또는 data.tables를 선호하기 때문에 이 책에서 data.frame에 대해 별도로 다루지 않는다.

데이터 프레임에 대한 대부분의 다른 접근 방식과 달리 data.table은 능숙하거나 연결된 스타일을 사용하지 않는다. 대신 가능한 한 많은 조작을 포착하는 DT[i, j, by]의 매우 간결한 일반 형식을 사용한다. 모든 작업 컬렉션을 하나의 일반적인 형식으로 표현할 수 있는 것은 아니지만 많은 작업이 가능하다. 또한 data.table은 전체 일반 형식에 대해 최적화할 수 있기 때문에 대규모 데이터 세트에서 시퀀스 방식으로 작업을 수행하는 라이브러리보다 훨씬 빠를 수 있다.

일반 형식의 각 요소는 '모든 것'을 의미하는 것으로 생략될 수 있다. 사용되는 경우 i는 관심 있는 행을 설명하는 표현식이며, i는 종종 논리 커넥터 &(and), |(or), !(not)로 결합된 여러 절로 구성된다. 이 표현식 내에서 행 순서를 지정할 수도 있지만 파생 열에는 적용되지 않는다. 예를 들면 다음과 같다.

```
dt[(id > 999 | date > '2020-03-01') & !(name == "Lee")]
```

열 선택자 j는 파생 열을 포함해 열을 참조할 수 있다.

```
dt[ , .(id, pay_level = round(log(salary), 1)]
```

마지막으로 by 형식은 행 하위 집합당 계산을 허용하는 그룹화 설명이다. 그룹은 범주형 값이나 계산된 컷[cut]을 따를 수 있다.

```
dt[, mean(salary), cut(age, quantile(age, seq(0,100,10)))]
```

이러한 형식을 합치면 다른 데이터 프레임 라이브러리와 동일한 요약을 생성할 수 있다. 그러나 최종 명령은 두 번째 단계로 수행해야 한다.

```
%%R
library(data.table)

dt <- data.table(data)
summary <- dt[
   i = x > y + 1,        # 열의 술어 선택
                         # 집게와 네이밍
  j = .(Mean_x = mean(x)),
  by = .(name)]          # 그룹핑

# 정렬 데이터와 처음 5
summary[order(Mean_x), .SD[1:5]]
```

```
       name     Mean_x
1:      Ray  0.6625697
2:   Ursula  0.6628107
3:   Xavier  0.6641165
4:    Wendy  0.6642382
5:    Kevin  0.6648363
```

흥미로운 Bash

커맨드라인에서 파이프라인 필터링과 집계를 수행하는 데 익숙한 독자에게는 데이터 프레임에서 사용되는 파이프나 능숙한 스타일이 매우 익숙해 보일 것이다. 실제로 커맨드라인 도구를 사용해 예제를 복제하는 것은 어렵지 않다. 여기서 무거운 리프터는 awk지만 사용하는 코드는 매우 간단하다. 개념적으로 이러한 단계는 데이

터 프레임 라이브러리에서 사용한 단계와 정확히 일치한다. 유닉스 철학에 따라 파이프를 사용해 결합하는 작은 도구는 데이터 프레임에서 사용되는 것과 동일한 기본 작업을 자연스럽게 복제할 수 있다.

```
%%bash
COND='{if ($4 > $5+1) print}'
SHOW='{for(j in count) print j,sum[j]/count[j]}'
AGG='{ count[$1]++; sum[$1]+=$2 }'" END $SHOW"

cat data/multicsv/*.csv     | # "데이터 프레임"을 생성
  grep -v ^timestamp        | # 헤더 삭제
  awk -F, "$COND"           | # 술어 선택
  cut -d, -f3,4             | # 열 선택
  awk -F, "$AGG"            | # 그룹으로 집계
  sort -k2 | # Sort data
  head -5                     # 처음 5
```

```
Ray 0.66257
Ursula 0.662811
Xavier 0.664117
Wendy 0.664238
Kevin 0.664836
```

예런 얀센스[Jeroen Janssens]는 『Data Science at the Command Line』(https://www.datascienceatthecommandline.com/)(O'Reilly, 2021)이라는 제목의 책을 썼다. 이 책은 훌륭하게 작성됐으며 온라인에서 무료로 사용할 수 있다. 그의 작업을 지원하고자 인쇄본이나 전자책을 구입하는 것을 추천한다. 다음 절과 이 책의 여러 곳에서 나는 그 책이 자세히 다루는 기술 유형의 방향으로 작은 언급만 할 뿐이다.

데이터 프레임과 능숙한 프로그래밍 스타일은 강력한 관용구며, 특히 데이터 과학에서 널리 사용된다. 내가 다루는 모든 특정 라이브러리는 동등한 힘을 가진 훌륭한 선택이다. 여러분에게 가장 잘 맞는 것은 대부분 취향의 문제이고 동료들이 무엇을

사용하는가에 대한 문제일 것이다.

연습

이 장에서 배운 많은 내용을 종합하면, 아래 연습을 통해 여러분이 읽은 기술과 관용구를 활용할 수 있게 해야 한다.

엑셀 데이터 정리

영화상 수상에 대한 간략한 정보가 포함된 엑셀 스프레드시트는 https://www.gnosis.cx/cleaning/Film_Awards.xlsx에서 구할 수 있다.

좀 더 구체화된 경우에는 더 많은 수년간의 데이터, 더 많은 유형의 상, 상을 수여하는 더 많은 협회 등이 있을 수 있다. 이 스프레드시트의 구성은 '야생에서' 접하게 될 많은 내용과 매우 비슷하지만 우리가 작업하고 싶은 깔끔한 데이터와는 거의 다르다. 간단한 예에서는 63개의 데이터 값만 발생하며 변환을 코딩하는 것만큼 빠르게 원하는 구조에 직접 입력할 수 있다. 그러나 이 연습의 요점은 유사한 구조의 더 큰 데이터 세트로 일반화할 수 있는 프로그래밍 코드를 작성하는 것이다.

	A	B	C	D	E	F	G
1	Best Picture						
2	Year	Academy Award	Director	Golden Globe - Drama	Director	Golden Globe - Musical or Comedy	Director
3	2019	Parasite	Bong Joon-ho	1917	Sam Mendes	Once Upon a Time in Hollywood	Quentin Tarantino
4	2018	Green Book	Peter Farrelly	Bohemian Rhapsody	Bryan Singer	Green Book	Peter Farelly
5	2017	The Shape of Water	Guillermo del Toro	Three Billboards Outside Ebbing, Missouri	Martin McDonagh	Lady Bird	Greta Gerwig
6							
7							
8	Best Actor						
9	Year	Academy Award	Film	Golden Globe - Drama	Film	Golden Globe - Musical or Comedy	Film
10	2019	Joaquin Phoenix	Joker	Joaquin Phoenix	Joker	Taron Egerton	Rocketman
11	2018	Rami Malek	Bohemian Rhapsody	Rami Malek	Bohemian Rhapsody	Christian Bale	Vice
12	2017	Gary Oldman	Darkest Hour	Gary Oldman	Darkest Hour	James Franco	The Disaster Artist
13							
14							
15	Best Actress						
16	Year	Academy Award	Film	Golden Globe - Drama	Film	Golden Globe - Musical or Comedy	Film
17	2019	Renée Zellweger	Judy	Renée Zellweger	Judy	Awkwafina	The Farewell
18	2018	Olivia Colman	The Favourite	Glenn Close	The Wife	Olivia Coleman	The Favourite
19	2017	Frances McDormand	Three Billboards Outsi	Frances McDormand	Three Billboards Outside E	Saoirse Ronan	Lady Bird

그림 1.6: 영화상 수상 스프레드시트

이 연습의 과제는 가장 익숙한 언어와 라이브러리를 사용해 이 데이터를 잘 정규화된 단일 데이터 프레임으로 읽는 것이다. 그 과정에서 감지한 데이터 무결성 문제를 모두 해결해야 한다. 주의해야 할 문제의 예는 다음과 같다.

- 영화 1917은 셀에 들어갈 때 순수하게 문자열이 아닌 숫자로 저장됐다.
- 일부 값의 철자가 일치하지 않는다. Olivia Colman의 이름이 하나의 경우에서 'Coleman'으로 잘못 표기됐다. 식별해야 할 값 하나에 간격 문제가 있다.
- 구조적으로, 겉으로 보이는 평행선은 실제로 그렇지 않다. 개인 이름이 때때로 단체의 이름으로 나열되지만 다른 경우에는 다른 열로 나열된다.
- 영화 이름은 때때로 단체에, 다른 경우에는 다른 곳에 나열된다.
- 일부 열 이름은 동일한 테이블 형식 영역에서 여러 번 나타난다.

좋은 데이터 프레임 구성에 대해 생각할 때 독립 변수와 종속 변수가 무엇인지 생각해보자. 매년 각 단체는 각 부문별로 상을 수여한다. 이들은 독립적인 차원이다. 사람 이름과 영화 이름은 정확히 독립적이지 않기 때문에 약간 까다롭지만 동시에 어떤 상은 영화에, 다른 상은 사람에게 수여한다. 또한 한 배우가 1년에 여러 영화에 출연할 수 있다(이 샘플 데이터에는 없지만 배제하지 않음). 마찬가지로 때때로 여러 영화가 영화 역사에서 같은 이름을 사용했다. 어떤 사람들은 감독이자 배우다(동일하거나 다른 영화에서).

유용한 데이터 프레임이 있으면 이를 사용해 요약 보고서에서 다음 질문에 답해보자.

- 여러 상에 관련된 각 영화에 대해 관련된 상과 연도를 나열한다.
- 여러 상을 수상한 각 배우/여배우에 대해 관련된 영화와 상을 나열한다.
- 이 작은 데이터 세트에서는 발생하지 않지만 때때로 배우/여배우가 여러 영화에서 상을 수상하기도 한다(일반적으로 다른 연도에). 코드가 해당 상황을 처리하는지 확인한다.

- 수작업이지만 다른 연도에 주어진 상을 조사하고 추가할 수 있다. 특히 일부 데이터를 추가하면 여러 영화에서 상을 수상한 배우가 표시된다. 다른 보고서가 더 큰 데이터 세트를 올바르게 요약하는가?

SQL 데이터 정리

이전 스프레드시트에서와 거의 동일한 간단한 정보를 가진 SQLite 데이터베이스는 다음 위치에서 사용할 수 있다.

https://www.gnosis.cx/cleaning/Film_Awards.sqlite

데이터베이스의 버전 정보는 비교적 잘 정규화되고 입력돼 있다. 또한 스프레드시트에 포함된 다양한 엔티티에 대한 추가 정보가 포함돼 있다. 이 스키마에는 스프레드시트보다 약간 더 많은 정보만 포함돼 있지만 영화, 배우, 감독, 수상에 대한 많은 양의 데이터와 이러한 데이터 간의 관계를 수용할 수 있어야 한다.

```
sqlite> .tables
actor award director org_name
```

이전 연습에서 언급했듯이 같은 영화의 이름은 같은 감독이라도 한 번 이상 사용할 수 있다. 예를 들어 Abel Gance는 주제가 연결된 그의 1919년과 1938년 영화 모두에서 J'accuse!라는 제목을 사용했다.

```
sqlite> SELECT * FROM director WHERE year < 1950;
Abel Gance|J'accuse!|1919
Abel Gance|J'accuse!|1938
```

예를 들어 배우 테이블에서 선택한 항목을 살펴보자. 이 테이블에는 이름을 넘어

구별할 성별 열이 있다. 이 글을 쓰는 시점에서 성 정체성 변경 전후의 주요 상을 수상한 트랜스젠더 배우는 없지만 이 스키마는 그러한 가능성을 허용한다. 어떤 경우든 이 필드를 사용해 많은 조직에서 부여하는 '배우'와 '여배우' 상을 구별할 수 있다.

```
sqlite> .schema actor
CREATE TABLE actor (name TEXT, film TEXT, year INTEGER, gender CHAR(1));

sqlite> SELECT * FROM actor WHERE name="Joaquin Phoenix";
Joaquin Phoenix|Joker|2019|M
Joaquin Phoenix|Walk the Line|2006|M
Joaquin Phoenix|Hotel Rwanda|2004|M
Joaquin Phoenix|Her|2013|M
Joaquin Phoenix|The Master|2013|M
```

이 연습의 목표는 이전 연습에서 생성한 것과 동일한 깔끔한 데이터 프레임을 생성하고 거기서 질문한 것과 동일한 질문에 답하는 것이다. SQL을 사용해 몇 가지 질문에 직접 답변할 수 있다면 대신 해당 접근 방식을 사용해본다. 이 연습에서는 2017년, 2018년, 2019년에 대한 상만 고려한다. 다른 일부는 불완전한 방식으로 포함되지만 보고서는 해당 연도에 대한 것이다.

```
sqlite> SELECT * FROM award WHERE winner="Frances McDormand";
Oscar|Best Actress|2017|Frances McDormand
GG|Actress/Drama|2017|Frances McDormand
Oscar|Best Actress|1997|Frances McDormand
```

대단원

모든 모델이 틀렸지만 일부 모델은 유용하다.

– 조지 박스George Box

1장에서 다룬 주제: 구분된 파일, 스프레드시트 위험, RDBMS, HDF5, 데이터 프레임

1장에서는 세상의 모든 구조화된 데이터의 대부분을 구성하는 데이터 형식을 소개했다. 정확히 이 데이터 볼륨에 대한 하드 데이터를 갖고 있지는 않지만 벌크 데이터 수집을 전문으로 하는 일부 기관을 제외하고는 누구도 할 수 없을 것이다. HDF5 및 관련 형식으로 저장된 모든 과학 데이터, 스프레드시트에 저장된 모든 비즈니스 데이터, SQL 데이터베이스에 저장된 모든 트랜잭션 데이터 그리고 거의 모든 곳에서 CSV로 내보내는 모든 데이터 사이에서 작업하는 데이터 과학자가 정기적으로 접하는 거의 모든 것을 구성했다.

형식을 제시할 때 이러한 데이터 소스를 여러 언어로 수집하기 위한 현재의 선도적인 도구를 다뤘다. 이 책 전반에 걸쳐 데이터 과학의 주요 프로그래밍 언어인 파이썬 및 R에 초점을 맞추지만 미래에는 바뀔 것이며, 이 방대한 양의 데이터를 더 빠르고 편리한 방법으로 처리하고자 거의 확실하게 새로운 라이브러리가 생길 것이다. 그럼에도 형식의 강점과 한계에 대한 개념적 문제(대부분 데이터 타입 및 스토리지 아티팩트에 대한 우려)는 이러한 새로운 언어 및 라이브러리에 남아 있게 될 것이고 철자만 약간 변경될 것이다.

노력했지만 그럼에도 부족한 토론으로 많은 도구에서 사용되는 데이터 프레임 추상화를 살펴봤다. 여기서 다시 새로운 변형이 발생할 수 있지만 이 글을 쓴 후 수십 년 동안 데이터 과학에서 일반적인 추상화가 기본 추상화가 될 것이라고 확신한다. 약간 다른 여러 라이브러리를 제시하면서 그중 하나의 표면만 긁어봤을 뿐이다.

사실 이 장 전체가 언급된 라이브러리 중 하나에 관한 것이더라도 하나의 특정 데이

터 프레임 라이브러리를 다루는 데 온 힘을 쏟는 훌륭한 책과 비교하면 불완전할 것이다. 그럼에도 필터링, 그룹화, 집계, 명명, 순서 지정 단계의 관점에서 데이터 처리 문제에 대해 생각하는 이 소개가 독자에게 많은 수집 작업을 이해하는 데 도움이 되기를 바란다.

1장에서 다룬 모든 형식을 읽는 데 사용한 데이터 프레임 추상화의 한 가지 한계는 데이터 스트리밍을 의미 있는 방식으로 보지 않는다는 것이다. 대부분의 경우 데이터 과학에 대한 니즈는 스트리밍 니즈가 아니지만 때때로 중복된다. 특정한 니즈가 있는 경우 ActiveMQ, RabbitMQ, 카프카Kafka와 같은 스트리밍 프로토콜에 대한 설명서를 확인하기 바란다. 그러나 여러분의 관심은 주로 데이터 형식 자체가 아니라 이벤트 처리, 4장과 5장에서 다루는 것과 같은 이상 징후 및 불량 데이터의 감지 변화, 6장에서 다룬 값 보정에 있을 것이다.

2장에서는 테이블 형식보다는 계층적으로 구성된 데이터 형식을 살펴본다.

02

계층적 형식

신도 없고 지배자도 없다.

– 루이스 아퀴스트 블랑키Louis Auguste Blanqui

머신러닝 모델을 활용하고 실제로 일반 통계 분석을 수행할 때 거의 항상 데이터가 테이블 형식이라고 가정한다. 관측치와 특징은 행과 열이다. 그럼에도 쟁기질된 들판이 아닌 나무와 같은 데이터를 저장하는 데는 매우 인기 있는 방법이 많다. 데이터 객체는 다른 데이터 객체가 속해 있는 다른 데이터 객체에 속하며, 분기의 깊이나 이름에 대한 특별한 제한이 없다. 이해의 경제성과 데이터베이스 시스템의 경우 액세스 효율성을 위해 계층적 데이터 형식이 광범위한 데이터 클래스에 더 적합한 경우가 많다.

테이블보다 계층 구조에 더 자연스럽게 매핑되는 많은 도메인이 있다. 관계형 대수algebra(SQL 및 관계형 데이터베이스를 뒷받침하는 개념적 구조)는 어떤 방식으로든 가능한 모든 구조를 나타낼 수 있다. 그러나 자연스럽게 계층화된 데이터에는 어색하게 느껴진다. 예를 들어 파일 시스템에는 결국 리프에 실제 파일로 이어지는 중첩된 경로가 있다. 계층적, 테이블 형식 또는 기타 데이터 배열이 있을 수 있는 파일에 도달할 때까지의 경로에 있는 디렉터리에는 모든 레벨에서 이름이 의미 있는 것을 나타내는 많은 하위 디렉터리가 있을 수 있다.

마찬가지로 연결된 웹 페이지 또는 실제로 모든 종류의 네트워크(사회적, 전자적 통신, 생태적 상호작용 또는 기타)의 그래프를 만들면 테이블보다 계층 구조에 더 가깝다. 전부 또는 대부분의 그래프가 방향성 비순환 그래프DAG, Directed Acyclic Graphs는 아니지만 행과 열은 더 적다.

또는 역, 계, 문, 강, 목, 과, 속, 종(때로는 아종, 상과, 아과 또는 부족)과 같은 린네식Linnaean 분류법에 의해 조직된 많은 생물학적 유기체를 설명하는 '생명의 책'이 있다고 상상해보자. 이 계층적 구조는 중요한 데이터일 뿐만 아니라 잎 속성은 종에 따라 크게 다르다. 원핵생물의 치열에 대한 정보는 관련이 없을 것이다. 치아는 원삭동물 문에 있는 유기체의 속성일 뿐이며, 대부분은 아문 척추 동물문 내에 있다. 따라서 균사에 대한 속성은 균류, 오미코타 또는 액티노박테리아(역, 계, 문을 교차하지만 여전히 계층 구조의 작은 조각 내) 내에서만 관련이 있다.

좋든 나쁘든 계층적 데이터 소스로 데이터 과학을 수행할 때, 이는 일반적으로 기본 데이터의 테이블 형식 추상화를 구성한다는 것을 의미한다. 목적에 따라 리프 속성과 분기 구조 중 하나 또는 모두가 관련될 수 있다. 두 경우 모두 변수 열과 레코드 행으로 인코딩하려고 한다. 이는 데이터 과학 이외의 여러 목적과 다소 대조된다. 다른 목적으로 그것은 종종 단순히 관련 리프나 멀리 떨어진 브랜치branch에 '드릴다운drill down'하고 그 수준에서 소량의 정보를 제시하거나 수정하는 문제다. 데이터 과학은 다양한 객체와 관련해 다양한 데이터 포인트를 일반화하는 경우가 훨씬 더 많다.

***

2장의 각 절로 이동하기 전에 다음과 같은 표준 설정 코드를 실행해본다.

```
from src.setup import *
%load_ext rpy2.ipython
```

```
%%R
library(tidyverse)
```

이제 이 장의 첫 번째 계층적 형식인 자바스크립트 객체 표기법을 살펴보자.

JSON

그녀는 무균의 소녀
청결은 그녀의 집착
하루에 열 번 양치질
쓱싹 쓱싹 쓱싹
S.R. 방법...

– 폴리 스타이렌Poly Styrene의 노래말

개념:

- JSON은 의미가 아닌 구문이다.
- REST 쿼리와 응답
- 커맨드라인 도구 jq
- 안전한 JSON 리더
- NaN, 무한대와 오버플로
- JSON 레코드 집계

- 크고 깊이 중첩된 JSON 작업
- JSON 데이터의 테이블 형식 요약 추출
- JSON 스키마로 구조 검증

JSON^JavaScript Object Notation^은 널리 사용되는 데이터 교환 형식이다. 이름에서 알 수 있듯이 자바스크립트에서 파생된 형식이지만 언어 중립적이다. JSON은 현재 IETF^Internet Engineering Task Force^ RFC 8259에 의해 지정돼 있다. JSON은 다양한 용도로 사용될 수 있지만, 특히 컴퓨터 서비스가 서로 통신하는 방법으로 널리 사용된다. 따라서 JSON 데이터의 많은 부분은 디스크의 파일이나 데이터베이스의 값과 같은 영구 저장소에 반드시 상주하지 않아도 되는 일시적인 메시지로 구성된다. 물론 때로는 이러한 메시지가 기록되거나 저장돼 데이터 과학 목적에 적합해진다.

JSON은 표준 라이브러리, 즉 기본 제공되거나 해당 언어에 대해 광범위하게 사용 가능한 라이브러리로, 많은 프로그래밍 언어에서 지원된다. 구문에서 JSON은 자바스크립트의 네이티브 데이터 구조 및 파이썬의 네이티브 데이터 구조와 매우 유사하지만 정확히 상위 집합이나 하위 집합이 아니다. JSON에 대해 이해해야 할 중요한 점은 구문은 지정하지만 의미는 지정하지 않는다는 것이다. 각 언어는 JSON 문법에 따라 텍스트를 처리하는 방법을 결정해야 한다.

JSON에는 정확히 4개의 값 타입과 3개의 리터럴 값이 정의돼 있다. 공백은 JSON 전체에서 무시된다.

- `false`, `true`, `null`은 리터럴 값이다.
- 객체^object^는 모든 구문 유형의 값에서 콜론으로 구분된 키 문자열과 함께 중괄호 `{ }`로 묶인 문법 구조다. 여러 키/값 쌍은 쉼표로 구분된다.
- 배열^array^은 구문 값이 쉼표로 구분된 대괄호 `[ ]`로 묶인 문법 구조다.
- 숫자^number^는 선택적으로 마이너스 부호로 시작하고, 그 뒤에 숫자 시퀀스가 오

고, 선택적으로 소수 뒤에 소수부가 뒤따르고, 선택적으로 지수가 이어진다. 이는 파이썬, R, 자바스크립트, 줄리아, C 등과 같은 언어에서 숫자의 스펠링과 거의 동일하지만 약간 더 제한적이다.

- **문자열**string은 거의 모든 문자를 포함할 수 있는 큰따옴표(코드 포인트 U+0022)로 묶인 문법 구조다. 유니코드 코드 포인트는 예를 들어 `\u0022`로 표시될 수 있으며, 몇 가지 특수 문자는 백슬래시를 사용해 이스케이프돼야 한다.

예를 들어 다음 조각은 네 가지 값 유형을 모두 사용한다. 이 예제에는 문자열 키가 있는 객체가 포함돼 있으며, 그 값은 각 리터럴 값과 두 개의 숫자를 포함하는 배열이다.

```
{"key": [true, false, null, 15, 55.66]}
```

JSON의 모습

JSON은 컴퓨터 시스템 간에 대화식으로 메시지를 전달하는 데 자주 사용된다. 내가 가진 로컬 컴퓨터에는 작은 데모 웹 서비스가 실행 중이다. 책 저장소의 node-server/ 디렉터리에는 실행을 위한 모든 코드가 포함돼 있다. 자바스크립트/노드Node로 작성되지만 모든 프로그래밍 언어로 작성할 수 있다. 핵심은 클라이언트가 JSON 메시지를 보내고 다른 JSON 메시지를 다시 받을 수 있는 RESTful(Representational State Transfer) 인터페이스를 제공한다는 것이다. 다음 출력에 표시된 짧은 문서는 이러한 용도의 전형적인 예다.

```
# HTTP 요청에 대한 응답
response = requests.get('http://localhost:3001/users')

# 상태 코드, 콘텐츠 유형, JSON 본문 표시
```

```
print(response.status_code, response.headers['Content-Type'])
response.text
200 application/json; charset=utf-8
```

```
'{"1":{"name":"Guido van Rossum","password":"unladenswallow","details
":{"profession":"ex-BDFL"}},"2":{"name":"Brendan Eich","password":"no
ntransitiveequality","details":{"profession":"Mozillan"}},"3":{"name
":"Ken Thompson","password":"p/q2-q4!","details":{"profession":"Unix
Creator"}}}'
```

공백은 JSON에서 중요하지 않지만 사람이 검사할 수 있도록 더 읽기 쉽게 만들 수 있다. 예를 들어 이 책의 **setup** 모듈에 있는 작은 함수는 다음을 수행할 수 있다.

```
pprint_json(response.text)
```

```
{
  "1": {
    "name": "Guido van Rossum",
    "password": "unladenswallow",
    "details": {
      "profession": "ex-BDFL"
    }
  },
  "2": {
    "name": "Brendan Eich",
    "password": "nontransitiveequality",
    "details": {
      "profession": "Mozillan"
    }
  },
  "3": {
    "name": "Ken Thompson",
    "password": "p/q2-q4!",
```

```
        "details": {
          "profession": "Unix Creator"
        }
      }
    }
```

jq라는 커맨드라인 도구는 스트리밍이나 디스크에서 JSON 데이터 작업에 매우 유용하다. JSON을 자주 사용하는 데이터 과학자나 개발자는 jq가 제공하는 약간 난해하지만 간결한 쿼리 언어를 배우는 것을 고려해야 한다. 그러나 이는 이 책의 범위를 벗어난다. 이 도구의 홈페이지(https://stedolan.github.io/jq/)는 이 책의 작성 시점을 기준으로 매우 멋진 설명이 포함돼 있다.

> jq는 JSON 데이터의 sed와 같다. sed, awk, grep, friends를 사용해 텍스트를 다룰 수 있는 것과 동일한 방식으로 구조화된 데이터를 분할하고 필터링하고 매핑하고 변환하는 데 사용할 수 있다.

jq가 수행할 수 있는 매우 간단한 작업 중 하나는 예쁘게 인쇄하는 것이다(들여 쓰기, 줄 바꿈, 컬러화 등).

```
with open('data/3001.json', 'w') as fh:
  fh.write(response.text)

!jq . data/3001.json
```

```
{
  "1": {
    "name": "Guido van Rossum",
    "password": "unladenswallow",
    "details": {
      "profession": "ex-BDFL"
    }
```

```
    },
    "2": {
      "name": "Brendan Eich",
      "password": "nontransitiveequality",
      "details": {
        "profession": "Mozillan"
      }
    },
    "3": {
      "name": "Ken Thompson",
      "password": "p/q2-q4!",
      "details": {
        "profession": "Unix Creator"
      }
    }
  }
```

파이썬 및 자바스크립트(및 기타 언어)에서 데이터 구조의 네이티브 스펠링과 매우 유사하지만, read/parse 함수를 사용해 JSON을 네이티브 데이터로 변환해야 한다. 때때로 자바스크립트, 파이썬 또는 일부 다른 언어의 eval()과 같은 함수는 문자열을 네이티브 데이터로 성공적으로 변환한다. 그러나 이는 매우 나쁜 생각이다. 한편으로는 자바스크립트 내에서도 때때로 실패한다. 다른 한편으로 더 중요하다. 이렇게 하면 잠재적으로 JSON(또는 pseudo-JSON)에 포함된 악성코드가 실행될 수 있다. 거의 모든 프로그래밍 언어에는 표준 라이브러리의 일부로 또는 널리 사용할 수 있는 JSON 리더/파서가 있다.

예를 들어 자바스크립트에서 Node.js 런타임을 사용해 다음과 같이 작성할 수 있다.

```
%%bash
js="
const fs = require('fs');
```

```
let raw = fs.readFileSync('data/3001.json');
let users = JSON.parse(raw);
console.log(users);
"
echo $js | node
```

```
{ '1':
  { name: 'Guido van Rossum',
    password: 'unladenswallow',
    details: { profession: 'ex-BDFL' } },
  '2':
  { name: 'Brendan Eich',
    password: 'nontransitiveequality',
    details: { profession: 'Mozillan' } },
  '3':
  { name: 'Ken Thompson',
    password: 'p/q2-q4!',
    details: { profession: 'Unix Creator' } } }
```

파이썬에서 해당하는 것은 다음과 같다.

```
with open('data/3001.json') as fh:
  # 파일을 읽고자 'json.load(fh)'를 호출할 수도 있음
  raw = fh.read()
  users = json.loads(raw)
users
```

```
{'1': {'name': 'Guido van Rossum',
  'password': 'unladenswallow',
  'details': {'profession': 'ex-BDFL'}},
 '2': {'name': 'Brendan Eich',
  'password': 'nontransitiveequality',
  'details': {'profession': 'Mozillan'}},
```

```
'3': {'name': 'Ken Thompson',
  'password': 'p/q2-q4!',
  'details': {'profession': 'Unix Creator'}}}
```

R에서는 표준 데이터 구조로서 딕셔너리나 해시맵 구조에 대한 직접적으로 대등한 것을 갖고 있지 않다. 따라서 표현은 명명된 리스트named list(일반적으로 중첩 목록)다. 여기에서는 설명을 위해 해당 목록의 세 번째 요소만 표시한다.

```
%%R
library(rjson)
result <- fromJSON(file = "data/3001.json")
result[3]
```

```
$'3'
$'3'$name
[1] "Ken Thompson"

$'3'$password
[1] "p/q2-q4!"

$'3'$details
$'3'$details$profession
[1] "Unix Creator"
```

다른 프로그래밍 언어는 스펠링이 다르지만 라이브러리나 표준 함수는 네이티브 데이터와 JSON 간에 변환할 수 있다.

NaN 처리와 데이터 타입

JSON 문법에 대한 반공식적인 설명에는 직접적인 정보의 기초가 되는 은밀한 목적이 있다. 독자는 거기에서 빠진 것들을 알아차릴 수 있다. 특히 '숫자'라는 단일 구문 유형이 있지만 정수, 부동소수점, 소수, 복소수, 분수/유리수 또는 표현된 숫자의 비트 길이 간에 구별이 없다. 숫자 값을 해석하는 방법에 대한 결정은 엄격히 라이브러리나 개별 사용자에게 달려 있다.

분명하지 않을 수도 있지만 일부 중요한 부동소수점 '숫자'가 모두 누락됐다. IEEE-754 부동소수점 숫자에는 특수 값 NaN(Not-a-Number) 및 Infinity/-Infinity가 포함된다. 박식하게 말하자면 바이너리 표준은 +Infinity와 -Infinity에 대해 각각 하나씩만 'NaN'을 의미하는 매우 많은 별개의 비트 패턴을 나타낸다(음수 영(negative zero)은 다른 홀수 숫자지만 덜 중요하다). 또는 대부분의 많은 프로그래밍 언어에서 해당 값의 스펠링을 지정하더라도 JSON은 이러한 값을 나타낼 수 없다. 프로그래밍 언어에서 일반적으로 NaN은 모든 비트 패턴에 대해 수백만 개가 아닌 NaN과 같은 단일 스펠링을 사용한다.

파이썬에서 표준 라이브러리와 기타 일반적인 JSON 파서는 소수점이나 지수를 포함하는 숫자는 부동소수점을 나타내기 위한 것이며, 소수점이나 지수가 없는 숫자는 정수를 나타내기 위한 것이라는 휴리스틱 가정을 한다. 이러한 가정이 실패할 수 있는 경우가 있다. 파이썬의 무제한 크기 정수에 완벽하게 잘 맞는 `1e309`와 같은 숫자는 부동소수점으로 처리되고 실패한다(하지만 수백 개의 후행 영으로 스펠링 표시되고 정수로 해석될 소수점이 없음). 더 자주 관련된 것은 JSON 숫자를 부동소수점으로 처리함으로써 정밀도가 네이티브 부동소수점 유형으로 제한된다는 것이다. 64비트에서는 10진수 17자리까지, 32비트에서는 9자리까지 동작한다. 리더는 일반적으로 이 잠재적인 정밀도를 잃게 된다.

다음의 간단한 예는 이러한 오버플로(overflow)나 내림(truncation) 문제 중 일부를 보여준다. 여기서 파이썬과 R은 동일하며, 다른 언어는 다르게 동작할 수 있다(대부분 유사).

```
# 해석된 float, 오버플로, 트런케이션
json_str = "[1e308, 1e309, 1.2345678901234567890]"
json.loads(json_str)
```

```
[1e+308, inf, 1.2345678901234567]
```

```
%%R -i json_str
options(digits = 22)
fromJSON(json_str)
```

```
[1] 1.000000000000000010979e+308 Inf
[3] 1.234567890123456690432e+00
```

일반적으로는 이 문제가 부동소수점 반올림의 특성에 내재된 것에 지나지 않는다고 생각한다. 결국 R 출력의 긴 표현에서 볼 수 있듯이 10308이라는 값도 근사치일 뿐이다. 그러나 파이썬은 최소한 `decimal` 모듈의 JSON 숫자 구문과 더 가깝게 일치하는 자연스러운 대안을 제공한다. 불행히도 표준 라이브러리에서 `Decimal` 타입의 값을 생성하는 것은 번거롭지만 가능하다. 다행히도 타사 모듈 `simplejson`을 사용하면 다음에서 볼 수 있듯이 이를 쉽게 수행할 수 있다.

```
simplejson.loads(json_str, use_decimal=True)
```

```
[Decimal('1E+308'), Decimal('1E+309'), Decimal('1.2345678901234567890')]
```

자바스크립트 및 R과 같은 다른 언어에는 표준 10진수 또는 무제한의 정밀도precision 데이터 타입이 없으며 구문상 유효한 JSON 숫자를 나타내는 데 정밀도가 떨어진다.

이 이야기의 난점은 파이썬과 같은 언어의 기본 'JSON' 라이브러리가 기본적으로 JSON을 실제 읽고 쓰지는 않는다는 것이다. JSON의 상위 집합을 읽지만 여기에는 추가 리터럴 `NaN`, `Infinity`, `-Infinity`가 포함될 수 있다. JSON5 제안서에는 이러한 확장 및 기타 몇 가지가 포함돼 있지만 현재 공식 표준은 아니다. 예를 들어 파이썬 표준 라이브러리는 `nan`, `Nan inf`, `+Infinity` 또는 합리적으로 보일 수 있는 기타 스펠링의 리터럴을 지원하지 않는다. 적어도 이 글을 쓰는 시점에서는 아니다.

정확히 다른 언어와 라이브러리가 지원하는 리터럴은 그들에게 달려 있으며 변경될 수 있다. 몇 가지 특별한 값을 시도해보자.

```
specials = "[NaN, Infinity, -Infinity]"
vals = json.loads(specials)
vals
```

```
[nan, inf, -inf]
```

R의 여러 라이브러리는 파이썬 라이브러리가 수행하는 것과 다른 방식으로 이러한 특수 IEEE-754 값을 나타낸다. 이 예제에서는 `rjson`을 사용하지만 `RJSONIO`와 `jsonlite`는 비슷한 규칙을 사용한다. 저사양에 대한 R 솔루션은 다음 출력의 세 번째 라인에서와 같이 특수 값을 특수 제안 값이 있는 문자열로 스펠링하는 것이다.

```
%%R -i vals
vals = c(NaN, Inf, -Inf)
print(vals)
print("R version of 'enhanced JSON':")
rjson_str = toJSON(vals) # rjson 라이브러리의 함수
print(rjson_str)
```

```
[1] NaN Inf -Inf
[1] "R version of 'enhanced JSON':"
[1] "[\"NaN\",\"Inf\",\"-Inf\"]"
```

이 기술은 문자열을 해석하는 사용자 정의 코드를 작성하지 않는 한 `rjson` 자체 내에서도 라운드 트립[round-tripping]에서 실패한다. 내용을 특수 숫자 값이 아닌 문자열로 다시 읽는다.

```
%%R
print("Read back in 'enhanced JSON':")
fromJSON(rjson_str)
```

```
[1] "Read back in 'enhanced JSON':"
[1] "NaN" "Inf" "-Inf"
```

***

자바스크립트 리더를 사용해 엄격한 JSON 준수 동작을 볼 수 있다.

```
%%bash
js="JSON.parse('[NaN, Infinity, -Infinity]');"
echo $js | node | cat
```

```
undefined:1
[NaN, Infinity, -Infinity]
^

SyntaxError: Unexpected token N in JSON at position 1
  at JSON.parse (<anonymous>)
  at [stdin]:1:6
  at Script.runInThisContext (vm.js:122:20)
  at Object.runInThisContext (vm.js:329:38)
  at Object.<anonymous> ([stdin]-wrapper:6:22)
  at Module._compile (internal/modules/cjs/loader.js:778:30)
  at evalScript (internal/bootstrap/node.js:590:27)
  at Socket.<anonymous> (internal/bootstrap/node.js:323:15)
  at Socket.emit (events.js:203:15)
  at endReadableNT (_stream_readable.js:1145:12)
```

파이썬 표준 라이브러리에서 엄격한 모드를 적용하고자 약간 잘못 명명되고 성가신 매개변수 parse_constant를 사용할 수도 있다. 이는 다음에 표시된 방식으로 스펠링된 특수 부동소수점 숫자의 특정 값만 포착한다.

```
json.loads("[NaN, Infinity, -Infinity]", parse_constant=lambda _: "INVALID")
```

```
['INVALID', 'INVALID', 'INVALID']
```

다시 말해 이러한 특정 스펠링 이외의 가상 리터럴이 아니라 parse_constant 함수에 전달될 것이다.

```
try:
  json.loads("[nan, +Inf, Foobar]", parse_constant=lambda _: "INVALID")
except Exception as err:
  print_err(err)
```

```
JSONDecodeError
Expecting value: line 1 column 2 (char 1)
```

도구 jq에는 특이한 '반엄격한semi-strict' 동작이 있다. Infinity는 여러 스펠링에서 인식되지만 실제 IEEE-754 값 'infinity'로 취급되지 않는다. 이러한 선택 중 어느 것도 그 자체로 옳거나 그른 것은 아니지만 비호환성은 다음 사항에 주의를 기울여야 하는 위험 요소다.

```
%%bash
echo "[NaN, inf, -Infinity]" | jq .
```

```
[
  null,
  1.7976931348623157e+308,
  -1.7976931348623157e+308
]
```

JSON Lines

다음 절에서는 상당한 크기와 구조의 JSON 문서를 살펴본다. 그러나 이전 절의 약간 비현실적인 예에서 봤듯이 JSON은 종종 작은 데이터 번들을 인코딩하는 데 사용된다. '작은 데이터 번들'이 자주 발생하는 영역 중 하나는 7장, 3장 및 이 책의 기타 위치에서 설명하는 로그 파일에 있다. 로그 파일의 항목은 일반적으로 유사하며 한 라인에 하나씩 정렬된다. 그러나 종종 다른 필드를 보유하고자 다른 항목이 필요하다. 이는 로그 파일을 파싱할 때 많은 조건부 논리를 요구하는 경향이 있다.

JSON 스트리밍streaming은 이러한 부담을 줄이는 데 매우 유용하고 널리 사용되는 접근 방식이다. JSON에서는 공백이 무시되므로 모든 문서를 한 라인에 포함할 수 있으며(줄 바꿈은 \n으로 인코딩 됨) 모든 구조 및 필드 이름을 JSON 구문 구조로 표현할 수 있다. 특정 엔트리의 처리가 여전히 종종 내부 데이터에 의존하기 때문에 모든 조건부 논리를 제거하지는 않지만 적어도 파싱 단계 자체에서 문제를 제거한다.

정확하게 말하면 Newline Delimited JSON(ndjson) 또는 JSON Lines라는 구문은 (작은) JSON 문서를 집계하는 여러 접근 방식 중 하나다. 줄 바꿈 구분은 가장 널리 사용되는 스타일이며 일반적으로 라인 중심의 커맨드라인 텍스트 처리 도구를 사용해 작업하는 것이 가장 쉽다. 그러나 가끔 다음과 같은 다른 여러 스타일이 나타날 수 있다.

- **Record separator-delimited:** 구분자(RFC 7464)로 사용되는 유니코드 문자 INFORMATION SEPARATOR TWO(U+001E)다. 즉, JSON 문서 항목 내에서 줄 바꿈이 발생할 수 있다.
- **Concatenated JSON:** 구분자가 사용되지 않으며 각 JSON 엔트리는 객체 또는 배열이다. 이를 통해 스트리밍 파서는 최상위 구조를 종료하는 } 또는] 일치를 인식할 수 있다. 모든 JSON Lines 스트림은 자동으로 연결된 JSON 스트림이기도 하다.

- **Length-prefixed JSON**: 각 엔트리는 엔트리의 나머지 부분에 바이트 수를 나타내는 정수로 구성되며 객체 또는 배열이 이어진다(원칙적으로 문자열도 동작함). 이는 리더가 구조가 완성됐는지 여부를 읽는 각 문자를 테스트할 필요가 없다는 점에서 일반 연결보다 이점이 있다.

JSON 스트리밍에 대한 위키피디아 문서의 현재 버전(https://en.wikipedia.org/wiki/JSON_streaming)에 있는 JSON Lines의 예제를 고려해보자. 라인은 이러한 여백의 너비보다 약간 더 크므로 작은 Bash 파이프라인이 프레젠테이션 길이에 맞게 형식을 지정한다. 표시된 대로 각 라인은 선행 정수(라인의 일부가 아님)로 표시되고, 선행 번호가 없이 후속 표시되는 라인은 디스크에서 동일한 라인의 일부다(많은 텍스트 편집기에서 유사한 접근 방식을 사용함).

```
%%bash
cat -n data/jsonlines.log | fmt -w55 | tr -d " "
```

```
1    {"ts":"2020-06-18T10:44:13",
"logged_in":{"username":"foo"},
"connection":{"addr":"1.2.3.4","port":5678}}
2    {"ts":"2020-06-18T10:44:15",
"registered":{"username":"bar","email":"bar@example.com"},
"connection":{"addr":"2.3.4.5","port":6789}}
3    {"ts":"2020-06-18T10:44:16",
"logged_out":{"username":"foo"},
"connection":{"addr":"1.2.3.4","port":5678}}
4    {"ts":"2020-06-18T10:47:22",
"registered":{"username":"baz","email":"baz@example.net"},
"connection":{"addr":"3.4.5.6","port":7890}}
```

한 라인에 하나씩 세 개의 JSON 문서에는 약간 다른 필드가 포함돼 있다. 모두 "ts" 및 "connection" 필드를 공유해 발생 시기와 클라이언트 주소를 표시한다. 그러나 이벤트 유형에 따라 다른 추가 필드가 필요하다. 이는 커맨드라인 처리를 허용할 수 있다.

예를 들어 일반 텍스트 처리 도구를 사용해 새로 등록된 모든 사용자의 이름과 이메일을 JSON 문서로 나열할 수 있다.

```
%%bash
# 등록 정보 추출
grep "registered" data/jsonlines.log |
  sed 's/^.*registered"://' |
  sed 's/}.*/}/'
```

```
{"username":"bar","email":"bar@example.com"}
{"username":"baz","email":"baz@example.net"}
```

최상의 도구를 선택하지 않았기 때문에 위의 커맨드라인이 잘못됐을 수 있음을 이미 알고 있을 것이다. 레지스트레이션 객체에 중첩된 객체(즉, 더 많은 닫는 중괄호 })가 포함된 경우 실제로 원하는 "registered" 이벤트와 일치하지 않는다. 그 문제에 대해 일부 "username" 필드가 "registered" 문자열인 경우에도 오류가 발생한다. 이 작업을 올바르게 수행하려면 실제로 JSON을 파싱해야 한다. 여기서도 커맨드라인에서 jq는 유용한 도구다.

```
%%bash
jq '.registered | select(.username != null)' data/jsonlines.log
```

```
{
  "username": "bar",
  "email": "bar@example.com"
}
{
  "username": "baz",
  "email": "baz@example.net"
}
```

대부분의 경우 이러한 커맨드라인 도구로 유용하게 데이터 세트를 초기 탐색한 후 범용 프로그래밍 언어로 이러한 종류의 작업을 수행하려고 한다. jsonlines라는 타사 파이썬 모듈이 있지만 다음에서 볼 수 있듯이 표준 라이브러리를 사용하는 것만으로도 충분하다.

```
with open('data/jsonlines.log') as log:
    for line in log:
        record = json.loads(line)
        if 'registered' in record:
            user = record['registered']
            if 'username' in user:
                print(user)
```

```
{'username': 'bar', 'email': 'bar@example.com'}
{'username': 'baz', 'email': 'baz@example.net'}
```

물론 좀 더 구체화된 버전에서는 등록자 정보를 출력하는 것 이상의 일을 할 것이다. JSON 라인이 아닌 다른 JSON 스트리밍 변형 중 하나가 사용된 경우 코드는 다소 어렵지만 수동으로 프로그래밍하는 것이 합리적이다.

GeoJSON

GeoJSON은 IETF RFC 7946에 설명된 다양한 지리 데이터 구조를 인코딩하는 형식이다. 이 책은 **지리 정보 시스템**GIS, Geographic Information Systems과 관련된 수많은 프로그래밍 및 데이터 문제를 다룰 수 없다. 이 분야를 탐구하고자 다양한 전문 프로그래밍 도구, 서적, 기타 학습 자료를 사용할 수 있다. GeoJSON 파일은 종종 많은 양의 데이터를 포함하고 적당히 중첩된 JSON 파일이라는 것을 이해하면 된다. JSON이 사용되는 다른 형식과 달리 GeoJSON에서 사용할 수 있는 계층은 무제한 깊이가 아니라 여러 수준의 중첩에서 다양한 선택적 키로 구성된다.

이 절에서 사용할 특정 데이터는 미국 인구조사국이 발행한 데이터에서 에릭 셀레스트Eric Celeste가 생성했고 미국의 카운티를 설명한다. 공개 도메인 데이터는 원래 인구조사국에서 shapefile(.shp)로 제공했다. 여기에서 설명하는 GeoJSON과 다음 절에서 설명하는 **키홀 마크업 언어**KML, Keyhole Markup Language는 원본 데이터의 기계적 변환이다(데이터는 동일해야 함). 여기의 예에서는 가장 낮은 해상도 형태 정의를 사용했지만 매우 상당한 양의 데이터에 해당된다.

2010년, 인구 조사에서 읽은 JSON 파일은 ISO-8859-1로 인코딩됐다. 그 당시 JSON 표준은 아직 UTF-8로 인코딩을 의무화하지 않았다. 다른 문자 인코딩을 결정하고 사용하는 방법은 3장을 참고하자. 사실 나도 예외 없이 이 데이터를 읽는 방법을 결정하고자 이러한 기술을 활용해야 했다. 개념을 약간 살펴보자.

```
with open('data/gz_2010_us_050_00_20m.json', encoding='ISO-8859-1') as fh:
  counties = json.load(fh)

counties.keys()
```

```
dict_keys(['type', 'features'])
```

최상위 수준에서 JSON 객체에는 "type"이라는 키와 "features"라는 다른 키가 있다. 전자는 단순히 설명 문자열이며, 후자는 다음 출력에서 추론한 것처럼 2010년 미국 3221개 카운티의 데이터 대부분이 존재하는 곳이다.

```
counties['type'], type(counties['features']), len(counties['features'])
```

```
('FeatureCollection', list, 3221)
```

이러한 특징 중 하나를 살펴보자. "properties" 키 아래에 일부 메타데이터가 있음을 알 수 있다. 주요 데이터는 "geometry" 키 아래에 있는 특정 카운티 경계의 지리적 위치다. 고해상도 데이터 파일은 동일한 메타데이터와 데이터 구조를 포함한다. 차이점은 형태가 더 많은 면을 가진 다각형으로 정의되므로 해당 카운티의 형태를 더 정확하게 설명한다는 것이다. 우리가 사용하는 것은 예제를 뒷받침하기에 충분히 크다. 파이썬 용어로 실제 형태는 목록(list-of-lists-of-lists)이다.

```
counties['features'][999]
```

```
{'type': 'Feature',
 'properties': {'GEO_ID': '0500000US19153',
  'STATE': '19',
  'COUNTY': '153',
  'NAME': 'Polk',
  'LSAD': 'County',
  'CENSUSAREA': 573.795},
 'geometry': {'type': 'Polygon',
  [[[-93.328614, 41.507824],
     [-93.328486, 41.49134],
     [-93.328407, 41.490921],
     [-93.41226, 41.505549],
     [-93.790612, 41.511916],
     [-93.814282, 41.600448],
     [-93.815527, 41.863419],
     [-93.698032, 41.86337],
     [-93.347933, 41.863104],
     [-93.348681, 41.600999],
     [-93.328614, 41.507824]]]}}
```

각 리프 목록은 단순히 경도/위도 위치며 목록은 다각형이지만 카운티에는 정의하고자 여러 다각형이 필요한 불연속 영역이 있을 수 있다.

앞서 언급했듯이 GIS 및 지리 공간 데이터 처리를 위한 많은 도구가 있다. 여기에는 **geojson**이라는 좀 더 전문화된 파이썬 모듈이 포함된다. 더 넓은 파이썬 GIS 공간에서 **Cartopy**는 많은 기능을 갖춘 잘 관리된 패키지며 PROJ, NumPy, Shapely를 기반으로 구축된다. 다른 기능 중에서 이러한 타입의 GIS 도구를 사용하면 지리적 및 정치적 특징의 선택적 렌더링과 부정확한 데카르트[Cartesian] 거리가 아닌 하버사인[Haversine] 거리를 기반으로 계산해 여러 지도 투영에서 경도/위도 좌표를 시각화할 수 있다. 하지만 JSON 데이터에만 초점을 맞추고자 제작자에게 미안한 마음을 담아 미국 카운티를 시각화하는 평평한 렌더링을 만들어본다.

다음 코드는 단순히 Matplotlib 그림과 축을 만들고 GeoJSON 데이터의 각 특징을 반복하고 좌표로 드릴다운하고 카운티를 패치로 매핑한다. 시각화는 작업 중인 데이터의 '형태'를 이해하는 데 도움이 된다. Matplotlib API의 세부 사항은 여기서 중요하지 않다. 관련 측면은 JSON에서 읽은 중첩된 데이터로 내려가는 방식이다. 예를 들면 다음과 같다.

```
polk = counties['features'][999]['geometry']['coordinates'][0]
```

이렇게 하면 아이오와 주 포크 카운티의 경계를 설명하는 목록(list-of-lists)이 로드된다.

```
fig, ax = plt.subplots(figsize=(8, 5))
patches, colors, ncolor = [], [], 8

for n, county in enumerate(counties['features']):
    # 불연속적인 여러 영역이 있는 경우 첫 번째 다각형만 사용
    poly = np.array(county['geometry']['coordinates'][0])
    poly = poly.reshape(-1, 2)
    polygon = Polygon(poly)
    patches.append(polygon)
    colors.append(n % ncolor)

p = PatchCollection(patches, cmap=cm.get_cmap('Greys', ncolor))
p.set_array(np.array(colors))
ax.add_collection(p)
```

```
ax.set_ylim(24, 50)
ax.set_ylabel("Latitude")
ax.set_xlim(-126, -67)
ax.set_xlabel("Longitude")
ax.set_title("Counties of the United States");
```

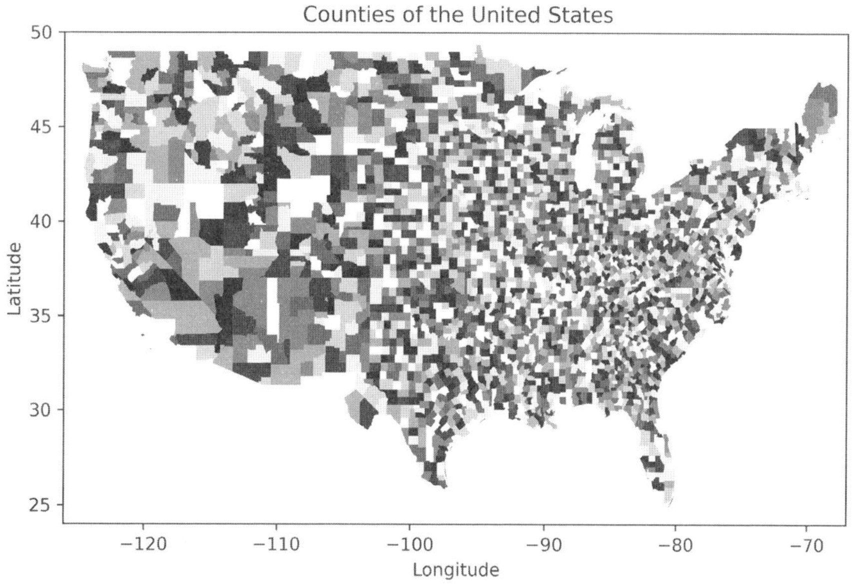

그림 2.1: 미국 카운티의 플롯

이는 확실히 미국 최고의 지도는 아니지만 플롯으로서의 등고선은 데이터 세트를 이해하는 데 도움이 된다.

깔끔한 지리

이 데이터를 활용하는 예로, 시각화와는 별도로 다음 열이 있는 테이블 형식의 데이터 프레임을 생성하려고 한다.

- 주 이름

- 카운티 이름
- 면적(평방킬로미터의 토지)
- 최북단 위도
- 최남단 위도
- 최서단 경도
- 최동단 경도

이 절은 대부분의 코드보다 약간 더 많은 코드를 보여준다. 계층적 데이터를 다룰 때 약간의 혼란은 피할 수 없다. 다양한 수준에서 다양한 데이터 속성을 테스트하려면 거의 항상 루프나 재귀, 임시 컨테이너, 데이터 조회 및 기억, 깔끔한 데이터 프레임의 방법으로 훨씬 더 높은 수준에서 처리할 수 있는 여러 단계가 필요하다.

시작점으로 미국 인구 조사가 평방마일 단위로 (토지) 면적 측정값을 제공한다는 것을 알 수 있다. mi^2/km^2에 대해 변환 상수 2.59를 사용할 수 있다. 덜 직접적인 변환은 주에 위해 지정된 FIPS(Federal Information Processing Standards) 코드에서 주 이름을 결정하는 것이다. 정부 데이터 소스를 온라인으로 살펴보면 이 통신문에 대해 탭으로 구분된 설명을 찾을 수 있다.

```
fips = pd.read_csv('data/FIPS.tsv', sep='\t')
fips
```

	Name	Postal Code	FIPS
0	Alabama	AL	1
1	Alaska	AK	2
2	Arizona	AZ	4
3	Arkansas	AR	5
...	...	...	...

```
51                         Guam         GU    66
52    Northern Mariana Islands         MP    69
53                  Puerto Rico         PR    72
54              Virgin Islands         VI    78
55 rows × 3 columns
```

이 DataFrame을 FIPS 키로 가져와 상태 이름에 매핑하는 시리즈Series로 변환하려고 한다. JSON 계층 구조의 데이터와 레벨을 크롤링crawling한 후에 기계적 변환을 수행할 수 있다.

```
fips_map = fips.set_index('FIPS').Name
fips_map
```

```
                               FIPS
1                           Alabama
2                            Alaska
4                           Arizona
5                          Arkansas
              ...
66                             Guam
69         Northern Mariana Islands
72                      Puerto Rico
78                   Virgin Islands
Name: Name, Length: 55, dtype: object
```

다행스럽게도 관심 있는 데이터 항목을 찾으려면 고정된 깊이로 내려가야 한다는 것을 알고 있다. 다른 상황에서는 불확정 깊이에서 중첩된 키에 해당하는 중첩 함수 호출과 함께 재귀적 접근 방식을 대신 사용할 수 있다. 시각화를 만들 때와 마찬가지로 단순히 카운티를 반복하고 첫 번째 단계로 데이터를 일반 목록으로 수집할 수 있다.

처리 과정을 약간 제거하고자 먼저 다각형 컬렉션을 가져와서 기본 방향에 대한 극단값extremes을 반환하는 extremes()라는 함수를 정의하자.

```
def extremes(coords):
  lat, lon = [], []
  # 수많은 목록들이 예상됨
  for region in coords:
    for point in region:
      lat.append(point[1])
      lon.append(point[0])
  # 위치를 서반구로 가정한다.
  north = max(lat)
  south = min(lat)
  east = max(lon)
  west = min(lon)
  return north, south, east, west
```

다음으로 GeoJSON 딕셔너리에서 DataFrame을 생성하는 함수를 사용한다.

```
def county_summary(features):
  geo_id = []
  state, county_name, area = [], [], []
  north, south, east, west = [], [], [], []

  for county in features:
    props = county['properties']
    polys = county['geometry']['coordinates']
    geo_id.append(props['GEO_ID'])
    # 미국의 주가 아닌 콜롬비아 특별구(기본값 없음)
    state_name = fips_map.get(int(props['STATE']), None)
    state.append(state_name)
    county_name.append(props['NAME'])
    area.append(props['CENSUSAREA'] * 2.59)
```

```
        n, s, e, w = extremes(polys)
        north.append(n)
        south.append(s)
        east.append(e)
        west.append(w)

    df = pd.DataFrame({
        'geo_id': geo_id,
        'state': state,
        'county': county_name,
        'area': area,
        'northmost': north,
        'southmost': south,
        'eastmost': east,
        'westmost': west
    })
    return df.set_index('geo_id')
```

코드는 매우 간단하지만 단위 테스트에서 온전성 검사를 제공할 만큼 충분하다.

```
def test_counties(df):
    assert (df.northmost > df.southmost).all()
    assert (df.westmost < df.eastmost).all()
    assert (df.area > 0).all()
```

방금 작성한 county_summary() 함수를 사용해 JSON 계층 구조를 깔끔한 데이터프레임으로 변환하고 경계 가정을 확인할 수 있다.

```
census_counties = county_summary(counties['features'])

# 온전성 검사(위반된 주장이 없으면 만족)
test_counties(census_counties)
```

```
census_counties
```

	state	county	area	northmost
geo_id				
0500000US01001	Alabama	Autauga	1539.58924	32.7074
0500000US01009	Alabama	Blount	1669.96984	34.2593
0500000US01017	Alabama	Chambers	1545.01529	33.1081
0500000US01021	Alabama	Chilton	1794.49186	33.0719
...	...	...	...	...
0500000US51021	Virginia	Bland	926.50775	37.2935
0500000US51027	Virginia	Buchanan	1302.15617	37.5378
0500000US51037	Virginia	Charlotte	1230.95189	37.2488
0500000US51041	Virginia	Chesterfield	1096.33923	37.5626

	southmost	eastmost	westmost
geo_id			
0500000US01001	32.3408	-86.4112	-86.9176
0500000US01009	33.7653	-86.3035	-86.9634
0500000US01017	32.7285	-85.1234	-85.5932
0500000US01021	32.6617	-86.375	-87.0192
...	...	...	...
0500000US51021	36.9524	-80.8546	-81.4622
0500000US51027	37.0417	-81.7384	-82.3059
0500000US51037	36.6979	-78.4433	-78.9046
0500000US51041	37.2227	-77.2442	-77.8551

3221 rows × 7 columns

이 시점에서 정확히 어떤 분석이나 모델링이 관련돼 있는지는 작업에 따라 결정된다. 그러나 일반적으로 깔끔한 데이터를 얻는 것은 계층 구조를 통해 크롤링하고 다양한 수준에서 관련 정보를 추출하는 것과 유사한 문제다.

JSON 스키마

앞 절에서 일부 GeoJSON 데이터를 정리할 때 객체 내에 중첩된 수준에서 어떤 키를 만나게 될지 여러 가지 가정을 했다. 이러한 가정을 위반하면 처리 함수에서 다양한 예외가 발생하거나 다른 오류가 발생한다. 물론 조건 분기, 예외 처리, 파이썬의 `dict.get()`과 같은 메서드 사용 및 기타 유사한 기술을 사용해 이러한 상황을 확인할 수 있다. 그러나 이러한 오류 처리 구조가 매우 많이 복잡한 코드는 기본 처리 논리를 모호하게 할 수 있다.

JSON 문서에 대한 가정을 적용하는 한 가지 접근 방식은 데이터 추출 함수에 문서를 전달하기 전에 JSON 스키마를 사용해 문서의 유효성을 검사하는 것이다. CUE[Configure Unified Execute](https://cuelang.org/)는 검증에 대한 유망한 새로운 접근 방식이지만 이 책에서는 다루지 않는다. JSON 스키마 자체는 특정 규격을 따르는 JSON 문서다. 간단히 말해 유효성을 검사할 JSON의 타입을 지정해야 한다. 그 안에서 필요한 객체 내부에서 발생할 수 있는 키, 배열의 카디널리티, 재귀 구조를 포함한 기타 여러 요소를 나타낼 수 있다. '검증한 후 처리' 접근 방식은 종종 유용하다. 여기서 유효성 검사는 단지 JSON 문서의 구조를 설명한다. 4장과 5장에 설명된 것과 같이 좋은 데이터를 포함하고 있다는 주장을 하기 위한 것이 아니다.

다음 예제는 파이썬 타사 모듈 **jsonschema**를 사용하지만 API를 이 책의 `setup.py` 모듈에서 가져온 약간 다른 함수인 `not_valid()`로 래핑한다. 이 함수는 모든 것이 정상이면 `False`를 반환하지만 문제가 발생하면 설명이 포함된 오류 메시지를 반환한다. 예를 들어 공식 GeoJSON 스키마를 사용해 미국 카운티 데이터의 유효성을 검사할 수 있다.

```
response = requests.get('https://geojson.org/schema/GeoJSON.json')
geojson_schema = json.loads(response.text)

if msg := not_valid(counties, geojson_schema):
```

```
  print(msg)
else:
  print("Everything is Happy!")
```

```
Everything is Happy!
```

예상대로 미국 인구 조사 부서 데이터가 유효하다. GeoJSON 스키마는 상당히 크기 때문에 내가 직접 개발한 작은 스키마를 다음에 예제로 제시한다. 위에서 쿼리된 작은 '사용자 데이터베이스' 웹 서버는 특정 형식을 따를 것으로 예상되는 사용자 레코드를 전송하지만 일반적으로 개발이 발생하는 형식은 개발자 간의 이메일 스레드와 전화 대화에서만 비공식적으로 지정될 수 있다. 이러한 사용자 레코드를 처리하는 스크립트를 실행하기 전에 코드 논리에 포함된 가정을 위반하는 사용자나 잠재적 사용자 문서를 식별하는 것이 유용하다.

예제 스키마에서 얻을 수 있는 정보를 살펴보자.

```
user_schema = json.loads("""
{
  "$schema": "http://json-schema.org/draft-07/schema#",
  "$id": "http://kdm.training/user-schema.json",
  "title": "User",
  "description": "A User of Our Computer System",
  "type" : "object",
  "required": ["name", "password"],
  "properties" : {
    "name" : {"type" : "string"},
    "password": {
      "description": "Use special characters and mixed case",
      "type": "string"},
    "lucky_numbers": {
      "description": "Up to 6 favorite numbers 1-100",
```

```
        "type": "array",
        "items": {
          "type": "number",
          "minimum": 1,
          "maximum": 100
        },
        "uniqueItems": true,
        "minItems": 0,
        "maxItems": 6
      }
    }
  }
""")
```

이 간단한 "Use" 스키마는 JSON 스키마의 모든 기능을 사용하지는 않지만 좋은 표현이다. 일부 메타데이터는 "$schema", "$id", "title", "description" 키에 포함돼 있다. 이들 모두는 JSON 스키마 규격에서 선택 사항이지만 사용되는 경우 이름은 표준이다. 꼭 필요한 유일한 키는 "type"이며 네 가지 JSON 데이터 타입 중 하나여야 한다. 객체 내에서 키는 필수이거나 선택 사항일 수 있다. 그러나 JSON 스키마에는 설명되지 않은 다른 키를 제외하는 메커니즘이 없다. 스키마는 키가 있는 경우 특정 종류의 값을 가져야 한다고만 명시한다.

"name" 및 "password" 키는 필수며 둘 다 문자열이다. "password"에 대한 선택적 설명은 많은 컴퓨터 시스템이 시행하는 의미에서 암호가 '좋음'이기를 바라는 것을 나타낸다. 그러나 JSON 스키마 자체에는 이러한 종류의 프로그래밍 규칙을 확인하는 메커니즘이 없다. "lucky_numbers" 키는 꽤 많은 것을 설명한다. 값으로 배열을 가져야 할 뿐만 아니라 해당 배열은 1에서 100 사이의 숫자로 구성돼야 하며 6개 이하의 숫자를 가져야 한다. 유효성 검사를 통과한 문서를 살펴보자.

```
david = json.loads("""
{
  "name": "David Mertz",
  "password": "badpassword",
  "details": {
    "profession": "Data Scientist",
    "employer": "KDM"
  },
  "lucky_numbers": [12, 42, 55, 87]
}
""")

if msg := not_valid(david, user_schema):
  print(msg)
```

최상위 키 "details"는 스키마에 언급되지 않았으므로 모든 것이 포함될 수 있다(물론 유효한 JSON 모든 것). 이 문서는 성공적으로 검증됐으므로 다운스트림을 처리하고 싶을 것이다. 사용자로서 실패하는 몇 가지 문서를 고려해보자.

```
barbara_feldon = json.loads("""
{
   "name": 99,
   "password": "1ibydieZ!S@8"
}
""")

if msg := not_valid(barbara_feldon, user_schema):
  print(msg)
```

```
99 is not of type 'string'

Failed validating 'type' in schema['properties']['name']:
  {'type': 'string'}
```

```
On instance['name']:
    99
```

실패 진단은 문제 해결과 관련된 정보를 제공할 것이다. 다음 JSON은 다소 다른 방식으로 실패하고 문제에 대한 자세한 설명이 표시된다.

```
intruder = json.loads("""
{
    "password": "P4cC!^*8chWz8",
    "profession": "Hacker"
}
""")

if msg := not_valid(intruder, user_schema):
    print(msg)
```

```
'name' is a required property

Failed validating 'required' in schema:
    {'$id': 'http://kdm.training/user-schema.json',
     '$schema': 'http://json-schema.org/draft-07/schema#',
     'description': 'A User of Our Computer System',
     'properties': {'lucky_numbers': {'description': 'Up to 6 favorite '
                                                      'numbers 1-100',
                                      'items': {'maximum': 100,
                                                'minimum': 1,
                                                'type': 'number'},
                                      'maxItems': 6,
                                      'minItems': 0,
                                      'type': 'array',
                                      'uniqueItems': True},
                    'name': {'type': 'string'},
```

```
                'password': {'description': 'Use special characters '
                                            'and mixed case',
                             'type': 'string'}},
    'required': ['name', 'password'],
    'title': 'User',
    'type': 'object'}

On instance:
   {'password': 'P4cC!^*8chWz8', 'profession': 'Hacker'}
```

몇 가지 실패 메시지를 더 살펴보자.

```
the_count = json.loads("""
{
   "name": "Count von Count",
   "password": "fourbananas",
   "lucky_numbers": ["one", "two", "three"]
}
""")

if msg := not_valid(the_count, user_schema):
   print(msg, "\n--------------------")
```

```
'one' is not of type 'number'

Failed validating 'type' in schema['properties']['lucky_numbers']
['items']:
   {'maximum': 100, 'minimum': 1, 'type': 'number'}

On instance['lucky_numbers'][0]:
   'one'
--------------------
```

중첩된 배열의 데이터 타입에서 실패했다. 카디널리티[cardinality]도 함께 확인된다.

```
george = json.loads("""
{
  "name": "Georg Cantor",
  "password": "omega_aleph",
  "lucky_numbers": [1, 2, 3, 4, 5, 6, 7, 8]
}
""")

if msg := not_valid(george, user_schema):
  print(msg)
```

```
[1, 2, 3, 4, 5, 6, 7, 8] is too long

Failed validating 'maxItems' in schema['properties']['lucky_numbers']:
  {'description': 'Up to 6 favorite numbers 1-100',
   'items': {'maximum': 100, 'minimum': 1, 'type': 'number'},
   'maxItems': 6,
   'minItems': 0,
   'type': 'array',
   'uniqueItems': True}

On instance['lucky_numbers']:
  [1, 2, 3, 4, 5, 6, 7, 8]
```

마지막 예에서는 배열에서 고유성을 검증할 수 있음을 알 수 있다. 이는 JSON 자체가 이러한 데이터 타입을 구별하지 않더라도 세트와 시퀀스를 구별하는 방법을 제공한다.

```
revolution_9 = json.loads("""
{
  "name": "Yoko Ono",
  "password": "grapefruit",
  "lucky_numbers": [9, 9, 9]
```

```
}
""")

if msg := not_valid(revolution_9, user_schema):
  print(msg)
```

```
[9, 9, 9] has non-unique elements

Failed validating 'uniqueItems' in schema['properties']['lucky_numbers']:
  {'description': 'Up to 6 favorite numbers 1-100',
   'items': {'maximum': 100, 'minimum': 1, 'type': 'number'},
   'maxItems': 6,
   'minItems': 0,
   'type': 'array',
   'uniqueItems': True}

On instance['lucky_numbers']:
  [9, 9, 9]
```

이제 훨씬 더 무서운 또 다른 계층적 주제로 넘어가야 할 때다.

XML

> XML이 문제를 해결하지 못한다면 여러분이 XML을 충분히 사용하지 못한 것이다.
>
> – 익명

개념:

- 확장 가능한 마크업 언어(XML, eXtensible Markup Language) 정의
- 방언과 도식

- 속성과 요소
- 깊고 비정형인 중첩의 처리

이 절에 수반되는 거의 의무적인 서문과 루트비히 폰 로하우Ludwig von Rochau의 현실 정치 개념을 확장하는 것은 물론 역설적이긴 하다. 하지만 폭력은 항상 용납할 수 없다고 생각하며 XML은 대부분 그렇다. 둘 다 우리 세상에서는 너무 흔하다. 이 수정된 의역은 "XML은 폭력과 같다. 특정 상황에서만 유용하고 다른 곳에서는 전혀 허용되지 않는다."라는 우려를 부분적으로만 수정한다.

확장 가능한 마크업 언어XML, eXtensible Markup Language는 표면적으로는 단순하게 보일 수 있는 복잡한 형식이다. XML과 관련된 한두 개의 도구나 기술에 대한 논의는 이 책보다 더 좋은 책이 많이 출판돼 있다. 특히 XML은 방언이 많은 메타형식이기 때문에 실제로 하나의 형식이 아니다. 구문적으로 XML은 꺾쇠괄호 태그(부호보다 작거나 큼)로 요소를 정의하고 태그 내에서 속성을 허용하며, 특수 엔티티와 지시어에 대한 몇 가지 다른 구문 형식을 갖는 비교적 간단한 형식이다. 바로 다음에 나타나는 사용자 레코드는 최소한의 예를 제공한다. 대략적으로 XML은 HTML의 일반화다. 더 정확하게 말하면 HTML은 XML의 방언이다(현학적이지만, 최신 버전의 HTML은 일부 기술적 세부 사항 측면에서 정확히 XML 방언은 아니다).

XML 방언은 일반적으로 허용되는 태그 및 속성과 이들이 서로 중첩될 수 있는 방식을 정확히 지정하는 스키마에 의해 정의된다. 스키마는 특정 필드의 데이터 유형 해석을 정의할 수도 있다. 수백 개의 방언이 널리 사용된다. 예를 들어 모든 최신 워드프로세서 및 출판 시스템은 XML 언어를 사용해 문서를 정의한다(기본 XML을 래핑하는 압축 계층 포함). 예를 들어 과학적 데이터 형식을 포함해 다른 많은 비문서 형식도 XML을 사용한다.

다른 여러 스키마 언어를 사용해 특정 XML 방언을 정의할 수 있지만 모두 이 책의 범위를 벗어난다. 그러나 일반적인 절차로서 추가 처리 전에 XML 문서의 유효성을 검사하는 것은 스키마를 사용할 수 있는 경우 거의 항상 좋은 생각이다. 이는 JSON

스키마 사용에 대한 이전 절의 논의와 매우 유사하지만 다른 도구와 라이브러리가 사용될 것이다. 가장 일반적으로 사용되는 XML 스키마 정의 수단은 **문서 타입 정의** DTD, Document Type Definition다. 더 현대적인 대안은 XML 스키마와 RELAX NG이다. XML 스키마Schema와 RELAX NG는 데이터 타입의 선언과 유효성 검사를 허용하지만 나는 XML을 네이티브 데이터 구조로 변환할 때 이러한 타입 선언에 널리 사용되는 도구나 라이브러리를 알고 있지 않다. 유효성 검사는 주어진 데이터 값(예, '정수처럼 보임')을 보장할 수 있지만 그런 방식으로 사용하려면 코드 내에서 그대로 형 변환해야 한다.

사용자 레코드

간단한 예로서 JSON 절에서 다룬 사용자 레코드 중 하나를 XML 문서로 공식화하겠다. 여기서는 스키마를 만들거나 지정하지는 않지만 원칙적으로 유효한 문서의 모든 제약 조건을 정의하는 스키마를 가질 수 있다. JSON에서와 같이 공백은 (일반적으로) 중요하지 않지만 가독성을 높일 수 있다.

```
<?xml version="1.0" encoding="utf-8" ?>
<users>
  <user>
    <name>David Mertz</name>
    <password>badpassword</password>
    <details>
      <profession employer="KDM" duration="26" units="months">
        Data Scientist</profession>
      <telephone>+1 323 863 5571</telephone>
    </details>
    <lucky-numbers>
      <item>12</item>
      <item>42</item>
      <item>55</item>
      <item>87</item>
```

```
        </lucky-numbers>
    </user>
    <user> ... </user>
</users>
```

XML에서는 주어진 데이텀datum 기준을 요소 본문에 넣을 것인지 속성 안에 넣을 것인지에 대한 결정이 다소 부족하다. 예제는 둘 다 보여준다.

이 절에서는 파이썬 표준 XML 라이브러리 `ElementTree`를 사용할 것이다. 파이썬 표준 라이브러리 내에서도 다른 API가 존재하며 다양한 다른 프로그래밍 언어에는 XML 작업에 사용할 수 있는 다양한 라이브러리와 API가 있다. `ElementTree`는 파이썬과 같은 느낌 및 XML과 같은 느낌 사이에서 합리적인 타협을 한다. 그러나 XML 트리를 사용해 좀 더 파이썬 스타일로 작업하려면 `lxml` 라이브러리에 `lxml.objectify`라는 API가 제공된다.

`lxml.objectify` API는 아마라 바인더리Amara Bindery의 동료인 우체 옥부지Uche Ogbuji와 `gnosis.xml.objectify`의 예전 작업을 기반으로 한다. 이러한 예전 프로젝트 중 어느 것도 현재 유지 관리되지 않지만 `lxml.objectify`는 작업하기에 매우 유사하고 직관적이다. 일반적으로 `lxml`은 `libxml2` 및 `libxslt`를 기반으로 구축된 빠르고 잘 테스트된 XML 라이브러리로, `objectify` 인터페이스와 `ElementTree`의 향상되고 빠른 버전을 모두 제공한다.

XML 문서 내에서 두 가지 데이터 표현 스타일을 염두에 둬야 한다. 데이터가 XML 속성에 있든 요소(태그)의 본문이든 데이터 과학자로서 우리에게는 근본적인 차이가 없다. 명확히 하고자 **태그**tag는 꺾쇠괄호 안에 있는 실제 단어(예, <item>)이고 해당 **요소**element는 여는 태그와 닫는 태그(예, <item>55</item>) 사이에 발생하는 모든 것이다. 요소와 속성 모두 우리에게 똑같이 유용할 수 있다. 그러나 대부분의 API에서는 액세스 방식이 다르다. 다음 예에서 둘 다 코드로 보여준다.

```python
import xml.etree.ElementTree as ET
tree = ET.parse('data/users.xml')

# 먼저 직업의 속성과 텍스트를 찾는다.
prof = tree.find('user').find('details').find('profession')
print("Body (title):", prof.text.strip())
print("Attributes: ", prof.attrib)
```

```
Body (title): Data Scientist
Attributes: {'employer': 'KDM', 'duration': '26', 'units': 'months'}
```

속성 내에는 필드 값을 추출할 수 있는 완벽하게 정규화된 기본 파이썬 딕셔너리가 있다. 모든 키와 값은 단순히 문자열이다. 예를 들어 `'duration'`을 정수로 처리하고 싶다면 코드 내에서 형 변환할 수 있다. 또한 문서 계층 구조의 동일한 레벨에서 요소를 반복해 유사하게 처리하는 경우가 많다.

JSON에서 봤듯이 요소들은 동일한 상위 태그를 공유하더라도 다른 하위 요소를 포함할 수 있다.

```python
items = tree.find('user').find('lucky-numbers').findall('item')
lucky_numbers = [int(item.text) for item in items]
lucky_numbers
```

```
[12, 42, 55, 87]
```

예를 들어 계층 구조의 다양한 레벨에서 `.findall()`을 호출하는 중첩 또는 재귀 순회는 XML 문서를 탐색하는 일반적인 방법이다. XML 문서는 매우 클 수 있으며 이를 위해 `ElementTree`와 기타 라이브러리에서 점진적 접근 방식을 사용할 수 있다. 다음 절에서는 좀 더 구체적인 예로서 JSON 절에서 했던 것과 동일한 지리 데이터를 처리한다.

키홀 마크업 언어

키홀 마크업 언어KML, Keyhole Markup Language는 일반적으로 shapefile이나 GeoJSON과 기능적으로 동일한 XML 형식이다. 다른 형식과 마찬가지로 더 전문화된 GIS 도구는 이 절에서 보여주는 것보다 더 많은 작업을 수행한다. 이 문서 내에서 태그를 정의하는 KML 네임스페이스 내에서 태그를 찾고자 약간의 마법을 사용해야 한다. 파일의 실제 '데이터'("Placemark" 요소)를 얻기 전에 일부 스키마와 네임스페이스 정보가 파일 상단에 정의돼 있음을 알 수 있다.

```
<?xml version="1.0" encoding="utf-8" ?>
<kml xmlns="http://www.opengis.net/kml/2.2">
<Document>
  <Folder>
    <name>gz_2010_us_050_00_20m</name>
    <Schema name="gz_2010_us_050_00_20m" id="gz_2010_us_050_00_20m">
      <SimpleField name="Name" type="string"></SimpleField>
      <SimpleField name="Description" type="string"></SimpleField>
      <SimpleField name="GEO_ID" type="string"></SimpleField>
      <SimpleField name="STATE" type="string"></SimpleField>
      <SimpleField name="COUNTY" type="string"></SimpleField>
      <SimpleField name="NAME" type="string"></SimpleField>
      <SimpleField name="LSAD" type="string"></SimpleField>
      <SimpleField name="CENSUSAREA" type="float"></SimpleField>
    </Schema>
    <Placemark>
      <name>Autauga</name>
      <Style>
        <LineStyle><color>ff0000ff</color></LineStyle>
        <PolyStyle><fill>0</fill></PolyStyle>
      </Style>
      <ExtendedData>
        <SchemaData schemaUrl="#gz_2010_us_050_00_20m">
          <SimpleData name="Name">Autauga</SimpleData>
```

```
            <SimpleData name="GEO_ID">0500000US01001</SimpleData>
            <SimpleData name="STATE">01</SimpleData>

... 더 많은 콘텐츠, 최종 종료 태그 ...
```

XML 파일에는 서로 다른 태그가 있는 여러 네임스페이스가 포함될 수 있다. 따라서 `ElementTree`를 사용하면 단축 이름을 네임스페이스 URL에 매핑하는 딕셔너리로 정의해 좀 더 편리하게 액세스할 수 있다. 하나의 상위 노드만 발생하는 몇 가지 수준을 드릴다운해 우리가 정말로 신경 쓰는 `"Placemark"` 요소가 포함된 `"Folder"`를 찾는다. GeoJSON에서는 이를 `"features"`라고 한다.

```
ns = {'kml': "http://www.opengis.net/kml/2.2"}
document = ET.parse('data/gz_2010_us_050_00_20m.kml')

root = document.getroot()
kml_doc = root.find('kml:Document', ns)
folder = kml_doc.find('kml:Folder', ns)

# GeoJSON과 동일한 수의 카운티가 있는지 확인
placemarks = folder.findall('kml:Placemark', ns)
print("Count of placemarks:", len(placemarks))
# 하나의 장소 표시 요소 객체 표시
placemarks[0]
```

```
Count of placemarks: 3221
<Element '{http://www.opengis.net/kml/2.2}Placemark' at 0x7fe220289680>
```

다소 모호하게 중첩된 데이터를 추출하는 것은 생각보다 좀 더 많은 작업일 것이다. 첫 번째 카운티 하위 노드에서 원하는 것을 살펴보자.

```
# 카운티의 이름은 비교적 간단
```

```
print("County name:", placemarks[0].find('kml:name', ns).text)

# 다른 카운티 정보는 속성에 의해서만 구분
sdata = (placemarks[0].find('kml:ExtendedData', ns)
                      .find('kml:SchemaData', ns)
                      .findall('kml:SimpleData', ns))

# GEO_ID, STATE, CENSUSAREA가 필요
for record in sdata:
  print(record.attrib, record.text)
```

```
County name: Autauga
{'name': 'Name'} Autauga
{'name': 'GEO_ID'} 0500000US01001
{'name': 'STATE'} 01
{'name': 'COUNTY'} 001
{'name': 'LSAD'} County
{'name': 'CENSUSAREA'} 594.436000000000035
```

카운티의 실제 이름은 두 곳에서 중복으로 인코딩된다. 다음의 함수 kml_county_summary()는 데이터 무결성(즉, 일관된 값)을 확인해야 한다. 이제 다각형을 찾고자 계층 구조의 약간 다른 부분을 파고들어야 한다.

```
coords = (placemarks[0].find('kml:Polygon', ns)
                       .find('kml:outerBoundaryIs', ns)
                       .find('kml:LinearRing', ns)
                       .find('kml:coordinates', ns))
pprint(coords.text)
```

```
('-86.497916734108713,32.346347937379285,123.940341341309249 '
 '-86.719045580223096,32.404719907202413,124.507383406162262 '
 '-86.816062031841554,32.342711234558017,124.433184524998069 '
 '-86.891734835750142,32.50487314981855,125.151479452848434 '
```

```
'-86.918751525796665,32.666059588245083,125.785741473548114 '
'-86.714541775531544,32.66362459160964,125.451970156282187 '
'-86.715371359148733,32.707584324141543,125.614226697944105 '
'-86.414261392701192,32.709278995622782,125.144079957157373 '
'-86.41231357529395,32.411845326016262,124.046804890967906 '
'-86.497916734108713,32.346347937379285,123.940341341309249')
```

KML 문서를 참조하면 KML 내의 **"LinearRing"** 요소 내에서 좌표[polygon]가 공백으로 구분된 **lon, lat[,alt]** 구조의 형태를 취한다는 것을 확인할 수 있다. GeoJSON 사례에서 했던 것처럼 최북단, 최남단, 최동단, 최서단 지점을 찾는 작업에서는 고도에 관심이 없다. 그러나 실제 경계를 얻으려면 구조화된 원시 텍스트를 파싱해야 한다. 우리는 **kml_extremes()** 함수로 할 것이다. 대부분의 실제 논리는 이전 절의 GeoJSON 버전과 동일하므로 **kml_extremes()**는 이전 **extremes()** 함수를 호출하기 전에 데이터 형식을 약간 다듬을 수 있다.

```
def kml_extremes(coordinates):
    "Pass in a KML coordinates ElementTree object"
    text_points = coordinates.text.split()
    points = [p.split(',') for p in text_points]
    points = [[float(p[0]), float(p[1])] for p in points]
    # 여기에 리스트의 리스트의 리스트를 전달한다.
    return extremes([points])

kml_extremes(coords)
```

```
(32.70927899562278, 32.34271123455802, -86.41231357529395,
-86.91875152579667)
```

다음으로 KML 데이터에서 DataFrame을 생성하는 함수를 원한다. GeoJSON의 경우와 비슷하지만 데이터를 찾아내는 것은 약간 다르다(일반적으로 더 복잡함).

```
def kml_county_summary(placemarks, ns=ns):
    geo_id = []
    state, county_name, area = [], [], []
    north, south, east, west = [], [], [], []

    for placemark in placemarks:
        # 일관성을 보장하고자 여기와 아래에 카운티 이름을 가져옴
        name = placemark.find('kml:name', ns).text

        # 기타 카운티 정보는 XML 속성으로 구분
        sdata = (placemark.find('kml:ExtendedData', ns)
                          .find('kml:SchemaData', ns)
                          .findall('kml:SimpleData', ns))
        # Name, GEO_ID, STATE, CENSUSAREA가 필요
        for record in sdata:
            rectype = record.attrib['name'] # XML 속성
            if rectype == 'Name': # 문자열 'Name' (카운티)
                # 이름이 다르게 기록되면 문제가 발생됨
                assert record.text == name
                county_name.append(name)
            elif rectype == 'GEO_ID':
                geo_id.append(record.text)
            elif rectype == 'CENSUSAREA':
                # mi^2에서 km^2로 변환
                area.append(float(record.text) * 2.59)
            elif rectype == 'STATE':
                # 컬럼비아 구는 미국의 주가 아니다.
                state_name = fips_map.get(int(record.text), None)
                state.append(state_name)

        # 여기서 약간의 "속임수"를 쓸 것이다.
        # 위치 표시에 최상위 레벨 <MultiGeometry>가 있는 경우가 있다.
        # 여러 다각형을 사용해 계산을 건너뛸 것이다.
        try:
            coordinates = (placemark
                .find('kml:Polygon', ns)
```

```
            .find('kml:outerBoundaryIs', ns)
            .find('kml:LinearRing', ns)
            .find('kml:coordinates', ns))
        n, s, e, w = kml_extremes(coordinates)
    except AttributeError:
        n, s, e, w = None, None, None, None

    north.append(n); south.append(s);
    east.append(e); west.append(w)

df = pd.DataFrame({
        'geo_id': geo_id, 'state': state,
        'county': county_name, 'area': area,
        'northmost': north, 'southmost': south,
        'eastmost': east, 'westmost': west
})
return df.set_index('geo_id')
```

KML 계층 구조를 깔끔한 데이터 프레임으로 변환할 수 있다. XML로 작업하는 것은 종종 까다로울 수 있다. 종종 이것의 주된 원인은 물리적 형식 자체가 아니라 XML 방언을 만든 사람들이 요소를 특히 깊게 중첩하고 매우 복잡한 스키마들을 활용하는 경향이 있다. 이 KML 예제에서는 다소 그렇다.

```
kml_counties = kml_county_summary(placemarks)
kml_counties
```

	state	county	area	northmost
geo_id				
0500000US01001	Alabama	Autauga	1539.58924	32.709279
0500000US01009	Alabama	Blount	1669.96984	34.261131
0500000US01017	Alabama	Chambers	1545.01529	33.109960
0500000US01021	Alabama	Chilton	1794.49186	33.073731
...	...	...	...	...

```
0500000US51021      Virginia          Bland    926.50775   37.295189
0500000US51027      Virginia       Buchanan   1302.15617   37.539502
0500000US51037      Virginia      Charlotte   1230.95189   37.250505
0500000US51041      Virginia  Chesterfield   1096.33923   37.564372

                   southmost     eastmost     westmost
geo_id
0500000US01001     32.342711   -86.412314   -86.918752
0500000US01009     33.767154   -86.304677   -86.964531
0500000US01017     32.730429   -85.124537   -85.594308
0500000US01021     32.663625   -86.376119   -87.020318
...                      ...          ...          ...
0500000US51021     36.954152   -80.855694   -81.463294
0500000US51027     37.043415   -81.739470   -82.306981
0500000US51037     36.699679   -78.444320   -78.905600
0500000US51041     37.224467   -77.245139   -77.856138
3221 rows × 7 columns
```

이제 구성 형식을 구성하는 100개의 꽃으로 크게 도약해보자.

구성 파일

> 표준의 놀라운 점은 선택할 수 있는 표준이 너무 많다는 것이다.
>
> – 그레이스 머레이 호퍼Grace Murray Hopper

NOTE

이 인용문의 출처는 확실하지 않지만 호퍼 제독의 것으로 널리 알려져 있다. 때로는 Andrew Tanenbaum, Patricia Seybold 또는 Ken Olsen에게도 인정된다. 그중 첫 번째는 실제로 그의 『Computer Networks』(1981)에서 사용했지만 원래의 코멘트로 사용하지는 않았을 것이다.

개념:

- 약간 다른 형식의 과잉
- 계층 구조를 시뮬레이션하는 네임스페이스
- INI와 TOML
- YAML

작은 데이터는 종종 구성 파일에 있다. 적어도 프로그래밍 프로젝트에서 가장 인기 있는 것은 이제 YAML Ain't Markup Language다. 이전에는 YAML(Yet Another Markup Language)이었는데, 비공식적인 INI 형식은 특히 윈도우 세계(대부분 오래된 소프트웨어)에서 일반적이다. TOML(Tom's Obvious, Minimal Language)는 INI와 매우 유사하지만 몇 가지 향상된 기능과 더 엄격한 정의가 포함돼 있다. 때로는 JSON이나 XML이 동일한 목적으로도 사용되지만 둘 다 사람이 편집하기에 어렵다. 가장 큰 어려움은 여러 가지 이유로 (그 중 몇 가지 좋은) 자체 사용자 정의 형식을 채택한 수많은 소프트웨어 프로젝트에서 발생한다.

이러한 구성 형식에는 일반적으로 어느 정도의 계층 구조가 있다. 형식에 따라 이 계층은 깊이가 고정되거나 무제한일 수 있다. 그러나 대부분의 형식은 무제한 중첩을 허용하므로 크롤링은 JSON과 XML에서 본 기술과 유사하다.

INI와 플랫 사용자 정의 형식

무제한 깊이에 대한 예외는 env(.env) 파일(표준이 아닌 비공식적 규칙이기도 함)과 INI 파일인 것 같다. env 파일은 (일반적으로) 실제로는 전혀 계층적이지 않지만 단순한 방식으로 이름에 값을 할당한 것이다. 때로 이것은 셸 구성에서 환경 변수를 정의하는 것과 동일할 수 있지만 종종 공백을 포함하는 값을 인용할 필요성이 생략되고 문자 이스케이프 규칙이 다를 수 있다. INI 파일은 종종 대괄호([ ])로 표시된 섹션과 한 라인에 이름과 등호로 표시된 할당 사이에 단일 레벨의 계층 구조를 허용하고자 사용된다. INI 파일에 대한 위키피디아 기사(https://en.wikipedia.org/wiki/INI_file)에 제공된 간단한 INI 예제를 살펴보자.

```
; last modified 1 April 2001 by John Doe
[owner]
name=John Doe
organization=Acme Widgets Inc.

[database]
; use IP address in case network name resolution is not working
server=192.0.2.62
port=143
file="payroll.dat"
```

때때로 INI 파일은 개념적으로 섹션 이름의 네임스페이스를 지정해 더 깊은 계층 구조를 시뮬레이션한다. 따라서 이러한 파일에는 [owner.database.systems] 및 [owner.vcs.developers] 섹션이 포함될 수 있으며, 이를 'owners' 계층 구조로 수동 디코딩할 수 있다. 파이썬 표준 라이브러리에는 configparser라는 이 형식의 파서가 함께 제공된다. 이 모듈은 표준 라이브러리의 이전 모듈 중 하나며 API의 기능이 약간 떨어진다.

```
import configparser
cfg = configparser.ConfigParser()
cfg.read('data/example.ini')

print("Sections: ", cfg.sections())
print("Owner keys: ", [k for k in cfg['owner']])
print("Owner/name: ", cfg['owner']['name'])
print("Port #: ", cfg['database'].getint('port'))
```

```
Sections:      ['owner', 'database']
Owner keys:    ['name', 'organization']
Owner/name:    John Doe
Port #:        143
```

데이터 입력도 제한된다. 특수 메서드 .getboolean(), .getint(), .getfloat()는 명백한 타입 생성자와 동등한 작업을 수행한다. 그러나 불리언Booleans은 메서드와 함께 형 변환될 때 대소문자를 구분하지 않으며 yes/no, on/off, true/false, 1/0을 인식한다.

이 API가 가장 자연스러운 것은 아니지만 적어도 모듈은 존재한다. 도구가 자체 형식을 정의하는 경우 3장의 '사용자 정의 텍스트 형식' 절에 설명된 대로 수동 텍스트 처리 수준으로 내려가야 할 수 있다. 예를 들어 내 시스템에서 구식 텍스트 기반 웹 브라우저 w3m은 $HOME/.w3m/config에 다음과 같은 라인(및 약 150개)을 포함하는 사용자 정의 형식을 갖고 있다.

```
tabstop 8
display_charset UTF-8
cookie_avoid_wrong_number_of_dots
accept_encoding gzip, compress, bzip, bzip2, deflate
extbrowser7 wget -c
extbrowser8 url=%s && printf %s "$url" | xsel && printf %s "$url" |
xsel -b & ssl_ca_path /etc/ssl/certs
```

일반적으로 키는 영숫자 문자 뒤에 공백이 있는 것처럼 보인다. 그러나 다음에 오는 것은 전혀 아무것도 아닐 수도 있다. 문자열이나 숫자, 더 많은 공백이 있는 쉼표로 구분된 목록이거나 파이프, 프로세스 등을 포함하는 셸 명령일 수도 있다. 백만 명의 사용자 구성 파일을 분석하려면 수많은 수동 휴리스틱을 사용하거나 각 키가 취할 수 있는 값에 대한 명시적인 문서를 찾아야 한다(해당 문서가 있는 경우).

TOML

TOML은 자체 INI 형식을 활용해 다양한 도구에서 사용되는 여러 규칙을 공식화한다. 섹션은 동일한 방식으로 표시되지만 무한 계층 구조에 대해 중첩될 수 있다. 적절한 범위의 데이터 타입은 파서에 의해 공식적으로 지정된다. 모든 데이터 구조가 TOML로 간단하게 표현될 수 있는 것은 아니지만 가장 일반적인 구조는 대부분 가능하다. 많은 프로그래밍 언어에는 TOML을 지원하는 라이브러리가 있지만 이 책을 쓰는 현재 일부는 v1.0.0-rc.1이 아닌 v0.5.0 수준에서만 지원된다(그러나 차이점은 매우 작다).

다음은 TOML 문서에 제공된 예다.

```
# 이것은 TOML 문서다.
title = "TOML Example"

[owner]
name = "Tom Preston-Werner"
dob = 1979-05-27T07:32:00-08:00 # 첫 수업 날짜

[database]
server = "192.168.1.1"
ports = [ 8001, 8001, 8002 ]
connection_max = 5000
enabled = true

[servers]

  # 들여쓰기(탭이나 공백)는 허용되지만 필수는 아님
  [servers.alpha]
  ip = "10.0.0.1"
  dc = "eqdc10"

  [servers.beta]
  ip = "10.0.0.2"
```

```
  dc = "eqdc10"

[clients]
data = [ ["gamma", "delta"], [1, 2] ]

# 배열 내부에 있는 경우 줄 바꿈이 정상
hosts = [
  "alpha",
  "omega"
]
```

공식 파서를 사용할 수 있으면 사용자 정의 형식의 수동 논리를 많이 피할 수 있다. 또한 여기에 있는 API는 기본 데이터를 가져오고자 특이한 특수 메서드가 필요 없이 구성 파일을 기본 데이터 구조로 간단히 변환한다는 점에서 매우 현대적이다. datetime 데이터 타입에 대한 기본 지원은 JSON에는 없는 편리한 점이다. 문자열, 숫자(float/int), 목록, 딕셔너리가 지원된다. 모든 TOML 문서의 최상위 수준은 항상 매핑이지만 특정 프로그래밍 언어로 표현될 수 있다. 예를 살펴보자.

```
import toml
toml.load(open('data/example.toml'))
```

```
{'title': 'TOML Example',
 'owner': {'name': 'Tom Preston-Werner',
   'dob': datetime.datetime(1979, 5, 27, 7, 32, tzinfo=<toml.tz.TomlTz
object at 0x7fe20bc4e490>)},
 'database': {'server': '192.168.1.1',
   'ports': [8001, 8001, 8002],
   'connection_max': 5000,
   'enabled': True},
 'servers': {'alpha': {'ip': '10.0.0.1', 'dc': 'eqdc10'},
   'beta': {'ip': '10.0.0.2', 'dc': 'eqdc10'}},
 'clients': {'data': [['gamma', 'delta'], [1, 2]],
```

```
 'hosts': ['alpha', 'omega']}}
```

파서를 사용하는 한 가지 큰 장점은 일반적으로 무엇이 잘못됐는지를 (상대적으로) 유용하게 보고한다는 것이다. 나는 타이핑하는 사람들이 종종 저지르는 오류와 유사하게 TOML 파일의 약간 잘못된 버전을 만들었다. 오류 메시지 자체는 무엇이 잘못됐는지에 대한 완전한 명확성을 제공하지 않을 것이다. 적어도 오류를 찾을 곳을 알려준다.

```
with open('data/example-bad.toml') as fh:
  try:
    cfg = toml.load(fh)
  except Exception as err:
    print_err(err)
```

```
TomlDecodeError
invalid literal for int() with base 0: '2] []
hosts = [ "alpha"' (line 27 column 1 char 433)
```

TOML 파일의 일부를 인쇄해보자.

```
!cat -n data/example-bad.toml | tail -8
```

```
  26   [clients]
  27   data = [ ["gamma", "delta"], [1, 2] []
  28
  29   # 배열 내부에 있는 경우 줄 바꿈이 정상
  30   hosts = [
  31     "alpha",
  32     "omega"
  33   ]
```

사람의 눈으로 문제를 쉽게 감지할 수 있다. 27번 라인에는 일부 포매팅 문제가 있지만 정확히 의도한 내용이 완전하게 명확하지는 않다. 일반적으로 원래 의도를 재구성하려면 수동 수정이 필요하다.

다른 프로그래밍 언어를 보여주고자 TOML을 R로 읽는 것은 매우 유사하다. 특히 이는 단일 호출로 (중첩된) 네이티브 데이터 구조를 제공한다.

```
%%R
library(RcppTOML)
parseTOML("data/example.toml")
```

```
List of 5
  $ clients    :List of 2
    ..$ data  :List of 2
    .. ..$ : chr [1:2] "gamma" "delta"
    .. ..$ : int [1:2] 1 2
    ..$ hosts : chr [1:2] "alpha" "omega"
  $ database   :List of 4
    ..$ connection_max  : int 5000
    ..$ enabled         : logi TRUE
    ..$ ports           : int [1:3] 8001 8001 8002
    ..$ server          : chr "192.168.1.1"
  $ owner      :List of 2
    ..$ dob   : POSIXct[1:1], format: "1979-05-27 15:32:00"
    ..$ name  : chr "Tom Preston-Werner"
  $ servers    :List of 2
    ..$ alpha :List of 2
    .. ..$ dc : chr "eqdc10"
    .. ..$ ip : chr "10.0.0.1"
    ..$ beta  :List of 2
    .. ..$ dc : chr "eqdc10"
    .. ..$ ip : chr "10.0.0.2"
$ title        : chr "TOML Example"
```

YAML

YAML은 JSON 및 XML과 유사한 공간을 차지하지만 사람의 가독성과 편집 가능성을 강조한다. 후자 둘 다 부분적으로 사람이 읽을 수 있고 편집할 수 있는 형식이 되도록 초기 추진력을 가졌지만 둘 다 그러한 목표에서 잘 성공하지 못했다. 그들은 텍스트지만 둘 다 미묘한 구문이나 문법적 실수를 저지르기 쉽다. YAML이 훨씬 더 목표에 다가간다.

기본 형식에서 YAML 문서는 매우 읽기 쉽고 구조에 대한 직관적인 뷰를 제공한다. 태그와 지시어를 사용하면 상황이 더 복잡해질 수 있으며 언어별 스키마에 도달할 때까지 일반적인 가독성이 많이 감소한다. 그러나 YAML 문서의 99%는 간단하면서도 강력한 액세스가 가능한 하위 집합만 사용한다. YAML 튜토리얼에서 적용한 예제를 살펴보자.

```
invoice: 34843
date   : 2001-01-23
bill-to: &id001
  given  : Chris
  family : Dumars
  address:
    lines: |
      458 Walkman Dr.
      Suite #292
    city   : Royal Oak
    state  : MI
    postal : 48046
ship-to: *id001
product:
  - sku         : BL394D
    quantity    : 4
    description : Basketball
    price       : 450.00
```

```
    - sku         : BL4438H
      quantity    : 1
      description : Super Hoop
      price       : 2392.00
tax : 251.42
total: 4443.52
comments:
  Late afternoon is best.
  Backup contact is Nancy
  Billsmer @ 338-4338.
```

이 간단한 문서에는 몇 가지 미묘한 점이 있다. 구문 패턴을 기반으로 매우 다양한 데이터 타입이 인식되며, 파서가 구별하는 프로그래밍 언어에서 여러 유형의 상수를 스펠링할 수 있다. 인용은 거의 필요하지 않지만 허용된다(예, 문자열에 숫자만 포함돼 있고 숫자로 처리되지 않기를 원하는 경우).

이 문서의 전체 구조는 여러 이름에서 해당 값으로의 매핑이다. 어떤 경우에는 이러한 값 자체가 시퀀스 또는 매핑이고, 다른 경우에는 스칼라다. 문자열은 여러 라인으로 구성될 수 있으며 파이프(|)로 시작하는 것은 줄 바꿈을 유지해야 함을 나타낸다(그러나 다른 들여쓰기는 무시됨). 위 예제의 주소 표시줄은 다음과 같다. 키 comments의 경우 문자열이 여러 줄을 차지하지만 줄 바꿈은 유지되지 않는다.

강력한 기능은 앵커 및 참조의 가용성이다. 이것들은 참조와 포인터가 있는 C 계열 언어에서 모호하게 영감을 받았다. 그 아이디어는 문서의 일부가 이름이 지정되고(앵커) 다른 곳에서 참조될 수 있다는 것이다. 이는 반복을 피할 뿐만 아니라 내용의 일관성을 보장한다. 주소가 있는 사람이 bill-to와 관련해 정의됐지만 키 ship-to 아래에서 참조되는 경우를 볼 수 있다.

네이티브 파이썬 데이터 구조로 읽을 때 데이터가 어떻게 표시되는지 살펴보자.

```
import yaml
order = yaml.load(open('data/example.yaml'))
order
```

```
{'invoice': 34843,
 'date': datetime.date(2001, 1, 23),
 'bill-to': {'given': 'Chris',
  'family': 'Dumars',
  'address': {'lines': '458 Walkman Dr.\nSuite #292\n',
     'city': 'Royal Oak',
     'state': 'MI',
     'postal': 48046}},
 'ship-to': {'given': 'Chris',
  'family': 'Dumars',
  'address': {'lines': '458 Walkman Dr.\nSuite #292\n',
     'city': 'Royal Oak',
     'state': 'MI',
     'postal': 48046}},
  'product': [{'sku': 'BL394D',
     'quantity': 4,
     'description': 'Basketball',
     'price': 450.0},
    {'sku': 'BL4438H',
     'quantity': 1,
     'description': 'Super Hoop',
     'price': 2392.0}],
  'tax': 251.42,
  'total': 4443.52,
  'comments': 'Late afternoon is best. Backup contact is Nancy Billsmer
@ 338-4338.'}
```

TOML과 마찬가지로 날짜는 기본적으로 처리된다. 앵커와 참조는 동일한 중첩 라이브러리에 대한 참조로 확장된다. 일부 숫자는 대부분의 프로그래밍 언어와 동일한 맞춤법 규칙을 사용해 부동소수점floats으로, 다른 숫자는 정수ints로 파싱된다. 초기

대시는 매핑/딕셔너리의 키와 반대로 시퀀스/리스트의 항목을 소개한다. 이를 확인하려면 청구서[invoice]의 YAML 버전을 다시 살펴보자.

참조된 객체가 전체 사본이 아니라 단순히 참조인지 확인할 수 있다.

```
# 다른 키 아래 중첩된 dict가 같은 객체인가?
order['ship-to'] is order['bill-to']
```

```
True
```

JSON 스트리밍을 활성화하고자 여러 가지 향상된 기능이 사용되며 가장 일반적인 것은 JSON 라인이다. YAML은 초기 설계에서 이를 고려했으며 본질적으로 동일한 스트림의 여러 문서에 대한 특정 요소를 빌드하면서 각 구성 요소 문서가 가장 읽기 쉽게 공백을 사용하도록 허용한다(분명히 YAML의 문법에 따르지만 유연함). 예를 들어 다음은 여러 문서를 포함하는 단일 파일이다. .read() 메서드를 사용하는 다른 파이썬 파일과 유사한 객체가 될 수 있다(즉, 무한 스트림 포함).

```
%YAML 1.1
---
# YAML은 다음과 같은 주석을 포함할 수 있음
name: David
age: 55
---
name: Mei
age: 50 # 라인 끝 포함
---
name: Juana
age: 47
...
---
name: Adebayo
```

```
age: 58
...
```

시작 부분의 버전 지시어는 선택 사항이지만 좋은 방법이다. 한 라인에 세 개의 대시만 있으면 문서의 시작을 나타낸다. 새 문서를 시작하면 마지막 문서가 끝났음을 나타내기에 충분하다. 그러나 문서의 끝을 명시적으로 표시하고자 세 개의 점을 사용할 수도 있다. 이러한 여러 문서를 반복하고 다음 코드와 같이 어떤 방식으로든 각각을 처리할 수 있다. 데이터 과학 컨텍스트에서 우리는 일반적으로 각 문서에 유사한 구조와 '필드'가 포함될 것으로 예상하지만 이는 YAML 형식 자체의 제약이 아니다.

```
with open('data/multidoc.yaml') as stream:
  docs = yaml.load_all(stream)
  print(docs, '\n')
  for doc in docs:
    print(doc)
```

```
<generator object load_all at 0x7fe20bc2edd0>

{'name': 'David', 'age': 55}
{'name': 'Mei', 'age': 50}
{'name': 'Juana', 'age': 47}
{'name': 'Adebayo', 'age': 58}
```

TOML에서 다룬 것처럼 개발된 도구를 사용해 공식적으로 지정된 형식으로 작업할 때 가장 큰 이점 중 하나는, 특히 사람이 수동으로 편집하는 형식인 경우에 수동으로 잡을 필요 없이 파서가 형식 문제에 대해 의미 있는 메시지를 생성할 수 있다는 것이다.

```
try:
```

```
  yaml.load(open('data/example-bad.yaml'))
except Exception as err:
  print_err(err)
```

```
ScannerError
mapping values are not allowed here in "data/example-bad.yaml", line
17, column 31
```

오류 메시지가 표시된 상태에서 문제를 나타내는 부분을 볼 수 있다. 17번 라인에서 문제를 식별하는 것은 그리 어렵지 않다. 이 경우 오류는 의도적으로 명백하다.

```
%%bash
cat -n data/example-bad.yaml | sed '15,19p;d'
```

```
  15        - sku         : BL394D
  16          quantity    : 4
  17          description : Basketball: ERROR
  18          price       : 450.00
  19        - sku         : BL4438H
```

마찬가지로 YAML 스트림을 파싱하려고 하면 잘못된 문서가 발견될 때까지 계속된다. 스트림에서 문법적으로 잘못된 문서는 반복자가 도달할 때까지 읽지 않기 때문에 이것은 사실이어야 한다. 각 문서를 읽을 때 인쇄해 확인할 수 있다.

```
try:
  for doc in yaml.load_all(open('data/multidoc-bad.yaml')):
    print(doc)
except Exception as err:
  print_err(err)
```

```
{'name': 'David', 'age': 55}
```

```
{'name': 'Mei', 'age': 50}
ScannerError
mapping values are not allowed here in "data/multidoc-bad.yaml",
line 10, column 12
```

가장 중요한 구성 파일 형식을 살펴봤다. 빅데이터로 돌아가보자.

NoSQL 데이터베이스

> 이것은 옳지 않을 뿐만 아니라 심지어 틀린 것도 아니에요!
>
> – 볼프강 파울리Wolfgang Pauli

NOTE

> 영어로: "That is not only not right; it is not even wrong."(그것은 옳지 않을 뿐만 아니라 심지어 틀리지도 않다). 파울리의 다채로운 문구는 일반적으로 '심지어 틀리지도 않음'이라는 설명으로 간단히 회자된다. 일반적으로 그의 의도는 '변조 불가'라는 의미로 간주된다.

개념:

- 그래프 데이터베이스
- 문서 지향 데이터베이스
- 비정형 문서에 누락된 필드
- 비정규화와 데이터 무결성
- 키/값 저장소
- 비공식 계층

많은 데이터베이스 시스템은 일반적으로 특정 도메인 내에서 더 나은 성능을 목표로 관계형 모델을 피한다. 또한 많은 RBDMS에는 이제 JSON과 XML 데이터 타입이 포함된다. 개요에서 이러한 시스템은 문서 지향 데이터베이스, 그래프 데이터베이스, 키/값 저장소로 분류된다. 특정 서버 소프트웨어는 이러한 요소(또는 실제로 관계형 데이터베이스의 요소)를 결합할 수 있으며 특정 성능 특성, 설계 철학, 일반적인 제한 사항은 각 프로젝트마다 다르다.

대부분의 'NoSQL' 데이터베이스 시스템에는 모니커moniker로 제안한 눈에 띄는 속성이 있다. 즉, SQL 이외의 쿼리 언어를 사용한다. 그러나 그럼에도 일부는 데이터에 액세스하는 방법으로 SQL의 서브세트를 구현한다. 이러한 다른 쿼리 언어는 때때로 특정 데이터베이스 시스템에 고유하지만 경우에 따라 다소 표준화돼 있다. 예를 들어 그래프 쿼리 언어 Gremlin, SPARQL(SPARQL Protocol 및 RDF Query Language) 및 GQLGraph Query Language(이전 Cypher)은 각각 여러 데이터베이스 시스템에서 지원된다. 오픈소스 그래프 데이터베이스 중에서 가장 잘 알려진 것은 Neo4j 및 OrientDB지만 많은 독점적 데이터베이스를 포함해 다른 많은 데이터베이스가 존재할 것이다.

여기에서 그것들의 존재를 언급하는 것 외에도 이 책에서는 그래프 데이터베이스의 특징인 데이터 정리 문제에 대해 구체적으로 다루지 않을 것이다. 그래프에서 수행되는 데이터 분석 타입은 일반적으로 다소 전문화돼 있으며 여기서 다룰 수 있는 범위를 벗어난다. 그러나 이러한 형식의 데이터가 발생할 수 있다. 문서 지향 데이터베이스와 키/값 저장소에서 좀 더 자세히 다룬다. 두 가지 모두 작업할 가능성이 더 높다(대부분 독자의 경우 개별 요구 사항과 작업은 다양함).

넓은 개념에서 그래프 데이터베이스는 노드와 노드를 연결하는 에지로 구성된다. 일반적으로 노드와 에지는 모두 객체별로 자유 형식이거나 스키마에 의해 정의된 속성attributes 또는 properties을 보유할 수 있다. 예를 들어 나를 나타내는 노드에는 내 이름(David), 내 직업(Data Scientist), 현재 고향 주(Maine)가 포함될 수 있다. 차례로 'Brad' 노드에 대한 'Friend'(다른 속성을 포함 할 수 있음) 레이블이 붙은 연결/에지를 포함하는 '소셜 그래프'가 있다. 또한 'Publisher'라는 레이블이 'Packt' 노드에 연결돼 있다. 완전한 소셜 그래프는 수백만 개의 노드와 에지로 구성될 수 있으며 각각에 다양한 속성이 첨부돼 있다.

공개 도메인의 작은 그림은 위키미디어 커먼즈Wikimedia Commons를 위해 사용자 Ahzf가 만들었다.

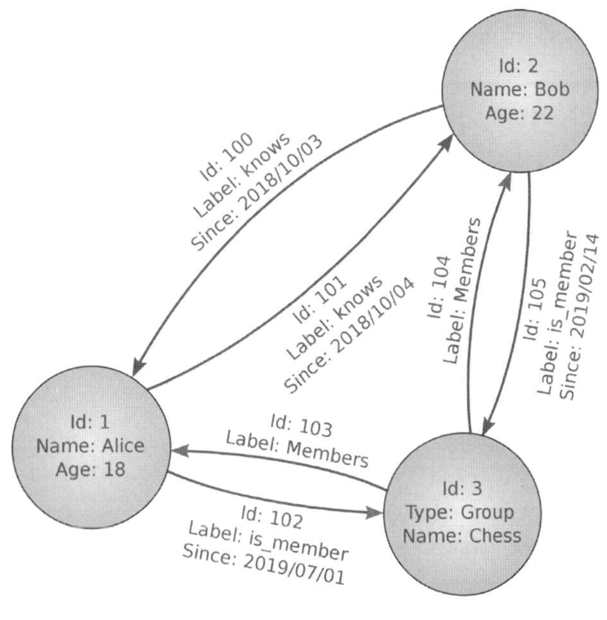

그림 2.2: 소셜 그래프의 예

(출처: https://commons.wikimedia.org/wiki/, 파일: GraphDatabase_PropertyGraph.png)

문서 지향 데이터베이스

문서 지향 데이터베이스는 일반적으로 XML, JSON 또는 BSONBinary JSON을 사용해 데이터를 저장하고 통신한다. 어떤 의미에서 이러한 데이터베이스는 쿼리를 색인화하고 최적화하는 메커니즘이 있는 이러한 형식 중 하나의 거대한 단일 파일이라고 생각할 수 있다. 실제 구현에서 이는 사실이 아니지만 개념적 모델로서 크게 벗어나지 않는다. 문서 지향 데이터베이스에서 이해해야 할 핵심 사항은 데이터가 계층적으로 구성돼 있다는 것이다. 이는 일부 액세스 패턴을 매우 효율적으로 만들 수 있지만 다른 계층적 형식과 동일한 모든 함정을 동반한다.

널리 사용되는 오픈소스 문서 지향 데이터베이스에는 MongoDB, CouchDB, CrateDB, 일래스틱서치Elasticsearch, Solr가 포함된다. 이 소프트웨어 공간은 잘 점유돼 있으며 오픈소스 및 독점적인 다른 많은 도구가 내 목록에 포함되지 않았다. 넓은 개념에서, 특히 데이터 정리 문제 측면에서 이러한 서로 다른 프로젝트는 유사하다.

계층적 데이터의 주요 함정은 단순히 비정형이라는 것이다. 특정 레벨에서 중첩된 특정 필드가 누락될 수 있다. 리뷰가 있는 레스토랑에 대한 MongoDB 블로그 게시물에서 영감을 얻은 예를 들어 설명하겠다. 이 그림에서는 JSON을 기반으로 하는 MongoDB를 사용한다. 모든 문서 지향 데이터베이스에 동일한 개념이 적용된다. 이 책의 다른 예와 마찬가지로 보안 구성과 로그인 자격증명은 일반적인 사용의 일부지만 여기서는 다루지 않는다.

```
# MongoDB가 로컬 시스템에서 실행 중이라고 가정
from pymongo import MongoClient
client = MongoClient('mongodb://localhost:27017')
```

이 서버에 어떤 데이터베이스가 있는지 확인할 수 있다. "business"를 제외하고 나머지는 본질적으로 관리적이며, 모든 MongoDB 설치에 기본적으로 존재한다.

```
# 로컬 서버에 어떤 데이터베이스가 존재하는가?
client.database_names()
```

```
['admin', 'business', 'config', 'local']
```

"business" 데이터베이스에는 최상위 수준에 두 개의 분기가 있다. 하나는 리뷰용이고 다른 하나는 정보용이다.

TIP

> 문서 지향 데이터베이스는 일반적으로 서버 → 데이터베이스 → 컬렉션 → 문서의 계층 구조로 구성된다. 비교를 위해 관계형 데이터베이스는 서버 → 데이터베이스 → 테이블 → 행으로 구성된다.

각각에 대한 몇 가지 문서를 살펴보자. 처음 몇 개의 레스토랑에 대한 일반 "info"는 다음과 같다.

```
db_biz = client.business
print("Restaurants:", db_biz.info.count())
for biz in db_biz.info.find(limit=3):
    pprint(biz)
```

```
Restaurants: 50
{'_id': ObjectId('5f30928db504836031a2c2a1'),
 'cuisine': 'Mexican',
 'name': 'Kitchen Tasty Inc.',
 'phone': '+1 524 555 9265'}
{'_id': ObjectId('5f30928db504836031a2c2a2'),
 'cuisine': 'Sandwich',
 'name': 'Sweet Salty Take-Out',
 'phone': '+1 408 555 6924'}
{'_id': ObjectId('5f30928db504836031a2c2a3'),
 'cuisine': 'Vegetarian',
 'name': 'City Kitchen Inc.',
 'phone': '+1 528 555 8923'}
```

마찬가지로 여기 처음 몇 개의 리뷰가 있다. 각 리뷰는 "info" 브랜치branch에 나열된 레스토랑 중 하나와 관련된다.

```
print("Reviews:", db_biz.reviews.count())
for review in db_biz.reviews.find(limit=3):
    pprint(review)
```

```
Reviews: 5000
{'_id': ObjectId('5f30928db504836031a2c2d3'),
 'name': 'Tasty Sweet Inc.',
 'price': 'cheap',
 'rating': 1}
{'_id': ObjectId('5f30928db504836031a2c2d4'),
 'name': 'Big Big Restaurant',
 'price': 'cheap',
 'rating': 6}
{'_id': ObjectId('5f30928db504836031a2c2d5'),
 'name': 'Goat Big Take-Out',
 'price': 'reasonable',
 'rating': 8}
```

좀 더 구체적인 조사를 할 수 있다. 예를 들어 가격이 "cheap" 하다고 생각하는 "City Kitchen Inc."에 대한 리뷰에 관심이 있을 수 있다. 같은 가격으로 평가한 다른 식사 손님이 식당을 다르게 평가한 것을 볼 수 있다. 원칙적으로 이러한 각 문서에 다른 데이터가 첨부될 수도 있다. MongoDB의 쿼리 언어는 자체적으로 JSON(또는 파이썬 인터페이스의 파이썬 딕셔너리)으로 표현된다.

```
query = {'price': 'cheap', 'name': 'City Kitchen Inc.'}
for review in db_biz.reviews.find(query, limit=4):
    pprint(review)
```

```
{'_id': ObjectId('5f30928db504836031a2c2ea'),
 'name': 'City Kitchen Inc.',
 'price': 'cheap',
 'rating': 3}
```

```
{'_id': ObjectId('5f30928db504836031a2c435'),
 'name': 'City Kitchen Inc.',
 'price': 'cheap',
 'rating': 7}
{'_id': ObjectId('5f30928db504836031a2c553'),
 'name': 'City Kitchen Inc.',
 'price': 'cheap',
 'rating': 3}
{'_id': ObjectId('5f30928db504836031a2c5d6'),
 'name': 'City Kitchen Inc.',
 'price': 'cheap',
 'rating': 1}
```

누락된 필드

"business" 데이터베이스의 일반적인 미리 보기에서는 모든 것이 완전히 규칙적이다. 해당 데이터 필드에 대한 집계나 모델링을 수행하고자 특정 필터와 일치하는 특정 종류의 레코드를 크롤링하는 코드를 작성할 수 있다. 예를 들어 "City Kitchen Inc."에 부여된 등급의 히스토그램을 생성할 수 있다. 여기서 위험은 일부 리뷰에 평점이 없을 수 있으며 다음에서 try/except 블록을 사용해 처리한다.

```
ratings = []
query = {'name': 'City Kitchen Inc.'}
for review in db_biz.reviews.find(query):
    try:
        ratings.append(review['rating'])
    except KeyError:
        pass

n = len(ratings)
pd.Series(ratings).plot(kind="hist", title=f"{n} ratings");
```

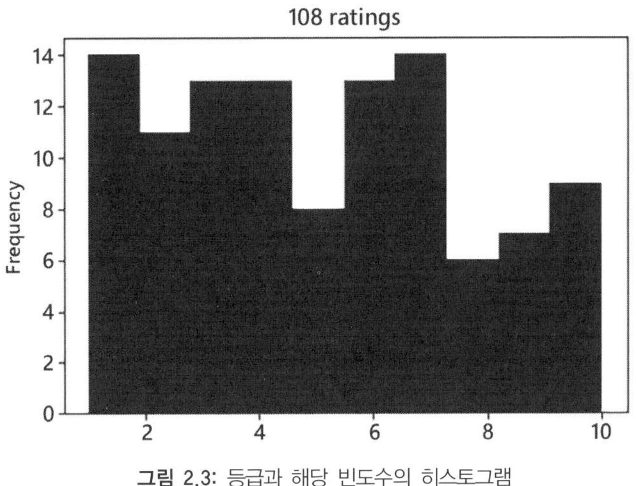

그림 2.3: 등급과 해당 빈도수의 히스토그램

MongoDB에 실제 행의 수를 요청하면 무엇이 누락됐는지 확인할 수 있다. 루프는 실제로 일부 데이터를 건너뛰었다.

```
db_biz.reviews.find({'name': 'City Kitchen Inc.'}).count()
```

```
110
```

MongoDB 또는 API에 약간의 변형이 있을 수 있는 기타 계층적 데이터베이스를 사용하면 누락된 필드를 기반으로 문서를 일치시킬 수 있다. 이 작은 예에서는 각 문서에 고려해야 할 다른 데이터가 많지 않지만 실제 사례에서는 유사한 문서에 다양한 필드가 있을 수 있다. 관련 등급이 없는 리뷰를 나열해보자.

```
list(db_biz.reviews.find({'name': 'City Kitchen Inc.', 'rating': None}))
```

```
[{'_id': ObjectId('5f30928db504836031a2c3fa'),
  'name': 'City Kitchen Inc.',
  'price': 'expensive'},
```

```
{ '_id': ObjectId('5f30928db504836031a2c6b6'),
  'name': 'City Kitchen Inc.',
  'price': 'reasonable'}]
```

평가가 누락된 이 두 리뷰에 대해 걱정할 필요가 있는지 여부는 문제와 도메인 중심이다. 무시할 수 있다. 5장과 6장에 설명된 것과 같은 기술을 수행할 수 있다. 어떤 경우에도 데이터가 불완전하다는 사실을 인식해야 한다.

비정규화와 비정규화의 불만

관계형 데이터베이스와 유사한 성능상의 이유로 문서 지향 데이터베이스에서 데이터가 비정규화되는 경우가 있다. 브랜치 하나에서 쿼리하는 것이 더 빠르며 문서 하나에서만 쿼리하면 다시 훨씬 빨라진다. 따라서 문서 지향 데이터베이스의 관리자는 일반적으로 정보가 액세스되는 '가까운' 위치로 정보를 복제한다.

문서 지향 데이터베이스를 쿼리할 때 다음과 유사한 코드를 사용할 수 있다.

```
def has_best_review(name, db=db_biz):
    "Return phone if restaurant has at least one 10 rating"
    query = {'name': name, 'rating': 10}
    review = None

    # 빠른 경로는 로컬 결과에 전화가 있음
    for review in db.reviews.find(query):
        phone = review.get('phone')
        if phone:
            return f"Call {name} at {phone}! (FAST query)"

    # 평가에 10점이 없다면 싫다!
    if not review:
        return f"Do not bother with {name}!"
```

```
# 훨씬 느린 경로가 두 번째 쿼리임
info = db.info.find_one({'name': name})
return f"Call {name} at {info['phone']}! (SLOW query)"
```

리뷰를 여러 번 조사할 때(예, 실제 설명 필드가 있는 경우) 데이터베이스 관리자는 실제 리뷰 문서 내에서 일반적으로 원하는 전화번호를 캐시할 수 있다.

몇 가지 조사가 어떻게 동작하는지 살펴보자.

```
has_best_review('Salty Big Take-Out')
```

```
'Call Salty Big Take-Out at +1 354 555 8317! (FAST query)'
```

```
has_best_review('City Kitchen Inc.')
```

```
'Call City Kitchen Inc. at +1 528 555 8923! (SLOW query)'
```

```
has_best_review('Out of Business')
```

```
'Do not bother with Out of Business!'
```

겉으로는 이 모든 것이 합리적인 성능 최적화처럼 보인다. 문제는 중복된 정보가 일관성이 없는 정보라는 것이다. 여기서는 데이터베이스 자체를 사용해 비결측non-absent 필드를 찾는다(이 쿼리 요소를 사용해 예제 함수도 개선할 수 있음).

```
query = {'name': 'Salty Big Take-Out',
  'rating': 10, 'phone':{"$ne":None}}
db_biz.reviews.find_one(query)
```

```
{'_id': ObjectId('5f30928db504836031a2c7c9'),
```

```
 'name': 'Salty Big Take-Out',
 'price': 'reasonable',
 'rating': 10,
 'phone': '+1 354 555 8317'}
```

그러나 지금까지 초점을 맞춘 "reviews" 브랜치가 아닌 이 레스토랑의 "info" 브랜치를 살펴보자.

```
db_biz.info.find_one({'name': 'Salty Big Take-Out'})
```

```
{'_id': ObjectId('5f30928db504836031a2c2aa'),
 'name': 'Salty Big Take-Out',
 'cuisine': 'Mexican',
 'phone': '+1 967 555 5487'}
```

이 시점에서는 데이터 무결성 문제에 직면해 있다. 아마도 어느 시점에 전화번호가 리뷰 문서에 복사됐을 것이다. 리뷰가 작성될 때 전화번호가 "info" 브랜치에서 "reviews" 브랜치로 복사됐을 가능성이 높다. 이는 "info" 브랜치가 더 최신 버전임을 의미한다. 그러나 리뷰 자체가 옵션으로 두고 전화번호가 입력됐을 수도 있다.

불행히도 데이터 무결성 문제의 원인을 결정하는 것은 과거에 실행됐을 수 있는 코드뿐만 아니라 발생할 가능성이 있는 사람이나 자동화된 엔트리 프로세스까지 이해하는 데 달려 있다.

키/값 저장소

가장 간단한 데이터베이스 시스템은 키/값 저장소다. 이러한 시스템은 일부 키(일반적으로 문자열)를 값(때로는 문자열 때로는 복합 유형)에 매핑하는 것 이상을 수행하지 않는다. 이러한 시스템은 종종 캐싱의 한 형태로 가능한 한 가장 빠른 액세스를 허용하고자 메모리 내 데이터 저장소로 사용된다. 그러나 분산 서버를 포함해 일반적으로 인메모리에서 동작하는 대부분의 시스템에는 가상 메모리나 스냅샷과 같은 일부 지속성 메커니즘도 갖고 있다. 키/값 저장소의 다른 변형은 주로 온디스크 형식이지만 주로 캐시 메모리에 차례로 상주하므로 유사한 속도를 얻을 수 있다.

Redis[Remote Dictionary Server] 및 Memcached는 인기 있는 인메모리 시스템이다(한편으로 지속 메커니즘 포함). 이름에서 알 수 있듯이 Memcached는 가장 일반적으로 캐시로 사용되므로 '지식의 소스'가 훨씬 덜 일반적이다. 즉, 캐시는 종종 클라이언트와 서버 사이에 위치하며 단순히 클라이언트의 이전 결과를 기록한다. 동일한 요청이 다시 발생하면(일부 '오래된' 기간으로 제한될 수 있음) 복잡한 데이터베이스 쿼리, 어려운 계산 또는 서버 외부의 추가 리소스에 대한 액세스를 건너뛸 수 있으며 캐시된 결과가 대신 반환된다. Redis는 때때로 이런 방식으로 사용되지만 서버에 필요한 데이터의 일부 요소에 대한 결정적이거나 유일한 지식 소스로도 자주 사용된다.

의사 코드[pseudo-code]로 이 캐싱을 설명하고자 서버 프록시에 다음과 유사한 코드가 포함될 수 있다.

```
request = get_client_request()
key = hash(request) # 충돌 방지 해시

# FAST PATH를 사용할 수 있는지 확인
if result := check_for_cache(key):
  send_to_client(result)

# SLOW PATH로 대체
else:
  result = expensive_operation(request)
  send_to_client(result)
  store_to_cache(key, result, expiration=duration)
```

다른 키/값 저장소는 초기 유닉스 DBM[DataBase Manager] 시스템에서 파생됐다. 여기에

는 LMDB[Lightning Memory-Mapped Database], GDBM[GNU DBM], 버클리[Berkeley] DB가 포함된다. 이 모든 것은 더 복잡한 데이터 구조를 다루지 않고 단순히 바이트 문자열을 다른 바이트 문자열에 매핑한다. 반대로 예를 들어 Redis는 값이 중첩을 허용하는 컬렉션을 포함해 풍부한 데이터 타입 컬렉션을 가질 수 있게 한다. 그러나 실제로 바이트는 모든 종류의 데이터를 보유하기에 충분하다. JSON 텍스트나 파이썬 피클[pickles]과 같은 직렬화 형식을 나타내는 바이트의 문제일 뿐이다(예를 들어 파이썬 shelve 모듈은 기본적으로 피클과 결합된 DBM이다).

주로 키/값 쌍을 저장하는 디스크의 단일 파일이기 때문에 DBM 제품군 라이브러리는 SQLite 단일 파일 데이터베이스와 유사한 애플리케이션 공간을 차지한다. 둘 다 관련 데이터를 보편적으로 읽을 수 있고 공유할 단일 파일에만 의존하는 타입으로 캡슐화하는 방법이다. 분명히 사용 방법은 관계형 저장소와 키/값 저장소 간에 다르지만 동일한 정보를 둘 중 하나에서 쉽게 표현할 수 있으며, 둘 다 고유한 종류의 쿼리와 업데이트 인터페이스를 제공한다.

어떤 의미에서 키/값 저장소는 데이터 무결성 문제에 적합하지 않을 정도로 간단하다. 분명히 어떤 형식을 사용하든 단순히 잘못된 값을 저장할 수 있다. 그러나 매핑 자체의 구조에는 특별한 관심사를 추가하는 것은 없다. 아니면 그렇게 보일 것이다.

사용자가 실제로 데이터의 계층 구조를 원하기 때문에 실제로 문제가 발생한다. 대부분의 키는 완전히 무계층 이름으로 유용하지 않다. 개발자는 일반적으로 키/값 저장소 내에서 사용되는 키에서 임시 계층을 발명한다. 이것은 반드시 또는 일반적으로 개발자의 나쁜 습관은 아니며 보통은 문제 공간의 진정한 요구 사항을 반영한다. 그러나 이러한 계층 구조는 특히 취약할 수 있다.

예를 들어 앞에서 설명한 레스토랑 데이터베이스와 유사한 정보를 MongoDB 형식으로 포함하는 DBM 파일을 만들었다. 여기서 브랜치 계층은 구분 기호가 있는 키의 네임스페이스를 사용해 표시된다. 이 접근 방식은 키/값 저장소 시스템 제작자 사이에서 매우 일반적이다. 이 키/값 저장소에 있는 몇 가지 키를 살펴보자. 관심 있는 몇 가지 키를 샘플링하는 임의의 시드를 사용했다.

```
biz = dbm.open('data/keyval.db')
seed(6)
# 키는 바이트; 원하는 경우 문자열로 변환 가능
sample(list(biz.keys()), 10)
```

```
[b'Big Sweet Take-Out::info::phone',
 b'Big Sweet Inc.::ratings',
 b'Goat Sweet Inc.::info::phone',
 b'Fish City Restaurant//ratings',
 b'Delight Goat Inc.::ratings',
 b'DESCRIPTION',
 b'Salty Delight Take-Out::ratings',
 b'Sweet Tasty Restaurant::info::phone',
 b'Delight Salty Restaurant::info::phone',
 b'Tasty Fish Inc.::info::cuisine']
```

다양한 비공식 계층적 키에 대해 쿼리할 수 있다.

```
name = b"Tasty Fish Inc."
print("Overview:", biz[b"DESCRIPTION"])
print("Cuisine: ", biz[name + b"::info::cuisine"] )
print("Ratings: ", biz[name + b"::ratings"][:30], "...")
```

```
Overview: b'Restaurant information'
Cuisine: b'Mexican'
Ratings: b'2;1;1;10;5;7;1;4;8;10;7;7;6;8;' ...
```

일반적으로 구분 기호를 사용해 **"ratings"** 값에 비공식 시퀀스를 만들었다. 데이터 소비자는 특정 값이 그런 방식으로 포매팅된다는 사실을 알고 있어야 한다. 임시 애드혹ad hoc 계층 구조에서 관련 키를 가져오고자 소량의 코드를 사용할 수도 있다.

```
for key, val in biz.items():
    if key.startswith(b'Tasty Fish Inc.::'):
        print(key.decode(), '\t', val[:30].decode())
```

```
Tasty Fish Inc.::ratings        2;1;1;10;5;7;1;4;8;10;7;7;6;8;
Tasty Fish Inc.::info::phone    +1 935 555 8029
Tasty Fish Inc.::info::cuisine  Mexican
```

여기서 발생하는 주요 문제는 데이터베이스 사용 과정에서 계층적 키에 대한 일관성 없는 규칙이 사용됐다는 것이다. 이는 일반적인 문제며 실제 데이터에서 자주 발생한다. 시간이 지남에 따라 많은 사람이 여러 언어로 작성한 도구와 통신할 가능성이 높은 Redis와 같은 다중 사용자, 다중 소비자 시스템에서 특히 두드러진다. 데이터 무결성 오류가 발생하는 경향이 있다. 예를 들면 다음과 같다.

```
for key, val in biz.items():
    if key.startswith(b'Fish City Restaurant'):
        print(key, val[:30])
```

```
b'Fish City Restaurant::ratings' b'6;10;4;3;10;5;1;4;7;8;5;2;1;5;'
b'Fish City Restaurant//ratings' b'9'
b'Fish City Restaurant::info::phone' b'+1 851 555 1082'
b'Fish City Restaurant::info::cuisine' b'American'
```

다르게 구분된 계층적 키의 의도는 사람이 식별하기 쉽지만 이러한 불일치를 감지하는 것은 힘들 수 있으며 부적절한 수정으로 정보가 누락될 위험이 있다. 이러한 타입의 키/값 저장소의 경우 데이터 소스를 활용해야 하는 경우 먼저 키 구조를 분석하는 것이 좋다. 항상 임시 계층 구조를 사용하지는 않지만 자주 사용한다. 이 책의 예에서 수백 개가 아닌 수백만 개의 키가 있더라도 초기 접근 방식은 적어도 일관된 구분 기호(또는 다른 키 형식)를 사용해 일관된 경로 구성 요소가 있도록 확인할 수 있다.

다른 많은 계층적 형식을 다뤘으며 다른 사람들에 대한 가능한 한 많은 설명을 생략했다. 그래프 데이터베이스를 자세히 살펴보려면 다른 책을 살펴보자. 또한 이 장에서 다루는 수많은 API와 XML 방언에 대해 많은 책이 있다. 하지만 이 장의 내용이 이러한 데이터 소스 제품군에서 발생하는 종류의 우려에 대한 느낌을 줬기 바란다.

연습

여기의 첫 번째 연습에서는 여러 형식으로 사용할 수 있는 지리 데이터 처리를 구체화한다. 두 번째 연습에서는 데이터 표현을 위한 키/값과 관계형 모델 간의 이동을 다룬다.

채워진 영역 탐색

미국 카운티 데이터를 사용해 간단한 방위cardinal direction 제한으로 카운티 범위를 포함하는 깔끔한 데이터 프레임을 만들었다. 또한 각 카운티의 '인구 조사 지역'을 제공받았다. 안타깝게도 여기에 나와 있는 데이터는 일부 카운티와 관련이 있을 수 있는 영역과 그 크기를 구체적으로 다루지 않는다.

인구 조사 데이터는 다음에서 찾을 수 있다.

https://www.gnosis.cx/cleaning/gz_2010_us_050_00_20m.json

https://www.gnosis.cx/cleaning/gz_2010_us_050_00_20m.kml

https://www.gnosis.cx/cleaning/gz_2010_us_050_00_20m.zip

이 연습에서는 인구 조사 영역이 차지하는 카운티의 '경계 상자bounding box' 비율을 유지하고자 텍스트에 표시된 데이터 프레임에 추가 열을 만든다. 물론 트릭은 위도/경도 모서리로 둘러싸인 표면적이 단순한 직사각형이나 사다리꼴이 아니라 구면

표면의 일부라는 것이다. 카운티 형태 자체는 일반적으로 직사각형이 아니며 인접하지 않은 지역을 포함할 수 있다.

이 연습을 완료하려면 이 영역을 수학적으로 추론하거나(지구가 구체라는 단순한 가정이 허용됨) 계산을 수행하는 데 적합한 GIS 소프트웨어를 알아볼 수 있다. 작업의 결과는 이 장에 제시된 것과 같은 데이터 프레임이지만 0과 1 사이의 3221 부동소수점 값을 포함하는 `"occupied"`라는 열이 있다.

추가 점수를 얻으려면 몇 가지 추가 데이터 무결성 문제를 조사하거나 개선할 수도 있다. ZIP 아카이브의 shapefile은 미국 인구 조사국에서 제공한 표준 데이터다. 이 장에서 GeoJSON과 KML을 처리하고자 살펴봤던 코드는 실제로 소수점 셋째 자리에서 위도/경도 위치에 대해 약간 다른 결과를 생성한다. 이러한 변환을 다운로드한 독립 개발자는 어떤 방식으로든 데이터 오류를 허용했을 것이다. 어느 버전이 원본 .shp 파일과 일치하는지 진단하고 불일치의 원인과 정도를 파악한다.

추가 점수를 얻으려면 이 장에 제시된 `kml_county_summary()` 함수를 수정해 `<MultiGeometry>` 카운티 형태를 건너뛰지 않고 올바르게 처리한다. 미국 3221 카운티에서는 이 문제가 얼마나 자주 발생했을까?

관계형 모델 생성

DBM 레스토랑 데이터의 키/값 데이터는 Redis나 유사한 시스템에서 매우 빠른 액세스를 제공할 수 있는 방식으로 구성된다. 그러나 암시적 데이터 모델과의 불일치는 분명히 있다. 키는 계층에 구조가 있지만 제한적이고 얕은 계층 구조다. 값은 다른 여러 암시적 데이터 타입일 수 있다. 특히 등급은 문자열로 저장되지만 실제로는 작은 정수 값의 시퀀스를 나타낸다. 다른 필드는 단순 문자열이다(DBM에 바이트로 저장됨).

표시된 예의 `dbm` 모듈은 GDBM이나 LDBM과 같은 외부 드라이버에 의존하지 않는 파이썬의 폴백 'dumb DBM' 형식을 사용한다. 수백 개의 레코드가 있는 예제의 경우 매우 빠르다. 수백만 개의 레코드를 사용하려는 경우 다른 시스템이 선호되고 확장성이 뛰어나다. 이 'dump' 형식은 실제로 세 개의 개별 파일로 구성되지만 `keyval.db` 접두사를 공유한다. 이 세 개의 개별 파일은 ZIP 아카이브로 제공된다.

```
dbm.whichdb('data/keyval.db')
```

```
'dbm.dumb'
```

`dbm.dumb` 형식은 반드시 다른 프로그래밍 언어로 이식할 수 있는 것은 아니다. 그러나 어댑터를 쉽게 작성할 수 있을 만큼 간단하다. 좀 더 보편적인 형식으로 동일한 데이터를 제공하고자 동일한 콘텐츠의 CSV도 사용할 수 있다.

https://www.gnosis.cx/cleaning/keyval.zip

https://www.gnosis.cx/cleaning/keyval.csv

이 과제를 위해 이 예제의 키/값 데이터를 관계형 테이블로 변환하고 적절한 경우 외래키를 사용하고 데이터 타입에 대해 올바른 결정을 내려야 한다. SQLite는 데이터베이스 시스템을 대상으로 하는 탁월한 선택이다. 이는 1장에서 설명한다. 관리 액세스 권한(예, 테이블 생성 권한)이 있는 경우 다른 RDBMS도 좋은 선택이다. 데이터 모델을 변환하기 전에 이 장에서 설명한 계층적 키의 불일치를 정리해야 한다.

레스토랑의 이름은 구별될 수 있다. 그러나 외래키 관계의 경우 레스토랑을 균일하게 나타내는 짧은 인덱스 번호를 사용해 정규화할 수 있다. 별도의 등급은 관련 테이블에 개별 데이터 항목으로 확실히 저장돼야 한다. 좀 더 구체적으로 데이터에 대한 느낌을 얻으려면 리뷰에 대한 타임스탬프를 만들어 각 데이터가 대부분 구별되게 한다. 실제 데이터 세트에는 일반적으로 리뷰 날짜가 포함된다. 예를 들어 특정 날짜는 필요하지 않으며 타입만 필요하다.

이 데이터는 성능에 문제가 되지 않을 정도로 작지만 수천 배 또는 수백만 배 더 큰 이 데이터의 가상 버전에서 어떤 인덱스가 유용할지 생각해보자. 인기 있는 레스토랑 리뷰 서비스를 운영하고 있으며 사용자가 일반적인 쿼리에 빠르게 액세스할 수 있기를 원한다고 가정할 것이다.

데이터 모델의 관계형 버전을 사용하고 대부분 SQL을 사용해 간단한 쿼리에 응답하자.

- 어떤 레스토랑이 가장 많은 리뷰를 받았는가?
- 어떤 레스토랑이 주어진 기간 동안 10개의 리뷰를 받았는가(선택한 날짜에 따라 관련 범위는 다름)?
- 어떤 스타일의 요리가 가장 높은 평균 리뷰를 받았는가?

추가 점수를 얻으려면 되돌아가서 키/값 데이터 모델만 사용해 동일한 질문에 답하는 코드를 작성할 수 있다.

대단원

단순한 것이 복잡한 것보다 낫다.
복잡한 것이 난해한 것보다 낫다.
플랫이 중첩보다 낫다.
희소가 밀도보다 낫다.
가독성이 중요하다.

– 팀 피터스Tim Peters(The Zen of Python)

이 장에서 다룬 주제: JSON, JSON 라인, JSON 스키마, XML, YAML, 구성 파일, 문서 지향 데이터베이스, 키/값 저장소 계층적 데이터는 종종 플랫 데이터보다 서로 속성과 관계가 있는 엔티티를 훨씬 더 잘 표현한다. 객체지향 프로그래밍에서만 아니라 단순히 일반적인 분류법과 온톨로지에서도 is-a 및 has-a 관계는 종종 기본적이며 둘 다 테이블 형식이 아니다. 또는 기껏해야 has-a 관계로 캡처된 속성조차도 비정형이고 희박하며, 확실히 깔끔하지 않다. 또한 is-a 관계는 핵심에서 계층적이다.

일반적으로 계층적 데이터와 데이터 과학 간에 임피던스 불일치가 종종 발생한다. 이러한 문제 대부분은 액세스 패턴으로 귀결된다. 많은 소프트웨어 애플리케이션의 경우 우리가 관심을 갖는 것은 이질적인 데이터 번들을 갖고 있는 특정 엔티티며, 각 번들은 엔티티가 인스턴스인 유형과 관련된다. 이러한 애플리케이션을 사용할 때 우리는 주어진 시간에 한 가지(또는 몇 가지)에만 관심이 있다. 이 경우 계층적 데이터 구조는 데이터가 나타내는 기본 아이디어에 더 효율적이고 개념적으로 더 가까울 수 있다.

일반 통계, 데이터 시각화 또는 머신러닝 모델 등 데이터 과학을 수행할 때 목적이나 목표와 관련해 동질적인 레코드 또는 샘플 모음에 우리는 관심을 갖는다. 예를 들면 4장과 5장에서 다룰 데이터 문제와 같이 누락된 데이터 문제가 있을 수 있지만 이러한 문제가 분석을 지배하지는 않는다. 데이터 과학은 요약과 집계에 관한 것이다. 개별 엔티티 자체에 관한 것은 거의 없다.

따라서 계층적 데이터가 제공될 때 데이터 과학자로서 균질한 샘플로 표현할 수 있는 트리가 나타내는 것을 명확하게 표현해야 한다. 계층 구조에서 추상화되고 수많은 엔티티 간에 공통된 것을 표현하는 필드나 특징은 무엇인가? 이러한 엔티티는 트리의 리프일 필요는 없다(일반적이기는 하지만). 요약, 모델링, 집계에 유용하고 의미 있는 다른 브랜치에서 추출하거나 추론할 수 있는 속성일 수도 있다.

3장에서는 웹 데이터, PDF, 이미지, 사용자 정의 텍스트, 바이너리 형식 등의 여러 추가 데이터 형식을 살펴볼 것이다.

03

데이터 소스의 목적 변경

모든 언어는 서투른 번역에 불과하다.

– 프란츠 카프카Franz Kafka

데이터를 수집하면 추가 작업이 필요한 형식으로 존재하는 경우가 있다. 공통적이고 명시적인 데이터 지향 형식의 경우 공통 라이브러리에는 이미 리더가 내장돼 있다. 예를 들어 데이터 프레임 라이브러리는 다른 수많은 파일 타입을 읽는다. 최악의 경우 약간 덜 일반적인 형식에는 원래 형식과 사용하려는 범용 데이터 처리 라이브러리 사이에 비교적 직접적인 경로를 제공하는 좀 더 전문화된 자체 라이브러리가 있다.

주어진 형식이 그 자체로 데이터 형식이 아니라 다른 목적으로 존재하기 때문에 더 큰 어려움이 종종 발생한다. 그럼에도 종종 활용하고자 하는 형식으로 임베딩되거나 인코딩된 데이터가 있다. 예를 들어 웹 페이지는 일반적으로 사람들이 읽을 수 있게 설계됐고, 종종 필요에 따라 완전한 HTML이 아닌 것을 처리하는 '특이 모드quirks modes'로 웹 브라우저에 의해 렌더링된다. PDFPortable Document Format 문서는 사람들이 읽을 수 있다는 것을 염두에 둔다는 점에서 비슷하지만 종종 데이터 과학자로서 처리하고자 하는 테이블 형식이나 기타 데이터를 포함한다. 물론 두 경우 모두 데이터 자체를 별도로 쉽게 수집할 수 있는 형식으로 유지하는 것이 좋지만 현실이 항상 우리의 희망에 부응하는 것은 아니다. 마찬가지로 이미지 형식은 사람에게 그림을 표시하기 위한 것이지만 때로는 일부 데이터 과학이나 머신러닝 방식으로 이미지 모음을 특성화하거나 분석하고자 한다. 하이퍼텍스트 마크업 언어HTML, Hypertext Markup Language와 PDF 간에는 약간의 차이가 있고 다른 한편으로는 이미지 간에 약간의 차이가 있다. 전자를 통해 텍스트 문서에 우연히 임베딩된 테이블이나 숫자 목록을 찾을 수 있기를 바란다.

우리는 이미지의 데이터 형식 자체에 관심이 있다. 픽셀 값의 패턴은 무엇이고 이러한 이미지의 특성에 대해 무엇을 알려주는가?

여전히 다른 형식은 실제로 데이터 형식으로 의도됐지만 형식에 대한 일반적인 리더를 사용할 수 없을 정도로 비정상적이다. 일반적으로 사용자 정의 텍스트 형식은 관리할 수 있다. 특히 형식 규칙에 대한 문서가 있는 경우 더욱 그렇다. 사용자 정의 바이너리 형식은 일반적으로 더 많은 작업이 필요하지만 필요가 충분하고 다른 인코딩이 없는 경우 디코딩할 수 있다. 대부분 이러한 사용자 정의 형식은 어떤 면에서 레거시며, 좀 더 널리 사용되는 형식으로 한 번만 변환하는 것이 최상의 프로세스다.

***

이 장의 내용을 살펴보기 전에 표준 설정 코드를 실행해보자.

```
from src.setup import *
%load_ext rpy2.ipython
```

```
%%R
library(imager)
library(tidyverse)
library(rvest)
```

웹 스크래핑

> 오류가 없는 중요한 편지는 메일에서 오류가 발생한다.
>
> – 익명

개념:

- HTML 테이블
- 테이블 형식이 아닌 데이터
- 커맨드라인 스크래핑

흥미로운 많은 데이터가 웹 페이지에 존재하며 안타깝게도 더 구조화된 데이터 형식의 동일한 데이터에 액세스할 수 없는 경우가 많다. 최상의 경우 우리가 관심을 갖는 데이터는 적어도 웹 페이지 내의 HTML 테이블 안에 있다. 그러나 테이블이 정의된 경우에도 종종 셀의 내용은 우리가 관심을 갖는 숫자나 범주형 값 이상을 갖는다. 예를 들어 주어진 셀에는 데이터 포인트에 대한 주석이나 정보 소스를 제공하는 각주가 포함될 수 있다. 물론 다른 경우에는 관심 있는 데이터가 HTML 테이블에 전혀 포함되지 않고 웹 페이지에서 다른 방식으로 구조화된다.

이 절에서는 먼저 R 라이브러리 `rvest`를 사용해 일부 테이블 형식 데이터를 추출한 다음 파이썬에서 `BeautifulSoup`를 사용해 테이블 형식이 아닌 데이터로 작업한다. 이러한 도구의 선택은 하나 또는 다른 도구가 작업을 고유하게 수행할 수 있기 때문이 아니고 한 도구가 다른 도구보다 반드시 더 낫기 때문도 아니다. 비슷한 작업을 수행하기 위한 몇 가지 다른 도구를 간단히 살펴보자.

파이썬 세계에서 Scrapy라는 프레임워크도 널리 사용된다. BeautifulSoup보다 더 많거나 적다. Scrapy는 실제로 웹 페이지를 끌어내 동적으로 탐색할 수 있는 반면 BeautifulSoup는 파싱 측면에만 관심이 있으며, 실제로 파싱할 HTML 리소스를 얻고자 다른 도구나 라이브러리(예, Requests)를 사용한다고 가정한다. 그것이 하는 일에 대해 BeautifulSoup는 다소 친근하며 잘못된 HTML을 처리할 수 있다. 현실 세계에서 'HTML'이라고 불리는 것은 실제 형식 표준을 약간만 준수하는 경우가 많으므로, 예를 들어 웹 브라우저는 모호하게 구조화된 태그 수프[tag soups]를 합리적으로 렌더링하는 측면에서 매우 정교하고 복잡하다.

글을 쓰는 시점인 2020년에는 Covid-19 대유행이 진행 중이며, 전 세계적으로 질병의 정확한 윤곽이 매일 바뀌고 있다. 이러한 적극적인 변화를 감안할 때 현재 상황은 좋은 본보기가 되기에는 너무나도 유동적인 대상이다(그리고 너무 정치적이고 윤리적으로 가득 차 있다). 웹 스크래핑을 설명하고자 과거 질병의 일부 데이터를 살펴보자. 찾을 수 있는 유사한 데이터에 대한 다른 소스가 분명히 있고 일부는 즉시 읽을 수 있는 형식으로 돼 있지만 2009년 유행성 독감에 대한 위키피디아 기사에서 데이터를 수집할 것이다.

웹 페이지에 대한 중요한 사실은 웹 페이지가 관리자에 의해 수정될 수 있다는 것이다. 웨이백 머신[Wayback Machine](https://archive.org/web/)을 사용해 특정 히스토리 버전을 찾을 수 있는 경우가 있다. 특정 시점에서 사용할 수 있는 데이터는 해당 URL에서 앞으로 계속 제공되지 않을 수 있다. 또는 웹 페이지가 동일한 기본 정보를 유지하는 경우에도 페이지 처리를 위한 스크립트의 기능을 변경하는 형식의 세부 정보가 변경될 수 있다. 반면 많은 변경 사항은 우리가 관심을 갖는 데이터 값의 업데이트를 정확히 나타내며 웹 페이지의 동적 특성은 확실히 가장 큰 가치다. 이는 웹에서 데이터를 스크랩할 때 염두에 둬야 할 절충안이다.

HTML 테이블

위키피디아는 많은 장점을 갖고 있으며 그중 하나는 페이지의 버전 관리다. 주어진 주제에 대한 기본 URL에는 주제 이름에서 종종 추정할 수 있는 친숙하고 간단한 스펠링이 있지만 위키피디아는 항상 비트 단위로 동일하게 유지돼야 하는 웹 페이지의 정확한 버전을 식별하는 쿼리 문자열에 URL 매개변수를 제공한다.

이 영속성에는 몇 가지 예외가 있다. 예를 들어 기사가 모두 삭제되면 액세스할 수 없게 될 수 있다. 마찬가지로 템플릿이 이름 변경의 일부인 경우 안타깝게도 이 책을 쓰는 동안 발생한 '영구적' 링크가 끊어질 수 있다. 이 절에서 스크랩할 위키피디아 페이지를 살펴보자.

```
# 레이아웃을 위해 두 줄에 걸쳐 같은 문자열 구성
# XXXX는 논의된 파손으로 인해 실제 ID로 대체
url2009 = ("https://en.wikipedia.org/w/index.php?"
           "title=2009_flu_pandemic&oldid=XXXX")
```

이 페이지에서 우리가 관심을 갖는 특정 부분은 기사 중간에 있는 정보 상자다. 브라우저에서 다음과 같이 보인다.

2009 flu pandemic data	
Area	Confirmed deaths
Worldwide (total)	**14,286**
European Union and EFTA	2,290
Other European countries and Central Asia	457
Mediterranean and Middle East	1,450
Africa	116
North America	3,642
Central America and Caribbean	237
South America	3,190
Northeast Asia and South Asia	2,294
Southeast Asia	393
Australia and Pacific	217
Source: ECDC - January 18, 2010	
Further information: Cases and deaths by country	
Note: The ratio of confirmed deaths to total deaths due to the pandemic is unknown. For more information, see "Data reporting and accuracy".	
V • T • E	

그림 3.1: '2009 독감 유행병'이라는 제목의 기사가 있는 위키피디아 정보 상자

웹 스크래핑을 위한 스크립트를 구성하는 것은 필연적으로 많은 시행착오를 수반한다. 개념적으로는 기본 HTML을 처리하기 전에 수동으로 읽고 관심 있는 요소의 위치와 형식을 정확하게 식별할 수 있다. 실제로 부분적으로 필터링되거나 인덱싱된 요소를 눈으로 확인하고 반복을 통해 선택을 구체화하는 것이 항상 더 빠르다.

예를 들어 다음의 첫 번째 패스에서는 시행착오를 통해 이전 숫자를 열거하고 시각적으로 배제함으로써 '지역별 사례' 테이블이 웹 페이지에서 4위라는 것을 확인했다. 웹 브라우저에서 렌더링할 때 어떤 요소가 테이블인지 항상 명확하지는 않다. 또한 시각적으로 다른 요소 위에 렌더링되는 요소가 실제로 기본 HTML에서 더 일찍 발생하는 경우도 아니다.

이 첫 번째 패스는 이미 값 이름에서 약간의 정리를 수행한다. 실험을 통해 일부

지역 이름에 HTML
이 포함돼 있음을 확인했다. HTML
은 다음 코드에서 제거돼 단어 사이에 공백이 없다. 이를 해결하고자 HTML 브레이크를 공백으로 바꾼 다음 문자열에서 HTML 객체를 재구성하고 테이블을 다시 선택해야 한다.

```
%%R
page <- read_html(url2009)
table <- page %>%
  html_nodes("table") %>%
  .[[4]] %>%
  str_replace_all("<br>", " ") %>%
  minimal_html() %>%
  html_node("table") %>%
  html_table(fill = TRUE)
head(table, 3)
```

이 코드는 다음과 같은 결과를 생성한다(템플릿 변경 문제 이전).

```
     2009 flu pandemic data 2009 flu pandemic data  2009 flu pandemic data
1                      Area       Confirmed deaths                    <NA>
2        Worldwide (total)                  14,286                    <NA>
3  European Union and EFTA                   2,290                    <NA>
```

첫 번째 패스에는 여전히 문제가 있지만 모든 데이터는 기본적으로 존재하며 소스를 추가로 쿼리할 필요 없이 정리할 수 있다. 중첩된 테이블로 인해 각 열에 대해 동일한 헤더가 잘못 추론된다. 더 정확한 헤더는 첫 번째 행으로 밀려난다.

또한 각주가 포함된 외부 열이 생성됐다(head()로 표시된 행 아래의 일부 행에 내용이 있음). 1,000이 넘는 숫자의 쉼표 때문에 정수가 추론되지 않았다. `data.frame`을 `tibble`로 변환해 보자.

```
data <- as_tibble(table,
        .name_repair = ~ c("Region", "Deaths", "drop")) %>%
  select(-drop) %>%
  slice(2:12) %>%
  mutate(Deaths = as.integer(gsub(",", "", Deaths)),
         Region = as.factor(Region))
data
```

그리고 이는 다음과 같은 유용한 테이블을 제공할 수 있다.

```
# A tibble: 11 x 2
   Region                                        Deaths
   <fct>                                          <int>
 1 Worldwide (total)                              14286
 2 European Union and EFTA                         2290
 3 Other European countries and Central Asia        457
 4 Mediterranean and Middle East                   1450
 5 Africa                                           116
 6 North America                                   3642
 7 Central America and Caribbean                    237
 8 South America                                   3190
 9 Northeast Asia and South Asia                   2294
10 Southeast Asia                                   393
11 Australia and Pacific                            217
```

분명히 이것은 수동으로 쉽게 입력할 수 있는 아주 작은 예제다. 표시된 일반적인 기술은 훨씬 더 큰 테이블에 적용될 수 있다. 더 중요한 점은 자주 업데이트되는 웹 페이지에서 테이블을 스크래핑하는 데 사용할 수도 있다는 것이다. 2009년은 완전히 과거 데이터지만 다른 데이터는 매일 또는 매분마다 업데이트되며, 표시된 것과 같이 몇 라인은 처리될 때마다 현재 데이터를 가져올 수 있다.

테이블 형식이 아닌 데이터

테이블 형식이 아닌 소스 처리를 위해 위키피디아도 사용할 것이다. 다시 말하지만 관심이 많고 삭제되지 않는 주제가 선택된다. 마찬가지로 특정 기록 버전이 URL에 표시된다. 이는 사용자가 이것을 읽을 때 페이지의 구조가 변경되는 경우에 대비해 URL에 표시된다. 약간 자기 참조 방식으로 용어/정의 레이아웃에 HTTP 상태 코드를 나열하는 기사를 살펴볼 것이다.

해당 페이지의 일부는 다음과 같이 내 브라우저에서 렌더링된다.

415 Unsupported Media Type (RFC 7231)

The request entity has a media type which the server or resource does not support. For example, the client uploads an image as image/svg+xml, but the server requires that images use a different format.[49]

416 Range Not Satisfiable (RFC 7233)

The client has asked for a portion of the file (byte serving), but the server cannot supply that portion. For example, if the client asked for a part of the file that lies beyond the end of the file.[50] Called "Requested Range Not Satisfiable" previously.[51]

417 Expectation Failed

The server cannot meet the requirements of the Expect request-header field.[52]

418 I'm a teapot (RFC 2324, RFC 7168)

This code was defined in 1998 as one of the traditional IETF April Fools' jokes, in RFC 2324, *Hyper Text Coffee Pot Control Protocol*, and is not expected to be implemented by actual HTTP servers. The RFC specifies this code should be returned by teapots requested to brew coffee.[53] This HTTP status is used as an Easter egg in some websites, including Google.com.[54][55]

421 Misdirected Request (RFC 7540)

The request was directed at a server that is not able to produce a response[56] (for example because of connection reuse).[57]

그림 3.2: HTTP 상태 코드, 위키피디아 정의 목록

스크린샷에 없지만 기사에는 다른 수많은 코드가 나열돼 있다. 또한 페이지 전체에 섹션 구분 및 기타 설명 요소나 이미지가 있다. 다행히도 위키피디아는 마크업 사용에 있어서 매우 규칙적이고 예측할 수 있는 경향이 있다. 조사할 URL은 다음과 같다.

```
url_http = ("https://en.wikipedia.org/w/index.php?"
            "title=List_of_HTTP_status_codes&oldid=947767948")
```

가장 먼저 해야 할 일은 실제로 HTML 콘텐츠를 검색하는 것이다. 파이썬 표준 라이브러리 모듈 `urllib`는 이 작업을 완벽하게 수행할 수 있다. 그러나 공식 문서(https://docs.python.org/3/library/urllib.request.html#module-urllib.request)에서도 대부분의 목적으로 타사 패키지 `Requests`를 사용할 것을 권장한다. `urllib`로 할 수 없는 것은 없지만 종종 API는 사용하기 더 어렵고 과거/레거시의 이유로 불필요하게 복잡하다. 이 책에 표시된 것과 같이 간단한 것에는 별 차이가 없다. 더 복잡한 작업의 경우 `Requests`를 사용하는 습관을 갖는 것이 좋다.

페이지를 열고 반환된 상태 코드를 확인해보자.

```
import requests
resp = requests.get(url_http)
resp.status_code
```

```
200
```

검색한 원시 HTML은 작업하기가 특히 쉽지 않다. 여분의 공백을 제거하고자 압축된다는 사실과는 별개로 일반적인 구조는 다양한 위치에 다양한 항목이 중첩된 '태그 수프tag soup'며, 기본 문자열 메서드나 정규식은 부분을 식별하기에 그다지 도움이 되지 않는다. 예를 들어 다음은 중간 부분에 있는 짧은 세그먼트다.

```
pprint(resp.content[43400:44000], width=55)
```

```
(b'ailed</dt>\n<dd>The server cannot meet the requir'
 b'ements of the Expect request-header field.<sup i'
 b'd="cite_ref-53" class="reference"><a href="#cite'
```

```
b'_note-53">&#91;52&#93;</a></sup></dd>\n<dt><span '
b'class="anchor" id="418"></span><a href="/wiki/HT'
b'TP_418" class="mw-redirect" title="HTTP 418">418'
b' I\'m a teapot</a> (<a class="external mw-magicli'
b'nk-rfc" rel="nofollow" href="https://tools.ietf.'
b'org/html/rfc2324">RFC 2324</a>, <a class="extern'
b'al mw-magiclink-rfc" rel="nofollow" href="https:'
b'//tools.ietf.org/html/rfc7168">RFC 7168</a>)</dt'
b'>\n<dd>This code was defined in 1998 as one of th'
b'e traditional <a href="/')
```

원하는 것은 태그 수프를 아름답게 만드는 것이다. 이렇게 하는 단계는 먼저 원시 HTML에서 '수프soup' 객체를 만든 후 해당 수프의 메서드를 사용해 데이터 세트에 대해 관심 있는 요소를 선택하는 것이다. R 및 rvest 버전과 마찬가지로 실제 사용하기로 결정한 모든 라이브러리는 웹 페이지에서 올바른 데이터를 찾는 데 시행착오가 수반된다.

```
from bs4 import BeautifulSoup
soup = BeautifulSoup(resp.content)
```

우선 조사한 결과 상태 코드 자체가 각각 HTML <dt> 요소에 포함돼 있음을 알 수 있다. 아래에는 이 태그로 식별된 요소의 처음과 마지막 몇 개가 표시된다. 이렇게 식별된 모든 것은 사실 상태 코드지만 모든 항목을 수동으로 검사한 경우에만 알 수 있다(다행히도 100개 미만의 항목을 확인하는 것은 어렵지 않다. 100만 개를 사용하는 것은 불가능하다).

그러나 원래 웹 페이지 자체를 되돌아보면 페이지 형식이 일치하지 않기 때문에, 끝에 두 개의 AWS 사용자 정의 코드가 캡처되지 않는다는 것을 알 수 있다. 이 절에서는 이러한 항목이 범용적이지 않다고 판단해 이를 무시한다.

```
codes = soup.find_all('dt')
for code in codes[:5] + codes[-5:]:
  print(code.text)
```

```
100 Continue
101 Switching Protocols
102 Processing (WebDAV; RFC 2518)
103 Early Hints (RFC 8297)
200 OK
524 A Timeout Occurred
525 SSL Handshake Failed
526 Invalid SSL Certificate
527 Railgun Error
530
```

각 <dt>가 해당되는 <dd>와 일치하면 좋을 것이다. 그렇다면 모든 <dd> 정의를 읽고 용어와 함께 압축할 수 있다. 실제 HTML은 지저분하다. 예제를 계획하는 것이 아니라 글을 쓰는 동안 이것을 발견했다. 때로 각 <dt> 다음에 하나 이상의(그리고 잠재적으로 영) <dd> 요소가 있다는 것이 밝혀졌다. 목표는 다른 태그가 발생할 때까지 <dt> 뒤에 오는 모든 <dd> 요소를 수집하는 것이다.

BeautifulSoup API에서 요소 사이의 빈 공간은 해당 범위 내의 문자(공백 포함)를 정확히 포함하는 일반 텍스트의 노드다. 이 작업에서 API `node.find_next_siblings()`를 사용하고 싶다. 이것을 성공적으로 수행할 수 있지만 이 메서드는 현재 요소 이후의 모든 후속 <dt> 요소를 포함해 너무 많이 가져올 것이다. 대신 `.next_sibling` 속성을 사용해 각각을 가져오고 필요할 때 중지할 수 있다.

```
def find_dds_after(node):
  dds = []
  sib = node.next_sibling
```

```
    while True: # 중단될 때까지 반복
        # 페이지 섹션 내의 마지막 시블링
        if sib is None:
            break
        # 텍스트 노드에 요소 이름이 없음
        elif not sib.name:
            sib = sib.next_sibling
            continue
        # 정의 노드
        if sib.name == 'dd':
            dds.append(sib)
            sib = sib.next_sibling
        # <dd> 정의 노드 완료
        else:
            break
    return dds
```

위에서 작성한 사용자 정의 함수는 간단하지만 이 목적에 특별하다. 다른 HTML 문서에서 찾은 유사한 정의 목록으로 확장할 수 있을 것이다. **BeautifulSoup**는 수많은 유용한 API를 제공하지만 HTML 문서에서 가능한 모든 구조를 예측하기보다는 사용자 정의 추출기를 구성하기 위한 블록을 구성한다. 이를 이해하고자 몇 가지 상태 코드를 살펴보자.

```
for code in codes[23:26]:
    print(code.text)
    for dd in find_dds_after(code):
        print(" ", dd.text[:40], "...")
```

```
400 Bad Request
  The server cannot or will not process th ...
401 Unauthorized (RFC 7235)
  Similar to 403 Forbidden, but specifical ...
```

```
  Note: Some sites incorrectly issue HTTP ...
402 Payment Required
  Reserved for future use. The original in ...
```

HTTP 401 응답에는 두 개의 개별 정의 블록이 포함돼 있다. 모든 HTTP 코드 번호에 함수를 적용해보자. 반환되는 것은 정의 블록 목록이다. 목적을 위해 각 정의 블록의 텍스트를 새로운 라인으로 결합할 것이다. 실제로 다음 셀에서 관심 있는 모든 정보를 포함하는 데이터 프레임을 구성한다.

```
data = []
for code in codes:
    # 모든 코드는 3자리 숫자
    number = code.text[:3]
    # 괄호는 상태의 일부가 아님
    text, note = code.text[4:], ""
    if " (" in text:
        text, note = text.split(" (")
        note = note.rstrip(")")
    # 문자열 목록에서 설명 작성
    description = "\n".join(t.text for t in find_dds_after(code))
    data.append([int(number), text, note, description])
```

파이썬 목록에서 데이터 세트에 대한 추가 작업을 위해 판다스 DataFrame을 만들 수 있다.

```
(pd.DataFrame(data,
              columns=["Code", "Text", "Note", "Description"])
    .set_index('Code')
    .sort_index()
    .head(8))
```

```
Code                  Text              Note                  Description
--------------------------------------------------------------------------
100               Continue                      The server has received the
                                                    request headers an...
101    Switching Protocols                      The requester has asked the
                                                     server to switch p...
102             Processing   WebDAV; RFC 2518         A WebDAV request may
                                                  contain many sub-requests
103             Checkpoint                           Used in the resumable
                                                 request proposal to res...
103            Early Hints           RFC 8297          Used to return some
                                                    response headers before
                                                                      fi...
200                     OK                           Standard response for
                                                  successful HTTP requests...
201                Created                            The request has been
                                                    fulfilled, resulting in
                                                                       t...
202               Accepted                            The request has been
                                                   accepted for processing,
                                                                        ...
```

이 책에서 자세히 살펴본 두 가지 예는 데이터를 스크래핑하려는 모든 웹 페이지에 일반적인 것은 아니다. 테이블과 정의 목록으로 구성하는 것은 확실히 데이터를 표현하는 HTML의 두 가지 일반적인 용도지만 다른 많은 규칙이 사용될 수 있다. 요소의 특정 도메인별(또는 페이지별) `class` 및 `id` 속성은 다른 데이터 요소의 구조적 역할을 표시하는 일반적인 방법이기도 하다.

`rvest`, `BeautifulSoup`, `scrapy`와 같은 라이브러리는 모두 요소 속성별로 HTML을 쉽게 식별하고 추출한다. 웹 스크래핑 코드를 올바르게 사용하기 전에 다양한 변형을 시도할 준비를 하자. 일반적으로 반복은 축소 프로세스다. 각 단계는 원하는 정보를 포함해야 하며, 정제를 통해 원치 않는 부분은 제거하는 과정이 된다.

커맨드라인 스크래핑

웹 스크래핑에 자주 사용하는 또 다른 접근 방식은 커맨드라인 웹 브라우저 lynx 및 links를 사용하는 것이다. 시스템 패키지 관리자를 사용해 둘 중 하나 또는 둘 다를 설치한다. 이러한 도구는 HTML 콘텐츠를 텍스트로 덤프할 수 있다. 즉, 형식이 간단한 경우 비교적 쉽게 파싱할 수 있다. 들여쓰기, 수직 공간, 특정 키워드 검색 또는 유사한 텍스트 처리 패턴을 찾는 것만으로도 rvest 또는 BeautifulSoup와 같은 라이브러리 파싱의 시행착오보다 더 빨리 필요한 데이터를 얻을 수 있는 경우가 많다. 물론 항상 일정량 응시해야 하고 커맨드를 재시도해야 한다. 텍스트 처리 도구에 정통한 사람들에게는 이 접근 방식을 고려할 가치가 있다.

두 개의 유사한 텍스트-모드 웹 브라우저는 둘 다 비대화형 텍스트를 STDOUT로 출력하는 -dump 스위치를 공유한다. 둘 다 다양한 방법으로 텍스트 렌더링을 조정할 수 있는 다른 스위치가 있다. 이 두 도구의 출력은 비슷하지만 나머지 스크립팅에서는 사소한 차이점에 주의를 기울여야 한다. 이러한 각 브라우저는 웹 페이지의 90%를 처리하기 쉬운 텍스트로 덤프하는 데 매우 효과적이다. 10%의 문제에서(실제 측정값이 아닌 손을 흔드는 비율) 하나 또는 다른 도구가 파싱으로 합리적인 것을 생성하는 경우가 많다. 경우에 따라 이러한 브라우저 중 하나가 유용한 결과를 생성하고 다른 브라우저는 그렇지 않을 수 있다. 다행히 주어진 작업이나 사이트에 대해 두 가지를 모두 시도하는 것은 쉽다.

HTTP 응답 코드 페이지의 일부에 대해 각 도구의 출력을 살펴보자. 나는 분명히 상응하는 정확한 출력 라인 범위를 찾고자 실험했다. 이 친숙한 HTML 페이지에는 부수적인 형식 차이만 있음을 알 수 있다. 먼저 lynx를 사용해본다.

```
%%bash
base='https://en.wikipedia.org/w/index.php?title='
url="$base"'List_of_HTTP_status_codes&oldid=947767948'
lynx -dump $url | sed -n '397,406p'
```

```
    requester put on the request header fields.^[170][44]^[171][45]

413 Payload Too Large ([172]RFC 7231)
    The request is larger than the server is willing or able to
    process. Previously called "Request Entity Too Large".^[173][46]

414 URI Too Long ([174]RFC 7231)
    The [175]URI provided was too long for the server to process.
    Often the result of too much data being encoded as a
    query-string of a GET request, in which case it should be
```

그리고 페이지의 같은 부분에 이번에는 links를 사용한다.

```
%%bash
base='https://en.wikipedia.org/w/index.php?title='
url="$base"'List_of_HTTP_status_codes&oldid=947767948'
links -dump $url | sed -n '377,385p'
```

```
    requester put on the request header fields.^[44]^[45]

413 Payload Too Large (RFC 7231)
    The request is larger than the server is willing or able to
    process. Previously called "Request Entity Too Large".^[46]

414 URI Too Long (RFC 7231)
    The URI provided was too long for the server to process. Often the
    result of too much data being encoded as a query-string of a GET
```

여기서 유일한 차이점은 정의 요소 들여쓰기의 공백과 텍스트의 각주 링크 형식의 일부 차이이다. 두 경우 모두 용어 패턴과 정의에 대한 몇 가지 규칙을 정의하는 것은 쉽다. 다음과 같다.

- 3개의 공백으로 시작하고 뒤에 3자리 숫자가 오는 라인을 찾는다.

- 그 뒤에 오는 공백이 없는 모든 라인을 모으고 빈 라인에서 멈춘다.
- 텍스트에서 각주/링크 표시를 제거한다.
- 이전 예제와 동일한 방식으로 코드 번호와 텍스트를 분할한다.

HTML의 Scylla을 마무리하고 PDF의 Charybdis로 들어가보자.

PDF

> 이 직원은 더할 나위 없이 기쁜 마음으로 그것을 움켜쥐고 떨리는 손으로 열고, 내용을 재빨리 훑어본 다음 허둥지둥 문으로 달려가더니 마침내 방과 집에서 정신없이 달려 나갔다.
>
> – 에드가 앨런 포Edgar Allan Poe

개념:

- 테이블 형식 영역 식별
- 일반 텍스트 추출

PDFPortable Document Format 파일에 숨겨져 있는 데이터를 추출하기 위한 많은 상용 도구가 있다. 안타깝게도 정부, 기업 등 많은 조직은 PDF 형식으로 보고서를 발행하지만 컴퓨터 분석과 추상화에 더 쉽게 액세스할 수 있는 데이터 형식을 제공하지는 않는다. 이는 PDF 보고서에서 데이터를 반자동으로 추출하는 도구 산업에 일반적으로 충분히 자극을 준다. 이 책은 시간이 지남에 따라 유지 관리와 개선이 보장되지 않는 독점 도구의 사용을 권장하지 않는다. 물론 이러한 도구는 비용이 많이 들고 동일한 '라이선스 영역'에 상주하지 않고 함께 프로젝트로 작업하는 데이터 과학자 간의 협력을 방해한다.

PDF 파일에는 관심을 가질 만한 두 가지 주요 요소가 있다. 분명한 것은 데이터 테이블이며 종종 PDF에 포함돼 있다. 그렇지 않으면 다음 절에서 설명하는 것처럼 PDF를 사용자 정의 텍스트 형식으로 간단히 처리할 수 있다. 다양한 종류의 목록, 글머리 기호, 캡션 또는 단순히 단락 텍스트에 관심 있는 데이터가 있을 수 있다.

PDF에서 데이터를 추출하는 데 권장하는 두 가지 오픈소스 도구가 있다. 그중 하나는 Poppler 소프트웨어 계열에서 파생됐고 Xpdf의 일부인 커맨드라인 도구 pdftotext다. 두 번째는 tabula-java라는 자바 도구다. tabula-java는 GUI 도구인 Tabula의 기본 엔진이며 루비Ruby(tabula-extractor), 파이썬(tabula-py), R(tabulizer), Node.js(tabula-js)에 대한 언어 바인딩도 갖고 있다. Tabula는 브라우저 내의 상호작용으로 PDF 목록 생성 및 테이블 위치 선택과 같은 작업을 수행할 수 있는 작은 웹 서버를 만든다. 파이썬과 R 바인딩을 사용하면 데이터 프레임이나 배열을 직접 만들 수 있으며, R 바인딩은 영역 선택을 위한 선택적 그래픽 위젯을 통합한다.

이 설명에서는 언어 바인딩이나 GUI 도구를 사용하지 않는다. 단일 페이지 데이터 세트를 일회성으로 선택하는 경우 선택 도구가 유용할 수 있지만 반복적인 문서 업데이트나 유사한 문서 계열을 자동화하려면 스크립팅이 필요하다.

또한 다양한 언어 바인딩이 스크립팅에 완벽하게 적합하지만 이 절에서는 기본 라이브러리의 커맨드라인 도구로 제한함으로써 언어에 구애 받지 않을 수 있다.

이 절에서의 예로, 이 책 자체의 서문에서 출력된 PDF를 사용해보자. 이 글을 읽을 때쯤에는 약간의 문구가 변경됐을 수 있으며 인쇄된 책이나 전자책의 정확한 형식은 이 초안 버전과는 다소 다를 것이다. 그러나 이는 데이터로 추출할 수 있는 다른 여러 스타일로 렌더링된 테이블을 멋지게 보여준다. 특별히 캡처하려는 세 개의 테이블이 있다.

```
[1]:             Last_Name First_Name Favorite_Color   Age
     Student_No
     1             Johnson        Mia     periwinkle  12.0
     2               Lopez       Liam     blue-green  13.0
     3                 Lee   Isabella      <missing>  11.0
     4              Fisher      Mason           gray   NaN
     5               Gupta     Olivia          sepia   NaN
     6            Robinson     Sophia           blue  12.0
```

Likewise in this configuration, I can run R code equally well. At times the code samples will show data being transferred between the R and Python kernels.

```
[2]: %load_ext rpy2.ipython
```

```
[3]: %%R -i cleaned
     library('tibble')
     tibble(First=cleaned$First_Name,
            Last=cleaned$Last_Name,
            Age=cleaned$Age)
```

```
# A tibble: 6 x 3
  First    Last       Age
  <chr>    <chr>
<dbl>
1 Mia      Johnson     12
2 Liam     Lopez       13
3 Isabella Lee         11
4 Mason    Fisher     NaN
5 Olivia   Gupta      NaN
6 Sophia   Robinson    12
```

그림 3.3: 원서 서문의 5 페이지

초안 서문의 5 페이지에서 판다스와 tibble 모두에 의해 테이블이 렌더링되며, 그에 상응하는 사소한 표현 차이가 있다. 7 페이지에는 약간 다르게 보이는 또 다른 테이블이 포함돼 있다.

- Missing data in the *Favorite Color* field should be substituted with the string `<missing>`.
- Student ages should be between 9 and 14, and all other values are considered missing data.
- Some colors are numerically coded, but should be dealiased. The mapping is:

Number	Color	Number	Color
1	beige	6	alabaster
2	eggshell	7	sandcastle
3	seafoam	8	chartreuse
4	mint	9	sepia
5	cream	10	lemon

Using the small test data set is a good way to test your code. But try also manually adding more rows with similar, or different, problems in them, and see how well your code produces a reasonable result.

그림 3.4: 원서 서문의 7 페이지

tabula-java를 실행하려면 다소 긴 커맨드라인이 필요하므로 개인 시스템에 래핑할 작은 Bash 스크립트를 만들었다.

```
#!/bin/bash
# script: tabula
# 개인 시스템 경로에 맞게 조정
TPATH='/home/dmertz/git/tabula-java/target'
JAR='tabula-1.0.4-SNAPSHOT-jar-with-dependencies.jar'
java -jar "$TPATH/$JAR" $@
```

추출은 때때로 `--guess` 옵션을 사용해 페이지당 테이블을 자동으로 인식하지만 tabula-java가 테이블을 찾아야 하는 페이지 부분을 지정해 더 나은 제어를 얻을 수 있다. 다음 코드 셀에서 `STDOUT`으로 출력하지만 파일로 출력하는 것은 또 다른 옵션 스위치에 불과하다.

```
%%bash
tabula -g -t -p5 data/Preface-snapshot.pdf
```

```
[1]:,,Last_Name,First_Name,Favorite_Color,Age
"",Student_No,,,,
"",1,Johnson,Mia,periwinkle,12.0
"",2,Lopez,Liam,blue-green,13.0
"",3,Lee,Isabella,<missing>,11.0
"",4,Fisher,Mason,gray,NaN
"",5,Gupta,Olivia,sepia,NaN
"",6,Robinson,Sophia,blue,12.0
```

Tabula는 훌륭하지만 완벽하지는 않다. 다른 헤더 아래에 인덱스 열의 이름을 설정하는 판다스 스타일은 약간 벗어났다. 일반적으로 빈 문자열이지만 헤더를 출력 셀 번호로 사용하는 가짜 첫 번째 열도 있다. 그러나 이러한 작은 결함은 정리하기가 매우 쉽고 테이블에 실제 데이터로 매우 좋은 CSV가 있다.

그러나 위의 5페이지에는 실제로 두 개의 테이블이 있다는 것을 기억해야 한다. Tabula-java는 첫 번째 데이터만 캡처했다. 이는 비합리적이지는 않지만 원하는 모든 데이터는 아니다. 약간 더 많은 사용자 정의 지침(관심 영역을 결정하고자 보통의 시행착오로 결정됨)이 두 번째 지침을 캡처할 수 있다.

```
%%bash
tabula -a'%72,13,90,100' -fTSV -p5 data/Preface-snapshot.pdf
```

```
First       Last        Age
<chr>       <chr>
bl>
Mia         Johnson     12
Liam        Lopez       13
Isabella    Lee         11
Mason       Fisher      NaN
Olivia      Gupta       NaN
Sophia      Robinson    12
```

출력 옵션을 설명하고자 출력을 쉼표로 구분하지 않고 탭으로 구분했다. JSON 출력도 사용할 수 있다. 또한 왼쪽 여백을 조정해(%로 표시되지만 인쇄 포인트도 옵션이므로) 불필요한 행 번호를 제거할 수 있다. 이전과 마찬가지로 수집은 되지만 완벽하지는 않다. 데이터 타입 마커의 tibble 형식은 불필요하다. 불필요한 데이터가 있는 두 행을 버리는 것은 간단하다.

마지막으로 이 예에서는 데이터 프레임 라이브러리 추가 마커가 없는 7페이지의 테이블을 캡처해본다. 이는 실제 작업에서 접하게 될 테이블 중 더 전형적인 것일 수 있다. 예를 들어 페이지 백분율 대신 포인트를 사용해 테이블의 위치를 나타낸다.

```
%%bash
tabula -p7 -a'120,0,220,500' data/Preface-snapshot.pdf
```

```
Number,Color,Number,Color
1,beige,6,alabaster
2,eggshell,7,sandcastle
3,seafoam,8,chartreuse
4,mint,9,sepia
5,cream,10,lemon
```

여기서 추출은 완벽하지만 테이블 자체는 숫자/색상 쌍을 두 번 반복한다는 점에서 이상적이지 않다. 그러나 데이터 프레임 라이브러리를 사용해 쉽게 수정할 수 있다.

이름에서 알 수 있듯이 tabula-java 도구는 테이블을 식별하는 데만 유용하다. 대조적으로 pdftotext는 PDF의 순수한 텍스트 버전을 만든다. 대부분의 경우 이것은 아주 좋다. 표준 텍스트 처리 및 추출 기술은 테이블을 파싱하는 기술을 포함해 일반적으로 잘 동작한다. 그러나 전체 문서(또는 페이지에서 선택한 문서의 일부)가 출력되기 때문에 글머리 기호, 원시 산문 또는 문서의 기타 식별할 수 있는 데이터 요소와 같은 다른 요소로 작업할 수 있다.

```
%%bash
# 7페이지부터 시작해 도구가 .txt 파일로 작성
# 레이아웃 모드를 사용해 가로 위치를 유지
pdftotext -f 7 -layout data/Preface-snapshot.pdf
# 라인 시작 부분에서 25개의 공백을 제거
# 너무 넓은 다른 라인을 줄 바꿈
sed -E 's/^ {,25}//' data/Preface-snapshot.txt |
  fmt -s |
  head -20
```

- Favorite Color 필드에서 누락된 데이터는 <missing> 문자열로 대체돼야 한다.
- 학생 연령은 9~14세여야하며 다른 모든 값은 누락된 데이터로 간주된다.
- 일부 색상은 숫자로 코딩되지만 다음과 같이 매핑 처리해야 한다.

Number	Color	Number	Color
1	beige	6	alabaster
2	eggshell	7	sandcastle
3	seafoam	8	chartreuse
4	mint	9	sepia
5	cream	10	lemon

작은 테스트 데이터 세트를 사용하는 것은 코드를 테스트하는 좋은 방법이다. 그러나 유사하거나 다른 문제가 있는 행을 수동으로 추가하고 코드가 합리적인 결과를 얼마나 잘 생성하는지 확인해야 한다.

중간의 테이블 부분은 고정 너비 형식으로 읽기가 쉽다. 상단의 글머리 기호 또는 하단의 단락은 다른 데이터 추출 목적에 유용할 수 있다. 어쨌든 현시점에서는 평범한 텍스트여서 쉽게 작업할 수 있다.

이제 대부분의 메타데이터와 전체 통계 특성에 대한 이미지 분석으로 넘어가보자.

이미지 형식

중국 속담에 1,001개의 단어는 그림보다 더 가치가 있다고 한다.

– 존 매카시John McCarthy

NOTE

매카시가 인용한 인용구는 고대 중국의 기원은 아니다. 20세기 초, 미국의 중국 선호와 마찬가지로, 필연적으로 광기(sinophobia)로 물들었을 때 광고 대행사에서 시작됐다. 헨릭 입센(Henrik Ibsen)은 1906년 사망하기 전에 "천 마디 말은 단 하나의 행위만큼 깊은 인상을 남기지 않는다."고 말했다. 이는 1911년 3월 아서 브리즈번(Arthur Brisbane)이 「Syracuse Advertising Men's Club」에서 "사진을 사용하라. 이것은 천 마디의 가치가 있다."고 말하면서 각색됐다. 나중에 반복되면서 이 출처를 '중국 속담' 또는 심지어 공자에 대한 잘못된 귀속이라고 추가했는데, 아마도 슬로건에 대한 신뢰도를 높이기 위한 것으로 추정된다.

개념:

- OCR과 이미지 인식(범위 외)
- 색상 모델
- 픽셀 통계
- 채널 전처리
- 이미지 메타데이터

특정 목적을 위해 래스터 이미지는 그 자체로 관심 있는 데이터 세트다. '래스터Raster'는 픽셀 값의 직사각형 모음을 의미한다. 이미지 인식 및 이미지 처리와 관련된 머신러닝 분야는 이 책의 범위를 훨씬 벗어난다. 이 절의 몇 가지 기술은 이러한 도구에 대한 입력을 개발할 때 데이터를 준비하는 데 유용할 수 있지만 그 이상은 아니다.

또한 이 책에서는 이미지의 콘텐츠content를 높은 레벨로 인식하는 다른 종류도 고려하지 않는다. 예를 들어 **광학 문자 인식**OCR, Optical Character Recognition 도구는 이미지를 렌더링된 글꼴로 다양한 문자열과 숫자를 포함하는 것으로 인식할 수 있으며, 이러한 값은 관심을 갖는 데이터일 수 있다.

인쇄 및 스캔된 형태로만 제공되는 데이터를 갖고 있는 불행을 겪는다면 분명히 깊은 동정심을 느낄 것이다. OCR을 사용해 이미지를 스캔하면 많은 오인식과 함께 노이즈가 많은 결과가 생성될 수 있다. 이를 감지하는 방법은 4장에서 다룬다. 기본적으로 이러한 오류가 발생하면 잘못된 문자열이나 잘못된 숫자를 얻게 되고, 이상적으로는 오류를 식별할 수 있다. 그러나 이러한 기술의 세부 사항은 현재 범위에 포함되지 않다.

이 절에서는 단순히 이미지를 숫자 배열로 읽고 다운스트림 데이터 분석이나 모델링에 사용할 수 있는 몇 가지 기본 처리 단계를 수행하는 도구를 제공하고자 한다. 파이썬 내에서 `Pillow` 라이브러리는 go-to 도구다(더 이상 사용되지 않는 PIL의 이전 버전과 호환되는 후속 제품). R 내에서 `imager` 라이브러리는 이 절의 범용 작업에 가장 널리 사용되는 것 같다. 첫 번째 작업으로 이 책을 만드는 데 사용된 래스터 이미지를 검토하고 설명해본다.

```
from PIL import Image, ImageOps

for fname in glob('img/*'):
  try:
    with Image.open(fname) as im:
      print(fname, im.format, "%dx%d" % im.size, im.mode)
  except IOError:
    pass
```

```
img/Flu2009-infobox.png PNG 607x702 RGBA
img/Konfuzius-1770.jpg JPEG 566x800 RGB
img/UMAP.png PNG 2400x2400 RGBA
img/DQM-with-Lenin-Minsk.jpg MPO 3240x4320 RGB
```

```
img/HDFCompass.png PNG 958x845 RGBA
img/t-SNE.png PNG 2400x2400 RGBA
img/preface-2.png PNG 945x427 RGBA
img/DQM-with-Lenin-Minsk.jpg_original MPO 3240x4320 RGB
img/PCA.png PNG 2400x2400 RGBA
img/Excel-Pitfalls.png PNG 551x357 RGBA
img/gnosis-traffic.png PNG 1064x1033 RGBA
img/Film_Awards.png PNG 1587x575 RGBA
img/HTTP-status-codes.png PNG 934x686 RGBA
img/preface-1.png PNG 988x798 RGBA
```

대부분의 PNG 이미지는 적은 수의 JPEG와 함께 사용됐다. 각각은 너비와 높이를 기준으로 특정 공간 차원을 가지며, 각각은 RGB나 알파 채널을 포함하는 경우 RGBA다. 다른 이미지는 HSV 형식일 수 있다. `Pillow` 및 `imager`와 같은 도구를 사용해 색상 공간을 쉽게 변환할 수 있지만 주어진 이미지가 어떤 모델을 사용하는지 아는 것이 중요하다. 이번에는 R을 사용해 하나를 읽어보자.

```
%%R
library(imager)
confucius <- load.image("img/Konfuzius-1770.jpg")
print(confucius)
plot(confucius)
```

```
Image. Width: 566 pix Height: 800 pix Depth: 1 Colour channels: 3
```

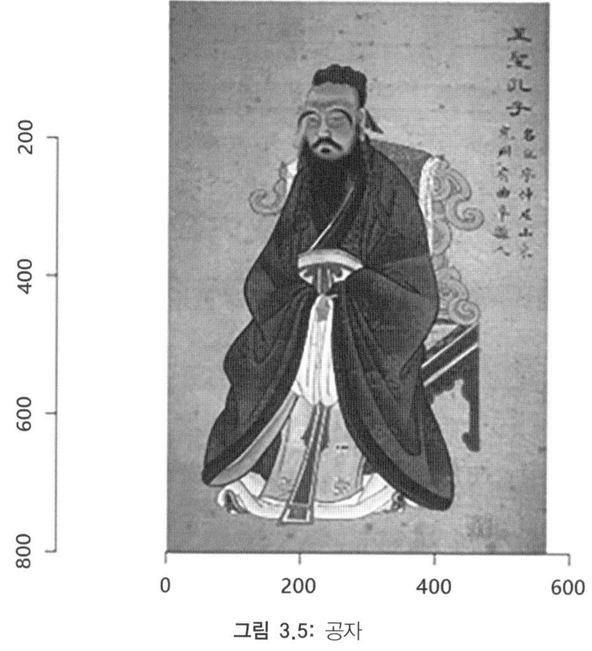

그림 3.5: 공자

픽셀의 윤곽을 분석해보자.

픽셀 통계

라이브러리에서 제공하는 일부 도구를 사용해 단순히 값의 배열인 데이터에 대한 느낌을 얻을 수 있다. `CImg`를 기반으로 하는 `imager`의 경우 내부 표현은 4차원이다. 각 평면은 픽셀의 $X \times Y$ 그리드(좌우, 상하)다. 그러나 형식은 깊이 차원에서 애니메이션과 같은 이미지 스택을 나타낼 수 있다. 여러 색상 채널(이미지가 회색조가 아닌 경우)이 어레이의 최종 차원이다. 공자의 예는 단일 이미지이므로 세 번째 차원의 길이가 1이다. 이미지에 대한 요약 데이터를 살펴보자.

```
%%R
grayscale(confucius) %>%
```

```
hist(main="Luminance values in Confucius drawing")
```

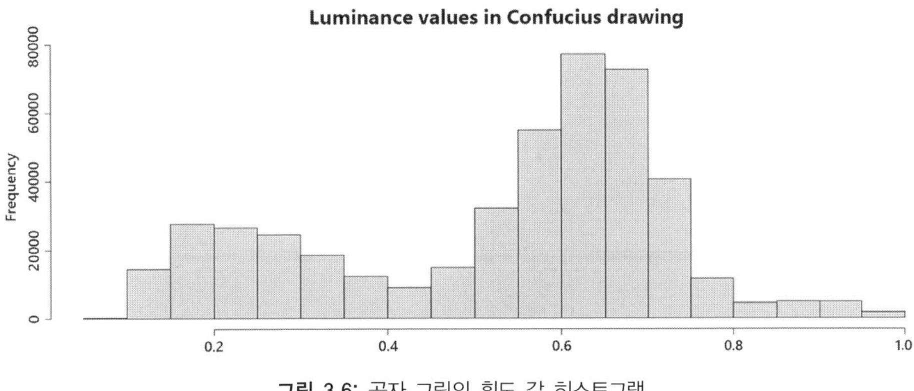

그림 3.6: 공자 그림의 휘도 값 히스토그램

하나의 색상 채널의 분포만 살펴보자.

```
%%R
B(confucius) %>%
  hist(main="Blue values in Confucius drawing")
```

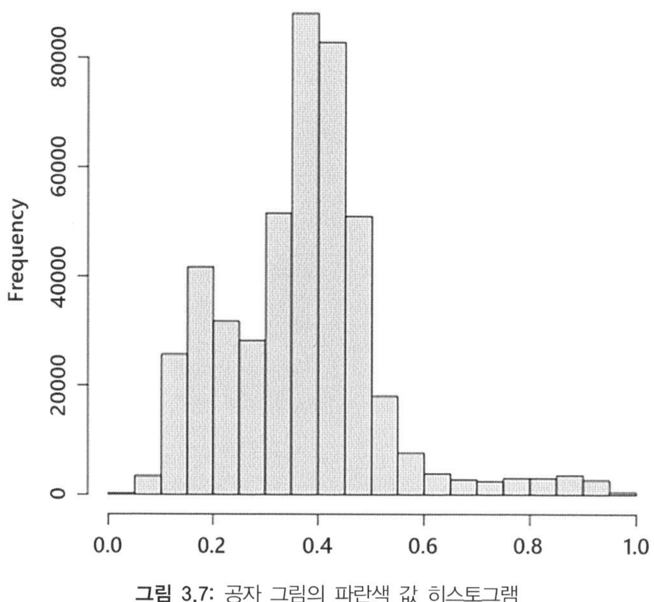

그림 3.7: 공자 그림의 파란색 값 히스토그램

앞의 히스토그램은 단순히 표준 R 히스토그램 함수를 활용한다. 데이터가 이미지를 나타낸다는 사실에는 특별한 것이 없다. 데이터에 대해 원하는 통계 테스트나 요약을 수행해 데이터가 목적에 적합한지 확인할 수 있다. 히스토그램은 개념을 보여주는 단순한 예일 뿐이다. 또한 데이터를 깔끔한 데이터 프레임으로 쉽게 변환할 수 있다. 이 글을 쓰는 시점에서 tibble로 직접 변환할 때 '임피던스 오류'가 있으므로 아래 셀은 중간 `data.frame` 형식을 사용한다.

함수가 `data.frame` 객체와 함께 동작하도록 작성된 경우 Tibbles는 종종 드롭인 교체가 아니지만 항상 그런 것은 아니다.

```
%%R
data <- as.data.frame(confucius) %>%
  as_tibble %>%
```

```
  # 채널 1, 2, 3(RGB)을 요인으로
  mutate(cc = as.factor(cc))
data
```

```
# A tibble: 1,358,400 x 4
       x     y  cc      value
   <int> <int> <fct>   <dbl>
 1     1     1 1       0.518
 2     2     1 1       0.529
 3     3     1 1       0.518
 4     4     1 1       0.510
 5     5     1 1       0.533
 6     6     1 1       0.541
 7     7     1 1       0.533
 8     8     1 1       0.533
 9     9     1 1       0.510
10    10     1 1       0.471
# ... 1,358,390개의 추가 행이 있음
```

파이썬과 PIL/Pillow의 경우 이미지 데이터 작업이 매우 유사하다. R에서와 같이 이미지는 일부 메타데이터가 첨부된 픽셀 값의 배열이다. 재미로 중국어 문자가 포함된 변수 이름을 사용해 파이썬에서 이러한 이름이 지원된다는 것을 보여준다.

```
# 공식 명칭: Zhòngní (仲尼)
# "Kǒng Fūzǐ" (孔夫子)는 16세기 예수회가 만들었다.
仲尼 = Image.open('img/Konfuzius-1770.jpg')
data = np.array(仲尼)
print("Image shape:", data.shape)
print("Some values\n", data[:2, :, :])
```

```
Image shape: (800, 566, 3)
Some values
[[[132 91 69]
```

```
 [135 94 74]
 [132 91 71]
 ...
 [148 98 73]
 [142 95 69]
 [135 89 63]]

[[131 90 68]
 [138 97 75]
 [139 98 78]
 ...
 [147 100 74]
 [144 97 71]
 [138 92 66]]]
```

Pillow 형식에서 이미지는 [0.0, 1.0] 범위의 부동소수점 숫자가 아닌 8비트 부호 없는 정수로 저장된다. 물론 다른 정규화와 마찬가지로 이들 사이의 변환은 충분히 쉽다. 예를 들어 많은 신경망 작업에서 선호되는 표현은 표준 편차가 1인 0에 중심을 둔 값이다. Pillow 이미지를 보관하는 데 사용되는 배열은 동일한 객체에 여러 이미지를 쌓을 수 있는 규정이 없기 때문에 3차원이다.

채널 조작

처리하기 전에 이미지 데이터를 조작하는 것이 유용할 수 있다. 다음 예제는 인위적이며 라이브러리 자습서에서 사용된 것과 유사하다. 다음 코드 라인은 파란색 채널의 값을 기반으로 이미지를 마스킹한 다음 이를 사용해 빨간색 값을 선택적으로 제로아웃하는 것이다. 그 결과는 그림에 시각적으로 매력적이지는 않지만, 예를 들어 의료 영상이나 적외선 사진 전파 천문학 이미지에 유용할 것이라고 생각된다(나는 또한 풀 컬러에서와 같이 흑백 책에서도 쉽게 볼 수 있는 변형 작업을 하고 있다).

다음의 .paste() 메서드에서 사용되는 규칙은 약간 이상하다. 규칙은 다음과 같다.

여기서 마스크가 255이면 그대로 복사되고 마스크가 0인 경우 현재 값을 유지한다(중간인 경우 혼합). 컬러 버전의 전반적인 효과는 대부분 붉은색 이미지에서 이미지가 가장 빨간색이었던 가장자리에서 녹색이 우세하다는 것이다. 회색조에서는 대부분 가장자리를 어둡게 한다.

```
# 공자 이미지를 개별 밴드로 분할
source = 仲尼.split()
R, G, B = 0, 1, 2

# 파란색이 100개 미만인 영역 선택
mask = source[B].point(lambda i: 255 if i < 100 else 0)
source[R].paste(0, None, mask)
im = Image.merge(仲尼.mode, source)
ImageOps.scale(im, 0.5)
```

그림 3.8: 가공된 공자 이미지(왼쪽), 원본 이미지(오른쪽)

우리가 언급한 또 다른 예는 색 공간의 변형이 유용할 수 있다는 것이다. 예를 들어 빨간색, 녹색, 파란색을 보는 것보다 색조, 채도, 밝기가 모델링 요구에 더 적합한 특징일 수 있다. 이는 데이터의 결정론적 변환이지만 다른 측면을 강조한다. 이는 7장에서 다루는 주요 성분 분석과 같이 분해와 유사하다. 여기에서는 이미지의 RGB 표현을 HSL 표현으로 변환한다.

```
%%R
confucius.hsv <- RGBtoHSL(confucius)
data <- as.data.frame(confucius.hsv) %>%
  as_tibble %>%
  # 계수로서 채널 1, 2, 3(HSV)
  mutate(cc = as.factor(cc))
data
```

```
# A tibble: 1,358,400 x 4
      x     y cc     value
  <int> <int> <fct>  <dbl>
 1    1     1 1       21.0
 2    2     1 1       19.7
 3    3     1 1       19.7
 4    4     1 1       19.7
 5    5     1 1       19.7
 6    6     1 1       19.7
 7    7     1 1       19.7
 8    8     1 1       19.7
 9    9     1 1       19.7
10   10     1 1       20
# ... 1,358,390개의 추가 행이 있음
```

이 변환에서 개별 값과 공간의 형태가 모두 변경됐다. 변환은 사소한 반올림 문제를 넘어서 무손실이다. 채널별 요약은 이를 설명한다.

```
%%R
data %>%
```

```
  mutate(cc = recode(
    cc, '1'="Hue", '2'="Saturation", '3'="Value")) %>%
  group_by(cc) %>%
  summarize(Mean = mean(value), SD = sd(value))
```

```
'summarise()' ungrouping output (override with '.groups' argument)
# A tibble: 3 x 3
  cc              Mean       SD
  <fct>          <dbl>    <dbl>
1 Hue             34.5     59.1
2 Saturation     0.448    0.219
3 Value          0.521    0.192
```

이제 데이터 과학자에게 있어 이미지의 가장 중요한 측면을 살펴보자.

메타데이터

사진 이미지 내부에는 메타데이터가 포함돼 있을 수 있다. 특히 Exif(Exchangeable Image File) 형식은 이러한 메타데이터를 JPEG, TIFF, WAV 형식(마지막 형식은 오디오 형식)에 포함할 수 있는 방법을 지정한다. 디지털 카메라는 일반적으로 타임스탬프, 위도/경도 위치와 같은 세부 정보를 포함해 생성하는 이미지에 이 정보를 추가한다.

Exif 매핑 내의 일부 데이터 필드는 텍스트, 숫자 또는 튜플이며, 다른 것은 바이너리 데이터다. 또한 매핑의 키는 사람에게 직접적으로 의미가 없는 ID 번호에서 가져온 것이다. 이 매핑은 공개된 표준이지만 일부 장비 제조업체는 자체 ID도 도입할 수 있다.

바이너리 필드에는 다양한 방식으로 인코딩된 여러 가지 타입의 데이터가 포함된다. 예를 들어 일부 카메라는 작은 미리 보기 이미지를 Exif 메타데이터로 첨부할 수 있지만 더 간단한 필드도 인코딩된다.

다음 함수는 Pillow를 사용해 두 개의 딕셔너리를 반환한다. 하나는 텍스트 데이터용이고 다른 하나는 바이너리 데이터용이다. 태그 ID는 가능한 경우 사람이 읽을 수 있는 이름으로 확장된다. Pillow는 이러한 이름에 '카멜 케이스camel case'를 사용하지만 다른 도구는 태그 이름 내에서 대소문자 및 구두점에 대해 다른 변형이 있다. Pillow의 케이스는 Dromedary 케이스와는 달리 나는 Bactrian 케이스라고 부른다. 둘 다 파이썬의 일반적인 '스네이크 케이스snake case'와 다르다(예, BactrianCase vs. dromedaryCase vs. snake_case).

```
from PIL.ExifTags import TAGS

def get_exif(img):
    txtdata, bindata = dict(), dict()
    for tag_id in (exifdata := img.getexif()):
        # 사용 가능한 경우 tag_id에서 태그 이름 조회
        tag = TAGS.get(tag_id, tag_id)
        data = exifdata.get(tag_id)
        if isinstance(data, bytes):
            bindata[tag] = data
        else:
            txtdata[tag] = data
    return txtdata, bindata
```

공자 이미지에 첨부된 메타데이터가 있는지 확인해보자.

```
get_exif(仲尼) # Zhòngní, 즉 공자
```

```
({}, {})
```

이 이미지에는 이러한 메타데이터가 없다. 대신 민스크의 레닌 동상 옆에 있는 필자의 사진을 살펴보자.

```
# 다음과 같이 다국어 변수 이름을 계속 사용할 수 있음
# 'Ленин', 'Ульянов', 'Мінск'를 선택
dqm = Image.open('img/DQM-with-Lenin-Minsk.jpg')
ImageOps.scale(dqm, 0.1)
```

그림 3.9: PyCon Belarus에서 기조 연설한 후의 필자

디지털 카메라로 찍은 이 이미지에는 실제로 Exif 메타데이터가 있다. 일반적으로 이미지 비교 분석에 유용한 사진 설정과 관련이 있다. 이 예제에는 위도/경도 위치는 아니지만 타임스탬프도 있다(사용된 카메라에는 GPS 센서가 없음). 위치 데이터는 사용할 수 있는 경우 다음과 같은 여러 목적에 유용하게 사용할 수 있다.

```
txtdata, bindata = get_exif(dqm)
txtdata
```

```
{'CompressedBitsPerPixel': 4.0,
 'DateTimeOriginal': '2015:02:01 13:01:53',
```

```
'DateTimeDigitized': '2015:02:01 13:01:53',
'ExposureBiasValue': 0.0,
'MaxApertureValue': 4.2734375,
'MeteringMode': 5,
'LightSource': 0,
'Flash': 16,
'FocalLength': 10.0,
'ColorSpace': 1,
'ExifImageWidth': 3240,
'ExifInteroperabilityOffset': 10564,
'FocalLengthIn35mmFilm': 56,
'SceneCaptureType': 0,
'ExifImageHeight': 4320,
'Contrast': 0,
'Saturation': 0,
'Sharpness': 0,
'Make': 'Panasonic',
'Model': 'DMC-FH4',
'Orientation': 1,
'SensingMethod': 2,
'YCbCrPositioning': 2,
'ExposureTime': 0.00625,
'XResolution': 180.0,
'YResolution': 180.0,
'FNumber': 4.4,
'ExposureProgram': 2,
'CustomRendered': 0,
'ISOSpeedRatings': 500,
'ResolutionUnit': 2,
'ExposureMode': 0,
34864: 1,
'WhiteBalance': 0,
'Software': 'Ver.1.0 ',
'DateTime': '2015:02:01 13:01:53',
'DigitalZoomRatio': 0.0,
```

```
 'GainControl': 2,
 'ExifOffset': 634}
```

텍스트 데이터에서 알 수 있는 한 가지 세부 사항은 태그 ID 34864가 Pillow에 의해 앨리어스가 지정되지 않았다는 것이다. ID가 "Exif.Photo.SensitivityType"을 표시해야 한다는 외부 문서를 찾을 수 있지만 Pillow는 해당 ID를 인식하지 못하는 것 같다. 바이트 문자열에는 활용하려는 데이터가 포함될 수 있지만 각 필드에 주어진 의미는 다르므로 참조 정의와 비교해야 한다. 예를 들어 ExifVersion 필드는 ASCII 바이트로 정의되지만 일반 텍스트 필드 값과 같은 UTF-8 인코딩 바이트로 정의되지 않는다. 다음을 사용해 이를 확인할 수 있다.

```
bindata['ExifVersion'].decode('ascii')
```

```
'0230'
```

반대로 ComponentsConfiguration이라는 태그는 4바이트로 구성되며 각 바이트는 색상 코드를 나타낸다. get_exif() 함수는 별도의 텍스트와 바이너리 딕셔너리(txtdata 및 bindata)를 생성한다. 새로운 특수 함수로 bindata를 디코딩해보자.

```
def components(cc):
  colors = {0: None,
    1: 'Y', 2: 'Cb', 3: 'Cr',
    4: 'R', 5: 'G', 6: 'B'}
  return [colors.get(c, 'reserved') for c in cc]
components(bindata['ComponentsConfiguration'])
```

```
['Y', 'Cb', 'Cr', None]
```

다른 바이너리 필드는 다른 방식으로 인코딩된다. 규격은 일본 전자산업개발협회

JEIDA에서 관리한다. 이 절은 이러한 종류의 메타데이터 작업에 대한 느낌만 줄 뿐 완전한 참조는 아니다.

이제 가끔 작업해야 하는 특수 바이너리 데이터 형식을 살펴본다.

바이너리 직렬화된 데이터 구조

> 나는 주로 문제를 해결하고자 그들이 나를 집어 삼키게 한다.
>
> – 프란츠 카프카Franz Kafka

개념:

- 기존 라이브러리 선호
- 바이트와 구조체 데이터 타입
- 데이터의 오프셋 레이아웃

데이터가 저장될 수 있는 바이너리 형식은 매우 많다. 매우 인기 있는 모든 형식이 좋은 오픈소스 라이브러리를 성장시켰지만 이런 사실과 다르게 레거시나 사내 형식을 만날 수 있다. 일반적인 좋은 조언은 비정상적인 형식을 처리하고자 지속적으로 성능에 민감한 요구가 없다면 기존 파서를 활용하는 것이다. 사용자 정의 형식은 까다로울 수 있으며 일반적이지 않은 경우 문서화되지 않을 가능성이 높다.

기존 도구가 주요 데이터 과학 작업에 사용하고 싶지 않은 언어로만 제공되는 경우에는 쉽게 액세스할 수 있는 형식으로 내보내는 수단으로만 사용할 수 있는지 확인한다. 반복적으로 실행되지만 수행해야 하는 실제 데이터 처리와 비동기적으로 실행되는 경우에도 불쏘시개 같은fire-and-forget 도구만 있으면 된다.

이 절에서는 낙관적인 상황이 실현되지 않고 디스크에 일부 바이트 이상의 것은 없으며, 작업할 문서에 결함이 있을 수 있다고 가정해보자. 사용자 정의 코드를 작성하는 것은 데이터 과학자보다 시스템 엔지니어의 일이다. 하지만 데이터 과학자들은 박식해야 하고 시스템 코드를 약간 작성하는 것에 당황해서는 안 된다.

비교적 짧은 이 절에서는 단순하고 간단한 바이너리 형식을 살펴본다. 또한 이는 실제로 사용자 정의 파서가 필요하지 않은 실제 데이터 형식이다. 간단한 코드를 비교하고자 실제로 잘 테스트되고 성능이 뛰어난 강력한 파서가 있으면 올바른 작업을 수행할 수 있는 좋은 방법이다. 특히 넘파이 NPY 형식(https://docs.scipy.org/doc/numpy/reference/generated/numpy.lib.format.html#modulenumpy.lib.format)으로 저장된 데이터를 읽는다. 다음과 같이 문서화된다(요약).

- 처음 6바이트는 매직 문자열이다. 정확히 `\x93NUMPY`
- 다음 1바이트는 부호 없는 바이트다. 파일 형식의 메이저 버전 번호, 예 `\x01`
- 다음 1바이트는 부호 없는 바이트다. 파일 형식의 마이너 버전 번호, 예 `\x00`.
- 다음 2바이트는 리틀엔디언[little-endian] 부호 없는 `short int`를 형성한다. 헤더 데이터의 길이는 `HEADER_LEN`
- 다음 `HEADER_LEN` 바이트는 딕셔너리의 파이썬 리터럴 표현식을 포함하는 ASCII 문자열이다.
- 헤더 다음에는 배열 데이터가 나온다.

먼저 재구성하려는 객체의 타입을 이해하고자 파이썬과 넘파이를 사용하고 표준 리더를 사용해 일부 바이너리 데이터를 읽는다. 직렬화는 64비트 부동소수점 값의 3차원 배열이다. 이 절에서는 작은 크기를 선택했지만 일반적으로 실제 데이터는 훨씬 더 크다.

```
arr = np.load(open('data/binary-3d.npy', 'rb'))
```

```
print(arr, '\n', arr.shape, arr.dtype)
```

```
[[[ 0. 1. 2.]
  [ 3. 4. 5.]]

 [[ 6. 7. 8.]
  [ 9. 10. 11.]]]
 (2, 2, 3) float64
```

바이트를 시각적으로 검사하는 것은 데이터에서 진행되는 작업을 더 잘 이해할 수 있는 좋은 방법이다. 물론 넘파이는 명확하고 정확하게 문서화된 프로젝트지만 일부 가상 형식의 경우 실제 바이트와 일치하지 않는 문서의 문제를 잠재적으로 식별할 수 있는 기회다. 더 자세한 파싱에서 더 미묘한 문제가 발생할 수 있다. 예를 들어 특정 위치에 있는 바이트의 의미는 다른 곳에서 발생하는 플래그에 따라 달라질 수 있다. 데이터 과학은 놀랄 만큼 큰 부분을 차지하며 데이터를 눈여겨봐야 한다.

```
%%bash
hexdump -Cv data/binary-3d.npy
```

```
00000000 93 4e 55 4d 50 59 01 00 76 00 7b 27 64 65 73 63 |.NUMPY..v.{'desc|
00000010 72 27 3a 20 27 3c 66 38 27 2c 20 27 66 6f 72 74 |r': '<f8', 'fort|
00000020 72 61 6e 5f 6f 72 64 65 72 27 3a 20 46 61 6c 73 |ran_order': Fals|
00000030 65 2c 20 27 73 68 61 70 65 27 3a 20 28 32 2c 20 |e, 'shape': (2, |
00000040 32 2c 20 33 29 2c 20 7d 20 20 20 20 20 20 20 20 |2, 3), }        |
00000050 20 20 20 20 20 20 20 20 20 20 20 20 20 20 20 20 |                |
00000060 20 20 20 20 20 20 20 20 20 20 20 20 20 20 20 20 |                |
00000070 20 20 20 20 20 20 20 20 20 20 20 20 20 20 20 0a |               .|
00000080 00 00 00 00 00 00 00 00 00 00 00 00 00 00 f0 3f |...............?|
00000090 00 00 00 00 00 00 00 40 00 00 00 00 00 00 08 40 |.......@.......@|
000000a0 00 00 00 00 00 00 10 40 00 00 00 00 00 00 14 40 |.......@.......@|
```

```
000000b0 00 00 00 00 00 00 18 40 00 00 00 00 00 00 1c 40 |.......@.......@|
000000c0 00 00 00 00 00 00 20 40 00 00 00 00 00 00 22 40 |...... @......"@|
000000d0 00 00 00 00 00 00 24 40 00 00 00 00 00 00 26 40 |......$@......&@|
000000e0
```

첫 번째 단계로 파일이 올바른 '매직 문자열'을 가질 것으로 예상되는 타입과 실제로 일치하는지 확인한다. 많은 종류의 파일은 특징적이고 독특한 처음 몇 바이트로 식별된다. 사실 유닉스 계열 시스템의 공통 유틸리티인 file은 많은 파일 타입을 설명하는 데이터베이스를 통해 정확히 이 지식을 사용한다. 가상의 희귀 파일 타입(즉, 넘파이가 아님)의 경우 이 유틸리티는 형식에 대해 알지 못할 수 있다. 그럼에도 파일에는 여전히 다음과 같은 헤더가 있을 수 있다.

```
%%bash
file data/binary-3d.npy
```

```
data/binary-3d.npy: NumPy array, version 1.0, header length 118
```

이를 통해 파일에 대한 파일 핸들을 열고 규격에 따라 파싱을 진행한다. 이를 위해 파이썬에서는 단순히 파일을 바이트 모드로 열어 텍스트로 변환하지 않고 파일의 다양한 세그먼트를 읽어 일부를 확인하거나 처리한다.

이 형식의 경우 엄격하게 순차적으로 처리할 수 있지만 다른 경우에는 파일 내의 특정 바이트 위치를 찾아야 할 수도 있다. 파이썬 struct 모듈을 사용하면 바이트 문자열에서 기본 숫자 타입을 파싱할 수 있다. ast 모듈을 사용하면 eval()에서 발생할 수 있는 보안 위험 없이 원시 문자열에서 파이썬 데이터 구조를 만들 수 있다.

```
import struct, ast
binfile = open('data/binary-3d.npy', 'rb')
```

```
# 매직 헤더가 올바른지 확인
if binfile.read(6) == b'\x93NUMPY':
    vermajor = ord(binfile.read(1))
    verminor = ord(binfile.read(1))
    print(f"Data appears to be NPY format, "
          f"version {vermajor}.{verminor}")
else:
    print("Data in unsupported file format")
    print("*** ABORT PROCESSING ***")
```

```
Data appears to be NPY format, version 1.0
```

다음으로 헤더의 길이를 확인한 다음 읽어야 한다. 헤더는 NPY 버전 1에서는 항상 ASCII지만 버전 3에서는 UTF-8일 수 있다. ASCII는 UTF-8의 하위 집합이므로 버전을 확인하지 않더라도 디코딩은 문제가 없다.

```
# Little-endian short int (튜플 0 요소)
header_len = struct.unpack('<H', binfile.read(2))[0]
# 지정된 바이트 수 읽기
header = binfile.read(header_len)
# 헤더 바이트를 딕셔너리로 변환
# 더 안전한 ast.literal_eval()을 사용
header_dict = ast.literal_eval(header.decode('utf-8'))
print(f"Read {header_len} bytes "
      f"into dictionary: \n{header_dict}")
```

```
Read 118 bytes into dictionary:
{'descr': '<f8', 'fortran_order': False, 'shape': (2, 2, 3)}
```

헤더에 저장된 이 딕셔너리는 dtype, value order, shape에 대한 멋진 설명을 제공하지만 넘파이에서 값 타입에 사용하는 규칙은 struct 모듈에서 사용되는 규칙과 다르다. 리더를 위한 데이터 타입의 올바른 스펠링을 얻고자 (부분) 매핑을 정의할 수 있다. 우리는 리틀엔디언으로 인코딩된 일부 데이터 타입에 대해서만 이 매핑을 정의하지만 빅엔디언big-endian 버전은 대신 더 큰 부호를 가질 것이다.

'fortran_order'의 키는 가장 빠르거나 가장 느린 가변 차원이 메모리에서 연속적인지 여부를 나타낸다. 대부분의 시스템은 대신 'C 순서'를 사용한다.

우리는 여기서 높은 효율성을 목표로 하는 것이 아니라 코드를 최소화하고자 한다. 따라서 먼저 실제 데이터를 간단한 값 목록으로 편리하게 읽은 다음 나중에 넘파이 배열로 변환할 것이다.

```
# 데이터 유형의 철자를 정의하고 구조체 코드를 찾기
dtype_map = {'<i2': '<i', '<i4': '<l', '<i8': '<q',
             '<f2': '<e', '<f4': '<f', '<f8': '<d'}
dtype = header_dict['descr']
fcode = dtype_map[dtype]
# type 사양에서 바이트 수 결정
nbytes = int(dtype[2:])

# 값을 담을 리스트
values = []

# 파이썬 3.8+ "walrus operator"
while val_bytes := binfile.read(nbytes):
   values.append(struct.unpack(fcode, val_bytes)[0])

print("Values:", values)
```

```
Values: [0.0, 1.0, 2.0, 3.0, 4.0, 5.0, 6.0, 7.0, 8.0, 9.0, 10.0, 11.0]
```

이제 원시 값을 적절한 shape와 dtype의 실제 넘파이 배열로 변환해보겠다. 또한 메모리에서 포트란이나 C-순서를 사용할지 여부를 찾는다.

```
shape = header_dict['shape']
```

```
order = 'F' if header_dict['fortran_order'] else 'C'
newarr = np.array(values, dtype=dtype, order=order)
newarr = newarr.reshape(shape)
print(newarr, '\n', newarr.shape, newarr.dtype)
print("\nMatched standard parser:", (arr == newarr).all())
```

```
[[[ 0. 1. 2.]
  [ 3. 4. 5.]]

 [[ 6. 7. 8.]
  [ 9. 10. 11.]]]
 (2, 2, 3) float64

Matched standard parser: True
```

바이너리 데이터가 괴짜인 것처럼 텍스트도 가능하다.

사용자 정의 텍스트 형식

이 두 시퀀스의 유사성을 강조할 필요가 있는가? 그렇다. 우리가 염두에 두고 있는 유사성은 단지 그들의 차이를 없애고자 선택된 단순한 특성 모음이 아니다. 그리고 다른 것을 희생시키면서 그러한 공통된 특성들을 조금이라도 진실하게 유지하는 것만으로는 충분하지 않을 것이다. 오히려 안도감을 주고자 하는 것은 두 행동에 서로 동기를 부여하는 상호 주관성과 그것을 구조화하는 세 가지 용어다.

– 자크 라캉Jacques Lacan

개념:

- 라인 지향과 계층 구조

- 관심 데이터 식별을 위한 휴리스틱
- 문자 인코딩과 모지바케mojibake
- chardet으로 추정(문자 감지)

데이터 과학자로서의 삶에서, 특히 시스템 관리자 또는 유사한 역할을 하게 되는 경우 특이한 형식의 텍스트 데이터를 접하게 된다. 로그 파일은 이러한 종류의 파일의 일반적인 소스 중 하나다. 대부분의 로그 파일이 라인별 레코드 규칙을 고수한다. 그렇다면 레코드를 쉽게 분리할 수 있는 방법이 제공된다. 거기에서 다양한 규칙이나 휴리스틱을 사용해 해당 라인이 정확히 어떤 종류의 레코드에 해당하는지 결정할 수 있다.

그러나 모든 로그 파일이 라인 규칙을 고수하는 것은 아니다. 또한 시간이 지남에 따라 중첩된 데이터를 저장하고 널리 사용되는 표준 대신 고유한 형식을 생성하는 도구로 생성된 다른 타입의 파일을 보게 될 것이다. 계층 구조나 기타 비테이블 구조의 경우 엄격한 라인당 레코드 형식을 피하려는 동기는 종종 설득력 있고 분명하다.

대부분의 경우 일회성 형식을 만드는 프로그램 작성자는 전적으로 책임이 없다. 비테이블 형식 데이터를 나타내는 표준 형식은 이 책을 쓰기 10년 전에는 존재하지 않았거나 적어도 그리 멀지 않은 과거에는 다양한 프로그래밍 언어에 널리 채택되지 않았다. 정확한 도메인에 따라 레거시 데이터와 형식이 작업을 지배할 수 있다. 예를 들어 JSON은 2013년 ECMA-404로 처음 표준화됐다. YAML은 2001년에 만들어졌지만 대략 2010년 이전에는 널리 사용되지 않았다. XML은 1996년으로 거슬러 올라가지만 그 이후로 사람이 읽을 수 있는 형식으로는 다루기 힘든 상태로 남아 있다. 따라서 많은 프로그래머가 자신만의 방식으로 파일을 가져오고, 분석하고, 처리하는 데 필요한 파일을 추적한다.

구조화된 로그

내 시스템을 스캔한 결과 라인 중심으로 파싱할 수 없지만 합리적으로 사람이 읽을 수 있는 로그 파일의 좋은 예를 찾았다. 펄[Perl] 패키지 관리 도구 cpan은 관리하는 각 라이브러리의 설치 작업을 기록한다. 이러한 로그에 사용되는 형식은 패키지마다 다르다(대부분 펄 스타일). Archive::Zip 패키지는 자체 테스트를 위해 내 시스템에 언급된 로그를 남겼다. 이 데이터 파일에는 형식이 지정되지 않은 출력 메시지가 산재해 있는 테스트 클래스를 정의하는 실제 펄 코드 섹션이 포함돼 있다. 각 클래스에는 대개 겹치지만 동일하지는 않은 다양한 속성이 있다. 이 경우 올바른 메모리 데이터 형식은 클래스에 대해 주어진 속성 이름이 존재하지 않는 결측값이 표시된 데이터 프레임이다.

물론 펄 자체를 사용해 이러한 클래스 정의를 처리할 수 있다. 그러나 이는 추출한 데이터로 작업하고자 실제로 사용하려는 프로그래밍 언어가 아닐 것이다. 우리는 파이썬을 사용해 형식을 읽고, 우리가 기대하는 요소에 대한 휴리스틱만을 사용할 것이다. 특히 펄을 정적으로 파싱할 수 없다. 이 작업은 "The Perl Review"(http://www.jeffreykegler.com/Home/perl-and-undecidability)의 2008년 에세이 여러 편에서 제프리 케글러[Jeffrey Kegler]가 정지 문제[halting problem](https://en.wikipedia.org/wiki/Halting_problem)를 해결하는 것과 엄격하게 동일한 것으로 나타났다. 그럼에도 이 예제의 출력은 친숙하지만 공식적으로 정의되지 않은 펄 언어의 하위 집합을 사용한다. 다음은 처리 중인 파일의 일부다.

```
%%bash
head -25 data/archive-zip.log
```

```
zipinfo output:
$ZIP = bless( {
  "versionNeededToExtract" => 0,
  "numberOfCentralDirectories" => 1,
```

```
    "centralDirectoryOffsetWRTStartingDiskNumber" => 360,
    "fileName" => "",
    "centralDirectorySize" => 76,
    "writeCentralDirectoryOffset" => 0,
    "diskNumber" => 0,
    "eocdOffset" => 0,
    "versionMadeBy" => 0,
    "diskNumberWithStartOfCentralDirectory" => 0,
    "desiredZip64Mode" => 0,
    "zip64" => 0,
    "zipfileComment" => "",
    "members" => [],
    "numberOfCentralDirectoriesOnThisDisk" => 1,
    "writeEOCDOffset" => 0
  }, 'Archive::Zip::Archive' );

Found EOCD at 436 (0x1b4)

Found central directory for member #1 at 360
$CDMEMBER1 = bless( {
    "compressedSize" => 300,
```

컴퓨터 과학 이론의 측면에서 보면 파일에서 충분한 몇 가지 패턴을 발견할 수 있다. 우리가 관심을 갖는 모든 레코드는 달러 기호로 라인을 시작한다. 달러 기호는 펄 및 일부 다른 언어에서 변수 이름에 사용되는 마커다. 또한 이 라인은 클래스 생성자 `bless()`를 따른다. `);`로 끝나는 라인으로 레코드의 끝을 찾는다. 같은 마지막 라인에서 정의되는 클래스의 이름도 찾을 수 있지만 이 예제에서는 모두 사용하는 공통 접두사 `Archive::Zip::`을 유지하지 않는다. 또한 이 예제에 대해 규정된 것은 출력 라인에 포함된 추가 데이터를 처리하려고 하지 않는다는 것이다.

분명히 우리의 휴리스틱 규칙이 정확하게 포착하지 못하는 펄 클래스의 유효한 구성을 만들 수 있을 것이다. 그러나 여기의 목표는 펄 언어를 구현하는 것이 아니라, 이 특정 파일에 포함된 아주 작은 하위 집합만 파싱하는 것이다(다른 CPAN 라이브러리에 존재할 수 있는 유사한 로그 계열을 포함하기를 바란다). 작은 상태 기계[state machine]는 파일의 라인에 걸쳐 루프 내에서 분기되도록 구성된다.

```
def parse_cpan_log(fh):
    "Take a file-like object, produce a DF of classes generated"
    import pandas as pd
    # 파이썬 딕셔너리는 3.6+로 정렬
    classes = {}
    in_class = False

    for n, line in enumerate(fh):
        # 주변 공백 제거
        line = line.strip()
        # 이것이 새로운 정의인가?
        if line.startswith('$'):
            new_rec = {}
            in_class = True # 하나 이상의 변수에 "상태"가 포함돼 있음

        # 이것이 정의의 끝인가?
        elif line.endswith(');'):
            # 라인 부분에 대한 깨지기 쉬운 가정
            _, classname, _ = line.split()
            barename = classname.replace('Archive::Zip::', '')
            # 이런 식으로 여분의 따옴표 제거
            name = ast.literal_eval(barename)
            # 같은 이름의 항목을 라인 번호로 구분
            classes[f"{name}_{n}"] = new_rec
            in_class = False

        # 여전히 새로운 키/값 쌍을 찾고 있음
        elif in_class:
            # Perl 맵 연산자로 분할
            key, val = [s.strip() for s in line.split('=>')]
            # 후행 쉼표가 있는 경우 없음
            val = val.rstrip(',')
```

```
        # 특수 null 값은 변환돼야 함
        val = "None" if val == "undef" else val
        # 또한 변수를 vals로 인용
        val = f'"{val}"' if val.startswith("$") else val
        # 문자열을 파이썬 객체로 안전하게 평가
        key = ast.literal_eval(key)
        val = ast.literal_eval(val)
        # 레코드 딕셔너리에 추가
        new_rec[key] = val

    return pd.DataFrame(classes).T
```

정의된 함수는 이 책의 예제 대부분보다 약간 더 길지만 작은 텍스트 처리 함수의 전형이다. 상태 변수 **in_class**의 사용은 여러 라인이 하나의 파싱 도메인이나 다른 도메인에 속할 수 있을 때 일반적이다. 라인에 대한 무언가를 기반으로 시작 상태를 찾고 내용을 축적한 다음, 다른 라인 속성을 기반으로 중지 상태를 찾는 이러한 패턴은 이런 종류의 작업에서 매우 일반적이다. 상태 유지 관리 외에도 나머지 라인은 기본적으로 약간의 문자열 조작에 불과하다.

이제 데이터 파일을 읽고 파싱해보자.

```
df = parse_cpan_log(open('data/archive-zip.log'))
df.iloc[:, [4, 11, 26, 35]] # 몇 개의 열만 표시
```

	centralDirectorySize	zip64	crc32
Archive_18	76	0	NaN
ZipFileMember_53	NaN	0	2889301810
ZipFileMember_86	NaN	0	2889301810
Archive_113	72	1	NaN
...	...	...	...
ZipFileMember_466	NaN	0	3632233996

```
      Archive_493                                62        1          NaN
  ZipFileMember_528                             NaN        1   3632233996
  ZipFileMember_561                             NaN        1   3632233996

                            lastModFileDateTime
---------------------------------------------------------------------------
       Archive_18                               NaN
   ZipFileMember_53                      1345061049
   ZipFileMember_86                      1345061049
      Archive_113                               NaN
              ...                               ...
  ZipFileMember_466                      1325883762
      Archive_493                               NaN
  ZipFileMember_528                      1325883770
  ZipFileMember_561                      1325883770

18 rows × 4 columns
```

이 경우 DataFrame은 계층적 인덱스가 있는 시리즈로 더 잘 활용될 수 있다.

```
with show_more_rows(25):
  print(df.unstack())
```

```
versionNeededToExtract   Archive_18              0
                         ZipFileMember_53       20
                         ZipFileMember_86       20
                         Archive_113            45
                         ZipFileMember_148      45
                         ZipFileMember_181      20
                         Archive_208            45
                         ZipFileMember_243      45
                         ZipFileMember_276      45
                         Archive_303           813
                         ZipFileMember_338      45
```

```
                        ZipFileMember_371        45
                                                ...
fileAttributeFormat     Archive_208             NaN
                        ZipFileMember_243         3
                        ZipFileMember_276         3
                        Archive_303             NaN
                        ZipFileMember_338         3
                        ZipFileMember_371         3
                        Archive_398             NaN
                        ZipFileMember_433         3
                        ZipFileMember_466         3
                        Archive_493             NaN
                        ZipFileMember_528         3
                        ZipFileMember_561         3
Length: 720, dtype: object
```

문자 인코딩

텍스트 형식의 문자 인코딩 문제는 이 책에서 다루는 데이터 문제와 다소 상충된다. 그러나 텍스트 파일의 내용을 읽는 것은 그 안의 데이터를 처리하는 데 필수적인 단계이므로 가능하면 문제를 살펴봐야 한다. 발생하는 문제는 '레거시 인코딩' 문제지만 유니코드로 표준화된 텍스트 형식으로 해결해야 한다. 즉, 유니코드보다 앞선 수십 년된 파일이나 조직 및 소프트웨어(예, 운영체제)가 텍스트 형식을 유니코드로 완전히 표준화하기 전에 생성된 파일을 처리해야 하는 경우는 드물지 않다. 발생하는 문제와 이를 해결하기 위한 휴리스틱 도구를 모두 살펴보자.

정보 교환을 위한 ASCII[American Standard Code for Information Interchange]는 텍스트 데이터 인코딩을 위한 표준으로 1960년대에 만들어졌다. 그러나 당시 미국에서는 영어 텍스트에 사용된 문자만 인코딩하는 것을 고려했다. 여기에는 대문자, 소문자, 일부 기본 구두점, 숫자, 기타 특수 문자나 제어 문자(예, 줄 바꿈 및 터미널 벨)가 포함됐다. 이 기호

모음을 수용하는 데 128개의 위치로 충분했기 때문에 ASCII 표준은 상위 비트 high-order bit가 0인 8비트 바이트의 값만 정의한다. 상위 비트가 1로 설정된 모든 바이트는 ASCII 문자가 아니다.

ASCII 표준을 '호환 가능한' 방식으로 확장하는 것은 ISO-8859 문자 인코딩이다. 이들은 주로 유럽에서 유래한 (대략) 음소 알파벳의 문자를 다루고자 개발됐다. 많은 알파벳 언어는 로마자를 기반으로 하지만 영어에서 사용되지 않는 다양한 분음 부호 diacritics를 추가한다.

다른 알파벳은 적당한 크기지만 키릴 문자, 그리스어, 히브리어와 같은 문자 형식에서는 영어와 관련이 없다. ISO-8859 계열을 구성하는 모든 인코딩은 ASCII의 하위 값을 유지하지만 각 바이트의 상위 비트를 사용해 추가 문자를 인코딩한다. 문제는 128개의 추가 값(총 256개의 값이 있는 바이트)이 이러한 모든 추가 문자를 수용할 만큼 충분히 크지 않기 때문에 특정 계열 구성원(예, 아랍어의 경우 ISO-8859-6)은 호환되지 않는 방식으로 상위 비트 값을 사용한다. 이렇게 하면 영어 텍스트가 이 계열의 모든 인코딩으로 표현될 수 있지만 각 시블링 sibling은 서로 호환되지 않는다.

CJK 언어(중국어-일본어-한국어)의 경우 필요한 문자수가 256개보다 훨씬 많으므로 단일 바이트 인코딩은 이러한 언어를 나타내는 데 적합하지 않다. 이러한 언어로 작성된 대부분의 인코딩은 각 문자에 대해 2바이트를 사용하지만 일부는 가변 길이다. 그러나 서로 다른 언어뿐만 아니라 특정 언어 내에서도 호환되지 않는 인코딩이 많이 생성됐다. 예를 들어 EUC-JP, SHIFT_JIS, ISO-2022-JP는 모두 상호 호환되지 않는 방식으로 일본어 텍스트를 나타내는 데 사용되는 인코딩이다. Devanagari, Telugu 또는 Ge`ez와 같은 아부기다 Abugida 쓰기 시스템은 음절을 나타내므로 알파벳 시스템보다 더 큰 문자 집합을 갖는다. 그러나 대부분은 대소문자를 사용하지 않으므로 필요한 코드 포인트를 대략 절반으로 줄인다.

역사적 혼란을 더해 ISO-8859 계열 이외의 다른 인코딩이 알파벳 언어(ISO-8859 구성원이 다루는 일부 포함)에 대해 존재했을 뿐만 아니라, 1980년대에 마이크로소프트는 개방형 표준을 없애고자 '포용-확장-소멸' 전략을 열렬히 추구했다. 특히 windows-12NN 문자 인코딩은 의도적으로 해당 ISO-8859 인코딩과 '거의 그러나 완전하지는 않게' 동일하다. 예를 들어 windows-1252는 ISO-8859-1과 동일한 코드 포인트 대부분을 사용하지만 완전히 호환되지 않을 정도로 충분히 다르다.

잘못된 인코딩을 사용해 바이트 시퀀스를 디코딩하는 과정에서 가끔 재미있지만 대개는 실망스러움을 주는 결과를 모지바케[Mojibake](일본어로, '문자 변환' 또는 전체적으로 '손상된 텍스트'를 의미)라고 한다. 쓰기와 읽기에 사용되는 인코딩 쌍에 따라 텍스트가 실제 텍스트와 겉보기에 비슷하거나 잘못 배치돼 사용할 수 없는 문자나 구두점 기호에 대한 마커가 표시될 수 있다.

유니코드는 모든 인간 언어의 모든 문자에 대한 코드 포인트 규격이다. 이는 여러 가지 방법으로 바이트로 인코딩될 수 있다. 그러나 기본적이고 널리 사용되는 UTF-8 이외의 형식이 사용되는 경우 파일은 항상 시작 부분에 '매직 넘버'를 가지며, 처음 몇 바이트는 인코딩의 바이트 길이와 엔디언[Endianness]을 명확하게 인코딩한다. UTF-8 파일은 바이트 순서 표시[BOM, Byte-Order Mark]를 사용하도록 요구되거나 권장되지 않지만 코드 포인트와 모호하지 않은 파일이 존재한다. UTF-8 자체는 가변 길이 인코딩이다. 모든 ASCII 문자는 단일 바이트로 인코딩된 상태로 유지되지만 다른 문자의 경우 상위 비트를 사용하는 특수 값은 어떤 유니코드 문자가 인코딩되는지 결정하고자 추가 바이트를 읽어야 한다. 데이터 과학자에게는 모든 최신 프로그래밍 언어와 도구가 유니코드 파일을 원활하게 처리한다는 사실을 아는 것으로 충분하다.

다음 몇 개의 짧은 텍스트는 다양한 언어로 작성된 문자 인코딩에 대한 위키피디아 기사의 일부다.

```
for fname in glob('data/character-encoding-*.txt'):
    bname = os.path.basename(fname)
    try:
```

```
    open(fname).read()
    print("Read 'successfully':", bname, "\n")
  except Exception as err:
    print("Error in", bname)
    print(err, "\n")
```

```
Error in character-encoding-nb.txt
'utf-8' codec can't decode byte 0xc4 in position 171: invalid
continuation byte

Error in character-encoding-el.txt
'utf-8' codec can't decode byte 0xcc in position 0: invalid
continuation byte

Error in character-encoding-ru.txt
'utf-8' codec can't decode byte 0xbd in position 0: invalid start byte

Error in character-encoding-zh.txt
'utf-8' codec can't decode byte 0xd7 in position 0: invalid
continuation byte
```

이 파일의 텍스트를 읽으려고 하면 문제가 발생한다. 사용된 인코딩을 알 정도로 운이 좋다면 문제를 쉽게 해결할 수 있다. 그러나 파일 자체에는 인코딩을 기록하지 않는다. 또한 디스플레이에 사용하는 글꼴에 따라 일부 문자가 화면에 상자나 물음표로 표시돼 문제를 식별하기가 더 어려워질 수 있다.

```
zh_file = 'data/character-encoding-zh.txt'
print(open(zh_file, encoding='GB18030').read())
```

```
字符编码（英語：Character encoding）、字集碼是把字符集中的字符编码为指
定集合中某一对象（例如：比特模式、自然数序列、8位元组或者电脉冲），以便文
本在计算机中存储和通过通信网络的传递。常见的例子包括将拉丁字母表编码成摩斯
电码和ASCII。
```

파일명에서 인코딩이 중국어 텍스트를 나타낸다는 힌트를 얻더라도 시도할 때 잘못된 인코딩을 사용하면 실패하거나 결과적으로 모지바케가 발생한다.

```
try:
  # 잘못된 중국어 인코딩
  open(zh_file, encoding='GB2312').read()
except Exception as err:
  print("Error in", os.path.basename(zh_file))
  print(err)
```

```
Error in character-encoding-zh.txt
'gb2312' codec can't decode byte 0xd5 in position 12: illegal multibyte
sequence
```

오류가 즉시 표시되지 않았다. 11바이트만 읽었다면 '유효'했을 것이다(그러나 잘못된 문자). 마찬가지로 위의 character-encoding-nb.txt 파일은 문제없이 170바이트 전체가 성공했을 것이다. 잘못된 추측은 역시 틀린 결과가 나오는 경우를 이 파일에서 볼 수 있다. 예를 들면 다음과 같다.

```
ru_file = 'data/character-encoding-ru.txt'
print(open(ru_file, encoding='iso-8859-10').read())
```

```
—ÐŅÞã áØÜŌÞÛÞŌ (ÐÝÓÛ. character set) - âÐŅÛØæÐ,
ŨÐÔÐîéÐï ÚÞÔØāÞŌÚã ÚÞÝÕįÝÞÓÞ ÜÝÞÖÕáâŌÐ áØÜŌÞÛÞŌ ÐÛäÐŌØâÐ
(ÞŅëįÝÞ íÛÕÜÕÝâÞŌ âÕÚáâÐ: ŅãÚŌ, æØäā, ŨÝÐÚÞŌ ßãÕßØÝÐÝØï).
ÂÐÚÐï âÐŅÛØæÐ áÞßÞáâÐŌÛïÕâ ÚÐÖÔÞÜã áØÜŌÞÛã ßÞáÛÕÔÞŌÐâÕÛėÝÞáâė
ÔÛØÝÞŲ Ō ÞÔØÝ ØÛØ ÝÕáÚÞÛėÚÞ áØÜŌÞÛÞŌ ÔāãÓÞÓÞ ÐÛäÐŌØâÐ
(âÞįÕÚ Ø âØāÕ Ō ÚÞÔÕ MÞāŨÕ, áØÓÝÐÛėÝëå äÛÐÓÞŌ ÝÐ äÛÞâÕ,
ÝãÛÕŲ Ø ÕÔØÝØæ (ŅØâÞŌ) Ō ÚÞÜßėîâÕāÕ).
```

여기서는 무언가를 읽었지만 문제가 되는 언어를 반드시 알지 못하더라도 꽤 분명히 횡설수설한다. 영어를 읽는 사람으로, 이러한 대부분의 분음 부호diacritic forms가 파생된 기본 문자를 적어도 인식할 수 있다. 모음과 자음이 대략적으로 번갈아 가거나 의미 있는 대문자 사용 패턴과 같이 실제적인 발음 규칙을 따르지 않는 방식으로 뒤섞여 있다. 여기에 간단한 영어 구문 '문자 세트'가 포함돼 있다.

이 특별한 경우 텍스트가 ISO-8859 계열이지만 그중에서 잘못된 시블링을 선택했다. 이는 모지바케의 한 종류를 제공한다. 파일명에서 알 수 있듯이 러시아어로 이뤄지며 ISO-8859 계열의 키릴 멤버를 사용한다. 키릴 문자를 모를 수 있지만 우연히 간판이나 텍스트를 본 적이 있다면 이 텍스트는 분명히 틀린 것처럼 보이지 않을 것이다.

```
print(open(ru_file, encoding='iso-8859-5').read())
```

```
Набор символов (англ. character set) - таблица,
задающая кодировку конечного множества символов алфавита
(обычно элементов текста: букв, цифр, знаков препинания).
Такая таблица сопоставляет каждому символу последовательность
длиной в один или несколько символов другого алфавита
(точек и тире в коде Морзе, сигнальных флагов на флоте,
нулей и единиц (битов) в компьютере).
```

마찬가지로 그리스어로 써진 글을 봤다면 이 버전은 틀려 보이지 않을 것이다.

```
el_file = 'data/character-encoding-el.txt'
print(open(el_file, encoding='iso-8859-7').read())
```

```
Μια κωδικοποίηση χαρακτήρων αποτελείται από έναν κώδικα που
συσχετίζει ένα σύνολο χαρακτήρων όπως πχ οι χαρακτήρες που
χρησιμοποιούμε σε ένα αλφάβητο με ένα διαφορετικό σύνολο
πχ αριθμών, ή ηλεκτρικών σημάτων, προκειμένου να
διευκολυνθεί η αποθήκευση, διαχείριση κειμένου σε
υπολογιστικά συστήματα καθώς και η μεταφορά κειμένου μέσω
τηλεπικοινωνιακών δικτύων.
```

익숙하지 않은 언어지만 분명히 틀리지 않다는 것을 충족하기에는 다소 약한 기준이다. 가능하다면 해당 언어의 원어민이나 최소한 어느 정도 능숙한 리더는 도움이 될 것이다. 하지만 불가능하다면 많은 인코딩으로 많은 파일을 처리하고 있는 경우는 아닐 것이다. 그렇다면 자동화된 도구를 사용해 합리적인 휴리스틱 추정을 할 수 있다. 인코딩이 많은 파일을 처리하는 경우에는 그렇지 않은 경우가 많다. 이것은 정확성을 보장하지는 않지만 암시적이다.

파이썬 chardet 모듈이 동작하는 방식은 모든 최신 웹 브라우저의 코드와 유사하다. HTML 페이지는 헤더에 인코딩을 선언할 수 있지만 여러 가지 이유로 인해 이 선언은 잘못된 경우가 많다. 브라우저는 데이터가 선언된 인코딩과 명확하게 일치하지 않을 때 더 나은 추정을 시도한다. 이러한 감지의 일반적인 아이디어는 세 가지다. 감지기는 여러 후보 인코딩을 스캔해 최상의 추정에 도달한다.

- 후보 인코딩에서 단순히 유효하지 않은 바이트 값이나 시퀀스가 있는가?
- 후보 인코딩에서 문자 빈도가 해당 인코딩을 사용해 인코딩된 언어에서 일반적으로 발생하는 것과 유사한가?
- 후보 인코딩에서 이중 글자[digraph] 빈도가 일반적으로 발생하는 빈도와 비슷한가?

확률 순위의 정확한 세부 사항을 걱정할 필요가 없으며 사용할 API만 고려한다. 동일한 알고리듬의 구현은 다양한 프로그래밍 언어로 이용할 수 있다. chardet가 일부 텍스트 파일에 대해 추론한 내용을 살펴보자.

```
import chardet

for fname in glob('data/character-encoding-*.txt'):
    # 바이너리 모드에서 파일 읽기
    bname = os.path.basename(fname)
    raw = open(fname, 'rb').read()
    print(f"{bname} (best guess):")
    guess = chardet.detect(raw)
```

```
    print(f" encoding: {guess['encoding']}")
    print(f" confidence: {guess['confidence']}")
    print(f" language: {guess['language']}")
    print()
```

```
character-encoding-nb.txt (best guess):
      encoding: ISO-8859-9
    confidence: 0.6275904603111617
      language: Turkish

character-encoding-el.txt (best guess):
      encoding: ISO-8859-7
    confidence: 0.9900553828371981
      language: Greek

character-encoding-ru.txt (best guess):
      encoding: ISO-8859-5
    confidence: 0.9621526092949461
      language: Russian

character-encoding-zh.txt (best guess):
      encoding: GB2312
    confidence: 0.99
      language: Chinese
```

이러한 추정은 부분적으로만 정확하다. 언어 코드 nb는 실제로 터키어가 아닌 노르웨이 보크몰어Bokmål다. 이 추정은 다른 것보다 확률이 현저히 낮다. 또한 실제로 ISO-8859-10을 사용해 인코딩됐다. 그러나 이 특정 텍스트에서 모든 문자는 ISO-8859-9와 ISO-8859-10 간에 동일하므로 그러한 측면이 실제로 잘못되지는 않는다. 더 큰 텍스트는 다이그램digram 빈도로 보크몰어와 터키어를 더 확실하게 추정할 수 있다. 데이터 과학자로서 우리의 관심은 데이터를 올바르게 얻는 것이기 때문에 대부분의 목적에 맞으면 큰 차이가 없다.

```
print(open('data/character-encoding-nb.txt',
           encoding='iso-8859-9').read())
```

```
Tegnsett eller tegnkoding er det som i datamaskiner
definerer hvilket lesbart symbol som representeres av et gitt
heltall. Foruten Unicode finnes de nordiske bokstavene ÄÅÆÖØ
og äåæöø (i den rekkefølgen) i følgende tegnsett: ISO-8859-1,
ISO-8859-4, ISO-8859-9, ISO-8859-10, ISO-8859-14, ISO-8859-15
og ISO-8859-16.
```

zh 텍스트에 대한 추정도 틀렸다. 우리는 이미 해당 파일을 GB2312로 읽으려고 시도했지만 명백히 실패했다. 여기서 도메인 지식이 관련된다. GB18030은 엄격히 GB2312의 슈퍼세트다. 원칙적으로 파이썬 chardet 모듈은 GB18030을 인식하므로 문제는 그 자체로 누락된 기능이 아니다. 그럼에도 이 경우 불행히도 chardet은 하나 이상의 인코딩된 문자가 서브세트 인코딩에 존재하지 않는 불가능한 인코딩을 추정한다.

인코딩 추론의 오류는 이러한 특정 경우에 너무 심각하지는 않더라도 예시적이다. 2~3 문장보다 더 많은 텍스트를 추가하면 추정이 더 신뢰할 수 있으며 대부분의 텍스트 문서는 훨씬 길어질 것이다. 그러나 비텍스트 데이터에 대한 텍스트 형식은 일반적으로 짧은 텍스트 조각만 갖고 있으며, 종종 카테고리 기능의 단일 단어만 갖고 있다.

특정 문자열 'blue', 'mavi', 'blå', 'blau', 'sininen'은 모두 영어, 터키어, 노르웨이어, 독일어, 핀란드어로 그럴듯한 단어다. a-ring 문자는 터키어나 영어로 나오지 않지만 그 외에는 문자나 이중 글자 타당성이 아닌 어휘로만 구분된다.

예를 들어 개인 이름이 있는 CSV 파일에는 전체 단락이 아닌 각 이름에 대해 5~10자의 클러스터만 있다. 글자와 이중 글자의 수는 적고 드문 경우가 분리돼 발생하더라도 결정적이지 않다. 문제에 대한 도메인 지식이나 지침이 있다면 더 많은 사용자 정의 코드를 작성해 언어별 단어 목록(공통 이름 포함)에 대한 후보 인코딩의 유효성을 검사할 수 있다. 거기에서도 맞춤법 오류와 희귀 단어에 대해 일정 비율의 불일치를 허용해야 한다.

연습

여기에 두 가지 연습이 있다. 그중 하나는 사용자 정의 바이너리 형식을 다루고 다른 하나는 웹 스크래핑을 다룬다. 3장의 모든 주제가 연습에서 다뤄지는 것은 아니지만 이 두 가지는 실용적인 데이터 과학에 중요한 영역이다.

NPY 파서 향상

NPY에서 읽은 바이너리 데이터는 선택할 수 있는 가장 단순한 형식이었다. 이 연습에서는 자신의 코드를 사용해 다소 복잡한 바이너리 파일을 처리하려 한다. 파일을 넘파이 배열로 읽는 사용자 정의 함수를 작성하고 `numpy.save()`나 `numpy.savez()`를 사용해 직렬화된 여러 배열에 대해 테스트한다.

함수의 테스트 케이스는 다음 URL에 있다.

https://www.gnosis.cx/cleaning/students.npy

https://www.gnosis.cx/cleaning/students.npz

NPZ 형식을 살펴보지는 않았지만 하나 이상의 NPY 파일을 가진 zip 아카이브이므로 여러 배열의 압축과 저장을 모두 허용한다. 이상적으로는 함수가 두 형식을 모두 처리하고, 처음 몇 바이트의 매직 문자열을 기반으로 읽고 있는 파일 타입을 결정한다. 첫 번째 패스로 NPY 버전을 파싱한 다음 향상시켜보자.

공식 리더를 사용하면 이 배열이 이전 예제에 없는 것을 추가한다는 것을 알 수 있다. 구체적으로는 다음 출력과 같이 여러 데이터 타입을 배열의 각 값에 결합한 recarray를 저장한다. 이 장의 앞부분에서 설명한 규칙은 실제로 충분하지만 신중하게 생각해야 한다.

리더에서 일치시키려는 데이터는 공식 리더를 사용하는 것과 정확히 같을 것이다.

```
students = np.load(open('data/students.npy', 'rb'))
print(students)
print("\nDtype:", students.dtype)
```

```
[[('Mia', 12, 1.3) ('Liam', 13, 0.6) ('Isab?lla', 11, 2.1)]
 [('Mason', 12, 1.6) ('Olivia', 11, 2.3) ('Sophia', 12, 0.7)]]

Dtype: [('first', '<U8'), ('age', '<i2'), ('distance', '>f4')]
```

NPZ 형식을 처리하는 부분으로 넘어가면 공식 리더와 다시 비교할 수 있다. 언급했듯이 안에 몇 개의 배열이 있을 수 있지만 이 예제에는 오직 한 개만 저장된다.

```
arrs = np.load(open('data/students.npz', 'rb'))
print(arrs)
arrs.files
```

```
<numpy.lib.npyio.NpzFile object at 0x7f5e12d8d070>
['arr_0']
```

NPZ 파일에서 arr_0의 내용은 NPY의 단일 배열과 동일하다. 그러나 이 NPZ 파일을 성공적으로 파싱한 후에는 실제로 여러 배열을 저장하는 하나 이상의 다른 파일을 만들고 사용자 정의 코드를 사용해 파싱해본다. 하나 또는 여러 배열을 반환하는 함수에 사용할 최상의 API를 결정한다. 이 부분에서는 파이썬 표준 라이브러리 모듈 zipfile이 매우 유용할 것이다.

이 연습을 Python으로 수행해야 할 이유는 없다. 다른 프로그래밍 언어는 바이너리 데이터를 완벽하게 읽을 수 있으며, 관련된 일반적인 단계는 이 장의 '바이너리 직렬화된 데이터 구조' 절에서 수행되는 단계와 매우 유사하다. 예를 들어 NPY 파일의 데이터를 R 배열로 읽을 수 있다.

웹 트래픽 스크래핑

필자의 웹 도메인인 gnosis.cx는 20년 이상 운영돼왔으며, 처음 저술한 'Web 0.5' 기술과 시각적 스타일의 대부분을 유지한다. 대부분의 다른 웹 호스트와 마찬가지로 웹 호스트가 제공하는 한 가지는 사이트의 트래픽에 대한 보고서다(도메인 자체의 스타일과 거의 같은 오래된 스타일 사용).

다음에서 최신 보고서를 찾을 수 있다.

https://www.gnosis.cx/stats/

이 문서를 작성할 당시 현재 보고서의 스냅샷도 다음 위치에 복사했다.

https://www.gnosis.cx/cleaning/stats/

작성할 당시의 보고서 페이지 이미지는 다음과 같다.

Report Navigation

- Executive Summary
- General Overview
- Yearly Report
- Quarterly Report
- Monthly Report
- Weekly Report
- Daily Report
- Daily Summary
- Hourly Report
- Hourly Summary
- Quarter-Hour Report
- Quarter-Hour Summary
- Five-Minute Report
- Five-Minute Summary
- Domain Report
- Organization Report
- Directory Report
- Request Report
- File Type Report
- File Size Report
- Status Code Report
- Failure Report
- Redirection Report

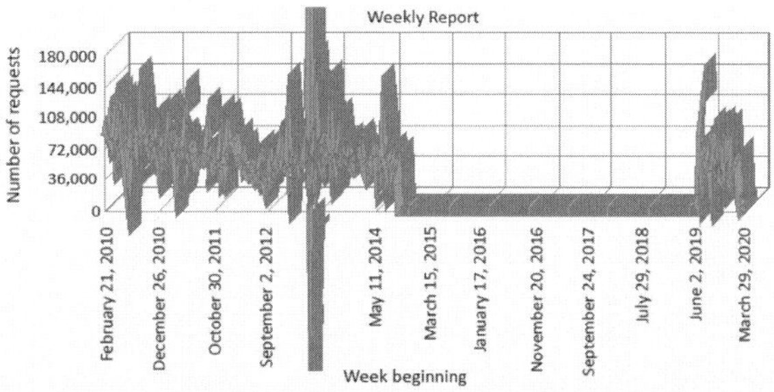

Weekly Report

Number of requests: 180,000 144,000 108,000 72,000 36,000 0

February 21, 2010 December 26, 2010 October 30, 2011 September 2, 2012 May 11, 2014 March 15, 2015 January 17, 2016 November 20, 2016 September 24, 2017 July 29, 2018 June 2, 2019 March 29, 2020

Week beginning

Week beginning		Number of requests	Percentage of the requests
1.	March 29, 2020	5,932	0.04%
2.	March 22, 2020	5,764	0.03%
3.	March 15, 2020	6,723	0.04%
4.	March 8, 2020	7,912	0.05%
5.	March 1, 2020	5,842	0.03%
6.	February 23, 2020	11,223	0.07%
7.	February 16, 2020	59,701	0.35%
8.	February 9, 2020	58,200	0.34%
9.	February 2, 2020	44,511	0.26%
10.	January 26, 2020	39,916	0.23%
11.	January 19, 2020	36,728	0.21%
12.	January 12, 2020	38,820	0.23%
13.	January 5, 2020	35,549	0.21%
14.	December 29, 2019	31,319	0.18%
15.	December 22, 2019	31,822	0.19%

그림 3.10: gnosis.cx에 대한 트래픽 보고서

여기 표시된 주간 테이블은 2010년 2월로 돌아가서 상당히 길다. 실제 사이트는 그보다 10년 더 됐지만 서버와 로깅 데이터베이스가 수정돼 오래된 데이터가 손실됐다. 트래픽이 0으로 표시되는 중간에 거의 5년이라는 다소 큰 결함이 있다. 스냅샷까지 6주 동안 트래픽이 상당히 감소한 것은 DNS 및 SSL용 CDN 프록시 사용에 대한 변경을 반영한 것으로, 실제 웹 호스트의 트래픽이 숨겨진 것이다.

이 연습의 목표는 다양한 시간 증가 및 반복 기간(요일, 월 등)으로 분할된 트래픽을 나열하는 다양한 테이블에서 사용할 수 있는 데이터를 동적으로 스크래핑하는 도구를 작성하는 것이다. 이 연습의 일환으로 스크립트가 그림에 표시된 것보다 덜 끔찍한 그래프를 생성하게 해보자(선 그래프에서 의미 없는 잘못된 관점은 좋은 감성을 저해하며, 2013년 초에 트래픽에 대한 부정적인 급증은 설명할 수 없음).

이러한 보고서와 유사한 웹 사이트를 스크래핑하는 것은 일반적이다. 규칙적이고 드물게 구조가 변경되지만 매일 업데이트되는 콘텐츠의 패턴은 종종 데이터 수집 요구 사항을 반영한다. 이 연습에서 작성하는 것과 같은 스크립트는 크론잡cronjob이나 유사한 메커니즘에서 실행돼 이러한 롤링 보고서의 로컬 복사본과 수정본을 유지할 수 있다.

대단원

> 그들은 핵사곤을 침공했고 항상 거짓이 아닌 자격증명을 보여줬고, 불쾌한 마음으로 책장을 넘기고 책장 전체를 비난했다. 그들의 위생적이고 금욕적인 분노로 인해 수백만 권의 책이 무분별하게 파멸됐다.
>
> – 호르헤 루이스 보르헤스Jorge Luis Borges(The Library of Babel)

3장에서 다룬 주제: 웹 스크래핑, PDFPortable Document Format, 이미지 형식, 바이너리 형식, 사용자 정의 텍스트 형식

3장에서 처음에는 데이터 자체로 생각할 수 없는 데이터 소스를 고려했다. 웹 페이지와 PDF 문서 내에서 일반적으로 분석할 수 있는 데이터만 포함된, 사람이 읽을 수 있는 콘텐츠를 2차 관심사로 제공하는 것이 목적이다. 이상적인 상황에서는 덜 구조화된 문서를 생성한 사람이 동일한 데이터의 구조화된 버전도 제공할 것이다. 그러나 이상적인 상황은 가끔만 실현된다. 멋지게 작성된 몇 가지 무료 소프트웨어 라이브러리를 사용하면 이러한 소스에서 의미 있는 데이터를 추출하는 합리적 작업

을 수행할 수 있지만 항상 특정 문서나 적어도 특정 문서의 계열이나 개정 문서에서나 작업할 수 있는 어느 정도 특별한 방식이다.

이미지는 머신러닝에서 매우 일반적인 관심사다. 예를 들어 이미지에 묘사된 콘텐츠에 대한 다양한 결론이나 특성을 도출하는 것은 심층 신경망의 핵심 애플리케이션이다. 이러한 실제 머신러닝 기술은 이 책의 범위를 벗어나지만 이 장에서는 이미지의 배열/텐서 표현을 획득하고, 이후의 머신러닝 모델에서 도움이 될 몇 가지 기본적인 수정이나 정규화를 수행하기 위한 기본 API를 소개했다.

데이터를 기록하고 통신하는 수단으로 직접 의도됐지만 널리 사용되지 않는 형식도 있으며, 이를 직접 읽는 도구가 제공되지 않을 수도 있다. 바이너리 및 텍스트 형식의 사용자 정의 형식 모두에 대해 제시하는 구체적인 예는 라이브러리 지원이 존재하는 것들이지만(이 장에서 살펴본 텍스트 형식의 경우는 적다) 제시된 사용자 정의 수집 도구를 만드는 일반적인 종류의 추론과 접근 방식은 구식이고, 사내에서 또는 특이한 형식을 만날 때 사용해야 하는 것과 유사하다.

앞 장에서는 작업해야 하는 데이터 형식에 특히 주의를 기울였다. 다음 두 장에서는 데이터 요소의 표현뿐만 아니라 그 자체의 특징적인 문제를 살펴본다. 먼저 데이터의 이상 징후를 찾는 것부터 시작한다.

2부

오류의 변천

04

이상 징후 감지

> 지도는 영토가 아니며 데이터는 관찰된 세계가 아니다. 데이터는 지저분하고 일관성이 없으며 신뢰할 수 없다. 세상은 더 지저분하고 일관성이 떨어지며 신뢰성이 떨어진다.
>
> – 알프레드 코르집스키Alfred Korzybski

이상 징후 감지를 생각할 때 이름에 걸 맞는 두 가지 뚜렷하고 독립적인 개념이 있다. 4장의 주제는 두 가지 중에서 덜 흥미로울 것이다. 보안 및 암호 연구자들은 무엇보다도 사기, 위조, 시스템 침입 시도를 나타낼 수 있는 이상 징후를 찾는다. 가해자의 의도에 따라 정상적인 데이터 패턴에서 이러한 아웃라이어outliers는 미묘하며 감지하기 어렵고, 데이터를 위조하려는 사람과 위조를 감지하려는 사람 사이에 충돌이 존재한다.

이 책에서 관심을 갖는 개념은 좀 더 평범한 것이다. 수집, 대조, 전송, 전사의 일반적인 과정에서 데이터가 손상되는 경우를 감지하고자 한다. 도구는 일부 또는 모든 시간 동안 잘못된 판독을 제공할 수 있을 것이다. 일부 값은 다른 데이터 형식으로 다시 코딩하는 과정에서 체계적으로 변경될 수 있다. 데이터의 서브세트에 잘못된 측정 단위가 사용됐을 수 있다. 우연히 이러한 광범위한 검사는 때때로 실제 악의를 반영하는 변경 사항을 식별할 수 있지만 더 자주 단순히 오류와 편향(편향이 여전히 그럴듯한 값에 대한 것이기 때문에 덜 자주)을 감지한다.

이상 징후 감지는 특히 5장과 밀접한 관련이 있으며 종종 6장과도 밀접한 관련이 있다. 4장과 데이터 품질에 대한 5장 사이의 느슨한 대조는 이상 징후가 잘못된 것으로 진단될 수 있는 개별 데이터 값인 반면, 데이터 품질은 문제를 제시하거나 식별할 수 있는 데이터 세트 전체의 패턴을 좀 더 광범위하게 살펴본다는 것이다.

이상 징후가 감지되면 해당 관측치를 모두 버리는 것보다 가능성이 더 높은 값으로 보정하는 것이 합리적이다. 이 책의 구조와 관련해 4장의 교훈은 이상 징후를 식별하고 '결측^missing^'으로 표시할 수 있게 해주고, 6장에서는 이러한 결측에 더 나은 값을 입력하게 할 것이다(보정은 단순히 잘못된 데이터 포인트를 가능성이 있거나 적어도 그럴듯한 값으로 대체하는 것이다).

이렇게 연결된 4, 5, 6장은 더 넓은 단위를 구성하며 파이프라인이나 일련의 단계를 대략적으로 설명한다. 즉, 불가피하게 결함이 있는 데이터가 주어지면 먼저 이상 징후를 찾아 결측으로 표시할 수 있다. 그다음으로 데이터 세트의 좀 더 체계적인 속성을 찾고 다양한 방법으로 수정할 수 있다. 마지막으로 이 장에서 감지하는 데 도움이 되는 속성 때문에 처음부터 결측됐거나 그렇게 표시된 데이터를 보정(또는 삭제)할 수 있다. 이 시퀀스의 마지막 단계를 지나는 단계는 수행하는 실제 모델링 또는 분석이며 수많은 우수한 책의 주제지만 이 책의 주제는 아니다.

NOTE

클린 코드(clean code)

이 단계에 대한 언급은 여기저기서 발생하는 경고를 반복할 수 있는 좋은 기회다. 데이터 처리 파이프라인의 단계는 신중하고 재현 가능하게 코딩되고 문서화돼야 한다. 이 책에서처럼 탐색적인 방식으로 데이터 세트를 변경하는 것은 종종 쉽고 유혹적이지만 그 과정에서 정확히 어떤 조치를 취했는지에 대한 좋은 기록을 잃게 된다. 탐색은 데이터 과학의 필수적인 부분이지만 그 과정에서 재현성을 잃어서는 안 된다. 좋은 방법은 원래 데이터 형식이 무엇이든 원래 데이터 세트를 유지하고 노트북이나 대화형 셸이 아닌 스크립트(버전 제어로 유지 관리)를 통해 최종 버전을 생성하는 것이다. 다른 사람이 원시 원본 데이터 세트에서 머신러닝 모델이나 기타 분석 도구에 제공된 버전으로 반복 이동할 수 있게 항상 주의를 기울여야 한다. 어떤 도구나 기능이 어떤 변화를 일으켰는지 감사 추적을 유지하는 것은 청결한 실천이다.

이 장을 살펴보기 전에 표준 설정 코드를 실행해보자.

```
from src.setup import *
%load_ext rpy2.ipython
```

```
%%R
library(tidyverse)
require("RPostgreSQL")
```

결측 데이터

그레고리: 내 관심을 끌만한 다른 점이 있어?

홈즈: 밤에 개에게 일어난 기이한 사건에 대해서

그레고리: 밤에 개는 아무 짓도 하지 않았어.

홈즈: 그것이 기이한 사건이었어.

– 아서 코난 도일Arthur Conan Doyle

개념:

- 센티넬sentinels vs. 명시적 부재explicit absence

- NULL, NaN, N/A의 의미
- SQL의 Nullable 열
- 계층 구조의 부재
- 센티넬의 함정

일부 데이터 형식은 결측 데이터를 명시적으로 지원하는 반면, 다른 형식은 특정 유형의 센티넬 값sentinel value이라고 하는 특수 값을 사용해 결측을 나타낸다. 테이블 형식이 아닌 형식은 데이터가 발생할 수 있는 위치에 값을 포함하지 않음으로써 결측 데이터를 나타낼 수 있다. 그러나 센티넬 값은 때때로 모호하다.

특히 많은 데이터 형식과 대부분의 데이터 프레임 라이브러리에서 결측 숫자 값은 특수 IEEE-754 부동소수점 값 NaNNot-a-Number으로 표시된다. 여기서 문제는 NaN이 설계와 의도에 따라 분명히 합리적인 계산 시도의 결과로 발생할 수 있다는 것이다. 이처럼 표현할 수 없는 값은 실제로 사용할 수 없지만, 이는 애초에 수집되지 않은 데이터와 잠재적으로 의미상 다르다. 잠시 쉬어가는 의미로 NaN이 '일반적인' 연산에서 발생하게 유도하는 방법을 살펴보자(인위적인 연산이지만).

```
for n in range(7, 10):
  exp1 = 2**n
  a = (22/7) ** exp1
  b = π ** exp1
  # 두 가지 '동등한' 방법으로 답변 계산
  res1 = (a * a) / (b * b)
  res2 = (a / b) * (a / b)
  print(f"n={n}:\n "
        f"method1: {res1:.3f}\n "
        f"method2: {res2:.3f}")
```

```
n=7:
```

```
    method1: 1.109
    method2: 1.109
  n=8:
    method1: 1.229
    method2: 1.229
  n=9:
    method1: nan
    method2: 1.510
```

결측된 부동소수점 `float`은 NaN으로 표시되는 함정pitfall과 병행해서 표시되고 결측된 문자열은 거의 항상 문자열로 표시된다. 일반적으로 문자열 값이 결측된 경우 'N/A'또는 빈 문자열과 같이 하나 이상의 예약된 값이 사용된다. 그러나 센티넬은 미묘하게 다른 '해당 없음not applicable'과 '사용할 수 없음not available'을 명확하게 구분하지 않는다.

간단한 예로, '중간 이름'을 포함해 사람의 이름을 수집했을 수 있다. '중간 이름'에 대한 센티넬 값을 갖는 것은 중간 이름이 없는 조사 대상과 단순히 제공하지 않은 대상을 구분하지 않는다. 데이터 과학 목적을 위해 특정 중간 이름과 인구 통계학적 특징 간의 상관관계를 찾고 싶을 것이다. 예를 들어 미국에서 'Santiago'라는 중간 이름은 히스패닉계 가족 출신과 밀접한 관련이 있다. 그럼에도 중간 이름을 제공하지 않은 조사 대상은 중간 이름을 가질 수 있다. 원칙적으로 문자열 필드는 예를 들어 다른 센티넬을 포함할 수 있다. '중간 이름 없음'과 '응답 없음'이지만 데이터 세트는 이러한 구분에 거의 주의하지 않는다.

SQL

SQL 데이터베이스에서는 모든 열 타입에 대해 명시적 NULL을 사용할 수 있다. 특정 열이 '비어있는 상태가 가능한 형식nullable'인지 여부는 데이터베이스 관리자(또는 해당 기능 역할을 맡은 사람)에 의해 결정된다. 이를 통해 원칙적으로 숫자 필드에 대한 명시적 NaN과 결측값에 대한 NULL을 구분할 수 있다.

불행히도 많은 또는 대부분의 실제 데이터베이스 테이블은 이러한 사용 가능한 구별(즉, 특정하게 구성되고 채워진 테이블)을 활용하지 못한다. 실제로 SQL 데이터베이스 내에서도 빈 문자열, NaN, 실제 NULL 또는 기타 센티넬의 많은 조합을 볼 수 있다. 이는 널리 사용되는 RDBMS가 이러한 다른 값과 타입을 지원하지 못하기 때문이 아니다. 오히려 다양한 코드베이스를 사용해 데이터를 입력하는 다양한 클라이언트의 역사에서 최적이 아닌 선택이 이뤄졌기 때문이다.

다음 셀에서 코드를 실행하려면 RDBMS에 대한 액세스 권한을 얻어야 한다. 특히 내 로컬 시스템에서 실행되는 PostgreSQL 서버에는 `dirty`라는 데이터베이스가 있으며, 여기에는 `missing`이라는 테이블이 포함돼 있다. 다른 RDBMS를 사용하는 경우 드라이버의 이름이 달라지며 엔진은 연결 URL에서 다른 스키마를 사용한다. 특정 사용자, 암호, 호스트, 포트도 다르다. 또한 데이터베이스 서버는 종종 액세스 권한을 부여하고자 암호 이외의 인증 방법을 사용한다. 그러나 파이썬 DB-API(데이터베이스 API)는 매우 일관성이 있으며, 다른 RDBMS에 액세스할 때 동일한 방식으로 연결 객체 및 엔진을 사용하게 된다. 설명을 위해 setup.py에 포함된 PostgreSQL 구성 함수 `connect_local()`을 보여주면 다음과 같다.

```
# PostgreSQL 구성
def connect_local():
    user = 'cleaning'
    pwd = 'data'
    host = 'localhost'
    port = '5432'
    db = 'dirty'
    con = psycopg2.connect(database=db, host=host, user=user,password=pwd)
    engine = create_engine(f'postgresql://{user}:{pwd}@{host}:{port}/{db}')
    return con, engine
```

연결이 설정되면 파이썬에서 일부 데이터를 검사할 수 있다.

```
con, engine = connect_local()
cur = con.cursor()
# "missing"이라는 이름의 테이블 보기
cur.execute("SELECT * FROM missing")
for n, (a, b) in enumerate(cur):
    print(f"{n+1} | {str(a):>4s} | {b}")
```

```
1 | nan | Not number
2 | 1.23 | A number
3 | None | A null
4 | 3.45 | Santiago
5 | 6.78 |
6 | 9.01 | None
```

파이썬 객체로서 SQL NULL은 싱글톤 None으로 표시되며 이는 합리적인 선택이다. 이 친숙한 데이터 표현을 검토해보자.

- 1행에는 NaN(계산 불가능)과 행을 설명하는 문자열이 포함된다.
- 2행에는 일반 부동소수점 값과 이를 설명하는 문자열이 포함된다.
- 3행에는 SQL NULL(사용할 수 없음)과 문자열이 포함된다.
- 4행에는 일반 부동소수점 값과 일반 문자열이 포함된다.
- 5행에는 일반 부동소수점 값과 빈 문자열('해당 없음')이 포함된다.
- 6행에는 일반 부동소수점 값과 NULL('사용할 수 없음')이 포함된다.

실제 NULL과 NaN 같은 센티넬 값 사이의 구별을 실제로 지원하는 측면에서 라이브러리는 혼합 품질이다. 판다스는 np.nan, None, pd.NaT(시간이 아님) 대신 데이터 타입 전체에서 '결측' 지표로 사용되는 특별한 싱글톤 pd.NA를 도입해 버전 1.0으로 약간의 진전을 이뤘다. 그러나 이 글을 쓰는 시점에서 싱글톤은 표준 데이터 리더에서 사용되지 않으며, 데이터에 값을 입력하려면 특별한 노력이 필요하다. 이 글을 읽을 때쯤에는 이것이 개선됐기 바란다.

R의 Tidyverse는 R 자체에 **NA** 특수 값을 갖고 있기 때문에 더 잘 작동한다. 약간 혼란스럽지만 R에는 더 특수한 의사 값 **NULL**이 포함돼 있는데, 이는 단순히 결측된 것과는 반대로 무언가가 정의되지 않았음을 나타내는 데 사용된다. R의 **NULL**은 일부 표현식과 함수 호출의 결과일 수 있지만, 배열이나 데이터 프레임의 요소가 될 수 없다.

```
%%R
# 공지 NULL은 단순히 생성될 때 무시됨
tibble(val = c(NULL, NA, NaN, 0),
  str = c("this", "that", NA))
```

```
# A tibble: 3 x 2
        val    str
      <dbl>  <chr>
1        NA   this
2       NaN   that
3         0     NA
```

SQL이 **NULL**을 호출한다면 R은 **NA**를 호출한다. **NaN**은 '계산할 수 없음'을 나타내는 별도의 값으로 남아있다. 이를 통해 R은 SQL이나 비센티넬 방식으로 '결측'을 명시적으로 표시하는 다른 형식과 정확하고 모호하지 않게 인터페이스할 수 있다.

NOTE

NaN

실제로 IEEE-754 표준은 NaN으로 많은 수의 비트 패턴을 보유하고 있다. 그중 1,600만 개는 32비트 부동소수점용이며, 64비트 부동소수점용으로는 훨씬 더 많다. 또한 이러한 많은 NaN은

signaling NaN vs. quiet NaN을 위해 각각 넉넉한 수로 나뉜다. 개념적으로 표준이 개발됐을 때, 사용할 수 있는 수백만 개의 NaN('payload') 중 어떤 것을 선택해 정확히 어떤 종류의 작업이 NaN 발생으로 이어졌는지에 대한 정보를 기록할 수 있다. 즉, 데이터 과학에 사용되는 소프트웨어는 실제로 많은 NaN 사이의 구별을 활용하지 않는다. 그리고 배열과 숫자 계산에 사용되는 소프트웨어는 거의 없다. 실질적으로 NaN은 R의 NA, 파이썬의 None 또는 자바스크립트의 null과 같은 싱글톤에 해당된다.

이 R 코드는 파이썬 예제에서 사용된 것과 동일한 PostgreSQL 데이터베이스를 사용할 수 있다고 가정한다. 파이썬 코드와 마찬가지로 다른 RDBMS에는 다른 드라이버 이름이 필요하며 사용자, 암호, 호스트, 포트는 구성에 따라 달라진다.

```
%%R
drv <- dbDriver("PostgreSQL")
con <- dbConnect(drv, dbname = "dirty",
                 host = "localhost", port = 5432,
                 user = "cleaning", password = "data")
sql <- "SELECT * FROM missing"
data <- tibble(dbGetQuery(con, sql))
data
```

```
# A tibble: 6 x 2
          a    b
      <dbl>    <chr>
1    NaN       "Not number  "
2      1.23    "A number    "
3     NA       "A null      "
4      3.45    "Santiago    "
5      6.78    "            "
6      9.01     NA
```

이와는 대조적으로, 판다스 1.0은 덜 정확한 데이터 프레임을 생성한다. engine 객체는 위에서 connect_local() 함수로 구성되고 논의됐다.

```
pd.read_sql("SELECT * FROM missing", engine)
```

```
          A           b
0       NaN  Not number
1      1.23    A number
2       NaN      A null
3      3.45    Santiago
4      6.78
5      9.01        None
```

계층적 형식

데이터를 유연하게 중첩하는 JSON과 같은 형식에는 결측 데이터를 전혀 나타내지 않는 분명한 방법이 있다. 계층적 처리를 수행하는 경우 주어진 레벨에서 지정된 라이브러리 키가 있는지 여부를 확인해야 한다. JSON 사양 자체는 NaN 값을 다루지 않는다. 이는 데이터를 생성하는 일부 시스템이 대신 자바스크립트 null 값을 사용하도록 선택해 앞에서 다룬 모호성을 생성할 수 있음을 의미한다. 그러나 많은 특정 라이브러리는 NaN(때로는 부동소수점 숫자이기도 한 inf)을 값으로 인식하도록 정의를 확장한다. 설명하면 다음과 같다.

```
json.loads('[NaN, null, Infinity]') # null이 파이썬 None이 됨
```

```
[nan, None, inf]
```

앞에서 설명한 SQL 테이블의 동일한 데이터를 (상대적으로) 간결한 방식으로 표현해보자. 그러나 파이썬 json 라이브러리에서 NaN은 인식된 값이므로 결측된 모든 키를 명시적으로 나타내고 필요에 따라 null과 일치시킬 수 있다. 분명히 데이터 과학자들은 우리가 소비하는 데 필요한 데이터를 생성하지 않는다. 따라서 우리가 얻을

형식은 우리가 처리해야 할 것이다.

센티넬 제한에 따라 이 특정 데이터를 판다스 DataFrame으로 쉽게 읽을 수 있다. 데이터 프레임은 테이블 형식을 적용하므로 결측된 행/열 위치는 일부 값으로 채워야 한다. 이 경우 센티넬로 NaN을 사용한다. 물론 2장에서 설명한 것처럼 중첩된 데이터는 단순히 테이블 형식으로 표현되는 데 적합하지 않을 수 있다.

```
json_data = '''
{"a": {"1": NaN, "2": 1.23, "4": 3.45, "5": 6.78, "6": 9.01},
 "b": {"1": "Not number", "2": "A number", "3": "A null",
       "4": "Santiago", "5": ""}
}'''
pd.read_json(json_data).sort_index()
```

```
        A           b
1     NaN  Not number
2    1.23    A number
3     NaN      A null
4    3.45    Santiago
5    6.78
6    9.01         NaN
```

또한 이 JSON 데이터를 좀 더 계층적이고 절차적인 방법으로 처리해 특수/결측값을 발견할 때를 분류해보자. 예를 들어 최상위 레벨이 딕셔너리의 딕셔너리라고 가정하지만 필요한 경우 다른 구조도 살펴볼 수 있다.

```
data = json.loads(json_data)
rows = {row for dct in data.values()
            for row in dct.keys()}

for row in sorted(rows):
  for col in data.keys():
```

```
        val = data[col].get(row)
        if val is None:
            print(f"Row {row}, Col {col}: Missing")
        elif isinstance(val, float) and math.isnan(val):
            print(f"Row {row}, Col {col}: Not a Number")
        elif not val:
            print(f"Row {row}, Col {col}: Empty value {repr(val)}")
```

```
Row 1, Col a: Not a Number
Row 3, Col a: Missing
Row 5, Col b: Empty value ''
Row 6, Col b: Missing
```

센티넬

주로 구분된 고정 너비 파일인 텍스트 데이터 형식에서 결측 데이터는 부재 또는 센티넬로 표시된다. 구분된 형식과 고정 너비 형식 모두 행에서 특정 필드를 생략할 수 있지만 고정 너비에서는 빈 문자열, 공백 문자열, 결측값을 구분하지 않는다. CSV에서 서로 옆에 있는 두 개의 쉼표는 '값 없음'이 명확해야 한다.

이상적으로 이 부재는 결측을 나타내는 데 사용돼야 하며, 잠재적으로 다른 센티넬이 변수 도메인 밖에 있는 알려진 값에 대해 '해당 없음', '계산할 수 없음', '중간 이름 없음' 또는 기타 특정 마커를 나타낼 수 있게 허용해야 한다. 그러나 실제로 여기에서 권장하는 '모범 사례'는 실제로 작업해야 할 데이터 세트에 사용되지 않는 경우가 많다.

센티넬의 사용은 텍스트 형식에 국한되지 않는다. 종종 SQL에서 원칙적으로 NULL 입력 가능으로 만들고 NULL을 사용해 결측값을 표시할 수 있는 TEXT 또는 CHAR 열은 대신 센티넬을 사용한다(항상 단일 센티넬은 아니며 실제로는 여러 세대의 소프트웨어 변경에 대해 여러 마커를 획득하는 경우가 많다). 텍스트 값을 유지할 수 있는 JSON과 같은 형식은 키를 생략하는 대신 센티넬을 사용한다. 데이터 유형을 강제하는 HDF5와 같은 형식에서도 NaN을 특수 마커(앞에서 설명한 자체 문제가 있음)로 사용하는 대신 결측값을 나타내는 데 센티넬 숫자값이 사용되는 경우가 있다.

특히 판다스에서 버전 1.0부터는 구분된 또는 고정 너비 파일을 읽을 때 기본적으로 다음 센티넬 값이 '결측'을 의미하는 것으로 인식된다. `' '`, `'#N/A'`, `'#N/A N/A'`, `'#NA'`, `'-1.#IND'`, `'-1.#QNAN'`, `'-NaN'`, `'-nan'`, `'1.#IND'`, `'1.#QNAN'`, `'N/A'`, `'NA'`, `'NULL'`, `'NaN'`, `'n/a'`, `'nan'`, `'null'`이다. 그중 일부는 도메인 또는 내가 개인적으로 익숙하지 않은 도구에서 발생하지만 많이 본 것들이다. 또한 그 목록에 없는 수많은 센티넬을 접했다. 특정 데이터 세트에 대한 센티넬을 고려해야 하며 이러한 기본값은 도구가 제공하는 첫 번째 추정일 뿐이다. 다른 도구에서는 기본값이 다르다.

종종 데이터 프레임으로 데이터 세트 작업용 라이브러리에는 결측 데이터에 대해서 센티넬로 처리할 특수 값을 지정하는 메커니즘이 있다. 미국 국립 해양 대기청[NOAA]에서 얻은 실제 데이터를 기반으로 한 예를 살펴보자. 사실 이 데이터는 CSV 파일로 제공됐다. 여기에서는 보다 설명적인 파일명이 사용되며 많은 열이 생략된다. 그러나 예제에서는 하나의 데이터 값만 변경된다. 즉, 이것은 이 책을 쓰기 전에 내가 실제로 작업했던 데이터 세트며, 논의된 문제는 내가 그 전에 알고 있던 문제가 아니었다.

아래에서 읽은 데이터 세트는 특정 기상 관측소의 날씨 측정에 관한 것이다. 노르웨이 소르스토켄의 이용할 수 있는 수천 개의 정거장 중에서 무작위로 선택했다. 다른 정거장은 동일한 인코딩을 사용하는데, 이는 분명히 문서화돼 있지 않다. 불행히도 문서화되지 않았거나 문서화되지 않은 필드 제약은 예외가 아니라 게시된 데이터의 규칙이다. 열 이름은 다소 축약돼 있지만 그 의미를 추정하기에는 그리 어렵지 않다(온도(°F), 최대 풍속(mph) 등).

```
sorstokken = pd.read_csv('data/sorstokken-no.csv.gz')
sorstokken
```

	STATION	DATE	TEMP	VISIB	GUST	DEWP
0	1001499999	2019-01-01	39.7	6.2	52.1	30.4
1	1001499999	2019-01-02	36.4	6.2	999.9	29.8
2	1001499999	2019-01-03	36.5	3.3	999.9	35.6
3	1001499999	UNKNOWN	45.6	2.2	22.0	44.8
...	...	...	...	...	...	...
295	1001499999	2019-12-17	40.5	6.2	999.9	39.2
296	1001499999	2019-12-18	38.8	6.2	999.9	38.2
297	1001499999	2019-12-19	45.5	6.1	999.9	42.7
298	1001499999	2019-12-20	51.8	6.2	35.0	41.2

299 rows × 6 columns

선택한 테이블 보기에서 몇 가지 사항을 알 수 있다. **DATE** 값 **UNKNOWN**이 포함된다(내 구성에 따라). 또한 일부 **GUST** 값은 999.9(원래 데이터에서)다. 여러 개의 9자리 숫자를 센티넬로 사용하는 것이 일반적인 관례다. 사용되는 9의 수는 다양하며 사용되는 경우 소수점 위치와 마찬가지로 다양하다. 또 다른 일반적인 규칙은 합법적인 값에 대해 의미상 양수여야 하는 숫자 값에 대한 센티넬로 -1을 사용하는 것이다.

예를 들어 -1 규칙은 돌풍 속도에 대해 현명하게 사용될 수 있지만 일반 지구 표면 온도에 대해 -1 값을 완벽하게 가질 수 있는 화씨 또는 섭씨온도에는 사용할 수 없다. 반면에 철 단조 내부의 온도를 측정하고자 동일한 단위를 사용한다면(철의 융점은 2,800°F/1,538℃) -1은 안전한 작동 범위를 벗어날 수 있다.

주어진 변수의 최솟값과 최댓값을 살펴보는 것은 종종 사용된 센티넬에 대한 단서가 된다. 숫자와 날짜의 경우 일반적으로 센티넬에 대해 비합리적으로 크거나 비합리적으로 작은 값이 사용된다. 나중에 합법적인 측정값이 초기 예상 범위를 초과하는 경우 문제가 발생할 수 있다.

```
pd.DataFrame([sorstokken.min(), sorstokken.max()])
```

```
        STATION        DATE  TEMP VISIB   GUST  DEWP
0    1001499999  2019-01-01  27.2   1.2   17.1  16.5
1    1001499999     UNKNOWN  88.1 999.9  999.9  63.5
```

여기서 TEMP와 DEWP가 항상 '합리적인' 범위 내에 있는 것처럼 보인다. DATE는 이런 식으로 문제 값을 알려준다. 또한 그렇게 할 수도 있지만, 예를 들어 센티넬이 NOAA 측정이 수행되기 전의 실제 날짜인 1900-01-01인 경우 더 미묘할 수 있다. 마찬가지로 VISIB와 GUST는 비합리적으로 높고 특별한 값을 갖고 있다. 문자열 값의 경우 센티넬은 유효한 값의 중간에서 발생할 가능성이 높다. 'No Middle Name'은 알파벳 'Naomi'와 'Nykko' 사이에 있다. 센티넬로 이러한 변수를 더 자세히 살펴보자. 아웃라이어 및 표준 편차(σ)는 이후 절에서 자세히 설명한다.

```
print("Normal max:")
for col in ['VISIB', 'GUST']:
    s = sorstokken[col]
    print(col, s[s < 999.9].max(),
          "...standard deviation w/ & w/o sentinel:",
          f"{s.std():.1f} / {s[s < 999.9].std():.1f}")
```

```
Normal max:
VISIB 6.8 ...standard deviation w/ & w/o sentinel: 254.4 / 0.7
GUST 62.2 ...standard deviation w/ & w/o sentinel: 452.4 / 8.1
```

VISIB는 마일 단위로 측정되며 천 마일을 보는 것은 비합리적이라고 생각한다. GUST 풍속은 mph 단위며, 마찬가지로 999.9는 지구에서 발생하는 것이 아니다. 그러나 여기에서와 같이 센티넬이 실제 값의 3배 안에 있을 때는 걱정해야 한다. 멱법칙power law 분포 값의 경우 크기 순서에 대한 경험적 법칙도 별 도움이 되지 않는다.

판다스 및 기타 도구에서 특정 센티넬을 찾고 특수 값으로 대체하도록 도구에 지시할 수 있다. 물론 일반 데이터 프레임 필터링과 조작 기술을 사용해 데이터를 데이터 구조로 읽은 후에 그렇게 할 수 있다. 읽는 시간에 그렇게 할 수 있다면 훨씬 좋다. 여기에서는 열별로 센티넬을 찾는다.

```
sorstokken = pd.read_csv('data/sorstokken-no.csv.gz',
                         na_values={'DATE': 'UNKNOWN',
                                    'VISIB': '999.9',
                                    'GUST': '999.9'},
                         parse_dates=['DATE'])
sorstokken.head()
```

	STATION	DATE	TEMP	VISIB	GUST	DEWP
0	1001499999	2019-01-01	39.7	6.2	52.1	30.4
1	1001499999	2019-01-02	36.4	6.2	NaN	29.8
2	1001499999	2019-01-03	36.5	3.3	NaN	35.6
3	1001499999	NaT	45.6	2.2	22.0	44.8
4	1001499999	2019-01-06	42.5	1.9	NaN	42.5

이 절의 주제는 주로 데이터 형식 자체에 의해 결정된다. 수집 프로세스로 인해 더 자주 발생하는 이상 징후를 살펴보자.

잘못 코딩된 데이터

> "내가 단어를 사용할 때", 험프티 덤프티Humpty Dumpty는 다소 경멸적인 어조로 말했다. "그것은 내가 선택한 것을 의미한다. 그 이상도 이하도 아니라는 뜻이다."
>
> – 루이스 캐롤Lewis Carroll

개념:

- 범주형 및 순서형 제약 조건
- 인코딩된 값 및 메타데이터 정의
- 희귀 카테고리

이 절에서 잘못 코딩된 데이터를 설명할 때 주로 R(때로는 다른 것)에서 '요인factors'이라고도 하는 범주형 데이터를 다루고 있다. 알려진 범위 때문에 서수 데이터가 너무 많이 포함될 수 있다. 예를 들어 순위 스케일이 1에서 10까지의 범위로 지정된 경우, 해당 숫자 범위를 벗어난 모든 값(진정한 서수인 경우 정수가 아닌 모든 값)은 어떤 방식으로든 잘못 코딩된 것이다.

양적 데이터도 어떤 의미에서 분명히 잘못 코딩될 수 있다. 값 55를 의도하는 데이터 엔트리는 부주의하게 555로 입력될 수 있다. 그러나 마찬가지로 55로 의도된 값은 54로 잘못 입력될 수 있지만 이는 명백히 잘못된 것으로 포착될 가능성이 낮다. 어쨌든 오류에 대한 정량적 특징 검사는 이 장의 뒷부분에서 다룬다. 숫자, 특히 실수(또는 복소수, 정수, 분수 등)는 즉시 잘못된 것으로 표시되지 않고 분포 또는 도메인 제약 조건에서만 나타난다.

서수 값의 경우 그 타입과 범위를 검증하는 것은 대부분의 경우 코딩의 유효성이 보장돼야 한다(비연속적 정수를 유효한 값으로 사용하는 서수가 가끔 발생하지만 일반적이지 않음). UCI 머신러닝 리포지터리Machine Learning Repository에서 사용할 수 있는 피부과 데이터 세트(https://archive.ics.uci.edu/ml/datasets/Dermatology)에서 대부분의 필드는 0, 1, 2 또는 3으로 코딩된다. 하나의 필드만 0 또는 1이고 연령과 대상(피부 상태)은 각각 연속형 변수와 요인 변수다.

이 예에서는 잘못 코딩된 것이 없다. 모든 값이 올바르다고 판단하는 것과 검증하는 것은 같지 않다는 점에 유의하자.

```
from src.dermatology import *
(pd.DataFrame(
  [derm.min(), derm.max(), derm.dtypes])
  .T
  .rename(columns={0:'min', 1:'max', 2:'dtype'})
)
```

	Min	max	dtype
erythema	0	3	int64
scaling	0	3	int64
definite borders	0	3	int64
itching	0	3	int64
...	...	...	...
inflammatory monoluclear infiltrate	0	3	int64
band-like infiltrate	0	3	int64
Age	0	75	float64
TARGET	cronic dermatitis	seboreic dermatitis	object

35 rows × 3 columns

최소, 최대, 정수 데이터 타입의 사용을 확인하는 것만으로도 서수가 잘못 코딩되지 않게 보장할 수 있다. 범주형 변수는 때때로 서수 방식으로 인코딩되지만 종종 값을 명명하는 단어로 구성된다. 예를 들어 다음 데이터 세트는 6장의 '연습' 절에서 사용된 것과 매우 유사하다. 그러나 이 버전에는 다음 여러 절에서 살펴볼 몇 가지 오류가 있다. 이 데이터에는 25,000명의 설문 조사 대상의 (가상의) 키, 몸무게, 모발 길이, 좋아하는 색상이 포함된다.

```
humans = pd.read_csv('data/humans-err.csv')
# 샘플 결정을 위한 random_state
humans.sample(5, random_state=1)
```

```
        Height     Weight  Hair_Length   Favorite
21492   176.958650  72.604585       14.0        red
9488    169.000221  79.559843        0.0       blue
16933   171.104306  71.125528        5.5        red
12604   174.481084  79.496237        8.1       blue
8222    171.275578  77.094118       14.6      green
```

의미적으로 예상할 수 있듯이 Favorite는 소수의 합법적인 값을 가진 범주형 값이다. 일반적으로 이러한 특징의 잘못된 코딩을 검사하는 방법은 고윳값을 검사하는 것으로 시작된다. 분명히 우리를 도울 수 있는 기댓값에 대한 문서가 존재한다면 도움이 될 것이다. 그러나 '문서화'는 '거짓말'의 동의어라는 소프트웨어 개발자의 모토를 명심하자. 데이터 자체를 정확하게 반영하지 못할 수 있다.

```
humans.Favorite.unique()
```

```
array(['red', 'green', 'blue', 'Red', ' red', 'green', 'blüe',
       'chartreuse'], dtype=object)
```

고윳값을 처음 살펴보면 이미 몇 가지 문제가 있을 수 있다. 예를 들어 시작 부분에 공백이 있는 ' red'는 일반적인 데이터 엔트리 오류며, 단순히 'red'로 의도됐다고 가정할 수 있다. 반면 대문자로 표시된 'Red'와 소문자는 어느 것이 옳은지 자명할 필요는 없다. 'blüe' 문자열은 영어 단어의 또 다른 철자 오류처럼 보인다. 여전히 'green'에 이상한 일이 일어나고 있다. 그것으로 돌아가보자.

데이터의 의도를 파악하고자 일부 변형이 일반적인 다른 변형과 어떻게 다른지 여부를 확인할 수 있다. 이는 종종 강력한 힌트다.

```
humans.Favorite.value_counts()
```

```
red            9576
blue           7961
green          7458
Red               1
chartreuse        1
 red              1
green             1
blüe              1
Name: Favorite, dtype: int64
```

이 수치는 많은 것을 말해준다. 색상 'chartreuse'는 덜 일반적으로 사용되는 단어지만 완벽하게 좋은 색상 이름이다. 이는 합법적인 값일 수 있지만 다른 방법으로는 세 가지 색상(일부 철자 문제)만 사용할 수 있다는 점을 감안할 때 그러한 희귀성이 일종의 부적절한 엔트리를 나타낸다. 대부분의 경우 나중에 처리하고자 이 값을 결측으로 표시하고 싶을 것이다. 그러나 가장 가능성이 높은 건 희소성에도 우리가 고려하고자 하는 값임을 나타내는 도메인 지식이 있을 수 있다. 그것을 설명하는 문서가 있다면 단순히 그것을 유지하는 옵션에 가중치를 부여한다.

앞에 공백이 있는 ' red'와 대문자로 표시된 'Red'가 드물게 나타나는 것은 단순히 'red'의 잘못 코딩된 버전이라는 가정을 강력히 지지한다. 그러나 대문자와 소문자 버전으로 대략 균등하게 분할하거나, 드물지 않더라도 수정하는 조치는 덜 분명할 것이다. 그럼에도 많은 경우 하나의 특정 사례에 대한 정규화(케이스 폴딩)가 좋은 방법이며, 데이터 프레임 도구를 사용하면 대규모 데이터 세트에서 이를 쉽게 벡터화할 수 있다. 그러나 때때로 대문자는 의도된 차이를 나타낸다. 예를 들어 다른 가족 간에 대소문자가 구별되는 동일한 성이 있다. 마찬가지로 많은 과학 분야에서 짧은 이름이나 수식은 대소문자에 민감할 수 있으며, 대소문자를 접어서는 안 된다. 콘텐츠 도메인에 대한 이해는 여전히 중요하다.

우리는 두 개의 녹색에 대한 흥미로운 케이스를 남겼다. 그것들은 동일해 보인다.

마찬가지로 앞의 범주형 값에서 후행 공백은 화면에 표시되지 않는다. 여기에서 해당 값을 수동으로 자세히 살펴봐야 한다.

```
for color in sorted(humans.Favorite.unique()):
    print(f"{color:>10s}", [ord(c) for c in color])
```

```
       red [32, 114, 101, 100]
       Red [82, 101, 100]
      blue [98, 108, 117, 101]
      blüe [98, 108, 252, 101]
chartreuse [99, 104, 97, 114, 116, 114, 101, 117, 115, 101]
     green [103, 114, 101, 101, 110]
     green [103, 114, 1077, 1077, 110]
       red [114, 101, 100]
```

유니코드 코드 포인트에서 우리가 찾은 것은 green 중 하나가 실제로 로마자 "e" 문자가 아닌 두 개의 키릴 문자 "ye" 문자를 갖고 있다는 것이다. 거의 동일한 상형 문자의 이러한 대체는 종종 악의나 속임수의 결과다. 그러나 인간 언어의 넓은 세계에서는 특정 문자열이 다른 문자열과 순진하게 닮은 경우가 실제로 발생할 수 있다. 익숙한 특정 키보드에서 일부 문자열을 입력하는 것을 더 어렵게 만드는 것 외에, 이러한 시각적 유사성은 그 자체로 데이터 무결성 문제가 아니다. 그러나 여기서는 혼합 언어 버전도 드물기 때문에 로마자로 된 일반 영어 단어를 수정해야 할 것이다.

도메인 지식에 민감한 방식으로 원하는 수정 사항에 대한 결정을 내리면 문제가 되는 값을 번역할 수 있다. 예를 들어 다음과 같다.

```
humans.loc[humans.Favorite.isin(['Red', ' red']), 'Favorite'] = 'red'
humans.loc[humans.Favorite == 'chartreuse', 'Favorite'] = None
humans.loc[humans.Favorite == 'bl?e', 'Favorite'] = 'blue'
humans.loc[humans.Favorite == 'green', 'Favorite'] = 'green'
```

```
humans.Favorite.value_counts()
```

```
red       9578
blue      7962
green     7459
Name: Favorite, dtype: int64
```

도메인 지식이 이상 징후 감지를 알릴 수 있는 영역으로 돌아가 보자.

고정된 한도

> 크리켓은 예술이다. 모든 예술과 마찬가지로 그것은 기술적인 토대가 있다. 이를 즐기려면 기술적인 지식이 필요하지 않지만 기술적으로 근거가 없는 분석은 인상주의일 뿐이다.
>
> – C.L.R. James, Beyond A Boundary

개념:

- 도메인 vs. 측정 한계
- 보정 및 클리핑
- 일어날 것 같지 않은 것 vs. 불가능한 것
- 데이터 오류에 대한 가설 탐색

문제 및 데이터 세트에 대한 도메인 지식을 기반으로 특정 변수에 대한 고정된 한도를 알 수 있다. 예를 들어 지금까지 살아온 가장 키가 큰 사람은 271cm의 Robert Pershing Wadlow이고 가장 작은 성인은 55cm의 Chandra Bahadur Dangi라는 것을 알 수 있다. 이 한도를 벗어난 값은 데이터 세트에서 허용하기에 부적절할 수 있다. 사실 훨씬 더 엄격한 한도를 가정하고 싶을 것이다. 예를 들어 92cm에서 213cm(모든 성인의 대다수를 포함) 중에서 선택하자. 인간 데이터 세트가 다음 한도를 준수하는지 확인해보자.

```
((humans.Height < 92) | (humans.Height > 213)).any()
```

```
False
```

높이의 경우 도메인별 고정 한도는 데이터 세트에서 초과되지 않는다. `Hair_Length` 변수는 어떤가? 측정의 실제 물리적 의미에서 모발은 음수일 수 없다.

그러나 관찰에 사용된 줄자는 120cm 길이(즉, 가상 도메인 지식)이므로 그보다 더 긴 길이는 완전히 합법적일 수 없다(이러한 길이는 인간 사이에서는 드물지만 불가능하지는 않다)고 규정한다. 먼저 측정 도구를 초과하는 모발 길이를 살펴보자.

```
humans.query('Hair_Length > 120')
```

	Height	Weight	Hair_Length	Favorite
1984	165.634695	62.979993	127.0	red
8929	175.186061	73.899992	120.6	blue
14673	174.948037	77.644434	130.1	blue
14735	176.385525	68.735397	121.7	green
16672	173.172298	71.814699	121.4	red
17093	169.771111	77.958278	133.2	blue

모발 길이가 가능한 측정보다 긴 샘플이 몇 개 있다. 그러나 이 모든 숫자는 측정 도구나 스케일보다 약간 더 길다. 수집 절차에 대한 자세한 정보가 없으면 오류의 원인을 확신할 수 없다. 일부 피실험자는 도구를 사용하지 않고 매우 긴 모발 길이를 스스로 추정했을 것이다. 한 데이터 수집 사이트에는 실제로 메타데이터 또는 데이터 설명에 문서화되지 않은 더 긴 측정 테이프가 있을 수 있다. 또는 소수점을

추가하는 것과 같은 필사 오류가 있을 수도 있다. 예를 들어 실제로 124.1cm 모발은 24.1cm였을 것이다. 또는 단위가 혼란스러워서 실제로 센티미터가 아닌 밀리미터로 측정됐을 것이다(이발기 및 기타 이발 장비의 표준처럼).

어쨌든 이 문제는 25,000개의 관측치 중 6개에만 영향을 미친다. 해당 행을 삭제해도 많은 양의 데이터가 손실되지 않으므로 가능성이 있다. 값을 보정하는 것이 합리적 일 수 있다(예, 이 6명의 피실험자가 평균 모발 길이를 갖고 있다고 규정한다). 값 보정은 6장의 주제며, 옵션은 거기에서 더 자세히 다룬다. 이 단계에서 첫 번째 패스는 그러한 값을 결측으로 표시하는 것이다.

그러나 합법적인 값에 비교적 가깝게 클러스터링하는 이러한 한도를 벗어난 값의 경우 값을 문서화된 최댓값으로 클리핑하는 것도 합리적인 방법일 수 있다. 연산 '클립[clip]'은 작업 중인 라이브러리에 따라 '클램프[clamp]', '크롭[crop]' 또는 '트림[trim]'이라고도 한다. 일반적인 아이디어는 단순히 특정 한도를 벗어난 값이 마치 그 자체로 결합된 것처럼 취급된다는 것이다. 데이터를 수정할 때 버전을 지정할 수 있다.

```
humans2 = humans.copy() # 이전 버전의 데이터 세트 유지
humans2['Hair_Length'] = humans2.Hair_Length.clip(upper=120)
humans2[humans2.Hair_Length > 119]
```

	Height	Weight	Hair_Length	Favorite
1984	165.634695	62.979993	120.0	red
4146	173.930107	72.701456	119.6	red
8929	175.186061	73.899992	120.0	blue
9259	179.215974	82.538890	119.4	green
14673	174.948037	77.644434	120.0	blue
14735	176.385525	68.735397	120.0	green
16672	173.172298	71.814699	120.0	red
17093	169.771111	77.958278	120.0	blue

필터의 약간 낮은 임곗값은 119.6이 변경되지 않았지만 120.0 이상의 값은 모두 정확히 120으로 설정됐다.

너무 큰 값은 다듬기 어렵지 않다. 다음으로 물리적 하한 영을 살펴보자. 정확히 영의 값은 완벽하게 합리적이다. 많은 사람이 머리를 밀거나 대머리다. 이는 저자에게는 모호하게 합리적이라고 느끼는 분포로 가져온 꾸며낸 데이터이므로 정확한 길이 분포에 너무 많은 가중치를 두지 말자. 길이가 영인 것은 실제 인간에게서 비교적 흔하게 발생한다.

```
humans2[humans2.Hair_Length == 0]
```

	Height	Weight	Hair_Length	Favorite
6	177.297182	81.153493	0.0	blue
217	171.893967	68.553526	0.0	blue
240	161.862237	76.914599	0.0	blue
354	172.972247	73.175032	0.0	red
...	...	...	...	...
24834	170.991301	67.652660	0.0	green
24892	177.002643	77.286141	0.0	green
24919	169.012286	74.593809	0.0	blue
24967	169.061308	65.985481	0.0	green

517 rows × 4 columns

그러나 불가능한 음의 길이는 어떨까? 이것들을 볼 수 있는 필터filter를 쉽게 만들 수 있다.

```
neg_hair = humans2[humans2.Hair_Length < 0]
neg_hair
```

	Height	Weight	Hair_Length	Favorite
493	167.703398	72.567763	-1.0	blue

```
528     167.355393   60.276190      -20.7     green
562     172.416114   60.867457      -68.1     green
569     177.644146   74.027147       -5.9     green
...            ...         ...        ...       ...
24055   172.831608   74.096660      -13.3       red
24063   172.687488   69.466838      -14.2     green
24386   176.668430   62.984811       -1.0     green
24944   172.300925   72.067862      -24.4       red
118 rows × 4 columns
```

분명히 잘못 코딩된 행이 적당한 개수로 있다. 다른 곳과 마찬가지로 단순히 문제 행을 삭제하는 것이 종종 합리적인 방법이다. 그러나 약간의 포렌식과 함께 테이블 형식의 데이터를 한눈에 살펴보면 음수 부호가 많은 합리적인 값에 은근히 빠져들 수 있다. 적어도 이 수량이 맞는 것은 그럴듯하지만 단순히 역행하는 신호일 뿐이다. 문제 값의 통계를 살펴보자. 재미로 R과 판다스를 모두 사용해 매우 유사한 요약을 살펴보자.

```
%%R -i neg_hair
summary(neg_hair$Hair_Length)
```

```
  Min.  1st Qu.   Median    Mean  3rd Qu.    Max.
-95.70   -38.08   -20.65  -24.35    -5.60   -0.70
```

```
neg_hair.Hair_Length.describe()
```

```
count    118.000000
mean     -24.348305
std       22.484691
min      -95.700000
25%      -38.075000
50%      -20.650000
```

```
75%          -5.600000
max          -0.700000
Name: Hair_Length, dtype: float64
```

일반 통계는 이 부호-반전 가설과 모순되지 않는다. 그러나 결론을 내리기 전에, 여기 연습에서 이러한 잘못된 값을 더 자세히 살펴보자. 추가 패턴이 있을 수 있다.

```
plt.hist(neg_hair.Hair_Length, bins=30)
plt.title("Distribution of invalid negative hair length");
```

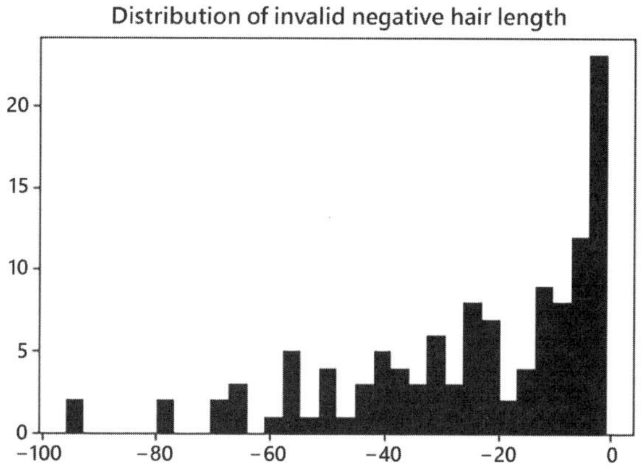

그림 4.1: 음의 모발 길이 값 분포를 보여주는 히스토그램

이 음수 값의 분포는 양수 값의 분포와 대략 일치한다. 다양한 짧은 길이의 짧은 모발을 가진 사람들이 더 많고, 긴 모발을 가진 사람들은 더 적은 수의 꼬리가 있다. 그러나 한눈에 보면 0에 가까운 영역은 다소 많은 피크인 것처럼 보인다. 예제에서 100개 정도의 데이터 행에 대해 모두 수동으로 눈으로 볼 수 있지만 더 큰 데이터 세트 또는 더 큰 한도 위반 세트의 경우 프로그래밍 방식으로 뉘앙스를 조정하는 것이 더 일반적이다.

```
neg_hair.Hair_Length.value_counts()
```

```
-1.0      19
-41.6      2
-6.8       2
-30.1      2
          ..
-3.3       1
-51.4      1
-25.1      1
-4.8       1
Name: Hair_Length, Length: 93, dtype: int64
```

실제로 여기에 패턴이 있다. 정확히 -1인 19개의 값이 있으며 서로 잘못된 음수 값이 한두 번 발생한다. -1 오류와 다른 음수 값 오류 간에 뭔가 다른 일이 발생할 가능성이 매우 높다. 예를 들어 -1이 센티넬로 사용됐을 수 있다. 물론 -1이 규정된 부호 반전sign-inversion 오류에서 비롯될 수도 있다. 이 두 가지 가능성을 완전히 분리할 수 없다.

데이터 세트에서 이 문제를 처리하는 데 사용할 작업 가설(단순히 의심스러운 모든 것을 완전히 삭제하는 것이 아니라면)은 -1 값을 결측으로 표시하고 다른 음수 값의 부호를 반전시키는 것이다.

```
humans3 = humans2.copy() # 데이터에 대한 버전 변경 사항

# "sentinel" 음수 값은 누락을 의미
humans3.loc[humans3.Hair_Length == -1, 'Hair_Length'] = None

# 다른 모든 값은 단순히 음수가 아닌 값이 됨
humans3['Hair_Length'] = humans3.Hair_Length.abs()

plt.hist(humans3.Hair_Length, bins=30)
```

```
plt.title("Distribution of corrected hair lengths");
```

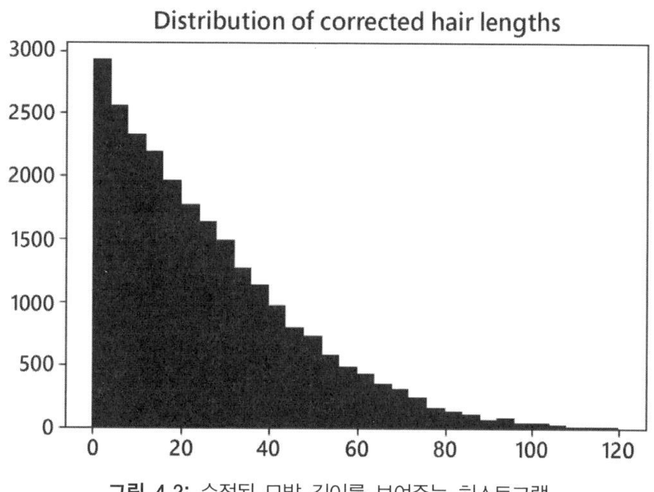

그림 4.2: 수정된 모발 길이를 보여주는 히스토그램

제한된 값의 일반적인 정리를 수행했다. 명확한 한도는 없지만 일반 분포 통계를 사용하는 값으로 전환하자.

아웃라이어

> 의회가 법을 그렇게 제한하려고 했다면 그것은 확실히 그 취지의 단어를 사용했을 것이다.
>
> – Tennessee Valley Auth. v. Hill, 437 U.S. 153(1978)[1]

개념:

- z-스코어와 예상치 못한 값

1. 미국 대법원 사건으로 1973년, 멸종위기종법에 대한 법원의 첫 번째 해석 – 옮긴이

- 사분위수 범위
- 표준 편차와 발생 빈도

연속적인 데이터에서 규범적 범위에 속하는 값은 제한된 기댓값 내에서 여전히 강하게 특징적이지 않을 수 있다. 가장 간단한 경우 이는 값이 동일한 변수의 다른 값과 매우 다를 때 발생한다. 값의 기댓값을 특성화하는 표준 방법은 z-스코어라고 하는 측정값이다. 이 값은 변수의 평균으로부터 각 점의 거리를 변수의 표준 편차로 나눈 값이다.

$$Z = \frac{x - \mu}{\sigma}$$

여기서 μ는 샘플 평균이고 σ는 표준 편차다.

이 측정값은 정규 분포를 따르는 데이터에 대해 가장 정확하지만 일반적으로 단봉형(하나의 피크를 가짐)이고 다소 대칭적이며 스케일 종속적인 모든 데이터에 유용하다. 좀 더 일반적인 언어로, 피크가 하나이고 양쪽에서 거의 같은 비율로 점점 가늘어지는 데이터 변수의 히스토그램을 찾는 것이다. 실제 데이터에서 완전 정규 분포는 드문 경우다.

아웃라이어를 식별하는 약간 다른 방법도 종종 사용된다. 박스 및 수염 플롯box and whisker plot(일반적으로 간단히 박스플롯이라고 함)에는 종종 별도의 시각적 요소로 아웃라이어가 포함된다. 이러한 시각화에서 z-스코어를 사용할 수 있지만 이러한 플롯은 사분위수 범위IQR, InterQuartile Range와 고정 승수를 사용해 아웃라이어를 정의하는 경우가 더 많다. 다른 기술은 비슷하지만 동일하지는 않은 답변을 생성한다.

z-스코어

데이터 세트의 키와 몸무게를 시각화해 일반적으로 정규 분포를 따르는 것을 볼 수 있다. 수정 후 모발 길이 바로 위의 꼬리가 엄격하게 단일 꼬리임을 봤다. 그러나

0에서 모드의 단측 드롭 오프는 z-스코어가 여전히 고려하기에 합리적일 정도로 정규 분포의 한쪽 꼬리에 충분히 가깝다.

```
fig, (ax1, ax2) = plt.subplots(1, 2, figsize=(12, 4))
ax1.hist(humans3.Height, bins=50)
ax2.hist(humans3.Weight, bins=50)
ax1.set_title("Distribution of Height")
ax2.set_title("Distribution of Weight");
```

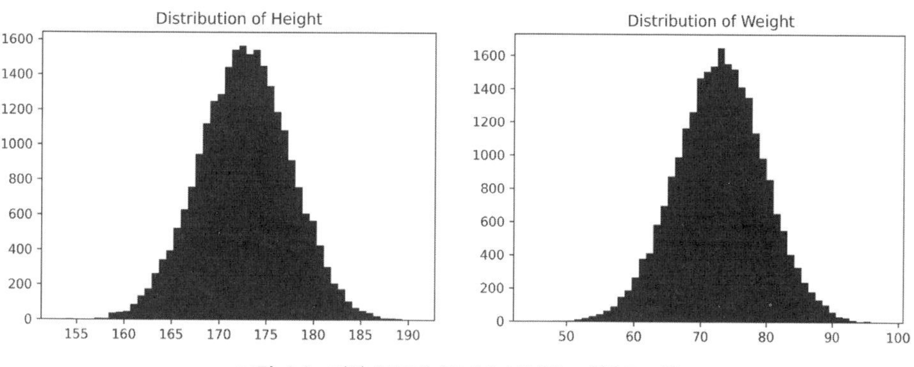

그림 4.3: 키와 몸무게 분포를 보여주는 히스토그램

변수의 정규성을 더 정확하게 정량화하려면 앤더슨 달링Anderson-Darling, 샤피로 윌크Shapiro-Wilk, 왜도-첨도Skewness-Kurtosis 같은 통계 테스트를 사용할 수 있다. 이러한 각 기법은 분포가 정규 분포라는 가설을 기각하려고 한다. 서로 다른 p-값(확률)의 경우 서로 다른 테스트 통계가 이 기간에 대한 임곗값을 결정한다(대규모 샘플의 경우 정규성에서 작은 편차조차도 가설을 거부하지만 z-스코어가 유용하다는 관점에서는 중요하지 않다). 앤더슨-달링에서 검정 통계량이 1.0보다 크지 않으면 곡선은 z-스코어로 아웃라이어를 측정할 수 있을 만큼 확실히 정규 분포를 따른다. 그러나 그 반대는 유지되지 않는다. 많은 비정규 곡선은 여전히 z-스코어를 사용하기에 합리적이다. 본질적으로는 멱법칙이나 지수 분포 및 강력한 멀티모달 곡선에 대해 이 측정을 피해야 한다. 키, 몸무게, 모발 길이 변수에 대해 앤더슨-달링 테스트를 수행해보자.

```
from scipy.stats import Anderson

for var in ('Height', 'Weight', 'Hair_Length'):
  data = humans3[var][humans3[var].notnull()]
  stat = anderson(data, 'norm').statistic
  print(f"Anderson-Darling statistic for {var:<12s}: {stat:6.2f}")
```

```
Anderson-Darling statistic for Height       : 0.24
Anderson-Darling statistic for Weight       : 0.54
Anderson-Darling statistic for Hair_Length  : 578.19
```

모발 길이가 정상이 아니지만 선형 스케일을 따라 일방적인 쇠퇴가 있음을 인식했으므로 모든 양적 변수에 대한 z-스코어를 작업 데이터 프레임에 추가할 수 있다. 이전과 마찬가지로 수정 버전을 유지하는 좋은 사례처럼 다음 변환 전에 데이터를 새로운 데이터 프레임에 복사한다.

표준 편차 계산에서 델타 자유도 매개변수는 25,000개 샘플로 사소하기 때문에 무시한다(샘플이 10개 또는 20개만 있으면 중요할 수 있음). 자유도는 샘플을 기반으로 한 전체 모집단 내에서 예상되는 분산과 관련이 있지만 샘플이 수만 개가 아닌 관측치가 수만 개인 경우에만 크게 다르다.

```
humans4 = humans3.copy()

for var in ('Height', 'Weight', 'Hair_Length'):
  zscore = (humans4[var] - humans4[var].mean()) / humans4[var].std()
  humans4[f"zscore_{var}"] = zscore

humans4.sample(5, random_state=1)
```

	Height	Weight	Hair_Length	Favorite	zscore_Height
21492	176.958650	72.604585	14.0	red	0.880831
9488	169.000221	79.559843	0.0	blue	-0.766210

```
16933  171.104306  71.125528          5.5      red  -0.330758
12604  174.481084  79.496237          8.1     blue   0.368085
8222   171.275578  77.094118         14.6    green  -0.295312

       zscore_Weight  zscore_Hair_Length
21492      -0.042032           -0.568786
9488        0.997585           -1.225152
16933      -0.263109           -0.967294
12604       0.988078           -0.845397
8222        0.629028           -0.540656
```

z-스코어 임곗값의 선택은 도메인과 문제에 따라 매우 다르다. 일반적으로 3보다 큰 절댓값의 z-스코어를 컷오프로 사용해 아웃라이어를 정의하는 것이 일반적이다. 그러나 예상되는 것은 데이터 세트의 크기에 따라 다르다.

TIP

> 통계에서는 때때로 정규 분포에서 1, 2 또는 3 표준 편차에 해당하는 관측치의 백분율을 나열하는 68-95-99.7 규칙을 기억한다.

평균에서 어떤 거리에서든 관측치가 충분히 많으면 일부 관측치가 예상되지만 표준 편차 거리가 증가함에 따라 숫자가 급격히 감소한다.

일반적인 z-스코어 임곗값 3을 살펴보자. 여기서는 25,000개의 샘플로 작업하고 있으므로 일반적으로 앞에서 설명한 68-95-99.7 규칙에 따라 표준 편차 3 밖에서 약 75개의 샘플을 찾을 것으로 예상한다. 키에 대한 표를 보고 다른 변수에 대해 이 한도를 벗어난 행의 수를 확인해본다.

```
humans4[humans4.zscore_Height.abs() > 3]
```

```
        Height     Weight  Hair_Length  Favorite  zscore_Height
```

```
138     187.708718  86.829633   19.3  green   3.105616
174     187.537446  79.893761   37.5   blue   3.070170
412     157.522316  62.564977    6.8   blue  -3.141625
1162    188.592435  86.155948   53.1    red   3.288506
...            ...        ...    ...    ...        ...
22945   157.293031  44.744929   18.4    red  -3.189077
23039   187.845548  88.554510    6.9   blue   3.133934
24244   158.153049  59.725932   13.8  green  -3.011091
24801   189.310696  85.406727    2.3  green   3.437154

       zscore_Weight  zscore_Hair_Length
138         2.084216           -0.320304
174         1.047496            0.532971
412        -1.542673           -0.906345
1162        1.983518            1.264351
...              ...                 ...
22945      -4.206272           -0.362499
23039       2.342037           -0.901657
24244      -1.967031           -0.578162
24801       1.871531           -1.117320

51 rows × 7 columns
```

```
print("Outlier weight:", (humans4.zscore_Weight.abs() > 3).sum())
print("Outlier hair length:", (humans4.zscore_Hair_Length.abs() > 3).sum())
```

```
Outlier weight: 67
Outlier hair length: 285
```

모발 길이가 단일 꼬리라는 것을 이미 언급했으므로 약 두 배의 아웃라이어를 예상할 수 있다. 실제 숫자는 두 배 이상이지만 그 자체가 값의 극단적인 차이는 아니다. 키와 몸무게는 실제로 정규 분포에서 예상하는 것보다 약간 낮은 첨도kurtosis를 가진다(꼬리가 약간 더 빨리 얇아짐).

어쨌든 z-스코어가 3이면 유용한 샘플 크기로는 너무 작을 수 있다. 4 시그마는 비정상적인 관찰과 잘못된 관찰을 구별하려는 우리의 목적에 더 관련이 있고 한쪽 꼬리의 모발 길이의 경우 4.5일 것이다.

주어진 표준 편차(σ)를 벗어나는 하루에 한 번 관찰의 빈도에 대한 테이블은 유용한 직관을 제공한다. 시그마의 효과를 기억하는 요령은 앞서 언급한 68?95?99.7 규칙이다. 즉, 1, 2, 3 표준 편차에 속하는 사물의 백분율이다.

범위	관찰 비율	일일 이벤트 빈도
± 1σ	1 in 3	일주일에 두 번
± 2σ	1 in 22	3주마다
± 3σ	1 in 370	매년
± 4σ	1 in 15,787	43년마다(평생에 두 번)
± 5σ	1 in 1,744,278	5,000년마다(기록된 역사에서 한 번)
± 6σ	1 in 506,797,346	140만년마다(인류 역사상 두 번)
± 7σ	1 in 390,682,215,445	10억년마다(지구 역사상 네 번)

더 넓은 z-스코어 한도를 고려할 때 아웃라이어를 살펴보자.

```
cond = (
  (humans4.zscore_Height.abs() > 4) |
  (humans4.zscore_Weight.abs() > 4) |
  (humans4.zscore_Hair_Length.abs() > 4.5))
humans4[cond]
```

```
           Height      Weight  Hair_Length  Favorite  zscore_Height
13971  153.107034  63.155154          4.4     green      -4.055392
14106  157.244415  45.062151         70.7       red      -3.199138
22945  157.293031  44.744929         18.4       red      -3.189077
```

```
          zscore_Weight    zscore_Hair_Length
13971         -1.454458             -1.018865
14106         -4.158856              2.089496
22945         -4.206272             -0.362499
```

인간의 신체적 특징에 대한 적당한 도메인 지식을 사용하면 그들이 '정상'을 벗어났음에도 불구하고 153cm 또는 45kg의 사람들은 작지만 우리가 기대하는 범위를 벗어나지는 않는다. 적은 수의 4 시그마 아웃라이어는 데이터에 따라 짧고 가벼우며 비교적 높은 레벨의 상관관계로 측정에 타당성을 제공한다.

또한 고정 한도에 대한 앞 절에서 설명한 키 한도는 이 4 시그마가(또는 5 시그마가) 감지하는 것보다 상당히 넓었다. 따라서 이러한 아웃라이어 행에서 결측값을 삭제하거나 표시할 수 있지만 그렇게 분석하는 동기 부여는 되지 않는 것 같다.

사분위수 범위

z-스코어가 대신 IQR을 사용하면 분포의 정규성을 가정할 수 없다. 그러나 이 기술은 멱법칙이나 지수 데이터 분포에 대한 의미 있는 해답을 생성하지 못한다. 이와 같이 수십 배에 이르는 분포를 식별할 수 있는 경우 원시 데이터의 N번째 루트나 로그의 사분위수를 살펴보면 여전히 합리적인 결과를 얻을 수 있다. 실제로 z-스코어 분석을 사용하면 동일한 변환이 똑같이 관련될 수 있다.

IQR의 아이디어는 단순히 변수의 사분위수 컷오프를 보고 1사분위와 3사분위 사이, 즉 25%와 75% 백분위 수 사이의 숫자 거리를 측정하는 것이다. 정확히 데이터의 절반이 해당 범위에 있지만 대부분의 데이터는 컷오프 사이 범위의 승수로 정의된 컷오프를 넘어서 어느 정도 거리 내에 있을 것으로 예상한다. 가장 일반적으로 1.5의 승수가 선택된다. 이는 종종 유용하지만 더 깊은 의미가 없는 규칙일 뿐이다.

이 텍스트에는 IQR 정의 아웃라이어를 보여주는 박스플롯을 시각화하는 간단한 함수가 포함돼 있다. 일반적으로 이 기능은 책의 소스코드 저장소에만 포함돼 있지만, 여기에서는 독자들이 Matplotlib에서 이 몇 줄에 들어가는 구성을 볼 가치가 있다고 생각한다(다른 시각화 라이브러리에는 비슷한 기능이 있으며 실제로 더 시각적인 화려함을 가진 더 높은 레벨의 추상화도 종종 있다).

```
# 함수가 정의됐지만 이 셀에서 실행되지 않음
def show_boxplots(df, cols, whis=1.5):
    # 열이 있는 만큼 가로 플롯을 그리기
    fig, axes = plt.subplots(len(cols), 1, figsize=(10, 2*len(cols)))
    # 각각에 대해 그 안에 null이 아닌 데이터를 그리기
    for n, col in enumerate(cols):
        data = df[col][df[col].notnull()]
        axes[n].set_title(f'{col} Distribution')
        # 수염을 지정된 IQR 승수로 확장
        axes[n].boxplot(data, whis=whis, vert=False, sym='x')
        axes[n].set_yticks([])
    # 끝에서 서브플롯의 간격 수정
    fig.tight_layout()
```

기본 승수('whisker' 너비)는 1.5지만 이미 인간에 대한 데이터가 충분히 커서 값이 실제가 아닌 것처럼 보이려면 상대적으로 극단적이어야 한다는 것을 이미 확인했다. 따라서 대신 수염 너비 2.5를 선택한다.

```
show_boxplots(humans4, ["Height", "Weight", "Hair_Length"], 2.5)
```

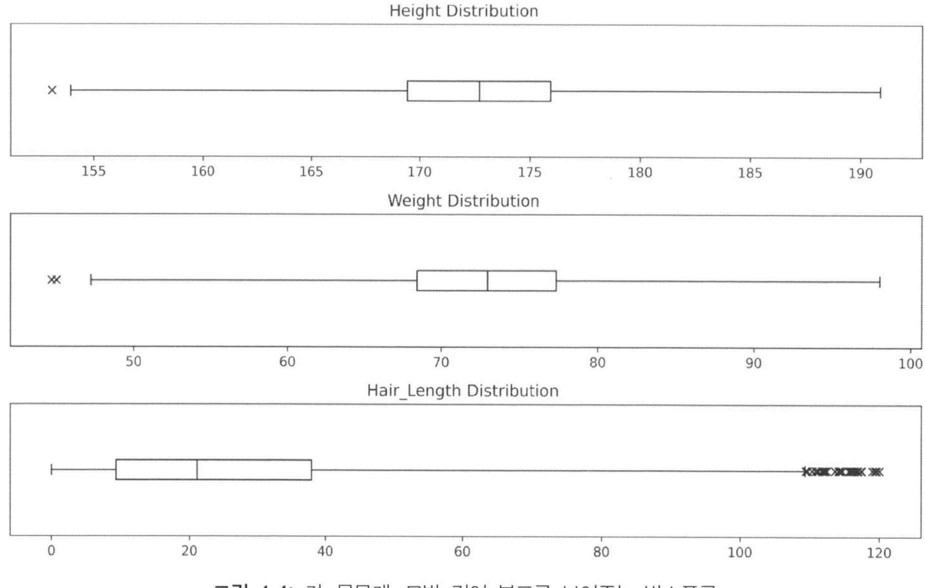

그림 4.4: 키, 몸무게, 모발 길이 분포를 보여주는 박스플롯

중앙 박스는 IQR을 25%에서 75%까지 나타낸다. 수염은 박스 위/아래에서 IQR을 곱한 승수로 확장된다. x는 수염을 지나는 아웃라이어를 표시한다.

키에 대한 임곗값의 짧은 끝에 단 하나의 아웃라이어만 나타난다. 마찬가지로 몸무게에 대해 두 개만 나타나며 둘 다 가벼운 쪽에서 나타난다. 이는 우리가 z-스코어에서 찾은 것과 같은 패턴이다. 오히려 더 '아웃라이어'의 긴 모발 길이가 발생하지만 이미 더 제한적으로 필터링하고자 더 큰 z-스코어를 사용했다. 원한다면 더 큰 수염 너비를 사용해 더 많은 모발을 걸러낼 수 있다.

시각화는 편리하지만 플롯에서 x로 표시된 실제 데이터 행을 찾고 싶다. 코드를 작성해보자. 사분위수를 찾고 IQR을 계산한 다음 인라이어[inlier] 범위를 표시한다.

```
quartiles = (
  humans4[['Height', 'Weight']]
  .quantile(q=[0.25, 0.50, 0.75, 1.0]))
```

```
quartiles
```

```
              Height       Weight
0.25     169.428884    68.428823
0.50     172.709078    72.930616
0.75     175.953541    77.367039
1.00     190.888112    98.032504
```

```
IQR = quartiles.loc[0.75] - quartiles.loc[0.25]
IQR
```

```
Height    6.524657
Weight    8.938216
dtype: float64
```

```
for col, length in IQR.iteritems():
  high = quartiles.loc[0.75, col] + 2.5*IQR[col]
  low = quartiles.loc[0.25, col] - 2.5*IQR[col]
  print(f"Inliers for {col}: [{low:.3f}, {high:.3f}]")
```

```
Inliers for Height: [153.117, 192.265]
Inliers for Weight: [46.083, 99.713]
```

실제로 이 경우 인라이어 범위를 사용해 필터링하면 z-스코어 접근 방식과 동일한 답을 얻을 수 있다. 필연적으로 키가 가장 작은 사람은 사용하는 아웃라이어 감지 기술에 관계없이 가장 작다. 그러나 도메인 동기가 부여된 IQR 승수를 선택하면 실제 데이터 분포에 따라 도메인 동기가 부여된 z-스코어를 사용하는 것보다 더 많거나 적은 아웃라이어를 식별할 수 있다.

```
cond = (
  (humans4.Height > 192.265) |
```

```
    (humans4.Height < 153.117) |
    (humans4.Weight > 99.713) |
    (humans4.Weight < 46.083))
humans4[cond]
```

```
             Height      Weight  Hair_Length  Favorite  zscore_Height
13971    153.107034   63.155154          4.4     green      -4.055392
14106    157.244415   45.062151         70.7       red      -3.199138
22945    157.293031   44.744929         18.4       red      -3.189077

         zscore_Weight  zscore_Hair_Length
13971        -1.454458           -1.018865
14106        -4.158856            2.089496
22945        -4.206272           -0.362499
```

일변량[univariate] 아웃라이어는 감지하는 데 중요할 수 있지만 때로는 비정상적인 특징의 조합이다.

다변량 아웃라이어

> 당신이 해결책의 일부가 아니라면 당신은 타락의 일부다.
>
> – 익명

개념:

- 결정적 합성 특징의 차이
- 상대적 희소성에 대한 기대

때로는 일변량 특징이 비교적 중간 정도의 z-스코어 경계에 속할 수 있지만 이러한 특징의 조합은 가능성이 낮거나 비합리적이다. 실제 머신러닝 모델은 특징 조합이 잘못될 가능성이 있다고 예측할 수 있다. 이 절에서는 문제가 있는 샘플을 식별하고자 더 간단한 특징 조합만 살펴본다.

7장에서 다항식 특징을 설명할 것이다. 이 기법은 동일한 관측치와 관련된 두 개 이상의 변수 값을 곱하고 그 결과를 새로운 특징으로 취급한다. 예를 들어 작업 예제에서 키와 몸무게는 합리적인 범위를 벗어나지 않지만 키와 몸무게의 곱셈 곱은 합리적인 한도를 벗어나 있다. 이는 확실히 가능하지만 일반적으로 이러한 특징이 처음부터 양의 상관관계가 있을 것으로 기대하므로 곱셈은 일변량 아웃라이어 감지에 의해 이미 감지된 경계를 약간 벗어난 새로운 것을 생성할 것이다.

그러나 특정 도메인에서 동기가 잘 부여된 파생 특징을 고려해보자. 체질량 지수BMI, Body Mass Index는 사람의 건강한 체중을 측정하는 데 자주 사용되는 측정값으로 다음과 같이 정의된다.

$$BMI = \frac{kg}{m^2}$$

즉, 체중과 키는 곱셈으로 결합되기보다는 이 파생된 양에서 역관계에 있다. 이 다변량 파생 특징은 몇 가지 문제가 되는 아웃라이어를 보여줄 것이다. 이전에 계산된 열을 버리고 BMI와 해당 z-스코어를 추가하는 다른 데이터 프레임 버전을 구성해보자.

```
humans5 = humans4[['Height', 'Weight']].copy()
# 무게를 cm에서 m로 변환
humans5['BMI'] = humans5.Weight / (humans5.Height/100)**2
humans5["zscore_BMI"] = (
    (humans5.BMI - humans5.BMI.mean()) /
   humans5.BMI.std()
)
humans5
```

	Height	Weight	BMI	zscore_BMI
0	167.089607	64.806216	23.212279	-0.620410
1	181.648633	78.281527	23.724388	-0.359761
2	176.272800	87.767722	28.246473	1.941852
3	173.270164	81.635672	27.191452	1.404877
...	...	...	...	...
24996	163.952580	68.936137	25.645456	0.618008
24997	164.334317	67.830516	25.117048	0.349063
24998	171.524117	75.861686	25.785295	0.689182
24999	174.949129	71.620899	23.400018	-0.524856

25000 rows × 4 columns

파생된 특징에서 아웃라이어를 찾으면 강한 신호를 볼 수 있다. 설명한 것처럼 z-스코어 4와 25,000 레코드의 데이터 세트에서 자연적 무작위 분포에 의해 하나 이상의 레코드가 아웃라이어로 나타날 것으로 예상된다. 실제로 이 절의 설명을 강조하고자 엔지니어링되기 전 데이터 세트에서 절댓값이 4보다 약간 더 큰 다음과 같은 두 개의 z-스코어가 발생했다.

```
humans5[humans5.zscore_BMI.abs() > 4]
```

	Height	Weight	BMI	zscore_BMI
21388	165.912597	90.579409	32.905672	4.313253
23456	187.110000	52.920000	15.115616	-4.741383
23457	158.330000	92.780000	37.010755	6.402625
24610	169.082822	47.250297	16.527439	-4.022805

높은 BMI와 낮은 BMI에 대한 중간 아웃라이어의 예와 마찬가지로 각 측면에 두 개의 극단적인 값이 더 있다. 이 경우 유사한 다변량 아웃라이어가 자연에서 발생한다. z-스코어 -4.74는 25,000개 샘플에서 예상되는 극단적인 값은 아니지만 완전히 신뢰할 수 없는 것은 아니다. 그러나 z-스코어 +6.4는 데이터 오류(또는 책 저자에 의한

구성) 없이 천문학적으로 발생할 가능성이 낮다. BMI는 키와 몸무게를 결합하는 파생된 특징이고 각각이 자체적으로 합리적인 범위 내에 있기 때문에 올바른 접근 방식은 이러한 문제 행을 삭제하는 것이다. 데이터 자체의 어떤 것도 체중이나 키가 문제 값인지 알 수 있도록 안내하지 않으며 어떤 수정도 합리적이지 않다.

이 특정 데이터 세트의 경우 다행히 2개(또는 4개)의 샘플만 설명 중인 문제를 표시한다. 여기에는 풍부한 데이터가 있으며 이러한 행을 삭제해도 실질적인 피해는 없다. 분명히 이 절과 마지막 몇 가지에 설명된 특정 데이터 행의 z-스코어 임곗값 및 배치에 대한 특정 결정은 예일 뿐이다. 문제와 도메인 내에서 가장 관련성이 높은 레벨과 테스트가 무엇인지 그리고 수행할 수정 사항이 무엇인지 결정해야 한다.

연습

이 장의 두 가지 연습에서는 먼저 양적 데이터에서 이상 징후를 찾은 다음 범주형 데이터에서 이상 징후를 찾아야 한다.

유명한 실험

마이컬슨-몰리Michelson-Morley 실험은 광파를 운반할 것으로 널리 추정되는 매체인 발광성 에테르의 존재를 감지하기 위한 19세기 후반의 시도였다. 이는 물리학 역사상 가장 유명한 '실패한 실험'이었는데, 그 실험에서 무엇을 찾고 있는지 감지하지 못했기 때문이다. 현재는 전혀 존재하지 않는 것으로 알고 있다.

일반적인 아이디어는 에테르 매체의 상대적인 움직임이 파동의 속도에서 더해지거나 뺄 것이기 때문에 지구의 이동 방향과 관련된 장비의 다른 방향에서 빛의 속도를 측정하는 것이다. 그것은 상대성 이론에서는 그렇게 작동하지 않지만 150년 전에는 합리적인 추정이었다.

물리학 질문 외에도 마이컬슨-몰리 실험에서 파생된 데이터 세트는 R에 빌트인된 샘플을 포함해 널리 사용할 수 있다. 동일한 데이터는 다음에서 사용할 수 있다.

https://www.gnosis.cx/cleaning/morley.dat

복잡하지 않은 형식을 파악하는 것이 이 연습의 좋은 첫 번째 단계다(그리고 실제 데이터 과학 작업에서 전형적이다).

이 데이터의 특정 숫자는 299,000의 영점에서의 km/s 단위의 광속 측정값이다. 예를 들어 실험 1의 평균 측정값은 299,909km/s였다. R 번들의 데이터를 살펴보자.

```
%%R -o morley
data(morley)
morley %>%
  group_by('Expt') %>%
  summarize(Mean = mean(Speed), Count = max(Run))
```

```
'summarise()' ungrouping output (override with '.groups' argument)
# A tibble: 5 x 3
      Expt    Mean    Count
     <int>   <dbl>    <int>
1        1     909       20
2        2     856       20
3        3     845       20
4        4     820.      20
5        5     832.      20
```

요약에서는 각 실험 설정의 실행 횟수와 해당 설정의 평균만 살펴본다. 원시 데이터에는 각 설정 내에서 20개의 측정값을 갖고 있다.

선호하는 프로그래밍 언어와 도구를 사용해 먼저 각 설정(Expt 번호로 정의됨) 내에서 아웃라이어를 식별한 다음 전체 데이터 집합 내에서 아웃라이어를 식별한다. 원래 실험에서 각 설정이 중심 경향에서 상당한 차이를 보일 것이라고 희망했지만 실제로

그 평균은 다소 달랐다.

이 책에서는 신뢰도 레벨과 귀무가설을 자세히 살펴보지 않지만 여러 설정 간에 얼마나 많은 명백한 차이가 있는지 시각적으로 파악하는 데 도움이 되는 시각화를 만든다.

각 설정 내에서 아웃라이어를 버리면 설정 간의 차이가 증가할까 아니면 감소할까? 시각화를 사용하거나 축소된 그룹에 대한 통계를 보고 확인하자.

철자가 틀린 단어

이 연습에서는 여러 개념을 설명하고자 사용했던 25,000개의 인간 측정값으로 돌아간다. 그러나 데이터 세트의 이러한 변형에서 각 행에는 개인의 이름이 있다(지난 세기 동안 미국 사회보장국의 일반적인 이름 목록에서 가져왔다. 미국 인구와 이민 트렌드의 과거 역사로 인해 이름이 영국 중심적인 것을 사과한다).

이 연습에 대한 데이터 세트는 다음에서 찾을 수 있다.

https://www.gnosis.cx/cleaning/humans-names.csv

안타깝게도 이 데이터 세트에 대한 가상의 데이터 수집가는 단순히 형편없는 타이피스트며, 이름을 입력할 때 놀라운 빈도로 오타를 만든다. 이 데이터 세트에는 의도된 이름이 몇 개 있지만 이러한 이름에 대해 단순히 잘못된 코딩도 꽤 있다. 문제는 오타와 실명을 어떻게 구별하느냐는 것이다.

문자열의 유사성을 측정하는 여러 가지 방법이 있으며 오타 가능성에 대한 단서를 제공한다. 일반적인 접근 방식 중 하나는 문자열 간의 편집 거리다. 예를 들어 R 패키지 `stringdist`는 편집 거리의 스케일로 다메라우-레벤슈타인Damerau-Levenshtein, 해밍Hamming, 레벤슈타인Levenshtein, 최적의 문자열 정렬을 제공한다. 편집에 덜 특화된 퍼지 매칭 기술은 'bag of n-grams' 접근 방식을 사용하며 q-gram, 코사인 거리,

Jaccard 거리를 포함한다. Jaro 및 Jaro-Winkler와 같은 일부 휴리스틱 메트릭도 언급된 다른 측정값과 함께 `stringdist`에 포함된다. Soundex, soundex 변형, metaphone은 발음된 단어 소리의 유사성을 찾지만 언어 및 지역 방언에 따라 다르다.

파이썬 vs. R 라이브러리의 더 일반적인 패턴의 반전으로 파이썬은 각각 몇 가지 측정값을 포함하는 수많은 라이브러리에 걸쳐 문자열 유사성 측정값을 분산시킨다. 그러나 파이썬-레벤슈타인python-Levenshtein은 이러한 조치의 대부분을 포함하는 매우 멋진 패키지다. 코사인 유사성을 원한다면 `sklearn`을 사용해야 할 수도 있다. `metrics.pairwise` 또는 다른 모듈. 음성 비교를 위해 `fonetika`와 `soundex`는 모두 여러 언어를 지원한다(그러나 각각 다른 언어, 영어는 거의 모든 패키지에 공통).

내 개인 시스템에는 문자열이 서로 얼마나 가까운지를 측정하는 데 사용하는 `similarity`라는 커맨드라인 유틸리티가 있다. 이 특별한 몇 줄의 스크립트는 레벤슈타인 거리를 측정하지만 더 긴 문자열의 길이로 정규화한다. 짧은 이름은 서로 다른 문자열 사이에서도 작은 숫자의 거리 측정값을 갖지만 전체적으로 가까운 긴 문자열은 정규화 전에 더 큰 측정값을 가질 수 있다(선택한 측정값에 따라 다르지만 대부분의 경우). 몇 가지 예가 이를 보여준다.

String 1	String 2	레벤슈타인 거리	Similarity ratio
David	Davin	1	0.8
David	Maven	3	0.4
the quick brown fox jumped	thee quikc brown fax jumbed	5	0.814814814815

이 연습의 목표는 모든 진짜 이름을 식별하고 철자가 틀린 모든 이름을 올바른 표준 철자로 수정하는 것이다. 때로는 여러 합법적인 이름이 유사성 측정 측면에서 실제로 서로 가깝다는 점을 명심하자. 그러나 적어도 희귀 철자가 일반적인 철자와 상대

적으로 유사한 경우 희귀 철자가 오타라고 가정하는 것이 합리적일 것이다. 작업에 가장 유용하다고 생각되는 프로그래밍 언어, 라이브러리, 메트릭을 사용할 수 있다.

데이터를 읽어보면 이전에 봤던 인간 측정과 유사하다는 것을 알 수 있다.

```
names = pd.read_csv('data/humans-names.csv')
names.head()
```

```
      Name      Height     Weight
0    James  167.089607  64.806216
1    David  181.648633  78.281527
2  Barbara  176.272800  87.767722
3     John  173.270164  81.635672
4  Michael  172.181037  82.760794
```

어떤 '이름'은 매우 자주 발생하고 어떤 이름은 드물게 발생한다는 것을 쉽게 알 수 있다. 이 연습에서 작업할 때 중간값도 살펴보자.

```
names.Name.value_counts()
```

```
Elizabeth   1581
Barbara     1568
Jessica     1547
Jennifer    1534
             ...
ichael         1
Wlliam         1
Richrad        1
Mray           1
Name: Name, Length: 249, dtype: int64
```

대단원

> 불가능한 것을 제거했다면 그럴듯하지 않더라도 남은 것은 진실이어야 한다.
>
> – 아서 코난 도일Arthur Conan Doyle

이 장에서 다룬 주제: 결측 데이터, 센티넬, 잘못 코딩된 데이터, 고정된 한도, 아웃라이어

이 장에서 설명한 이상 징후는 상대적으로 구별되는 몇 가지 범주로 나뉜다. 첫 번째 종류의 경우 결측 데이터를 명시적으로 표시하는 특수 값이 있지만 이러한 마커는 때때로 함정에 노출된다. 그러나 결측의 명시적인 표시는 가장 직접적인 유형의 이상 징후일 것이다. 두 번째 종류의 이상 징후는 잘못 코딩된 범주형 값이다. 일부 한정된 수의 값은 적절하며(항상 명확하게 문서화되지는 않음) 이러한 소수 값 중 하나가 아닌 것은 이상 징후다.

세 번째 종류의 이상 징후는 기대하는 범위(또는 적어도 범위가 있는)를 벗어나는 연속적인 데이터 값이다. 이러한 값을 아웃라이어라고도 하는데, 문제가 되려면 값이 일반적인 값밖에 정확히 얼마나 많은 값이 있어야 하는지는 도메인과 문제에 따라 다르다. 기댓값은 측정값에 대한 도메인 지식에서 발생하는 선험적 가정의 형태를 취할 수 있다. 또한 전체 변수 내의 데이터 분포와 해당 변수로 측정된 다른 특수 값의 편차로 인해 발생할 수 있다. 때때로 경계에 대한 기댓값은 다변량일 수 있으며, 여러 변수의 일부 숫자 조합은 기대 경계를 벗어난 값을 생성한다.

이러한 모든 종류의 이상 징후에 대해 본질적으로 취할 수 있는 두 가지 조치가 있다. 이러한 문제 중 하나가 있는 경우 관측치나 샘플을 모두 폐기하기로 결정할 수 있다. 또는 신뢰할 수 없는 값에 근거해 관찰 내에서 하나의 특징을 결측으로 좀 더 명시적으로 표시할 수도 있다. 값을 '결측' 특수 값으로 수정할 때 변경 사항과 데이터 버전을 추적하는 것은 매우 중요한 관행이다. 명시적으로 결측으로 표시된

값을 사용해 수행하기로 선택한 것은 이후 장에서 더 자세히 설명하는 다운스트림 결정이다.

5장에서는 특정 데이터 포인트의 문제를 찾는 것에서 데이터 세트의 전체적인 '형태'에 대한 문제를 찾는 것으로 이동한다.

05

데이터 품질

> 모든 데이터는 지저분하지만 일부 데이터는 유용하다.
>
> – 조지 박스George Box

책의 중간까지 읽은 것을 환영한다. 이 책은 데이터 과학자가 원시 데이터를 수집해 머신러닝 모델이나 데이터 분석에 적절한 데이터를 공급하는 과정을 어느 정도 따라가게 한다. 지금까지는 데이터를 프로그램이나 분석 시스템(예, 노트북)으로 가져오는 방법을 살펴봤고, 4장에서는 개별 데이터 포인트 레벨에서 명백하게 '나쁜' 데이터를 식별하는 방법을 살펴봤다. 다음 장에서는 이전 장에서 단계적으로 전달한 지저분하게 표시된 데이터의 수정을 살펴볼 것이다.

그러나 이제 데이터의 개별적인 세부 사항이 아니라 전체적인 '형태' 및 특성에 문제가 있을 수 있는 방법을 찾아야 할 때다. 경우에 따라 이러한 문제는 사용되는 일반적인 수집 기술, 특히 수집 중에 도입될 수 있는 체계적인 편향과 관련이 있다. 다른 경우에 문제는 데이터 수집기의 잘못이 아니라 단순히 단위와 스케일의 문제며 수정은 매우 기계적이고 일상적일 수 있다. 이 시점에서는 지금까지 했던 것처럼 단순히 지저분함을 감지하는 것이 아니라 클리닝을 시작하는 적극적인 개입으로 점차 편리해진다.

그러한 클리닝 중 하나는 종종 데이터의 순환성으로 생성하는 고유한 편향을 처리하는 것을 포함할 수 있다(종종 시간이 지나면서 발생하지만 배타적이지는 않음). 이 장의 마지막 절에서는 도메인별 유효성 검사를 수행하고 단순히 숫자가 아닌 실용적인 규칙을 활용하는 아이디어를 살펴본다. 물론 모든 도메인에는 고유한 규칙이 있을 수 있으며 이 장의 예는 특정 작업에 대한 청사진을 제공하는 것이 아니라 생각을 고취시키기 위한 것이다. 사실 이 책의 모든 내용이 데이터 과학 문제를 생각하는 방법에 영감을 주기 위한 것이며 단순히 앞에 있는 과제에 직접 복사하기 위한 레시피일 뿐이라고는 말할 수 없다.

***

먼저 표준 설정 코드를 실행해보자.

```
from src.setup import *
%load_ext rpy2.ipython
```

```
%%R
library(gridExtra)
library(tidyverse)
```

결측 데이터

증거의 부재는 부재의 증거가 아니다.

– 마틴 리스Martin Rees

개념:

- 결측 데이터의 측면
- 매개변수 공간에서 레코드 분포
- 결측 데이터의 편향

결측 데이터에 대한 이야기는 이 책에서 3부작으로 구성된다. 4장은 결측 데이터에 대한 설명으로 진행됐다. 이 경우 관심사는 다양한 데이터 형식에서 다양한 데이터 세트에 의해 다양한 방식으로 표시될 수 있는 '결측'을 식별하는 것이었다. 6장에서는 주로 결측값을 합리적인 추정으로 채우고자 수행할 수 있는 작업을 설명한다.

이 장은 4장과 6장 사이에 있다. 일부 데이터를 결측으로 확인하고자 이미 기계적 테스트나 통계적 테스트를 수행한다. 그러나 결측 데이터 포인트가 속한 관측치를 유지할지 삭제할지 아직 결정하지 않았다. 이 절에서는 결측 데이터가 전체 데이터 세트에 미치는 중요성을 평가한다.

결측 데이터가 있는 레코드가 있다면 기본적으로 해당 처리에 대해 두 가지 선택 사항이 있다. 특정 레코드를 삭제할 수 있고, 다른 한편으론 6장에서 다룰 것처럼 결측값을 어떤 값으로 보정할 수 있다. 실제로 어떤 의미에서 세 번째 옵션도 있다. 데이터 세트에서 결측 데이터의 양이나 분포 때문에 데이터를 당면한 목적으로 사용할 수 없다고 결정할 수 있다. 데이터 과학자로서 작업을 절망적으로 선언하고 싶지는 않지만 책임 있는 연구자로서 특정 데이터는 어떤 결론도 뒷받침할 수 없다는 가능성을 고려해야 한다. 결측 데이터가 이 결론을 내릴 수 있는 유일한 것은 아니지만 확실히 일반적으로 치명적인 결함 중 하나다.

레코드를 버리고 싶거나 상당 부분 값을 보정하려는 경우에도 남아있는 값이 데이터의 매개변수 공간을 공정하게 표현할 것인지 생각해야 한다. 샘플 편향은 데이터 세트의 전체 구성뿐만 아니라 결측값 분포에도 미묘하게 존재할 수 있다. 여기서 '결측'은 4장의 처리로 인해 발생할 수 있다. 이 과정에서 일부 값은 원시 데이터에 그 자체가 있더라도 신뢰할 수 없다고 판단했기 때문에 결측으로 표시됐을 수 있다.

예를 들어 이름, 연령, 성별, 좋아하는 색과 꽃을 가진 사람의 가상 데이터 세트를 만들었다고 하자. 연령, 성별, 이름은 미국 사회보장국에서 보고한 시간 경과에 따른 인기 이름의 실제 분포를 모델로 한다. 이 설명을 위해 사람들이 좋아하는 색과 꽃을 할당했다.

```
df = pd.read_parquet('data/usa_names.parq')
df
```

```
        Age    Gender          Name    Favorite_Color  Favorite_Flower
------------------------------------------------------------------------
0        48         F          Lisa            Yellow            Daisy
1        62         F         Karen             Green             Rose
2        26         M       Michael            Purple             None
3        73         F      Patricia               Red           Orchid
...     ...       ...           ...               ...              ...
6338     11         M         Jacob               Red             Lily
6339     20         M         Jacob             Green             Rose
6340     72         M        Robert              Blue             Lily
6341     64         F         Debra            Purple             Rose
6342 rows × 5 columns
```

일반적으로 레코드 컬렉션이 적당히 많은 평범해 보이는 데이터 세트다. 데이터프레임 요약에서 적어도 일부 데이터가 누락됐음을 알 수 있다. 이는 좀 더 신중하게 조사할 가치가 있다.

```
with show_more_rows():
  print(df.describe(include='all'))
```

```
                Age  Gender    Name  Favorite_Color  Favorite_Flower
count   6342.000000    6342    6342            5599             5574
```

```
unique        NaN     2      69          6         5
top           NaN     F Michael     Yellow    Orchid
freq          NaN  3190     535        965      1356
mean    42.458846   NaN     NaN        NaN       NaN
std     27.312662   NaN     NaN        NaN       NaN
min      2.000000   NaN     NaN        NaN       NaN
25%     19.000000   NaN     NaN        NaN       NaN
50%     39.000000   NaN     NaN        NaN       NaN
75%     63.000000   NaN     NaN        NaN       NaN
max    101.000000   NaN     NaN        NaN       NaN
```

판다스의 .describe() 메서드 또는 다른 도구의 유사한 요약을 사용하면 연령, 성별, 이름이 6,342개의 모든 레코드에서 값을 갖고 있음을 확인할 수 있다. 그러나 Favorite_Color 및 Favorite_Flower는 각각 약 750개의 레코드가 누락됐다. 그 자체로 행의 10~15%에 있는 데이터 결측은 큰 문제가 아닐 가능성이 높다. 이 진술은 결측 자체가 편향된 것은 아니라고 가정한다. 이러한 레코드를 모두 삭제해야 하더라도 비교적 큰 데이터 세트에서는 상대적으로 작은 부분이다. 마찬가지로 값을 보정하면 너무 많은 편향은 발생하지 않을 것이며, 다른 특징들은 해당 레코드 내에서 활용될 수 있다. 다음 절과 6장에서 언더샘플링 및 오버샘플링과 관련해 클래스 불균형을 초래하는 배제의 위험을 설명한다.

균일한 임의의 결측 데이터는 비교적 쉽게 해결할 수 있지만 편향된 방식의 결측 데이터는 더 중요한 문제를 나타낼 수 있다. 이 데이터 세트에서 어떤 범주에 속하는지 파악하고자 누락된 꽃 선호도를 사람들의 나이와 비교해보자. 101세까지의 모든 연령대를 시각화하기 어렵다. 이를 위해 사람들을 10세 그룹으로 그룹화할 것이다. 다음 그래프는 Matplotlib 위에 구축된 Seaborn이라는 통계 그래프 라이브러리를 사용한다.

```
df['Age Group'] = df.Age//10 * 10
```

```
fig, ax = plt.subplots(figsize=(12, 4.5))
sns.countplot(x="Age Group", hue="Favorite_Flower",
              ax=ax, palette='gray', data=df)
ax.set_title("Distribution of flower preference by age");
```

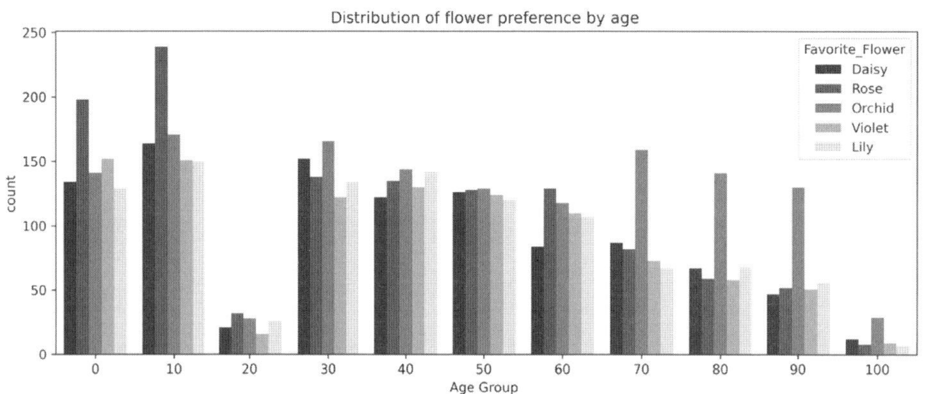

그림 5.1: 연령별 꽃 선호도 분포

이 시각화에서 몇 가지 패턴이 나타난다. 나이든 사람들은 난초를 선호하는 경향이 강하고 젊은 사람들은 장미를 선호하는 경향이 중간인 것으로 보인다. 이는 분석에 도움이 되는 데이터의 속성일 것이다. 이 절에서 더 중요한 것은 20~30대 그룹에서 좋아하는 꽃에 대한 데이터 포인트가 거의 없다는 것이다. 몇 가지 설명을 상상할 수 있지만 진정한 답은 문제와 도메인 지식에 달려 있다. 예를 들어 이러한 연령에 해당하는 데이터가 특정 기간 동안 수집되지 않았을 수 있다. 또는 해당 연령 그룹의 사람들이 좋아하는 다른 꽃을 보고했지만 이전의 부정확한 데이터 검증/클리닝 단계에서 이름이 사라졌을 수 있다.

색상 선호도는 결측 레코드를 보면 연령에 따라 유사한 패턴을 볼 수 있다. 사용 가능한 값의 빈도는 30~40대 그룹에서 발생한다.

```
fig, ax = plt.subplots(figsize=(12, 4.5))
```

```
sns.countplot(x="Age Group", hue="Favorite_Color",
              ax=ax, palette='gray', data=df)
ax.set_title("Distribution of color preference by age");
```

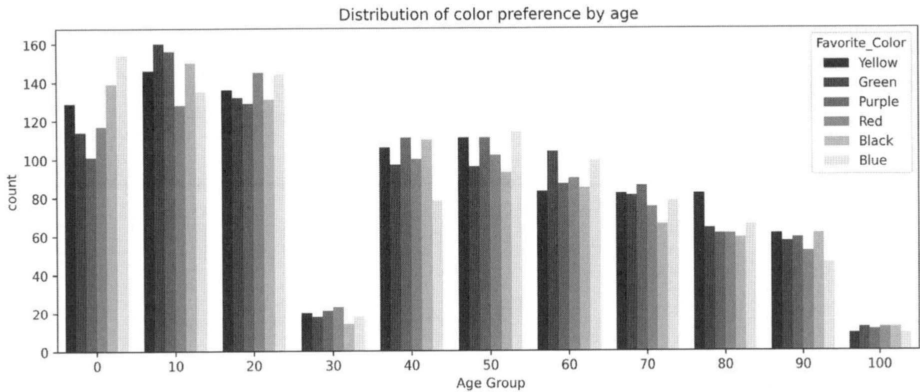

그림 5.2: 연령별 색상 선호도 분포

결측 데이터가 있는 모든 기록을 삭제하면 전체 20~40대의 사람들을 거의 대표하지 않게 될 것이다. 이러한 편향된 데이터의 이용 불가능성은 일반적으로 분석을 약화시킬 수 있다. 레코드의 수는 상당히 많지만 언급했듯이 매개변수 공간에는 빈(또는 최소한 훨씬 덜 밀집된) 영역이 있을 것이다. 분명히 이러한 진술은 데이터 분석의 목적과 기본 도메인에 대한 가정에 달려있다. 일반적으로 나이가 문제의 중요한 측면이 아니라면 접근 방식은 그다지 중요하지 않을 수 있다. 그러나 나이가 중요한 독립 변수라고 생각한다면 이 데이터를 삭제하는 것은 실행 가능한 접근 방식이 아닐 것이다.

이 절은 다른 많은 절과 마찬가지로 일반적으로 데이터 세트에 대해 수행해야 하는 탐색의 종류를 보여준다. 결측 데이터의 편향을 가장 잘 해결할 수 있는 간단한 답변은 제공하지 않는다. 그 결정은 데이터가 사용되는 목적과 데이터가 누락된 이유를 명확히 할 수 있는 배경 도메인 지식에 따라 크게 달라진다. 수정은 필연적으로 문제별로 결정된다.

데이터 세트에서 단순히 전역적으로 발생하기보다는 다른 특성과 관련해 편향이 발생할 수 있는 방법을 살펴보자.

편향적인 트렌드

괴물을 부르는 것은 이성의 수면이 아니라 경계와 불면증의 합리성이다.

– 길레스 들뢰즈Gilles Deleuze

개념:

- 수집 편향 대 기본 도메인의 트렌드
- 편향의 원천으로서의 관점
- 수집 메서드의 아티팩트
- 편향을 식별하기 위한 시각화
- 그룹별 분산
- 외적으로 기본 비율 식별
- 벤포드Benford의 법칙

때때로 데이터 내에서 샘플 편향을 감지할 수 있으며 해당 편향의 중요성에 대해 도메인 영역을 판단해야 한다. 주의해야 할 최소 두 종류의 샘플 편향이 있다. 한편으로 관측치 분포는 기본 도메인의 분포와 일치하지 않을 수 있다. 샘플에서 이러한 왜곡을 감지하려면 다른 데이터 소스를 참조하거나 자신의 도메인 영역 지식을 사용할 가능성이 높다. 반면 데이터 자체는 여러 변수 사이에 존재하는 트렌드에 의해 편향을 나타낼 수 있다. 후자의 경우 감지된 '트렌드'가 데이터에서 감지한 현상인지 아니면 컬렉션이나 큐레이션 아티팩트인지 생각해보는 것이 중요하다.

편향 이해

편향bias은 통계와 인간 과학 모두에서 중요한 용어로, 밀접하게 관련돼 있지만 분야에 따라 다른 가치를 가정한다. 가장 중립적인 통계적 의미에서 편향은 데이터 세트가 가능한 관측의 기본 모집단을 정확하게 나타내지 않는다는 사실이다. 이 솔직한 진술은 인간과 정치적으로 무거운 문제에 대해 관측 밖에서 명백하게 드러나는 것보다 더 많은 뉘앙스를 숨긴다. 대부분의 경우 데이터를 분석하는 데이터 과학자나 처음에 원시 데이터를 수집한 사람이나 도구는 기본 모집단에 속하는 항목에 대한 명확한 설명을 제공할 수 없다. 실제로 모집단은 데이터 수집 기술 측면에서 다소 순환적으로 정의되는 경우가 많다.

오래된 농담에서 누군가가 가로등 아래에서 밤에 잃어버린 열쇠를 찾는 것을 관측한다. 왜 다른 곳을 보지 않느냐는 질문에 그는 그가 보는 곳에서 시야가 더 좋기 때문이라고 대답한다. 이는 별로 재미없는 농담이지만 대부분의 데이터 세트에서 대부분 데이터 수집 패턴을 제시한다.

관찰자들은 그들이 볼 수 있는 것만 관측하고 그들이 볼 수 없는 것은 관측하지 않는다. 생존 편향은 우리가 이용할 수 있는 그러한 관측이 기초를 이루는 모집단을 대표한다고 가정하는 인지 오류에 대한 용어다.

데이터에 있는 편향을 의식하지 않는 것은 쉽고, 실제로 인간이나 사회적 주체와 관련이 있고 인간 관찰자가 심리적, 사회적 편향을 가져올 때 훨씬 더 쉬울 것이다. 그러나 결국 설치한 도구의 도움을 받더라도 다른 모든 것을 관측하는 것은 결국 인간이다. 예를 들어 비교 행동학의 역사(동물 행동 연구)는 대개 과학자들이 은유와 맹목적으로 동물의 행동을 보고 주변 인간에게 존재하거나 또는 존재해야 한다고 믿는 동물의 행동을 관측한 역사다. 인간 문학이나 음악의 범위를 결정하고자 지역 도서관의 책을 조사하면 지역 언어를 사용하고 지역 음악 스타일을 연주하는 작가와 음악가의 우위를 발견하게 될 것이다. 심지어 인간에 관한 것이 명백하게 아닌 것처럼 보이는 영역에서도 유리한 점은 관점적 편향을 일으킬 수 있다. 예를 들어 우주에 존재하는 별의 유형과 다양한 유형의 확산을 분류하면 우리는 항상 우주 지평선 안에 있는 별들을 관측하고 있는데, 이는 공간과 시간의 상호작용을 표현할 뿐만 아니라 우주 전체를 균일하게 묘사하지 않을 수도 있다. 물론 우주 학자들은 이것을 알고 있지만 자신의 관측에 내재된 편견으로 알고 있다.

이 절에서는 대부분 이러한 패턴을 모두 감지하고자 인위적으로 합성한 미국인 이름/연령 데이터의 버전을 살펴본다. 마지막 절에서와 같이 이 데이터는 사회보장국 데이터를 기반으로 여러 연령대에서 서로 다른 이름의 빈도를 대략 정확하게 나타낸다. 실제 도메인 내에서 다양한 이름의 인기가 시간이 지남에 따라 실제로 변했음을 알 수 있다. 마지막 절에서와 같이 시각화를 위해 사람들을 더 정교하지 않은 연령 그룹으로 집계하는 것이 유용하다.

이 책 전체에서 예제로 선택하거나 생성하는 데이터 세트에는 사회적 편향을 피하려고 시도했다. 이름 테이블 행에 있는 상상 속의 사람들을 위해 눈 색깔, 좋아하는 음식, 음악적 선호와 같이 민족적으로나 문화적으로 더 분명하게 표시된 특징보다는 좋아하는 색깔이나 꽃과 같은 특징을 추가했다. 내가 사용하고자 발명한 특징들조차도 문화와 완전히 독립적인 것은 아니며, 사회 세계에서 내 위치는 다른 곳에 위치한 누군가가 다른 요인 값을 선택하게 이끌 것이다.

또한 매년 미국에서 가장 인기 있는 이름 5개를 선택함으로써 일종의 다수 편견을 부과한다. 예를 들어 모두 대략 유럽 출신 백인 이름이며 아프리카계 미국인, 라틴계, 중국인 또는 폴란드인의 특징이 있는 이름은 없다. 이는 상위 5개 연도별 콜레이션collation 방식을 제외하고는 모두 일반적이다.

```
names = pd.read_parquet('data/usa_names_states.parq')
names['Age Group'] = names.Age//10 * 10
names
```

```
        Age  Birth_Month         Name  Gender             Home   Age Group
----------------------------------------------------------------------------
0        17         June      Matthew      M            Hawaii          10
1         5    September         Emma      F              West    Virginia
0
2         4      January         Liam      M            Alaska           0
3        96        March      William      M          Arkansas          90
...     ...          ...          ...    ...               ...         ...
6338     29       August      Jessica      F     Massachusetts          20
6339     51        April      Michael      M           Wyoming          50
6340     29          May  Christopher      M    North Carolina          20
6341     62     November        James      M             Texas          60
6342 rows × 6 columns
```

Birth_Month 및 Home 필드가 이 데이터 세트에 추가됐으며 관측치가 약간의 편향을 나타낼 수 있다는 것을 규정하자. 그것을 살펴보기 전에 예상되는 트렌드를 살펴보자. 이 데이터 세트는 각 출생 연도에 가장 인기 있는 남성 및 여성 이름만을 기반으로 인위적으로 구성됐다. 특정 이름이 특정 연도 또는 특정 10년 동안 상위 5위(성별)에 포함되지 않을 수 있지만 그럼에도 미국의 특정 사람들에게는 그런 이름이 주어졌을 것이다(그리고 비합성 데이터에 나타날 가능성이 있음).

```
fig, ax = plt.subplots(figsize=(12, 4.5))
somenames = ['Michael', 'James', 'Mary', 'Ashley']
popular = names[names.Name.isin(somenames)]
sns.countplot(x="Age Group", hue="Name",
              ax=ax, palette='gray', data=popular)
ax.set_title("Distribution of name frequency by age");
```

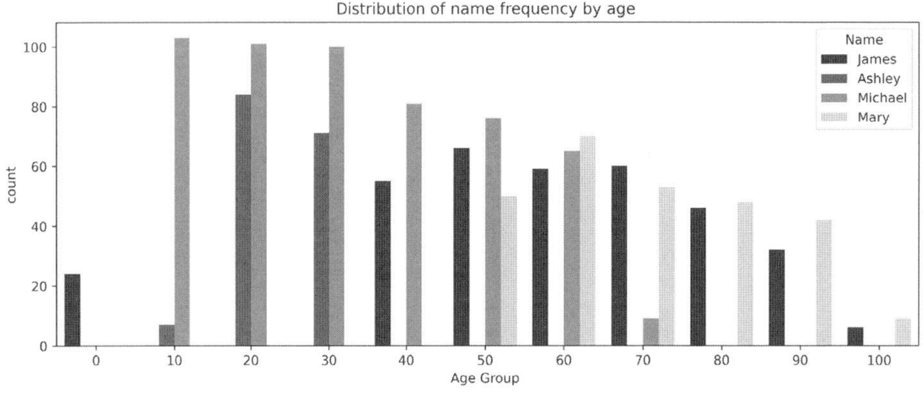

그림 5.3: 연령별 이름 빈도 분포

이 데이터에서 트렌드를 볼 수 있다. `Mary`는 데이터 세트에서 노인들 사이에서 인기 있는 이름이지만 젊은 사람들에게 가장 인기 있는 이름에는 더 이상 나타나지 않는다. `Ashley`는 20~~40세 사이에서 매우 인기가 있지만 그 연령대 밖에서는 나타나지 않는다. `James`는 대부분 연령대에서 사용된 것으로 보이지만 10~40대 사이에서 상위 5위에 들지 못하다가 10세 미만 어린이 사이에서 부활했다. 마찬가지로 `Michael`은 특히 10~60대에서 대표되는 것으로 보인다.

데이터 생성에 사용된 상위 5개 임곗값은 시각화에 몇 가지 아티팩트를 분명히 만들었지만 일부 이름이 인기를 얻고 다른 이름은 사라지는 일반적인 패턴은 최소한의 도메인 지식으로 기대할 수 있는 현상이다. 게다가 미국에서 인기 있는 아기 이름에 대해 조금만 더 알고 있다면 이름의 구체적인 분포가 그럴듯해 보일 것이다. 표시된 4개 이름과 나머지 65개 이름 모두 다운로드하면 데이터 세트 내에서 조사할 수 있다.

편향 감지

빈도를 명명할 때와 유사한 분석을 출생 월에 적용해보자. 최소한의 도메인 지식은 출생 월에 작은 연간 주기가 있지만 연령에 따른 일반적인 트렌드가 있어서는 안

된다는 것을 알려준다. 어떤 세계사적 사건이 특정 년도, 특정 월의 출산에 극적으로 영향을 미쳤더라도 수십 년에 걸쳐 집계할 때 전반적인 트렌드는 거의 만들지 않을 것이다.

```
fig, ax = plt.subplots(figsize=(12, 4.5))
months = ['January', 'February', 'March', 'April']
popular = names[names.Birth_Month.isin(months)]
sns.countplot(x="Age Group", hue="Birth_Month",
              ax=ax, palette='gray', data=popular)
ax.set_title("Distribution of birth month frequency by age");
```

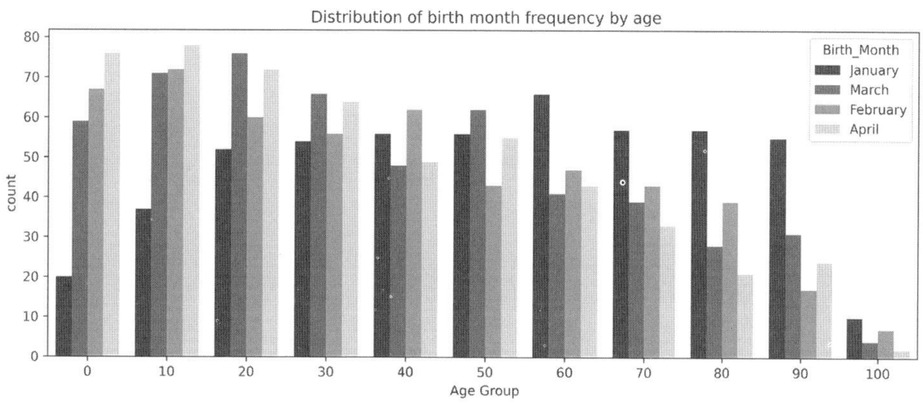

그림 5.4: 연령별 출생 월 빈도 분포

편향적인 트렌드를 배제하려는 우리의 희망과는 달리 알 수 없는 이유로 1월 출생은 가장 젊은 사람들 사이에서 극적으로 과소평가되고 가장 나이 많은 사람들 사이에서 극적으로 과대평가된다는 점을 발견했다. 이는 일반적으로 젊은 층이 더 많은 연령대 트렌드에 겹치지만 그럼에도 패턴은 강해 보인다. 우리는 4월 이후 월을 보지 않았지만 비슷한 방식으로 볼 수 있다.

단순히 샘플링 문제로 인해 데이터 세트에서는 일정량의 무작위 변동이 발생한다. 데이터 세트에서 4월이 40대보다 50대에 대해 다소 더 일반적인 출생 월이라는 사실은 연령과 생년 월을 모두 크로스 컷해보면 데이터 포인트가 상대적으로 적기 때문에(50개 정도) 의미가 없을 가능성이 크다. 실제 데이터 편향과 무작위성을 구별하려면 추가 분석이 필요할 수 있다(구성에 따라 단순한 시각화에서도 1월 패턴이 강하게 튀어 나오지만).

그것을 분석할 수 있는 방법은 여러 가지가 있지만 다른 변수와 관련해 한 변수의 분산에서 눈에 띄는 차이를 찾는 것은 좋은 힌트가 될 수 있다. 예를 들어 우리는 1월 출생 월의 패턴에 이상이 있다고 생각하지만 연령별 분포에 일반적인 불규칙성이 있는가? 정확한 연령을 사용해 이를 분석하려고 시도할 수 있지만 이로 인해 구별이 너무 세분화돼 좋은 서브샘플 크기를 갖지 못할 수 있다. 10년은 이 테스트에 적합한 해결책이다. 항상 그렇듯이 그러한 판단을 내릴 때 주제를 생각해보자.

연령이 증가함에 따라 인구가 감소하기 때문에 원시 숫자에 크게 영향을 받지 않는 통계를 찾아야 한다. 특히 각 연령대 및 출생 월별 레코드의 수를 계산하고 그 수가 현저하게 다른지 확인할 수 있다. 연령대의 크기가 커짐에 따라 분산 또는 표준편차(수)가 증가한다. 그러나 모든 월의 연령대 내에서 원시 수로 나누기만 하면 이를 정규화할 수 있다.

약간의 판다스 마법은 우리에게 이러한 것을 가져다준다. 데이터를 연령대별로 그룹화해 출생 월을 확인하고, 각 Age × Birth_Month에 해당하는 레코드 수를 계산하려고 한다. 이것을 계층적 색인보다는 테이블 형식으로 보고 싶다. 이 작업은 데이터에서 발생하는 순서대로 월을 정렬하지만 연대기 순으로 정렬하는 것이 더 친숙하다.

```
by_month = (names
    .groupby('Age Group')
    .Birth_Month
    .value_counts()
    .unstack())

by_month = by_month[month_names]
```

```
by_month
```

```
Birth_Month January February  March  April     May     June   July  August
  Age Group
--------------------------------------------------------------------------
          0      20       67     59     76      66       77     71      65
         10      37       72     71     78      70       73     82      81
         20      52       60     76     72      65       65     71      66
         30      54       56     66     64      73       58     87      82
        ...     ...      ...    ...    ...     ...      ...    ...     ...
         70      57       43     39     33      39       36     45      34
         80      57       39     28     21      31       37     23      28
         90      55       17     31     24      21       23     30      29
        100      10        7      4      2       6        2      4       6

Birth_Month  September    October    November    December
  Age Group
------------------------------------------------------------
          0         67         67          56          63
         10         83         79          70          79
         20         68         75          76          71
         30         66         65          57          58
        ...        ...        ...         ...         ...
         70         38         30          37          37
         80         27         31          34          37
         90         33         25          28          20
        100          5          5           7           7

11 rows × 12 columns
```

즉시 결론을 내리기에는 데이터 그리드가 너무 많이 남아 있으므로 설명했듯이 연령대별 정규화된 분산을 살펴보자.

```
with show_more_rows():
```

```
print(by_month.var(axis=1) / by_month.sum(axis=1))
```

```
Age Group
0          0.289808
10         0.172563
20         0.061524
30         0.138908
40         0.077120
50         0.059772
60         0.169321
70         0.104118
80         0.227215
90         0.284632
100        0.079604
dtype: float64
```

100세 이상된 그룹은 정규화된 분산이 낮지만 작은 서브세트다. 다른 연령대 중에서 중년층은 노년층이나 젊은층보다 월간 정규화 분산이 현저하게 낮다. 이 차이는 10세 미만과 80세 이상에서 상당히 두드러진다. 이 시점에서는 출생 월 수집에서 어떤 종류의 샘플 편향이 발생했다고 합리적으로 결론을 내릴 수 있다. 구체적으로 샘플링된 사람의 연령대에 따라 다른 편향이 있다. 이 편향이 당면한 목적에 중요한지 여부에 관계없이 그 사실은 분석 또는 모델의 모든 작업 결과물에 명확하게 문서화돼야 한다. 원칙적으로 6장에서 설명할 일부 샘플링 기술은 이에 대한 조정과 관련이 있을 수 있다.

기준선과 비교

이 합성 데이터 세트의 설정은 물론 보너스다. 출생 월을 소개할 뿐만 아니라 거주나 출생의 주 또는 영토라는 의미로 가정을 추가했다. 열의 의미를 명확히 설명하는 문서화된 메타데이터는 없지만 현재 거주하는 상태로 간주하자. 그것을 출생지로 해석하기로 결정했다면 다양한 연령대의 사람들이 태어났을 때 인구에 대한 역사적 데이터를 찾아야 할 수도 있다. 분명히 가능하지만 현재로 가정하는 것은 우리의 작업을 단순화시킨다.

미국 여러 주의 현재 인구를 살펴보자. 이는 고려중인 데이터 세트에서 샘플 편향을 찾을 수 있는 상대적인 외부 기준을 제공한다.

```
states = pd.read_fwf('data/state-population.fwf')
states
```

```
               State  Population_2019  Population_2010      House_Seats
-------------------------------------------------------------------------
 0        California         39512223         37254523             53.0
 1             Texas         28995881         25145561             36.0
 2           Florida         21477737         18801310             27.0
 3          New York         19453561         19378102             27.0
...              ...              ...              ...              ...
52              Guam           165718           159358              0.5
53   U.S. Virgin Isl           104914           106405              0.5
54    American Samoa            55641            55519              0.5
55    N. Mariana Isl            55194            53883              0.5
56 rows × 4 columns
```

대부분의 독자가 알다시피 미국의 여러 주와 영토에 걸친 인구 규모의 범위는 상당히 크다. 이 특정 데이터 세트에서 미국 하원의 주 표현은 정수로 제공되지만 투표를 하지 않는 일부 엔티티의 특수 상태를 나타내고자 특수 값 0.5가 사용된다(이는 참고로 이 절과 관련이 없다).

데이터 세트에서 개인의 거주 주를 살펴보자. 인덱스 정렬 단계는 주가 카운트나 다른 항목이 아닌 알파벳 순서로 나열되게 하는 데 사용된다.

```
(names
   .Home
   .value_counts()
   .sort_index()
   .plot(kind='bar', figsize=(12, 3),
         title="Distribution of sample by home state")
);
```

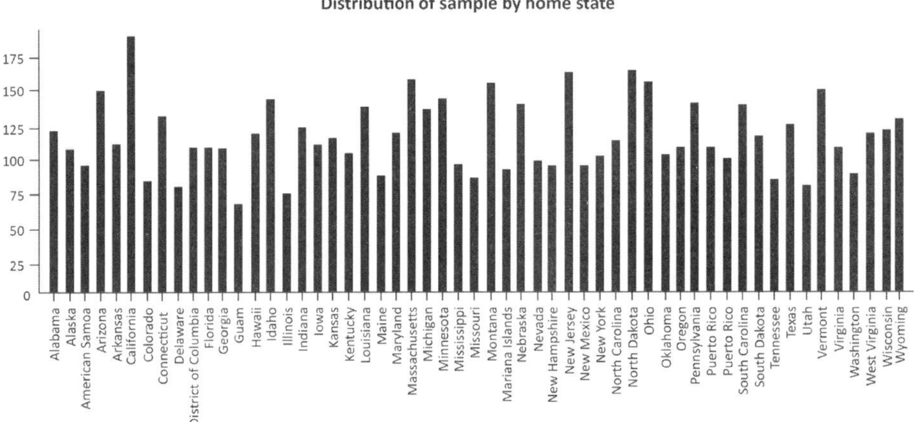

그림 5.5: 거주 주별 샘플 분포

각 주의 주민으로부터 추출한 샘플의 수에는 분명한 차이가 있다. 그러나 가장 큰 주인 캘리포니아는 가장 작은 샘플 수의 약 3배에 불과하다. 이에 비해 기본 모집단에 대한 유사한 견해는 다른 분포를 강조한다.

```
(states
   .sort_values('State')
   [['State', 'Population_2019']]
   .set_index('State')
   .plot(kind='bar', figsize=(12, 3),
         title="2019 Population of U.S. states and territories")
);
```

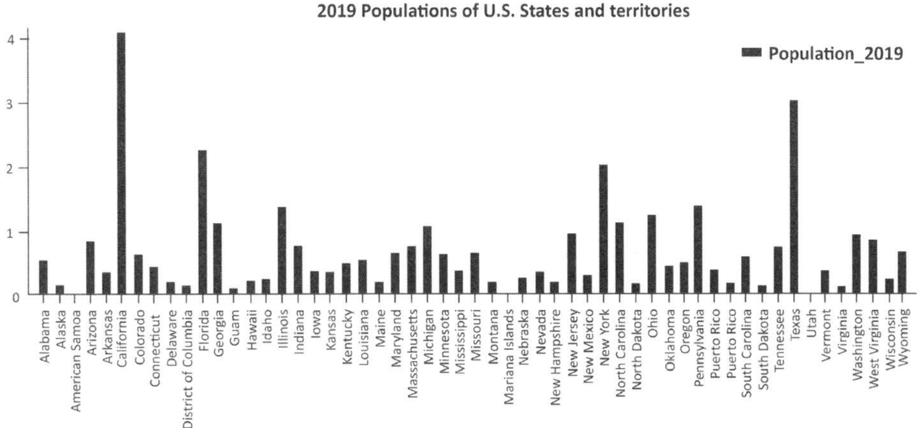

그림 5.6: 2019년 미국 주 및 영토의 인구

캘리포니아는 이 데이터 세트에 대해 가장 많은 샘플을 제공하는 반면, 캘리포니아 주민들은 주의 기준 인구에 비해 가장 적게 대표된다. 일반적인 패턴으로 더 작은 주는 일반적으로 과도하게 표현되는 경향이 있다. 이를 다양한 주의 크기에 기초한 선택 편향으로 생각할 수 있으며 아마도 그렇게 생각해야 할 것이다. 이전과 마찬가지로 수집 및 큐레이션 절차를 설명하는 정확한 문서나 메타데이터가 없는 한 불균형의 원인을 확신할 수 없다. 그러나 상대적인 샘플 빈도에 대한 모집단의 역관계에는 강한 트렌드가 존재한다.

여기서 주목할 점은 때때로 샘플링 접근법이 의도적으로 유사한 불균형을 야기한다는 것이다. 실제 샘플이 주당 일부 고정된 N을 수집해 정확하게 균형을 이룬다면 이는 기본 비율을 기반으로 한 샘플링과는 반대로 의도적인 범주형 샘플링을 상당히 명확하게 가리킬 것이다. 우리가 실제로 갖고 있는 패턴은 그것보다 덜 분명하다. 샘플링 비율이 이 데이터에 직접 존재하지 않는 다른 기본 특징을 기반으로 한다는 가설을 세울 수 있다.

예를 들어 각주의 각 카운티에서 고정된 수의 관측이 이뤄졌고 더 큰 주에는 더 많은 카운티가 있는 경향이 있다(이는 실제 기본 파생이 아니지만 이러한 방식으로 생각해야 한다). 데이터 무결성 문제를 이해하는 것은 실험과 가설의 과학적 과정과 유사하다.

데이터가 더러워진 이유에 대한 합리적인 이론을 개발하는 것은 항상 데이터를 수정하는 데 있어 좋은 첫 번째 단계다(또는 당면한 실제 문제와 관련이 없다고 문제를 무시하는 경우에도).

벤포드의 법칙

많은 관측된 숫자에서 자릿수 분포에 대한 흥미로운 사실을 **벤포드의 법칙**[Benford's Law]이라고 부른다. 광범위한 실제 데이터 세트의 경우 선행 숫자가 1인 경우가 선행 숫자가 2인 경우보다 훨씬 더 자주 표시되며, 이는 선행 숫자가 3인 경우보다 훨씬 더 일반적으로 발생한다. 이 패턴을 보면 위험한 편향을 반영하지 않을 것이다. 사실 많은 종류의 관측에서 이 패턴을 보지 못한다면 그것은 그 자체로 편향(또는 심지어 사기)을 반영할 수 있다.

분포가 벤포드의 법칙을 정확하게 따르는 경우 구체적으로 다음과 같이 숫자가 분포될 것이다.

$$P(d) = \log_{10}\left(1 + \frac{1}{d}\right)$$

그러나 이 분포는 종종 실제 데이터에 대한 근사치다.

멱법칙이나 스케일링 요인에 따라 데이터가 분포될 때 선행 숫자가 '편향된' 방식으로 분포될 것인지 이해하는 것은 비교적 직관적이다. 그러나 자연에서 분명히 스케일링되지 않는 많은 관측 데이터는 여전히 벤포드의 법칙을 따른다(적어도 대략). 확인한 예를 하나 살펴보자. 나는 인구가 가장 많은 미국 도시의 인구와 지역에 대한 형식을 모아 클리닝했다.

```
cities = pd.read_fwf('data/us-cities.fwf')
cities
```

	NAME	POP2019	AREA_KM2
0	New York City	8336817	780.9
1	Los Angeles	3979576	1213.9
2	Chicago	2693976	588.7
3	Houston	2320268	1651.1
...	...	...	...
313	Vacaville	100670	75.1
314	Clinton	100471	72.8
315	Bend	100421	85.7
316	Woodbridge	100145	60.3

317 rows × 3 columns

먼저 인구의 선행 숫자를 세어보자.

```
pop_digits = cities.POP2019.astype(str).str[0].value_counts()
with show_more_rows():
  print(pop_digits)
```

```
1    206
2     53
3     20
4     10
6      9
5      8
8      5
7      3
9      3
Name: POP2019, dtype: int64
```

이제 평방킬로미터 단위의 면적에 대해 동일한 질문을 한다.

```
area_digits = cities.AREA_KM2.astype(str).str[0].value_counts()
```

```
with show_more_rows():
  print(area_digits)
```

```
1     118
2      47
3      31
4      23
9      21
8      21
7      20
6      20
5      16
Name: AREA_KM2, dtype: int64
```

두 데이터 컬렉션 모두 벤포드의 법칙의 이상적 분포와 정확히 일치하지 않지만 둘 다 대략 오름차순으로 선행 숫자를 선호하는 일반적인 패턴을 보여준다.

범주형 변수의 고르지 않은 분포의 중요성을 평가해보자.

클래스 불균형

> 실제 전제 조건으로, 실제와 구체적인 것으로 시작해 모집단과 함께 [...]으로 시작하는 것이 옳은 것 같다. 그러나 자세히 살펴보면 이는 잘못된 것으로 판명된다. 예를 들어 모집단으로 구성된 클래스를 제외하면 모집단은 추상화다.
>
> – 카를 마르크스Karl Marx

개념:

- 희귀 사건 예측

- 특징 vs. 대상의 불균형
- 도메인 vs. 데이터 무결성 불균형
- 불균형의 원인에 대한 포렌식 분석
- 인과 관계의 방향을 규정

받은 데이터에는 범주형 데이터가 있는 경우 불균형 클래스가 있다. 범주형 변수가 가질 수 있는 몇 가지 고유한 값을 때때로 **요인 레벨**factor levels이라고도 한다('요인factor'은 '들어가며'와 '용어 사전'에서 설명한 대로 '특징feature' 또는 '변수variable'와 동의어다). 또한 6장의 '샘플링' 절에서 설명하겠지만 연속형 변수를 증분으로 나누는 것은 종종 합성 범주를 유용하게 형성할 수 있다. 원칙적으로 모든 변수는 당면한 목적에 따라 범주적 측면을 가질 수 있다. 이러한 요인 레벨이 현저하게 다른 빈도로 발생하면 선택 편향이나 다른 종류의 편향이 나타날 수 있다. 그러나 이는 매우 자주 데이터의 고유한 특성을 단순히 나타내며 관측치의 필수적인 부분이다.

많은 유형의 머신러닝 모델은 자주 발생하지 않는 이벤트를 예측하는 데 어려움이 있기 때문에 문제가 발생한다. 구체적으로 클래스를 재조정하는 방법은 6장까지 미루겠지만 여기서는 적어도 클래스 불균형의 식별에 대해 반성하고 싶다. 더욱이 많은 머신러닝 기술은 클래스 불균형에 매우 민감하지만 다른 기술은 클래스 불균형에 다소 무관심하다. 특정 모델의 특성과 다른 모델과의 대조에 관한 문서화는 이 책의 범위를 벗어난다.

특히 클래스 불균형이 문제가 될 때와 클래스가 데이터 예측값의 중심일 때의 주요 차이점은 정확히 대상과 특징 간의 차이다. 또는 종속 변수와 독립 변수의 차이다. 모델에 어려움을 초래할 수 있는 드문 이벤트를 생각할 때 일반적으로 드문 목푯값을 의미하며 드문 특성에 대해 걱정하는 경우가 있다. 샘플링을 사용해 클래스의 균형을 재조정하려는 경우 거의 항상 목표 클래스 값과 관련이 있다.

간단한 예를 들어보자. 내 웹 서버에서 2주간의 아파치 서버 로그를 샘플 데이터로 제공한다. 이러한 로그 파일에는 여러 특징이 인코딩돼 있지만 각 요청의 특수 값은 반환된 HTTP 상태 코드다. 내 웹 서버의 동작을 모델링하는 시도를 상상한다면 이 상태 코드를 다른 (독립) 변수에 의해 예측될 수 있는 대상으로 취급하고 싶을 것이다. 물론 로그 파일 자체는 그러한 목적을 부과하지 않는다. 각 요청(응답 포함)의 수많은 특징에 대한 데이터를 포함하고 있을 뿐이다.

내 웹 서버에서 실제 요청으로 반환된 상태 코드는 매우 불균형적이며, 이는 일반적으로 좋은 것이다. 대부분의 요청이 200 OK 응답(또는 적어도 2xx 코드)을 생성하기를 원한다. 그렇지 않은 경우 사용자가 사용한 URL에 문제가 있거나 웹 서버 자체에 문제가 있는 것이다. URL이 다른 웹 페이지의 링크와 같이 잘못된 형식으로 게시됐을 수 있다. 또는 고의로 잘못된 요청이 내 서버를 해킹하려는 시도에 사용됐을 수 있다. 2xx 이외의 상태 코드는 절대 원하지 않지만 필연적으로 일부 발생한다. 이들의 분포를 살펴보자.

```
%%bash
zcat data/gnosis/*.log.gz |
  cut -d' ' -f9 |
  sort |
  uniq -c
```

```
  10280 200
      2 206
    398 301
   1680 304
    181 403
    901 404
      9 500
```

여기서는 200 상태가 지배적이다. 다음으로 높은 발생은 304 Not Modified며 실제로도 괜찮다. 클라이언트에 캐시된 복사본이 최신 상태로 남아 있음을 나타낸다.

이러한 4xx 및 5xx(및 아마도 301) 상태 코드는 일반적으로 바람직하지 않은 이벤트며, 이를 유발하는 패턴을 모델링할 수 있다. 아파치 access.log 파일(정확한 필드와 마찬가지로 파일명은 설치에 따라 다름)의 내용을 상기해보자.

```
%%bash
zcat data/gnosis/20200330.log.gz | head -1 | fmt -w50
```

```
162.158.238.207 - - [30/Mar/2020:00:00:00 -0400]
"GET /TPiP/024.code HTTP/1.1" 200 75
```

이 라인에는 다양한 데이터가 있지만 특히 거의 모든 데이터를 범주형으로 생각하기 쉽다. IP 주소는 점으로 구분된 쿼드며 첫 번째(및 종종 두 번째) 쿼드는 주소가 시작된 조직이나 지역과 상관되는 경향이 있다. IPv4 주소 할당은 여기에서 자세히 설명할 수 있는 것보다 더 복잡하지만 특정 /8 또는 /16 출처에서 시작된 요청이 200이 아닌 응답을 받는 경향이 있을 수 있다. 마찬가지로 날짜는 안타깝게도 ISO 8601 형식으로 인코딩되지 않았지만 월, 시간, 분 등에 대한 범주형 필드로 생각할 수 있다.

이 레코드를 읽고 데이터 프레임으로 다듬는 판다스 코드를 살펴보자. 수행된 특정 조작이 이 절의 주요 목적은 아니지만 이러한 방법 중 일부에 익숙해지는 것은 가치가 있다.

그러나 한 가지 주목해야 할 점은, 예를 들어 내 웹 서버가 하루 동안 불규칙했던 패턴에 대해 별로 신경 쓰지 않는다고 결정했다는 것이다. 이 특정 데이터에서는 발생하지 않았지만 발생한다면 분석 대상이 아닌 일회성 발생이라고 가정할 것이다. 시간과 분으로 구성된 별도의 순환 요소는 반복되는 문제를 감지할 수 있다(이 장의 뒷부분에서 자세히 설명한다). 예를 들어 내 웹 서버는 오전 3시경에 많은 404 응답을 제공하며, 이는 확인할 가치가 있는 패턴/문제일 것이다.

```
def apache_log_to_df(fname):
    # 하나의 로그 파일을 읽는다. 공백으로 구분된 파일로 처리
    # 명시적 헤더가 없으므로 열을 할당
    cols = ['ip_address', 'ident', 'userid', 'timestamp',
            'tz', 'request', 'status', 'size']
    df = pd.read_csv(fname, sep=' ', header=None, names=cols)

    # 첫 번째 패스는 실행 가능한 것을 얻지만 이를 수정한다.
    # datetime에는 불필요한 '['가 있지만, fmt는 일치한다.
    fmt = "[%d/%b/%Y:%H:%M:%S"
    df['timestamp'] = pd.to_datetime(df.timestamp, format=fmt)

    # 시간대를 정수로 변환
    # 일반적이지 않다. 이 로그는 통합 시간대를 사용한다.
    # 예를 들어 인도 표준시(GMT+5:30)가 이를 위반한다.
    df['tz'] = df.tz.str[:3].astype(int)
    # 인용된 요청을 하위 구성 요소로 나눈다.
    df[['method', 'resource', 'protocol']] = (
                df.request.str.split(' ', expand=True))

    # IP 주소를 각 쿼드로 나눈다.
    df[['quad1', 'quad2', 'quad3', 'quad4']] = (
                df.ip_address.str.split('.', expand=True))

    # 판다스를 사용하면 datetime에서 구성 요소를 가져올 수 있다.
    df['hour'] = df.timestamp.dt.hour
    df['minute'] = df.timestamp.dt.minute

    # 리소스를 경로/디렉터리와 실제 페이지로 분할
    df[['path', 'page']] = (
                df.resource.str.rsplit('/', n=1, expand=True))
    # 일부 필드만 현재 목적의 용도로 사용
    cols = ['hour', 'minute',
            'quad1', 'quad2', 'quad3', 'quad4',
            'method', 'path', 'page', 'status']
    return df[cols]
```

이 함수를 사용하면 파일명 컬렉션을 매핑하고 데이터 프레임을 연결해 모든 일일 로그 파일을 단일 판다스 DataFrame으로 읽을 수 있다. 결과 데이터 프레임의 페이지를 제외한 모든 것은 범주형 변수로 생각하는 것이 합리적이다.

```
reqs = pd.concat(map(apache_log_to_df,
                 glob('data/gnosis/*.log.gz')))
# 각 파일은 0부터 인덱스를 가지므로 원시 버전에서 중복이 발생
reqs = reqs.reset_index().drop('index', axis=1)
# /16 서브네트워크는 이 목적에 너무 랜덤하다.
reqs.drop(['quad3', 'quad4'], axis=1, inplace=True)
reqs
```

```
       hour  minute  quad1  quad2 method                             path
0         0       0    162    158    GET /download/pywikipedia/cache
1         0       3    172     68                          GET /TPiP
2         0       7    162    158   GET download/pywikipedia/archive
3         0       7    162    158                    GET /juvenilia
...     ...     ...    ...    ...    ...                            ...
13447    23      52    162    158         GET /download/gnosis/util
13448    23      52    172     69                                GET
13449    23      52    162    158            GET /publish/resumes
13450    23      56    162    158    GET /download/pywikipedia/cache

                               page  status
0      DuMont%20Television%20Network    200
1                          053.code    200
2                         ?C=N;O=A    200
3     History%20of%20Mathematics.pdf    200
...                              ...    ...
13447                     hashcash.py    200
13448                     favicon.ico    304
13449                                   200
13450            Joan%20of%20Lancaster    200

13451 rows × 8 columns
```

내 웹 서버에서는 콘텐츠가 있는 디렉터리가 상대적으로 적지만 이러한 디렉터리 중 상당수에는 비교적 많은 다양한 구체적인 페이지가 있다. 사실 /download/pywikipedia/cache 경로는 15년 넘게 실행했던 것을 잊어버린 위키피디아 페이지의 형식 클리닝을 수행하는 로봇이다. 위키피디아 페이지를 가리킬 수 있다는 점을 감안할 때 내 서버가 응답할 수 있는 가능한 페이지의 공간은 제한이 없다. URL 매개변수가 때때로 일부 리소스에 전달되기 때문에 긴 경로 구성 요소도 약간 있다. 클래스 불균형이 발생하는 곳을 주시하면서 이 데이터 세트의 다른 특징 분포를 시각화해보자.

```
fig, axes = plt.subplots(3, 2, figsize=(12, 9))

# 클라스 균형을 위해 어떤 요소를 분석해야 할까?
factors = ['hour', 'minute', 'quad1', 'quad2', 'method', 'status']

# 축 서브플롯과 요인을 반복한다.
for col, ax in zip(factors, axes.flatten()):
  # 분은 범주형이지만 너무 많이 양자화한다.
  if col == 'minute':
    data = (reqs[col] // 5 * 5).value_counts()
  else:
    data = reqs[col].value_counts()
  data.plot(kind='bar', ax=ax)
  ax.set_title(f"{col} distibution")

# 서브플롯의 간격을 개선하기 위한 Matplotlib 트릭
fig.tight_layout()
```

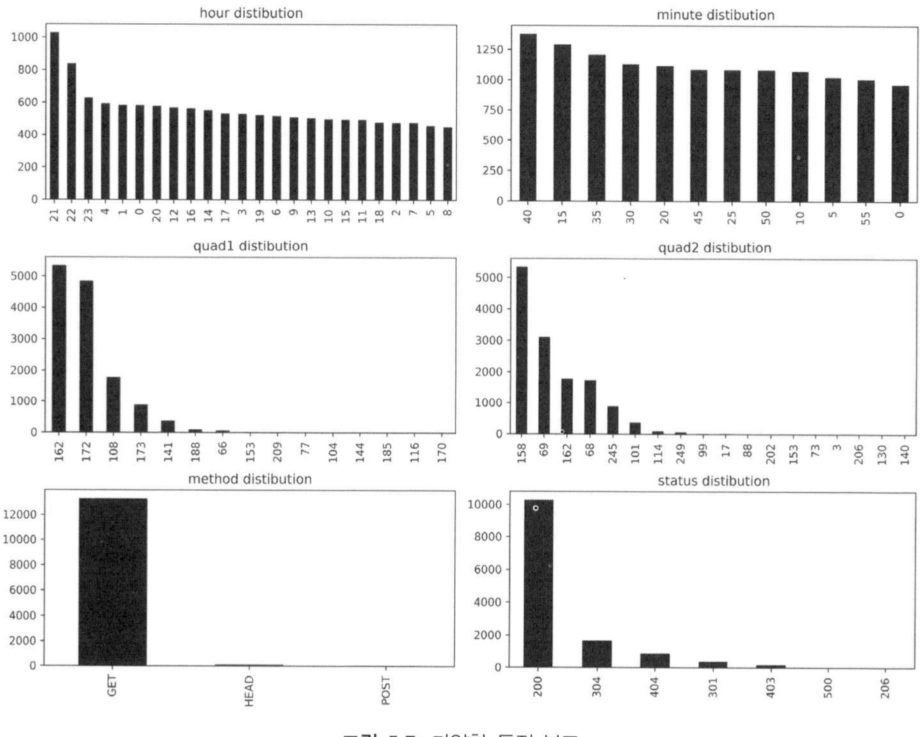

그림 5.7: 다양한 특징 분포

이 플롯에서 매우 불균형한 클래스와 대부분 균형 잡힌 클래스를 볼 수 있다. 시간은 약간의 불균형을 보여주지만 대서양 일광 절약 시간대인 21:00~24:00에 더 많은 요청이 상당히 강한 패턴을 보인다. 내 호스팅 서버가 해당 시간대에 있는 이유는 명확하지 않지만 오후 6시경이다. 미국 태평양 표준시이므로 캘리포니아와 브리티시 칼럼비아의 사용자는 퇴근 후 내 페이지를 읽는 경향이 있다. 한 시간 내에 5분씩 증가하는 분포는 일반적으로 균일하지만 약간 증가하는 작은 상승은 임의의 변동 이상일 수 있다.

IP 주소에서 초기 쿼드의 불균형은 두드러져 보이며 처음부터 중요한 편향이나 오류를 암시할 수 있다. 그러나 좀 더 자세히 조사한 후에는 (이 글을 쓰는 당시에) 온라인 'whois' 데이터베이스를 사용해 `162.158.0.0/16` 및 `172.69.0.0/16`이 모두 트래픽 프록시에 사용하는 CDN[Content Delivery Network]에 할당돼 있다는 것을 확인할 수 있었다.

따라서 이러한 특징의 불균형은 거의 모든 요청이 알려진 엔티티를 통해 프록시된다는 단서를 제공했다. 특히 어떤 종류의 예측 모델에서도 이러한 특징을 유용하게 사용할 수 없을 것 같다는 것을 의미한다. 기껏해야 7장에서 설명할 피처 엔지니어링을 수행해 `is_proxied`와 같은 파생 특징을 만들 수 있다.

남아있는 클래스 불균형은 HTTP 메서드와 반환된 상태 코드에 있다. 두 경우 모두 `GET`과 `200`이 각각의 특징을 지배한다는 것은 전혀 놀라운 일이 아니다. 이것이 내 웹 서버와 웹 사이트의 동작에서 기대하고 바라는 것이다. 따라서 데이터 수집에 편향을 암시하는 것은 없다. 모든 요청이 기록됐으므로 이는 샘플이 아니라 전체 도메인이다.

TIP

> 참고로 모집단은 구체적으로 묘사돼 있으며, 반드시 해당 선을 넘어서 설명하는 데에는 사용할 수 없다. 이는 2020년 3월 29일부터 2020년 4월 11일까지 웹 도메인 gnosis.cx에 대한 포트 80 또는 포트 443에 대한 모든 요청이다. 이 데이터가 웹 전체에 대해 얼마나 일반적인지에 대한 추가 분석이나 추론 없이는 다른 웹 도메인이나 다른 날짜에 대한 결론을 도출할 수 없다.

데이터 과학자로서 우리는 시간적 인과 관계에 의해 반드시 제약을 받는 것은 아니다. 예를 들어 문자 그대로 순차적으로 요청하는 IP 주소, 가능하면 사용자 ID, 요청 시간, 요청된 URL, 메서드와 경로, 특정 상태 코드와 바이트 수를 모두 반환하게 된다. 대부분의 경우 (아마도 내 간단한 정적 웹 사이트에 있는 모든 파일) 크기는 기본 HTML 페이지의 크기일 것이다. 그러나 개념상 서버는 날짜와 시간 또는 요청자의 주소에 따라 다른 작업을 수행할 수 있다. 어쨌든 요청에 대한 특정 사실은 서버가 적절한 상태 코드와 응답 크기를 결정하고 모든 것을 기록하기 몇 밀리초 전에 존재한다.

그러나 분석을 위해 인과 관계를 정확히 뒤집는 예측을 할 수 있다. 우리는 하루 중 시간을 예측하기 위한 노력에서 응답의 크기를 독립 변수로 취급하고 싶을 것이다. 예를 들어 대용량 파일은 다른 시간보다는 항상 오후 7시경에 요청될 수 있다. 우리 모델은 그 효과에서 원인을 예측하려고 할 수 있으며, 우리가 알고 있는 한 데이터 과학에서 완벽하게 합법적이다. 사실 우리는 특정 작업에 대해 여러 특징의 잠재적인 숨겨진 원인을 완전히 무시하고 상관관계만 찾을 수 있다. 데이터 과학은 다른 과학과는 다르다. 바라건대 이러한 노력은 상호 보완적이다.

***

이 절에서는 클래스 불균형을 인식하고 제한적으로 분석하는 데 초점을 맞췄다. 이 데이터를 저장하려는 실제 작업에 대한 의미는 또 다른 문제다. 명심해야 할 중요한 차이점은 독립 변수와 종속 변수 간의 차이다. 일반적으로 종속 변수의 불균형은 독립 변수의 불균형보다 더 중요한 방식으로 분류 모델을 왜곡한다. 예를 들어 요청의 다른 특징을 기반으로 요청에 의해 생성될 가능성이 있는 상태 코드를 예측하려는 경우 6장에서 설명할 샘플링 기술을 사용해 데이터 세트의 균형을 종합적으로 맞출 수 있다.

반면에 클래스 불균형은 독립 변수와 완전히 무관하지 않으며 적어도 모든 종류의 모델에는 그렇지 않다. 이는 모델의 종류에 따라 크게 달라진다. 예를 들어 의사결정 트리 계열에서 무언가를 사용하는 경우 HEAD가 500 상태 코드와 강하게 연관돼 있다는 (가상) 사실을 감지하고자 한다면 HEAD 요청이 드물다는 점은 거의 차이가 없다. 그러나 K-최근접 이웃^K-nearest neighbors^ 알고리듬 계열을 사용하는 경우 매개변수 공간의 실제 거리가 중요할 수 있다. 신경망은 독립 변수의 클래스 불균형에 대한 민감도 측면에서 중간 정도에 속한다. HTTP 메서드를 서수 값으로 인코딩하거나 원핫 인코딩을 사용하면 강력하지만 드문 특징을 단순히 언더웨이트^underweight^할 수 있다. 원핫 인코딩은 7장에서 설명한다. 독립 변수의 경우 일반적으로 희귀요인 레벨을 오버샘플링하지 않지만 인위적으로 오버웨이트^overweight^하기를 원할 수도 있다.

또한 아예 다른 기본 단위를 반영할 수 있는 데이터의 숫자 범위도 고려해야 한다.

정규화와 스케일링

> 마이크로미터로 측정한다. 분필로 표시한다. 도끼로 자른다.
>
> – 정밀 규칙

개념:

- 변수에서 숫자 범위의 효과
- 일변량 및 다변량 효과
- 다양한 스케일러의 숫자 형식
- 요인 및 샘플 가중치

데이터 정규화의 개념은 단순히 데이터 세트에서 사용되는 모든 특징을 비슷한 숫자 범위로 가져오는 것이다. 다른 특징, 즉 매개변수 공간의 차원에 대해 완전히 다른 단위가 사용되는 경우 일부 머신러닝 모델은 단순히 숫자 범위가 더 큰 특징을 불균형적으로 활용할 것이다. 한 특징에 제거되지 않은 아웃라이어가 있거나 한 특징이 정규 분포를 따르지만 다른 특징이 기하급수적으로 분포돼 있는 경우 다른 스케일링된 숫자 범위에서 특수한 경우가 발생한다.

이 책은 일반적으로 머신러닝 사례나 코드를 보여주지 않는다. 이 책에서 가르치는 80%를 수행한 후에 데이터 과학자로서 작업의 20%를 처리하는 멋진 라이브러리가 많다. 그러나 정규화의 동기를 강조하고자 스케일링의 압도적 이점을 보여주는 매우 깔끔한 데이터에 대해 매우 간단한 머신러닝 모델을 만들 것이다. 이 예에서는 scikit-learn의 적은 코드를 사용한다. 그러나 특히 scikit-learn의 스케일러 클래스는 모델링에 해당 라이브러리를 사용하지 않더라도 매우 유용하다. scikit-learn을 사용해 정규화만 수행하더라도 scikit-learn을 사용하는 것은 파이썬 내에서 가장 좋은 모범 사례일 것이다.

여기에 있는 합성 데이터 세트에는 두 가지 특징과 하나의 대상이 있다. 모두 연속형 변수다.

```
unscaled = make_unscaled_features()
unscaled
```

	Feature_1	Feature_2	Target
0	0.112999	19247.756104	11.407035
1	0.204178	23432.270613	20.000000
2	0.173678	19179.445753	17.336683
3	0.161411	17579.625264	16.633166
...	...	...	...
196	0.137692	20934.654450	13.316583
197	0.184393	18855.241195	18.241206
198	0.177846	19760.314890	17.839196
199	0.145229	20497.722353	14.371859

200 rows × 3 columns

한눈에 **Target** 값은 15 정도인 반면 **Feature_1**은 0.1, **Feature_2**는 20,000 정도임을 알 수 있다. 발명된 예는 이러한 측정값에 대해 특정 단위를 지정하지 않지만 해당 범위의 숫자 값을 생성하는 단위를 측정할 수 있는 수량이 많다. 초기 질문으로 그 특징 중 어떤 것이 **Target**과 일변량 상관관계가 있는지 물어볼 수 있다. 머신러닝 모델은 이것 이상의 것을 발견할 수 있지만 이는 유용한 첫 번째 질문이다.

```
unscaled.corr()
```

	Feature_1	Feature_2	Target
Feature_1	1.000000	-0.272963	0.992514
Feature_2	-0.272963	1.000000	-0.269406

```
Target      0.992514    -0.269406    1.000000
```

Feature_1은 Target과 매우 강한 양의 상관관계를 갖고 있고, Feature_2는 중간 정도의 음의 상관관계를 갖고 있음을 알 수 있다. 그래서 표면적으로 모델에는 작업할 수 있는 것이 많아야 한다. 실제로 상관 행렬에서 선형 모델이 정규화 여부에 관계없이 매우 잘 수행할 수 있음을 알 수 있다. 그러나 이는 다른 책의 주제다. 이 지점은 각 특징에 대해 Target을 플로팅해 시각적으로 만들 수 있다.

```
plot_univariate_trends(unscaled)
```

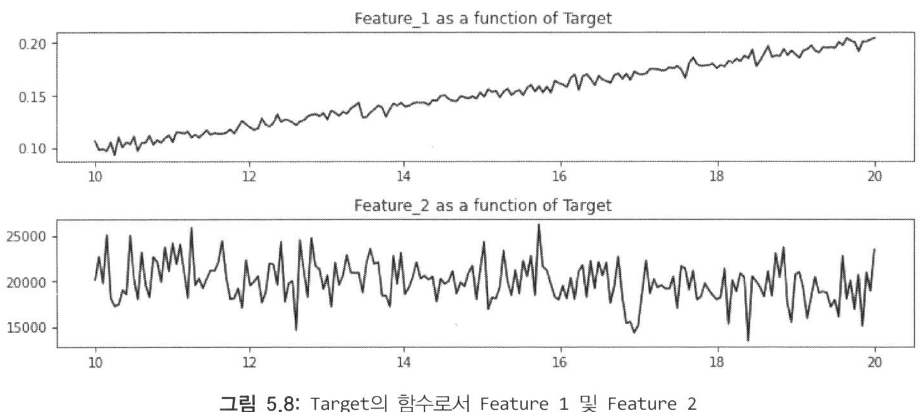

그림 5.8: Target의 함수로서 Feature_1 및 Feature_2

Feature_1은 시각적으로 명백한 상관관계가 있다. Feature_2는 인간의 눈에 매우 약한 상관관계를 드러낸다.

머신러닝 모델 적용

약속한 대로 이 데이터에 대해 머신러닝 모델을 적용해 특징을 기반으로 대상을 예측해보자. 머신러닝에서는 일반적으로 특징과 대상에 각각 X와 y라는 이름을 사용한다. 이는 고등학교 대수학에서 독립 변수 x와 종속 변수 y를 명명하는 일반적인 패턴을 따른다. 일반적으로 여러 특징이 있으므로 대문자 X가 사용된다. 동기 부여에 대해 깊이 설명할 수는 없지만 머신러닝의 모범 사례는 항상 테스트를 위해 훈련 데이터의 일부를 보관해 모델을 과적합overfit하지 않게 하는 것이다. 이는 `train_test_split()` 함수로 수행된다.

```
from sklearn.model_selection import train_test_split

X = unscaled.drop('Target', axis=1)
y = unscaled['Target']

X_train, X_test, y_train, y_test = (
  train_test_split(X, y, random_state=1))
```

이 예에서는 K-이웃K-neighbors 회귀자regressor를 사용해 데이터를 모델링한다. 많은 종류의 문제에서 이는 매우 효과적인 알고리듬이지만 매개변수 공간의 거리를 직접 보는 알고리듬이기도 하므로 스케일링에 매우 민감하다. 이 모델을 원시 데이터에 순수하게 적용하면 R-squared 스코어가 매우 낮다(다른 메트릭도 비슷하게 나쁨).

```
from sklearn.neighbors import KNeighborsRegressor

knn = KNeighborsRegressor()
knn.fit(X_train, y_train).score(X_test, y_test)
```

```
0.027756186064182953
```

'완벽한' R-squared 스코어는 1.0이다. 매우 나쁜 스코어는 0.0이다(음수 스코어도 때때로 가능하며 어떤 의미에서는 더 나쁘다). 그러나 0.25 이하의 경우 본질적으로 그 모델을 거부한다.

이 경우 최소-최대min-max 스케일러를 사용하면 훨씬 더 나은 메트릭 스코어를 얻을 수 있다. 여기서 사용하는 스케일러는 단순히 원시 특성의 최솟값을 취해 그 양만큼 모든 값을 빼서 0으로 이동한 다음 모든 값을 이동된 최댓값으로 나눈다. 그 효과는 모든 특징에 대해 항상 [0, 1]인 범위를 생성하는 것이다. 이 합성 특징은 원래 측정이 그랬던 것처럼 물리적 의미 자체는 없다.

그러나 이 스케일러를 적용하면 모든 특징이 동일한 숫자 범위를 차지하도록 보장된다(특수 값이 범위 내에서 다르게 분포됨). 모델을 다시 맞추기 전에 최소-최대 스케일링을 특징에 적용해보자.

```
from sklearn.preprocessing import MinMaxScaler
X_new = MinMaxScaler().fit_transform(X)

X_train, X_test, y_train, y_test = (
  train_test_split(X_new, y, random_state=1))

knn2 = KNeighborsRegressor()
knn2.fit(X_train, y_train).score(X_test, y_test)
```

```
0.9743878175626131
```

위 코드에서 대상의 크기를 조정하지 않았다. 모델에 아무런 해가 없겠지만 대상이 특징의 매개변수 공간의 일부가 아니기 때문에 이점도 없다. 또한 대상을 스케일링한 경우 원하는 단위로 의미 있는 숫자를 얻으려면 그에 상응하는 언스케일링unscaling을 해야 한다는 점을 기억해야 한다.

스케일링 기술

앞에서 사용한 스케일링 기술은 scikit-learn의 MinMaxScaler를 사용했다. scikit-learn의 모든 스케일러는 동일한 API를 사용하며 효율적이고 올바른 방식으로 구현된다. scikit-learn이 전체 모델링 파이프라인의 일부가 아니더라도 파이썬 내에서 이를 사용하는 데는 확실히 좋은 인수argument가 있다. 그러나 낮은 레벨의 벡터화 작업을 사용해 '수동으로' 동일한 스케일링을 수행하는 것은 어렵지 않다. 예를 들어 넘파이NumPy에서는 간단하다. 여기서 우리는 R의 예를 보여주고 알고리듬에만 초점을 맞춘다. scikit-learn API의 좋은 세부 사항 중 하나는 열 단위로 정규화할 수 있다는 것이다. 비교하고자 하나의 열만 수행한다.

```
%%R -i X,X_new
# 파이썬에서 데이터 프레임/배열 가져오기
py_raw_data <- X$Feature_1 # 특징 1만
py_scaled <- X_new[,1]      # 축적된 열 1

# [0, 1]로 스케일링하는 유틸리티 함수
normalize <- function(x) {
  floor <- min(x)  # min을 한 번만 찾음
  return ((x - floor) / (max(x) - floor))
}

# 원시 데이터 크기 조정
r_scaled <- normalize(py_raw_data)

# normalize()와 MinMaxScaler의 요소가 거의 같음
all.equal(py_scaled, r_scaled)
```

```
[1] TRUE
```

이와 같은 간단한 작업의 경우에도 라이브러리와 언어에 걸쳐 서로 다른 구현은 동일한 순서로 동일한 작업을 수행하지 않는다는 점에 유의하자. 이는 일부 부동소수점 반올림 차이를 허용한다. 부동소수점 값의 엄격한 동일성을 비교하는 것은 거의 항상 잘못된 일이다. 측정은 제한적인 정밀도를 가지며 작업 시 1-ULP(마지막 위치의 단위) 오류가 자주 발생한다. 반면에 이러한 약간의 숫자 차이는 실제 모델에 대해서는 실질적인 차이를 만들지 않고 동일성 검사에 대해서만 차이가 난다.

```
%%R
print("A few 'equalities':")
print(py_scaled[1:5])
print(r_scaled[1:5])

print("Exactly equal?")
print((py_scaled == r_scaled)[1:10])

print("Mean absolute difference:")
print(mean(abs(py_scaled - r_scaled)))
```

```
[1] "A few 'equalities':"
[1] 0.1776148 1.0000000 0.7249096 0.6142706 0.8920478
[1] 0.1776148 1.0000000 0.7249096 0.6142706 0.8920478
[1] "Exactly equal?"
[1] TRUE FALSE FALSE FALSE FALSE TRUE FALSE TRUE TRUE TRUE
[1] "Mean absolute difference:"
[1] 6.130513e-17
```

또 다른 매우 일반적인 스케일링 기술은 scikit-learn에서 `StandardScaler`라고 한다. 특징의 평균을 0으로 설정하고 표준 편차를 1로 설정한다. 이 스케일링은 변수가 (매우 대략적으로) 정규 분포를 따르는 경우 특히 관련이 있다. 이름은 이 접근 방식이 일반적으로 선택돼야 하는 기본 스케일러임을 암시한다(선택된 이름으로 봤을 때 '표준 편차'에서 파생됐을 수 있음). 간단한 변환을 설명하고자 구현해보자. 여기서는 원시 데이터에 약 20,000인 `Feature_2`의 값을 표시한다.

```
from sklearn.preprocessing import StandardScaler
X_new2 = StandardScaler().fit_transform(X)
# 예를 들어 두 번째 열(둘 다 크기 조정됨)
plt.hist(X_new2[:, 1], bins=30)
plt.title("Value distribution after StandardScaler");
```

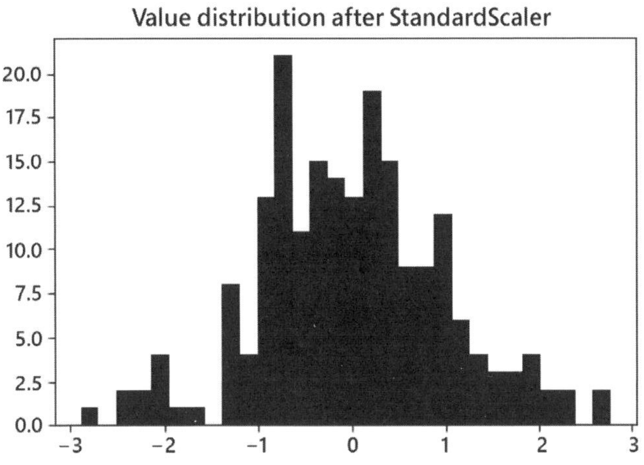

그림 5.9: StandardScaler 변환 후 Feature_2 값 분포

StandardScaler는 표준 편차를 포함하기 때문에 MinMaxScaler보다 더 많은 숫자 연산을 사용하며 계산에 숫자 오류가 발생할 기회가 더 많아진다. scikit-learn의 코드는 우리가 제시하는 단순한 버전보다 이 오류를 최소화하고자 트릭을 수행하지만 규모가 진정으로 중요할 것 같지는 않다. StandardScaler의 기본 연산을 수동으로 재현해보자.

```
%%R -i X,X_new2
# 파이썬에서 데이터 프레임/배열 가져오기
py_raw_data <- X$Feature_2 # 특징 2만
py_scaled <- X_new2[, 2]    # 축적된 열 2

r_scaled = (py_raw_data - mean(py_raw_data)) /
            sd(py_raw_data)

all.equal(py_scaled, r_scaled)
```

```
[1] "Mean relative difference: 0.002503133"
```

이 계산에서는 all.equal() 테스트를 통과하지 못했다. R은 불리언 FALSE 이상의 실패를 특성화한다. 공차 매개변수tolerance parameter를 설정해 좀 더 느슨하게 비교할 수 있다. 스케일링된 데이터의 특성도 확인해보자.

```
%%R
print("Mean from R scaling:")
print(mean(r_scaled))

print("Standard deviation:")
print(sd(r_scaled))

print("Almost equal with tolerance 0.005")
all.equal(py_scaled, r_scaled, tolerance = 0.005)
```

```
[1] "Mean from R scaling:"
[1] 6.591949e-17
[1] "Standard deviation:"
[1] 1
[1] "Almost equal with tolerance 0.005"
[1] TRUE
```

기본 곱셈 및 뺄셈 연산을 통해 스케일링할 수 있는 다양한 변형이 있다. 예를 들어 표준 편차로 정규화하는 대신 사분위수 범위IQR, Inter-Quartile Range를 사용해 정규화할 수 있다. 예를 들어 scikit-learn 클래스 RobustScaler가 이 작업을 수행한다. 어느 정도까지는 IQR(또는 일반적으로 분위수 기반 접근 방식)가 아웃라이어에 대해 더 강력하다. 그러나 IQR 범위 스케일링이 정규화하는 정도는 제한적이며 더 엄격한 분위수 접근 방식이 더 적극적일 수 있다.

제시한 샘플 데이터 세트에서 Feature_1을 복제해 200개 중 하나의 값만 극단적인 아웃라이어로 만들자. Feature_1에는 0.1 정도의 값이 있다. 변수에 단일 값 100을 도입할 것이다. 틀림없이 이는 4장에서 설명한 기술을 사용해 이미 제거했어야 했던 극단적인 아웃라이어지만 어떤 이유에서인지 그렇지 않았다.

```
X['Feature_3'] = X.Feature_1
X.loc[0, 'Feature_3'] = 100
```

RobustScaler를 사용하려고 할 때 변환된 데이터에는 여전히 극한 값의 데이터 포인트가 하나 있다. 사실 이 극한 값은 우리가 선택한 범위를 벗어난 값인 100보다 더 심각하다. 또한 아웃라이어는 StandardScaler 변환보다 훨씬 더 멀리 떨어져 있다. RobustScaler는 적당한 수의 중간 아웃라이어(이상 징후 감지를 피할 수 있는 종류)를 포함하는 컬렉션에서만 실제로 생산적이다.

```
from sklearn.preprocessing import RobustScaler
X_new3 = RobustScaler().fit_transform(X)

# 예를 들어 세 번째 열(모두 크기 조정됨)
plt.hist(X_new3[:, 2], bins=30)
plt.title("Value distribution after RobustScaler");
```

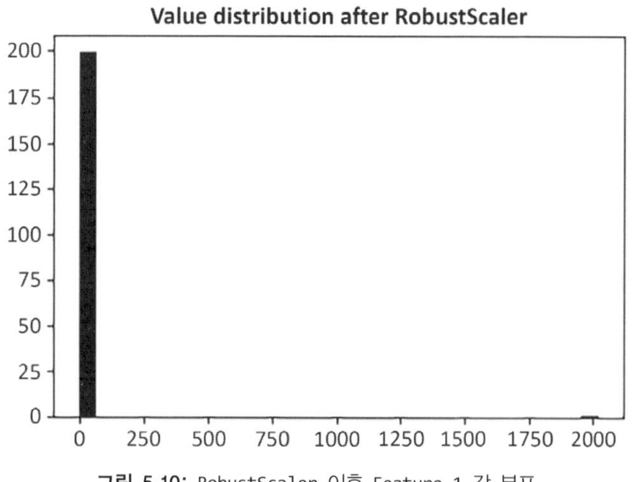

그림 5.10: RobustScaler 이후 Feature_1 값 분포

사용할 수 있는 더 강력한 접근 방식은 값이 분위수 내에만 포함되도록 엄격하게 스케일링하는 것이다. 본질적으로 이는 각 분위수 범위 내의 데이터를 개별적으로 스케일링하므로, 전반적으로 합리적인 분포와 값에 엄격한 한도를 모두 부과한다.

```
from sklearn.preprocessing import QuantileTransformer
# 10 분위수는 "decile"이라고도 한다.
deciles = QuantileTransformer(n_quantiles=10)
X_new4 = deciles.fit_transform(X)

# 예를 들어 세 번째 열(모두 크기 조정됨)
plt.hist(X_new4[:, 2], bins=30)
plt.title("Value distribution after QuantileTransformer");
```

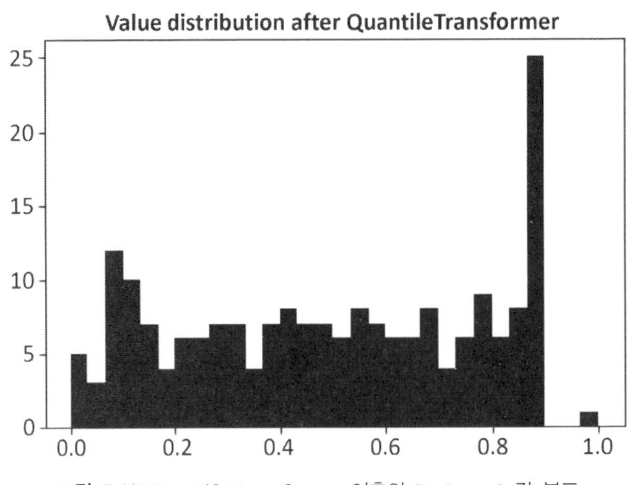

그림 5.11: QuantileTransformer 이후의 Feature_1 값 분포

분명히 변환된 이 데이터는 완전히 균일하지 않다. 순서 이상의 변동성이 없다면 가치가 거의 없지만 [0, 1] 범위에 걸쳐 제한되고 합리적으로 균등하게 분산된다. 단일 아웃라이어 포인트는 주 분산에서 작은 아웃라이어로 남아 있지만 수치적으로 그리 멀지는 않다.

원칙적으로 scikit-learn의 특정 변환기[transformers]가 열 방식으로 동작하더라도 각 열 또는 특징에 다른 스케일링 기술을 적용할 수 있다. 특정 변환이 대략 동일한 스케일(즉, 적어도 대부분의 데이터에 대해 일반적으로 최댓값과 최솟값 사이의 거리 1 또는 2 정도)에서 변환된 값 사이의 숫자 범위를 생성하는 한 알고리듬의 일부로 매개변수 공간에서 거리를 활용하는 모든 머신러닝 기술이 충족된다. 이러한 알고리듬의 예로는 선형 모델, 서포트 벡터 머신support vector machines, K-최근접 이웃이 있다. 앞서 언급했듯이 의사결정 트리 계열의 알고리듬은 단순히 차원의 특정 거리에 신경 쓰지 않으며 신경망은 비공식적으로 각 입력 특징의 승수 역할을 할 수 있는 '스케일링 레이어scaling layer'라고 부를 수 있는 것을 허용함으로써 일종의 스케일링을 수행할 수 있다(훈련된 네트워크가 뉴런과 레이어를 사용하고자 '결정'하는 것은 항상 의도나 이해하기에 다소 불분명하다).

요인 및 샘플 가중치

특징 간에 공정한 스케일링을 허용하는 것보다 특정한 특징에 더 중요한 의미를 부여하려는 경우가 있다. 이는 6장에서 샘플링으로 다루는 문제와는 약간 다른 문제다. 이후 장에서는 소수 대상 클래스의 더 많은 증명을 생성하고자 언더샘플링 또는 오버샘플링을 설명한다. 이는 대상이 아닌 특징 내에서 클래스의 균형을 맞추는 가능한 접근 방식이지만 일반적으로 최선의 접근 방식은 아니다.

다른 것이 없다면 두 개의 서로 다른 불균형 클래스에 걸친 오버샘플링은 합성 샘플의 수를 폭발적으로 증가시킬 수 있다.

불균형 특징 클래스의 경우 다른 방식을 사용할 수 있다. 우리는 소수 클래스를 오버샘플링하기보다는 단순히 오버웨이트할 수 있다. 많은 머신러닝 모델에는 `sample_weight`(scikit-learn 철자법)와 같은 명시적 하이퍼파라미터hyperparameter가 포함돼 있다. 그러나 샘플 가중치와 별도로 이러한 동일한 모델 클래스는 때때로 별도의 하이퍼파라미터로 `class_weight`와 같은 것을 가질 수 있다. 여기서 차이점은 정확히 만들어졌다. 샘플 가중치를 사용하면 입력 데이터의 특정 행을 오버웨이트(또는 언더웨이트)할 수 있는 반면 클래스 가중치를 사용하면 특정 대상 클래스 값을 오버웨이트/언더웨이트할 수 있다.

이 문제에 더 많은 뉘앙스를 추가하고자 클래스 불균형을 해결하기 위해서만 오버웨이팅/언더웨이팅으로 제한하지 않는다. 사실 원하는 어떤 이유로든 적용할 수 있다. 예를 들어 데이터 세트의 특정 측정값이 다른 측정값보다 더 신뢰할 수 있다는 것을 알고 있고, 이를 오버웨이트하게 만들고 싶을 수 있다. 또는 특정 특성을 가진 샘플에 대해 올바른 예측을 얻는 것이 해당 특성이 없는 샘플을 완전히 버리고 싶지는 않지만 작업별 이유로 더 중요하다는 것을 알 수 있다.

이러한 모든 문제를 설명하고자 아파치 로그 파일 예제로 돌아가자. 처리된 데이터는 다음과 같다.

```
reqs.sample(8, random_state=72).drop('page', axis=1)
```

	hour	minute	quad1	quad2	method
3347	0	4	172	69	GET
2729	9	43	172	69	GET
8102	4	16	172	69	GET
9347	0	48	162	158	GET
6323	21	30	162	158	GET
2352	0	35	162	158	GET
12728	9	0	162	158	GET
12235	19	3	172	69	GET

	path	status
3347	/publish/programming	200
2729	/TPiP	200
8102	/member/images	404
9347	/publish/images	304
6323	/download/pywikipedia/cache	200
2352	/download/gnosis/xml/pickle/test	200

```
12728                   /download/relax    200
12235                             /dede2    404
```

기대하는 웹 서버 동작 방식에서 method와 status 모두 불균형이 크다는 점을 주목했다. 메서드 데이터에는 특히 그림 5.7에서 보여주는 것과 같은 불균형이 있다. 우리가 염두에 두고 있는 가상의 작업은 (예를 들어 현재 시간에 따라 변경될 수 있는 HTTP 요청을 실제로 발행하지 않고) 데이터 세트의 다른 특징을 기반으로 상태 코드를 예측하는 것이다.

```
reqs.method.value_counts()
```

```
GET      13294
HEAD       109
POST        48
Name: method, dtype: int64
```

즉, GET 요청은 HEAD 요청보다 122배, POST 요청보다 277배 더 일반적이다. 이로 인해 메서드의 희귀한 클래스 값에 대한 예측 능력이 제한된다는 점을 우려할 수 있다. 종종 우리의 모델은 단순히 우리를 위해 이를 알아내지만 때로는 그렇지 않다. 또한 자주 발생하는 경로지만 모델이 /TPiP 경로에 더 민감해야 하므로 인위적으로 이를 5배로 오버웨이트하게 만들기로 했다. 이 규정에서 오버웨이팅은 특징의 기본 분포와는 아무 관련이 없으며 오히려 모델링의 기본 목적에 대한 도메인 요구사항이다.

마찬가지로 우리는 특히 404 상태 코드를 예측하는 데 관심이 있지만(즉, 이 레이블의 재현율recall을 향상) 대상의 전체 균형에 반드시 관심이 있는 것은 아니다. 대신 모델링을 수행하기 전에 결정한 작업 목적에 따라 다른 모든 결과에는 1로 가중치를 부여하고 404는 10으로 가중치를 부여한다. 이 모든 작업을 코드에서 수행해보자. 이 경우에는 scikit-learn의 랜덤 포레스트 모델을 사용한다. 일부 행이 오버웨이팅된 path

및 언더웨이팅 표현된 method와 모두 일치하는 경우 method에 대한 더 큰 승수가 우선한다.

```
# 가중치를 부여할 행의 행 인덱스 위치
tpip_rows = reqs[reqs.path == '/TPiP'].index
head_rows = reqs[reqs.method == 'HEAD'].index
post_rows = reqs[reqs.method == 'POST'].index

# 데이터 프레임 사본에 가중치 구성
reqs_weighted = reqs.copy()
reqs_weighted['weight'] = 1   # 기본 가중치 1
reqs_weighted.loc[tpip_rows, 'weight'] = 5
reqs_weighted.loc[head_rows, 'weight'] = 122
reqs_weighted.loc[post_rows, 'weight'] = 277

# 모델에서 열 페이지를 사용하지 않음
reqs_weighted.drop('page', axis=1, inplace=True)

# 구성된 가중치 보기
reqs_weighted.sample(4, random_state=72)
```

	hour	minute	quad1	quad2	method	path	status
3347	0	4	172	69	GET	/publish/programming	200
2729	9	43	172	69	GET	/TPiP	200
8102	4	16	172	69	GET	/member/images	404
9347	0	48	162	158	GET	/publish/images	304

	weight
3347	1
2729	5
8102	1
9347	1

이러한 샘플 가중치는 행별로 저장된다. 즉, 13,451개의 샘플 가중치가 있다. 이 예에서 대부분은 단순히 가중치 1이지만 개념상 모두 고유한 숫자일 수 있다. 대상과 함께 사용할 가중치를 구성하는 것은 다르다. 샘플 가중치 자체를 활용해 특정 대상 레이블이 있는 행을 선택할 수 있다. 그러나 이러한 접근 방식은 불필요하게 투박하며 일반적으로 선호하는 접근 방식은 아니다. 대신 우리는 단순히 레이블에서 가중치까지 작은 매핑을 만들려고 한다.

```
target_weight = {code:1 for code in reqs.status.unique()}
target_weight[404] = 10
target_weight
```

```
{200: 1, 304: 1, 403: 1, 404: 10, 301: 1, 500: 1, 206: 1}
```

여기서는 scikit-learn 모델을 만들고 맞추고 훈련시키고 스코어를 매길 것이다. 다른 라이브러리를 사용하면 API가 달라지지만 개념은 동일하게 유지된다. 실제 코드의 모범 사례처럼 학습/테스트 분할을 수행하는 데는 한 줄만 필요하다. 작은 API 세부 사항으로 이 모델 유형에 대한 문자열 범주 값을 인코딩해야 하므로 `OrdinalEncoder`를 사용할 것이다.

```
from sklearn.ensemble import RandomForestClassifier
from sklearn.preprocessing import OrdinalEncoder

# 목표 가중치로 모델 객체 생성
rfc = RandomForestClassifier(class_weight=target_weight,
                             random_state=0)

# 특징과 대상을 선택하고 인코딩
X = reqs_weighted[['hour', 'minute',
                   'quad1', 'quad2',
                   'method', 'path']]
```

```
# 문자열을 서수 정수로 인코딩
X = OrdinalEncoder().fit_transform(X)
y = reqs_weighted['status']
weight = reqs_weighted.weight

# 가중치를 포함해 학습/테스트 분할 수행
X_train, X_test, y_train, y_test, weights_train, _ = (
    train_test_split(X, y, weight, random_state=1))

# 학습 데이터에 모델을 맞추고 점수를 매긴다.
rfc.fit(X_train, y_train, sample_weight=weights_train)
rfc.score(X_test, y_test)
```

```
0.8183169788878977
```

회귀 분석 예제에 사용된 R-squared와 마찬가지로 1.0은 완벽한 정확도Accuracy를 나타낸다. 하지만 정확도는 0.0보다 작을 수 없다.

더 많은 맥락과 분석 없이는 이 모델이 의도한 목적에 잘 맞는지 나쁘지 않은지 말할 수 없다. 다른 모델 클래스나 일부 더 잘 조정된 가중치가 가상의 목적에 더 적합할 것이다. 이를 시도하는 단계는 간단하며 표시된 코드와 거의 동일하다.

이제 어렵지만 중요한 개념으로 넘어간다. 이러한 트렌드에 대한 예외를 나타내고자 데이터에서 예상 트렌드를 제거하려는 경우가 많다.

주기성과 자기 상관관계

> 내가 내 자신을 모순하는가? 그렇다면 나는 내 자신과 모순된다(나는 크고 많은 다수를 포함한다).
>
> – 월트 휘트먼Walt Whitman

개념:

- 순차적 데이터의 디트렌딩
- 감지된 주기 vs. 사전 도메인 지식
- 예상 vs. 고유 변동성
- 다중 주기
- 자기 상관

데이터에 주기적인 동작이 있을 것으로 예상되는 경우가 있다. 이러한 경우(특히 순차적 데이터 내에 다중 중첩 주기가 있는 경우) 주기적 패턴의 편차가 원시 값보다 더 유익할 수 있다. 물론 시계열 데이터와 관련해 가장 자주 볼 수 있다. 어느 정도는 이 문제가 7장의 범위에 속하며 실제로 여기에서 설명하는 동일한 데이터 세트와 동일한 문제로 돌아간다.

첫 번째 단계로 데이터의 주기성 또는 주기성을 인식하고 분석할 수 있기를 바란다. 그중 일부는 일단 도메인 지식이 있으면 직관적으로 분명하지만 다른 것들은 데이터 자체에 숨어 있으며 반드시 초기 직관에 있는 것은 아니다. 이 절에서는 몇 년 전에 친구이자 가끔 공동 저자인 브래드 헌팅Brad Huntting이 수집한 데이터 세트를 활용한다. 과거에 브래드는 미국 콜로라도에 있는 그의 집 안팎의 온도를 3분마다 수집했다. 여기에 제시된 데이터는 1년도 채 안 되는 며칠을 다루고 있다.

집안의 방은 온도 조절 장치에 의해 조절됐다. 야외는 자연스럽게 계절 변화를 보여준다. 게다가 데이터 자체는 불완전하다. 7장에서 이 데이터로 돌아와 데이터 수집의 간격, 기록 오류, 기타 문제를 살펴볼 것이다. 이 절의 목적을 위해 데이터 세트를 로드하는 코드에서 약간의 데이터 클리닝과 값 보정이 수행됐다. 다른 예와 함께 일반적으로 보정에 대한 추가 설명은 6장도 참고하자.

먼저 판다스 DataFrame을 로드하는 파이썬 함수를 사용해 데이터를 읽어보자. 그러나 로딩 단계 이후에는 R과 Tidyverse에서 분석 및 시각화를 수행할 것이다. 판다스를 포함한 다른 라이브러리와 언어에도 매우 유사한 기능이 있다. 여기에서는 사용된 특정 API 및 언어가 아니라 기본 개념이 중요하다. 브래드는 'glarp'라는 웹 도메인 이름을 사용하므로 집 온도에 대한 이 데이터를 참조하는 일부 변수 이름에 동일한 단어를 사용한다.

```
thermo = read_glarp()
start, end = thermo.timestamp.min(), thermo.timestamp.max()
print("Start:", start)
print(" End:", end)
# Fencepost 카운트에는 끝이 포함됨
print(" Days:", 1 + (end.date() - start.date()).days)
```

```
Start: 2003-07-25 16:04:00
End: 2004-07-16 15:28:00
Days: 358
```

그 본질에 대한 느낌을 갖고자 데이터 세트의 몇 행을 살펴보자. 기록 구간 3분마다 한 행이 존재함을 알 수 있다. 이 절의 경우 간격은 3분으로 완전히 규칙적이며 결측값이 없다. 또한 원시 데이터의 몇 가지 명백한 기록 오류가 여기에서 보정된 값으로 클리닝된다.

```
%%R -i thermo
glarp <- as.tibble(thermo)
glarp
```

```
# A tibble: 171,349 x 5
  timestamp            basement    lab   livingroom  outside
  <dttm>                  <dbl>  <dbl>        <dbl>    <dbl>
1 2003-07-25 16:04:00        24   25.2         29.8     27.5
2 2003-07-25 16:07:00        24   25.2         29.8     27.3
```

```
 3  2003-07-25 16:10:00         24       25.2           29.8      27.3
 4  2003-07-25 16:13:00         24.1     25.2           29.8      27.4
 5  2003-07-25 16:16:00         24.1     25.2           29.8      27.8
 6  2003-07-25 16:19:00         24.1     25.2           29.8      27.5
 7  2003-07-25 16:22:00         24.1     25.2           29.8      27.6
 8  2003-07-25 16:25:00         24.1     25.2           29.8      27.6
 9  2003-07-25 16:28:00         24.1     25.2           29.8      27.7
10  2003-07-25 16:31:00         24.1     25.2           29.8      27.6
# ... 171,339개의 추가 행이 있음
```

개별 측정이 예상과 다른 방식에 초점을 맞추고자 이 데이터의 주기성을 제거하기 위한 첫 번째 단계로 시각화할 수 있다. 이러한 작업을 데이터 '디트렌딩detrending'이라고도 한다. 먼저 ggplot2를 사용해 패턴을 그리는 외부 온도를 살펴보자.

```
%%R
ggplot(glarp, aes(x=timestamp, y=outside)) +
  geom_line() + clean_theme +
  ggtitle("Outside temperature over recording interval")
```

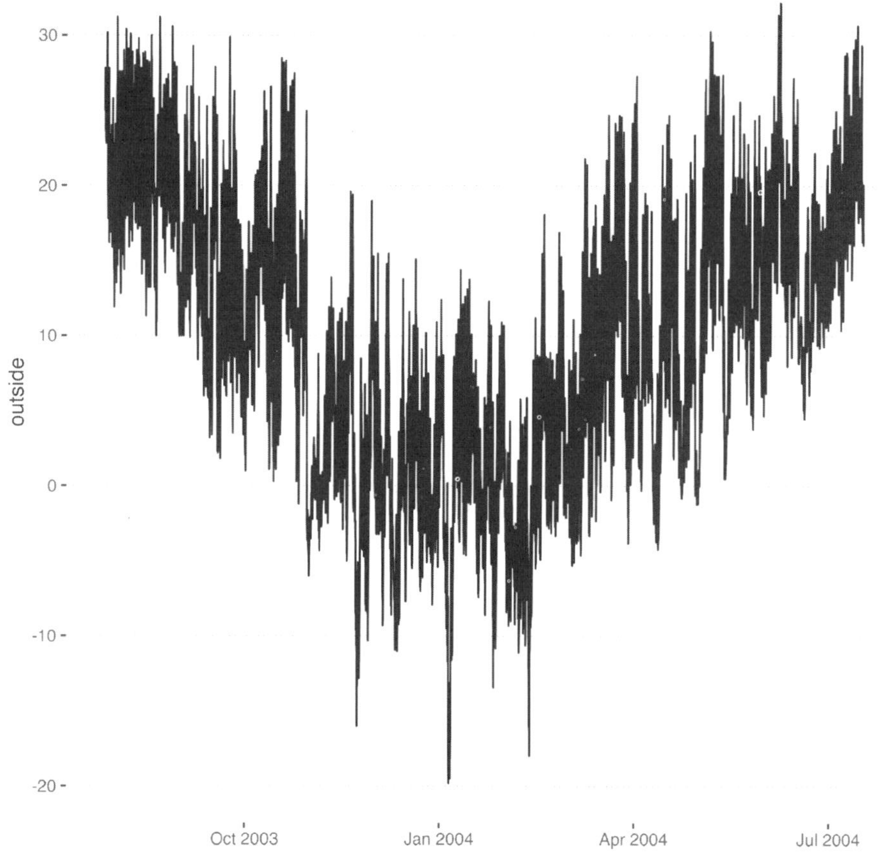

그림 5.12: 기록 간격 동안의 외부 온도

짐작하기 쉬운 것처럼 북반구 온도가 1월보다 7월에 더 따뜻해지는 일반적인 패턴이 있으며 세계 트렌드 내에서 상당한 움직임이 발생한다. 1년의 데이터만 사용할 수 있지만 매우 기본적인 도메인 지식을 통해 다른 해에도 비슷한 연간 주기를 기대할 수 있다. 예상할 수 있듯이 대조적으로 실내 온도는 모두 좁은 범위에 속하며 명확한 패턴을 덜 보여준다.

```
%%R
ggplot(glarp, aes(x=timestamp, y=basement)) +
  geom_line() + clean_theme +
  ggtitle("Basement temperature over recording interval")
```

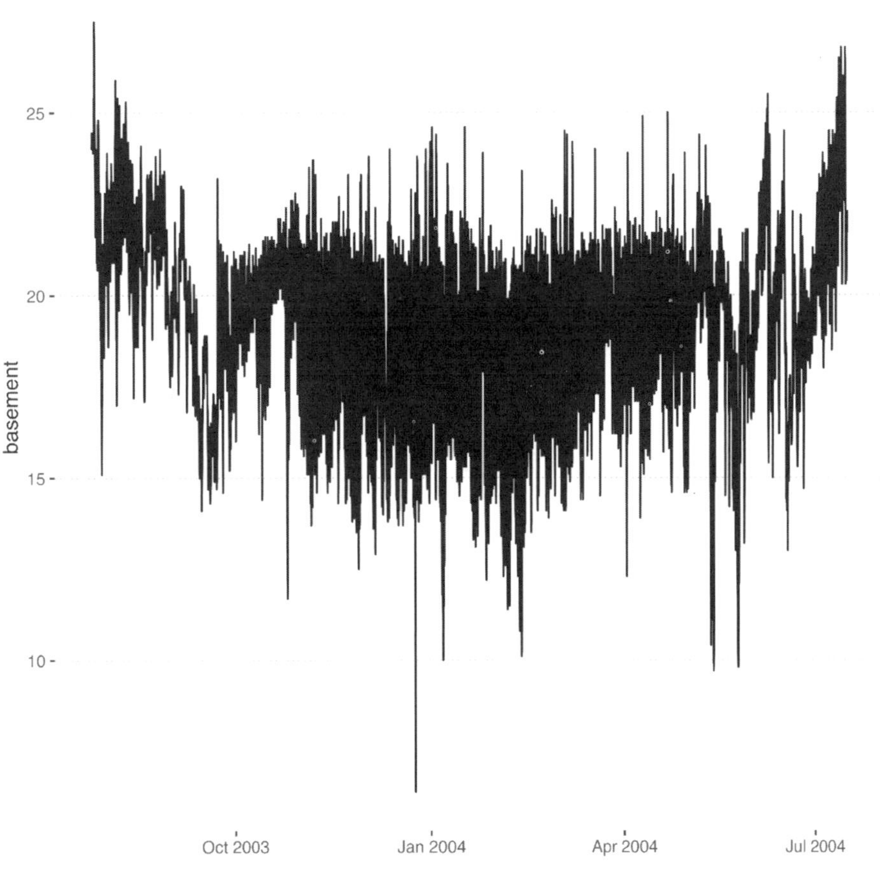

그림 5.13: 기록 간격 동안의 지하 온도

전반적으로 지하실의 실내 온도는 약 14°C에서 23°C 사이로 비교적 좁게 제한돼 있다. 일부 지점은 이 범위를 벗어난다. 일부 높은 여름 기온은 집에 난방 시스템이 있지만 에어컨이 없음을 나타낸다. 그리고 일부 겨울 기온이 낮은 급격한 스파이크의 발생은 창문이 열린 기간을 반영한다. 그러나 외부 최저치는 약 -20°C에 이르렀고 이러한 실내 최저치는 일반적으로 10°C 이상이다. 2003년 9월과 10월경에도 다소 이상한 일이 발생한 것 같다. 이는 그 기간 동안 난방 시스템의 변화를 반영할 것이다.

도메인 지식 트렌드

첫 번째 작업으로 가정 난방 시스템의 영향을 거의 받지 않는 실외 온도를 생각해보자. 다운스트림 모델에 대한 입력으로 예기치 않게 따뜻하거나 예상치 못한 저온 측정을 식별하려고 한다. 예를 들어 10°C의 온도는 놀라울 정도로 추운 여름 온도이거나 놀라울 정도로 따뜻한 겨울 온도일 수 있지만 그 자체로는 전 세계적인 전형일 뿐이며 추가적인 맥락 없이 관측에 대한 많은 정보를 제공하지는 않는다.

연간 기온이 해마다 계속 반복된다는 점을 감안할 때 이 연간 패턴을 사인파의 일부로 모델링하는 것이 합리적일 수 있다. 그러나 형태는 2003년의 가장 따뜻한 날부터 2004년의 가장 따뜻한 날까지 이 기간 동안 포물선과 닮았다. 우리는 행동을 모델링하는 것이 아니라 단지 연도별 패턴을 디트렌딩하는 것이므로 측정에 존재하는 대부분의 변동을 설명하는 2차 다항식을 데이터에 맞추자.

```
%%R
# 데이터를 2차 다항식으로 모델링
year.model <- lm(outside ~ poly(timestamp, 2), data = glarp)

# 회귀와 데이터 표시
ggplot(glarp, aes(x=timestamp)) + clean_theme +
  geom_line(aes(y = outside), color = "gray") +
  geom_line(aes(y = predict(year.model)),
            color = "darkred", size = 2) +
```

```
ggtitle("Outside temperature versus polynomial fit")
```

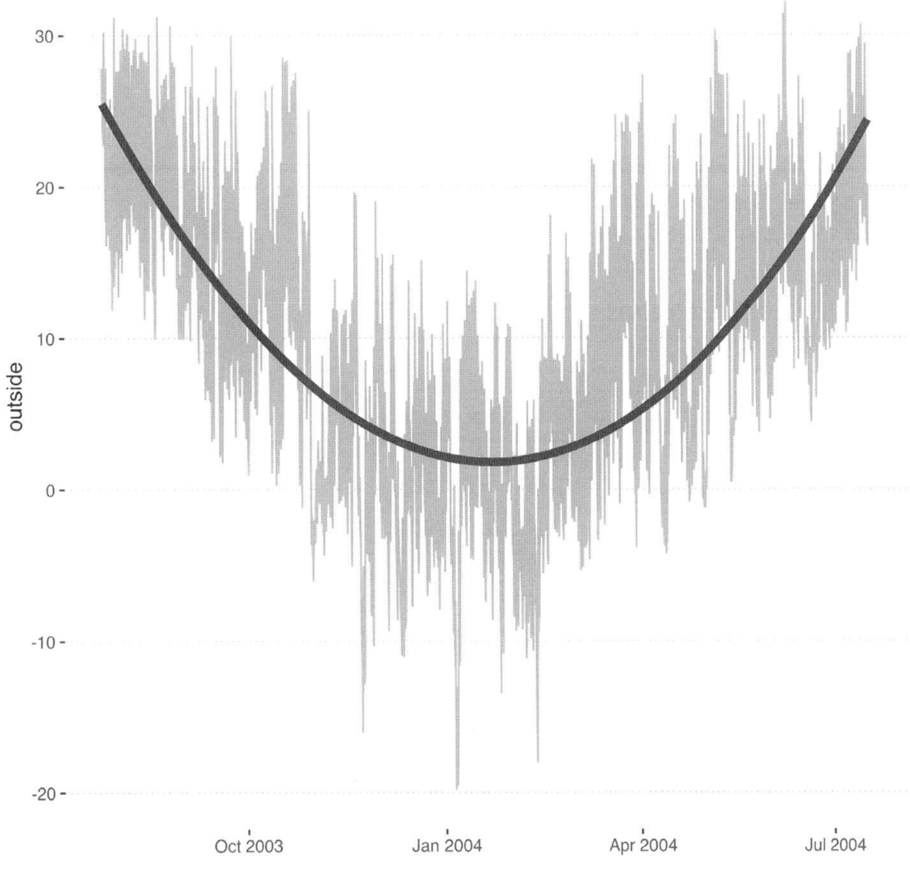

그림 5.14: 다항식 곡선을 외부 온도 데이터에 피팅

플롯에서 연간 디트렌딩이 대부분의 데이터 변동을 설명하므로 기본 포인트에서 간단히 트렌드를 빼면 첫 번째 패스로 예상치 못한 측정의 정도를 얻을 수 있다. `outside`라는 이름의 새 티블tibble은 이 좁은 초점에 대한 데이터를 보유한다.

```
%%R
outside <- glarp[, c("timestamp", "outside")] %>%
  add_column(no_seasonal = glarp$outside - predict(year.model))
outside
```

```
# A tibble: 171,349 x 3
   timestamp              outside  no_seasonal
   <dttm>                   <dbl>        <dbl>
 1 2003-07-25 16:04:00       27.5         1.99
 2 2003-07-25 16:07:00       27.3         1.79
 3 2003-07-25 16:10:00       27.3         1.79
 4 2003-07-25 16:13:00       27.4         1.89
 5 2003-07-25 16:16:00       27.8         2.29
 6 2003-07-25 16:19:00       27.5         1.99
 7 2003-07-25 16:22:00       27.6         2.10
 8 2003-07-25 16:25:00       27.6         2.10
 9 2003-07-25 16:28:00       27.7         2.20
10 2003-07-25 16:31:00       27.6         2.07
# ... 171,339개의 추가 행이 있음
```

계절적으로 디트렌딩된 기온을 시각화하면 약 -20°C에서 +20°C까지의 나머지 범위를 볼 수 있다. 이는 원래 온도의 범위보다 다소 적지만 어느 정도 적당하다. 변동성은 감소했지만 약간만 감소했다.

그러나 이 제거를 수행하면 전반적인 연간 트렌드가 분명하지 않으며 합성 값은 0에 집중된다.

```
%%R
ggplot(outside, aes(x=timestamp)) +
  geom_line(aes(y = no_seasonal)) + clean_theme +
  ggtitle("Outside temperature with removed seasonal expectation")
```

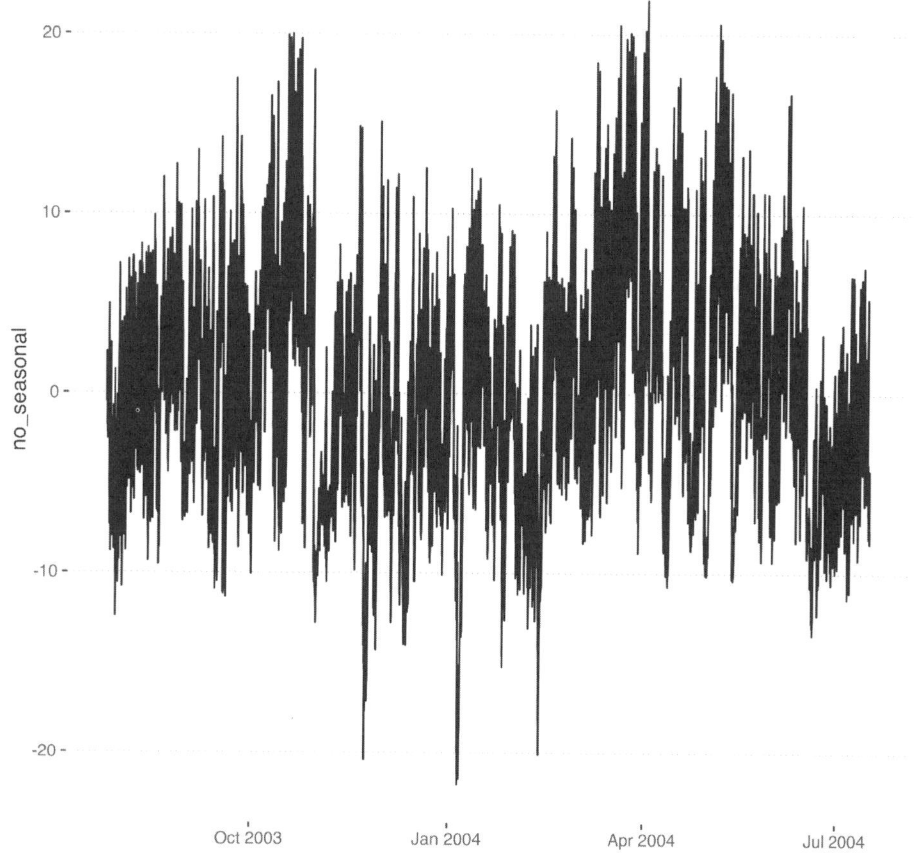

그림 5.15: 계절 기대치를 뺀 외부 온도

실외 온도 주기에 대한 두 번째 분명한 통찰은 밤보다 낮에 더 따뜻하다는 것이다. 358일의 데이터가 있다는 점을 감안할 때 다항식은 분명히 적합하지 않지만 삼각 모델이 더 적합할 가능성이 높다. 여기서 푸리에 분석^{Fourier analysis}을 계산하지 않고 단순히 예상되는 일일 주기성을 찾는다. 매일 3분마다 관측을 하기 때문에 이 3,360개의 구간을 회귀 분석 모델로 하고자 2π 라디안으로 변환하려고 한다. 모델은 지정된 주기성에서 사인과 유사한 곡선을 추가적으로 구성할 수 있는 피팅된 사인 및 코사인 항으로 간단히 구성된다.

```
%%R
# 하루를 더하면 2*pi 라디안이 됨
x <- 1:nrow(outside) * 2*pi / (24*60/3)

# 데이터를 1차 삼각 회귀 분석으로 모델링
day_model <- lm(no_seasonal ~ sin(x) + cos(x),
                data = outside)
print(day_model)

# 회귀 분석을 유지하는 새 tibble을 생성
# 연간 추세가 디트렌딩된 데이터에서 제거
outside2 <- add_column(outside,
                  day_model = predict(day_model),
                  no_daily = outside$no_seasonal - day_model)
outside2
```

```
Call:
lm(formula = no_seasonal ~ sin(x) + cos(x), data = outside)

Coefficients:
 (Intercept)      sin(x)      cos(x)
   0.0002343  -0.5914551   3.6214463

# A tibble: 171,349 x 5
   timestamp            outside   no_seasonal   day_model   no_daily
   <dttm>                 <dbl>         <dbl>       <dbl>      <dbl>
 1 2003-07-25 16:04:00     27.5          1.99        3.61      -1.62
 2 2003-07-25 16:07:00     27.3          1.79        3.60      -1.81
 3 2003-07-25 16:10:00     27.3          1.79        3.60      -1.80
 4 2003-07-25 16:13:00     27.4          1.89        3.59      -1.69
 5 2003-07-25 16:16:00     27.8          2.29        3.58      -1.28
 6 2003-07-25 16:19:00     27.5          1.99        3.56      -1.57
 7 2003-07-25 16:22:00     27.6          2.10        3.55      -1.46
 8 2003-07-25 16:25:00     27.6          2.10        3.54      -1.44
```

```
9  2003-07-25 16:28:00  27.7          2.20          3.53          -1.33
10 2003-07-25 16:31:00  27.6          2.07          3.51          -1.44
# ... 171,339개의 추가 행이 있음
```

데이터 프레임의 처음 몇 행만으로는 구분하기 어렵지만 일간 디트렌딩은 일반적으로 계절적 디트렌딩보다 영에 가깝다. 회귀 분석은 대부분 코사인 요인으로 구성되지만 더 작은 음의 사인 요인에 의해 약간 이동한다. 절편은 계절적 디트렌딩에서 예상할 수 있듯이 영에 매우 가깝다. 세 라인을 시각화하면 어떤 의미를 얻을 수 있다. 더 잘 보여주고자 2003년 8월 초의 일주일만 표시한다. 다른 기간도 비슷한 패턴을 보인다. 디트렌딩 때문에 모두 영에 중심이 될 것이다.

```
%%R
week <- outside2[5000:8360,]
p1 <- ggplot(week, aes(x = timestamp)) +
  no_xlabel + ylim(-8, +8) +
  geom_line(aes(y = no_seasonal))
p2 <- ggplot(week, aes(x = timestamp)) +
  no_xlabel + ylim(-8, +8) +
  geom_line(aes(y = day_model), color = "lightblue", size = 3)
p3 <- ggplot(week, aes(x = timestamp)) +
  clean_theme + ylim(-8, +8) +
  geom_line(aes(y = no_daily), color = "darkred")
grid.arrange(p1, p2, p3,
             top = "Annual de-trended; daily regression; daily detrended")
```

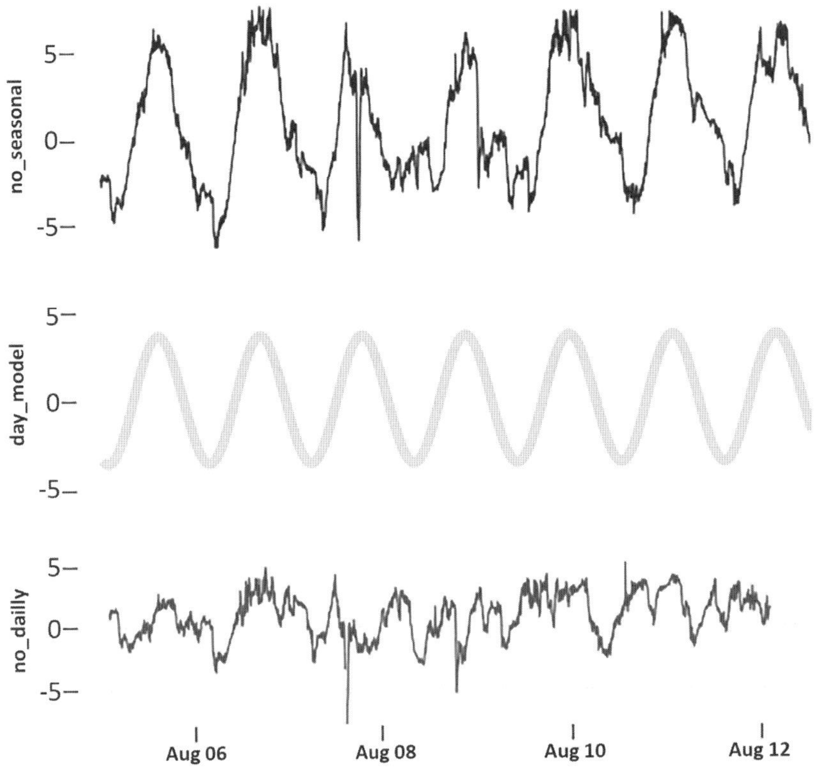

그림 5.16: 연간 디트렌딩 데이터, 일간 회귀 분석, 매간 디트렌딩

더 두껍고 부드러운 선은 일일 온도 모델이다. 이 책의 전자 버전에서는 밝은 하늘색으로 표시된다. 상단에는 더 광범위하게 변동하는 계절적 디트렌딩된 데이터가 있다. 하단의 일간 디트렌딩된 데이터는 대부분 크기가 더 낮다(이 책의 전자 버전의 경우 빨간색). 세 번째 서브플롯은 단순히 상단 서브플롯에서 중간 서브플롯을 뺀 것이다.

8월 7일경에 이상하게 낮은 값들이 있다. 이것들은 데이터 문제를 암시할 만큼 선명해 보이지만 8월 폭풍우로 인해 어느 날 오후 기온이 훨씬 낮아졌을 것이다. 표시된 날짜 범위에서 주목할 수 있는 한 가지는 일간 디트렌딩된 데이터조차도 훨씬 더 많은 노이즈가 있음에도 약한 일간 주기를 보여준다는 것이다. 이는 일년 중 다른 주가 이보다 온도 변동이 적음을 나타낸다. 사실 몇 주는 회귀선의 대략적인 역이 되는 디트렌딩된 데이터와 함께 반주기적인 패턴을 보인다. 특히 이 플롯에서도 8월 8일은 반주기적인 반면 8월 5일과 6일에는 회귀 분석 신호와 일치하는 나머지 신호가 있고, 다른 날에는 덜 명확하게 일치하는 것처럼 보인다. 반주기적이라는 말은, 예를 들어 밤이 주변의 낮보다 더 따뜻했다는 의미가 아니라 예상되는 변동보다 적어 트렌드가 반전된 패턴을 생성한다는 것을 의미한다.

즉, 더 복잡한 주기적 트렌드의 가능한 모든 요소를 제거하지는 않았지만 이중으로 디트렌딩된 데이터의 대부분 값 범위는 약 8°C인 반면 원시 데이터의 경우 약 50°C였다. 목표는 근본적인 변동성을 완전히 제거하는 것이 아니라 더 극단적인 규모 측정을 강조하는 것이다.

발견된 주기

우리는 실외 온도가 어떤 영향을 미칠지에 대한 선험적 신념을 갖고 있다. 여름은 겨울보다 따뜻하고 밤은 낮보다 춥다. 그러나 실내 온도에 대해 이와 유사한 명백한 가정은 존재하지 않는다. 이전에 브래드의 지하실 온도에 대한 플롯을 봤다. 데이터는 흥미롭게도 노이즈가 있지만, 특히 약 2달의 여름 동안 지하 온도가 낮과 밤 내내 약 21°C 이상으로 고정돼 있음을 발견했다. 이로 인해 브래드의 집에 난방 시스템이 있지만 냉방 시스템이 없어서 실내 온도가 더 높은 실외 온도를 따라 갔다고 추론했다. 여기서는 계절적 트렌드보다는 난방 시스템과 인위적으로 유지된 온도만 분석하고자 한다. 데이터를 여름이 아닌 날로 제한하자(여기서는 공식 시즌 날짜가 아니라 데이터의 패턴에 따라 이름이 지정됨).

```
%%R
not_summer <- filter(glarp,
                     timestamp >= as.Date("2003-08-15"),
                     timestamp <= as.Date("2004-06-15"))
```

```
# 여름이 아닌 날만 그리기
ggplot(not_summer, aes(x=timestamp, y=basement)) +

  geom_line() + clean_theme +
  ggtitle("Basement temperature over non-summer days")
```

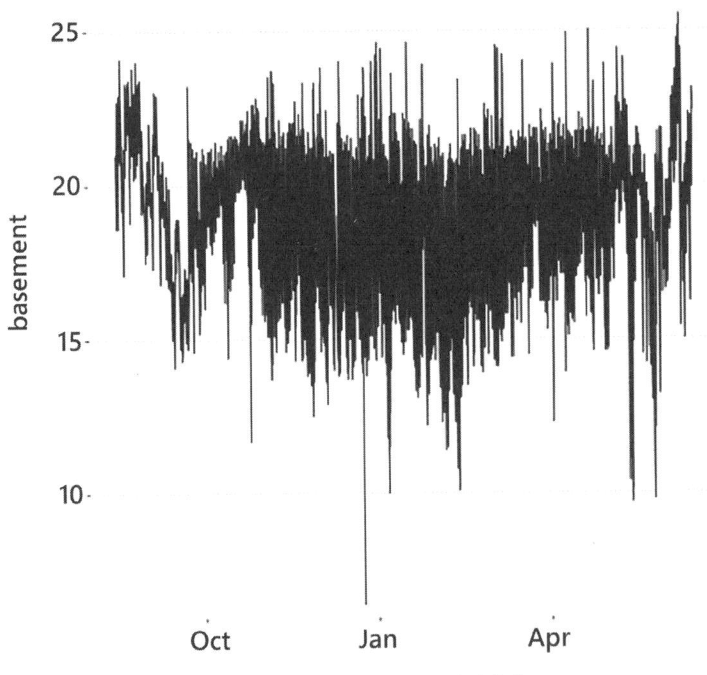

그림 5.17: 여름이 아닌 날의 지하실 온도

다소 좁혀진 기간 동안 거의 매일 측정하는 온도가 약 18~20°C 이상 및 이하이므로 난방 시스템이 여름이 아닌 거의 모든 날에 매일 일정 부분 동작했을 가능성이 크다. 아마도 디트렌드하고자 분석할 질문은 원시 데이터에 분명하게 존재하는 상당한 노이즈 중에서 실내 온도 데이터에 주기적 패턴이 존재하는지 여부일 것이다.

자기 상관관계[autocorrelation]라고 하는 기술은 이 분석에 매우 도움이 된다. 자기 상관관계는 노이즈 또는 비주기적 변동과 혼합된 주기적 신호의 존재와 같은 반복 패턴을 식별하는 수학적 기술이다. 판다스에서 Series 메서드 .autocorr()는 이것을 찾는다. R에서는 관련 함수를 acf()라고 한다. 다른 라이브러리나 프로그래밍 언어는 비슷한 기능을 갖고 있다. 발견한 것을 살펴보자. 도메인 지식이 주제 내에서 특정 주기성만 '이치에 맞는' 것으로 알려준다면 무작정 자기 상관관계를 찾고 싶지 않다는 점에 유의하자.

데이터 프레임에 이미 timeseries 열이 포함돼 있지만 여기서는 작업할 basement 열에서 하나를 만드는 것이 더 쉽다. 데이터 포인트에 해당하는 실제 날짜는 작업과 관련이 없다. 시간의 간격만 관심이 있다. 특히 일수에 의해 직관적으로 레이블이 지정된 플롯을 얻고자 하루의 관측 수와 일치하는 빈도수를 부과할 수 있다. acf() 함수는 자동으로 플롯을 생성하고 숫자로 활용할 수 있는 여러 값이 첨부된 객체를 반환한다. 이 절에서는 그래프로 충분하다.

```
%%R
per_day <- 24*60/3
basement.temps <- ts(not_summer$basement, frequency = per_day)
auto <- acf(basement.temps, lag.max = 10*per_day)
```

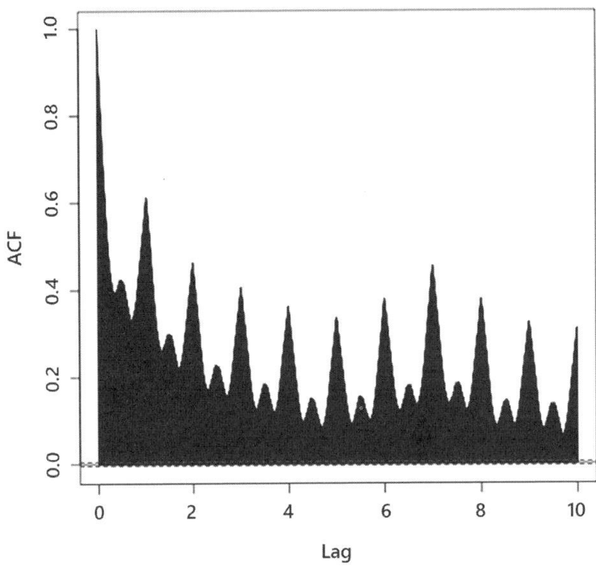

그림 5.18: 서로 다른 증분에서 유사성의 밀도 분포

자기 상관관계 이름에서 알 수 있듯이 이는 가능한 각 오프셋에서 단일 데이터 시리즈와 자체의 상관관계를 보여준다. 제로 증분은 그 자체와 100% 상관관계가 있다. 그 이외의 모든 것은 이러한 특정 데이터 내의 주기성에 대해 특정한 것을 알려준다. 일일 각 정수에 강한 스파이크가 있다. 여기서는 분석을 10일로 제한했다. 이 스파이크를 통해 지하실의 온도 조절기가 매일 다른 시간에 서로 다른 레벨로 온도를 조절하는 설정을 갖고 있다는 것을 알 수 있지만 하루와 그 후 10일 사이에는 거의 동일 방식으로 나타났다.

이 데이터의 스파이크는 날카롭지 않고 기울어져 있다(적어도 계단식보다는 연속적임). 주어진 3분 간격은 주변의 온도와 비슷한 온도를 갖는 경향이 있어 측정이 더 멀어짐에 따라 상당히 빠르게 감소하지만 순간적으로는 감소하는 것이 아니다. 이는 물론 온도 조절 장치로 제어되는 난방 시스템이 있는 집에서 기대할 수 있는 것이다. 다른 시스템은 다를 수 있다. 예를 들어 조명이 정확히 3분 동안 켜졌다가 꺼지게 타이머가 켜져 있었다면 일정에 따라 조명 레벨 측정이 인접 측정 간에 점차적으로 달라지는 것이 아니라 갑자기 달라진다.

그러나 자기 상관관계의 패턴은 일일 주기보다 더 많은 정보를 제공한다. 또한 대략 반나절 간격으로 더 낮은 상관관계를 볼 수 있다. 또한 이는 생산한 도메인과 기술을 생각하면 쉽게 이해할 수 있다. 에너지를 절약하고자 브래드는 아침에 일어나면 온도 조절기 타이머를 켜고 사무실에 있는 동안 온도 조절기 타이머를 더 낮은 레벨로 이동시킨 다음 집에 돌아온 이른 저녁에 다시 올라가도록 설정했다. 나는 이것이 자동 설정이라는 것을 알고 있지만, 예를 들어 단순히 수동으로 온도 조절기를 위아래로 조정하는 인간의 패턴이라면 동일한 효과가 발생했을 수 있다(신호는 기계적 타이머에 비해 강도가 약할 수 있지만 존재할 가능성이 있음).

일일 주기성 이상으로 상승하면 7일 동안 자기 상관관계가 다소 더 높은 스파이크가 발생한다. 이는 요일이 온도 조절기의 온도 설정과 관련이 있음을 나타낸다. 예를 들어 타이머 설정이나 인간의 습관과 편안함 때문에 평일과 주말에 다른 온도가 설정됐을 가능성이 크다. 이러한 이차 패턴은 일반적인 24시간 주기보다 덜 강하지만 반나절 주기만큼 강하다. 자기 상관관계 스파이크를 더 주의 깊게 살펴보면 브래드가 일반적으로 집에 오는 시간과 사무실에 있는 시간을 정확히 알 수 있다. 24시간 스파이크에서 2차 스파이크의 오프셋은 정확히 12시간이 아닐 수 있지만 전체 24시간보다 적은 증분이다.

이 절에서는 이러한 연산을 수행하지 않지만 삼각 회귀 분석에서 했던 것처럼 자기 상관관계를 디트렌딩 회귀 분석으로 사용하는 것을 생각해본다. 이는 효과적으로 12시간과 24시간 그리고 7일의 별도 주기를 가질 것이다. 분명하게도 표시된 원시 데이터에는 많은 추가 노이즈가 있지만 이러한 알려진 패턴을 빼면 노이즈가 감소될 것이다. 이 디트렌딩된 데이터 중에서 일부 매우 비정형적인 값은 훨씬 더 강하게 나타나고 잠재적으로 더 강력한 분석적 중요성을 갖는다.

때때로 우리가 수행해야 하는 데이터 검증은 해당 도메인에 매우 구체적이다. 이를 위해 더 많은 맞춤형 접근 방식과 코드가 필요한 경향이 있다.

비스포크 검증

> 설명은 있다. 설명은 항상 있어왔다. 모든 인간 문제에 대해 항상 잘 알려진 해결책이 있다. —깔끔하고 그럴듯하고 잘못됐다.
>
> — 멘켄H. L. Mencken

개념:

- 이상 징후 감지를 넘어 도메인 지식 활용
- 예, 중복 데이터 평가
- 추가 조사를 위한 온전성 검사sanity check로서 검증

도메인 지식은 어떤 종류의 기록이나 데이터 정렬 오류collation error를 반영할 가능성이 더 큰 데이터와 비교해 진짜일 가능성이 높은 데이터의 형태를 알려주는 경우가 많다. 데이터에 대한 일반적인 통계에 이상 징후, 편향, 불균형 또는 기타 일반적인 문제가 표시되지는 않지만 '깨끗한' 데이터에 대한 기대를 알려주는 도메인이나 특정 문제를 더 많이 알고 있다.

예를 들어 특정 종류의 관측치가 다른 관측치에 비해 대략 특정 빈도로 발생해야 한다는 기대를 가질 수 있다. 이는 세 번째 범주형 변수의 클래스 값에 의해 추가로 지정될 것이다. 예를 들어 배경 도메인 지식으로 미국에서 가족 규모가 평균적으로 2명의 자녀보다 약간 적다는 것을 알고 있다. 샘플링된 가구의 모든 개인에 대한 정보를 포함하는 데이터가 있다면 이를 데이터 형태에 대한 지침으로 사용할 수 있다. 사실 주별로 가구당 자녀에 대한 보조 데이터가 있다면 데이터를 검증할 때 이 참조 기대치를 더 구체화할 수 있다.

분명히 모든 가구에 정확히 1.9명의 자녀가 있을 것으로 기대하지는 않는다. 인간이 완전한 단위로 온다는 점을 감안할 때 실제로 어떤 특정 가구에서도 그러한 소수를 가질 수 없다. 그러나 샘플 가구에서 가구당 평균 0.5명의 자녀나 자녀가 있는 가구당 4명의 자녀라는 사실을 발견하면 어떤 종류의 샘플 편향이 발생했다는 강력한 표시를 갖게 된다. 개별 가구에 대한 데이터에서 자녀가 과소 또는 과대 보고될 수 있다. 샘플링할 가구를 선택하면 데이터가 자녀가 있는 가구나 자녀가 없는 가구로 편향될 수 있다. 이 시나리오는 기준과 비교하는 이 장의 앞부분에서 다룬 문제와 대체로 유사하다. 여러 관측(가구)에서 공유된 주소 특징을 기반으로 자녀 수(예를 들면 18세 미만)에 대한 기대치를 검증하려는 가구만을 식별한다는 점에서 이전 예에 사소한 결점만 추가한다.

콜레이션 검증

기준 기대치 측면에서 실제로 공식화할 수 없는 완전히 다른 예를 살펴보자. 이 절에서는 DDBJ[DNA Data Bank of Japan]에서 다운로드한 리보솜 RNA[rRNA], 특히 FASTA 형식(ftp://ftp.ddbj.nig.ac.jp/ddbj_database/16S/) 데이터 세트의 16S rRNA(원핵생물)에 대한 게놈 데이터를 고려한다. 이 예에서는 유전체학이나 세포 생물학을 알 필요는 없다. 우리는 단순히 사용된 데이터 형식과 이 형식의 레코드 집계에 중점을 둔다.

이 데이터 세트의 각 시퀀스에는 해당 유기체에 대한 설명과 기록된 시퀀스의 특성이 포함된다. FASTA 형식은 유전체학에서 널리 사용되며 간단한 텍스트 형식이다. 라인 지향 형식의 여러 항목을 동일한 파일 또는 텍스트로 간단히 연결할 수 있다. 예를 들어 시퀀스 엔트리는 다음과 같다.

```
FASTA
>AB000001_1|Sphingomonas sp.|16S ribosomal RNA
agctgctaatattagagccctatatatagagggggccctatactagagatatatctatca
gctaatattagagccctatatatagagggggccctatactagagatatatctatcaggct
```

```
attagagccctatatatagagggggccctatactagagatataagtcgacgatattagca
agccctatatatagagggggccctatactagagatatatctatcaggtgcacgatcgatc
cagctagctagc
```

이 데이터 세트와 함께 게시된 설명은 포함된 각 시퀀스가 최소 300개이고 평균 길이가 1,104개인 염기쌍임을 나타낸다. 이 글을 쓰는 시점에 998,911개의 시퀀스가 포함돼 있다. DNA 또는 RNA에서 모든 핵 염기는 이중 나선으로 쌍을 이루는 다른 염기를 고유하게 결정하므로 형식은 둘 다 표기할 필요가 없다. 게놈 데이터 작업을 위한 다양한 고품질 도구가 있다. 자세한 내용은 이 책의 범위를 벗어난다. 그러나 예를 들어 SeqKit을 사용해 중복된 시퀀스를 식별해보자. 이 데이터 세트에는 동일한 이름이나 ID를 가진 시퀀스 쌍이 없지만 상당수가 동일한 염기쌍을 포함한다. 이는 다른 관측을 반영하기 때문에 그 자체로는 오류가 아니다. 그러나 분석에 유용하지 않은 중복 데이터일 수 있다.

```
%%bash
cd data/prokaryotes
zcat 16S.fasta.gz |
  seqkit rmdup --by-seq --ignore-case \
               -o clean.fasta.gz \
               -d duplicated.fasta.gz \
               -D duplicated.detail.txt
```

```
[INFO] 159688 duplicated records removed
```

모든 시퀀스의 약 15%가 중복된다. 일반적으로 이들은 동일한 유기체와 관련된 여러 ID다. `seqkit`에서 생성한 중복 보고서에서 빠른 검사로 그러한 것을 확인할 수 있다. 연습 삼아 범용 프로그래밍 언어로 유사한 중복 감지 함수를 작성하는 방법을 고려할 수 있다. 특별히 어렵지는 않지만 SeqKit은 사용자가 직접 제작할 수 있는 빠른 구현보다 확실히 더 최적화되고 더 나은 테스트다.

```
%%bash
cut -c-60 data/prokaryotes/duplicated.detail.txt | head
```

```
1384    JN175331_1|Lactobacillus, MN464257_1|Lactobacillus, MN4
1383    MN438326_1|Lactobacillus, MN438327_1|Lactobacillus, MN4
1330    AB100791_1|Lactococcus, AB100792_1|Lactococcus, AB10079
1004    CP014153_1|Bordetella, CP014153_2|Bordetella, CP014153_
934     MN439952_1|Lactobacillus, MN439953_1|Lactobacillus, MN43
912     CP003166_2|Staphylococcus, CP003166_3|Staphylococcus, CP
908     CP010838_1|Bordetella, CP010838_2|Bordetella, CP010838_3
793     MN434189_1|Enterococcus, MN434190_1|Enterococcus, MN4341
683     CP007266_3|Salmonella, CP007266_5|Salmonella, CP007266_6
609     MN440886_1|Leuconostoc, MN440887_1|Leuconostoc, MN440888
```

유기체 간 rRNA의 수평 이동은 가능하지만 데이터에서 이러한 발생은 검사 중인 유기체의 잘못된 분류를 나타낼 수도 있다. 동일한 시퀀스에 대한 여러 ID의 이벤트가 때때로 다른 박테리아(또는 고세균)로 태그가 지정되는지 확인하고자 코드를 작성할 수 있다.

```
def matched_rna(dupfile):
    """Count of distinct organisms per sequence match

    Return a mapping from line number in the duplicates
    to Counters of occurrences of species names
    """
    counts = dict()
    for line in open(dupfile):
        line = line.rstrip()
        _, match_line = line.split('\t')
        matches = match_line.split(', ')
        first_id = matches[0].split('|')[0]
        names = [match.split('|')[1] for match in matches]
```

```
        count = Counter(names)
        counts[first_id] = count
    return counts
```

겉보기에 동일한 rRNA 서열을 가진 여러 유기체를 분류하는 것은 매우 흔한 일이다. 그러나 우리의 분석/검증은 이러한 중복 기록으로 어떤 일이 발생하는지 밝힐 수 있다. 중복 보고서에서 많은 라인은 많은 관측치를 가진 한 종[species]만을 보여준다. 상당수는 다른 것을 보여준다. 몇 가지 예를 살펴보자.

```
dupfile = 'data/prokaryotes/duplicated.detail.txt'
counts = matched_rna(dupfile)
```

일부 예에서 서로 다른 관측치는 서로 다른 레벨의 특이성을 갖지만 그 자체로 서로 다른 유기체는 아니다.

```
print(counts['CP004752_1'])
print(counts['AB729796_1'])
```

```
Counter({'Mannheimia': 246, 'Pasteurellaceae': 1})
Counter({'Microbacterium': 62, 'Microbacteriaceae': 17})
```

Mannheimia는 Pasteurellaceae 과[family]의 속[genus]이며 Microbacterium은 Microbacteriaceae 과의 속이다. 그러나 이러한 '불일치'를 클리닝할 때 수정해야 하는지 여부는 문제에 따라 다르다. 예를 들어 일치하는 시퀀스를 함께 그룹화하고자 좀 더 일반적인 과를 사용할 수 있다. 다른 한편으로 문제는 유기체를 식별할 때 가능한 한 많은 특이성을 요구할 수 있다. 도메인 온톨로지에서 다양한 레벨의 특이성을 처리하거나 처리하는 방법을 결정해야 한다.

유사한 문제가 다른 레코드에서 발생하지만 추가적인 간단한 데이터 오류로 보인다.

```
counts['AB851397_1']
```

```
Counter({'Proteobacteria': 1, 'proteobacterium': 2,
'Phyllobacteriaceae': 8})
```

Phyllobacteriaceae는 넓은 Proteobacteria 문phylum의 과family이므로 어느 쪽이든 다소 비특이적 분류를 다루고 있다. 그러나 'proteobacterium'은 이름에 대문자가 없고 단수라는 점에서 Linnaean 과의 철자를 쓰는 비표준 방법으로 보인다.

다른 레코드를 살펴보면 분류를 관측 오류로 판단할 수 있지만 더 깊은 도메인 지식 없이는 확신하기가 분명 어렵다.

```
counts['CP020753_6']
```

```
Counter({'Shigella': 11, 'Escherichia': 153})
```

Shigella와 Escherichia는 모두 Enterobacteriaceae 과에 속한다. 동일한 시퀀스는 여기서 다른 속에 속하는 것으로 특징지어진다. 이것이 근본적인 유기체의 오인을 나타내는지 또는 이러한 유기체 사이 rRNA의 수평 이동을 나타내는지 여부는 이 데이터만으로는 명확하지 않다. 그러나 데이터 과학 작업에서 이는 도메인 전문가와 상의해 결정을 내려야 할 것이다.

볼 수 있는 또 하나의 레코드는 이 데이터 세트에 비해 매우 이상하다. 많은 중복을 보여주지만 실제로 놀라운 측면은 아니다.

```
counts['FJ537133_1']
```

```
Counter({'Aster': 1,
        "'Elaeis": 1,
```

```
"'Tilia": 1,
"'Prunus": 2,
"'Brassica": 3,
'Papaya': 1,
"'Phalaris": 1,
"'Eucalyptus": 1,
"'Melochia": 1,
'Chinaberry': 1,
"'Catharanthus": 4,
"'Sonchus": 1,
"'Sesamum": 1,
'Periwinkle': 1,
'Candidatus': 1})
```

이 경우 원핵생물의 rRNA를 카탈로그화하고자 문서화된 데이터 세트와 혼합된 많은 꽃 식물 속genera, 즉 진핵생물을 갖고 있다. 또한 나열된 많은 속의 이름 시작 부분에 가짜 작은따옴표 문자가 있다는 점에서 철자 불일치가 있다. 이 다른 식물, 주로 나무가 rRNA를 공유하는 것이 타당한지 여부는 도메인 지식 질문이지만 이러한 데이터는 원핵 rRNA에 대한 가상 분석에 전혀 속하지 않을 가능성이 높다.

이 rRNA 시퀀스 데이터 세트에서 중복된 시퀀스를 조사하면 컬렉션에 여러 가지 문제가 있을 수 있다. 또한 컬렉션 내 다른 곳에 숨어 있을 수 있는 문제를 암시한다. 예를 들어 동일한 시퀀스가 다른 레벨의 분기적 계통 발생cladistic phylogeny에 의해 명명되지 않은 경우에도 이러한 다른 레벨은 다른 시퀀스의 분류를 혼동할 수 있다. 예를 들어 이는 데이터를 일반적인 문phyletic 레벨(매우 큰 프로젝트지만 작업에 필요할 수 있음)로 정규화할 것을 요구할 수 있다. 어느 쪽이든 이 피상적인 검증은 잘 정의된 속이나 유기체 클러스터만을 다루고자 데이터 세트를 필터링할 필요가 있음을 시사한다.

트랜스크립션 검증

앞에서 언급할 때 이 절에서는 레코드 컬렉션(즉, 시퀀스)의 주석이나 집계에 문제가 있을 수 있다. 레코드가 서로 일치하지 않거나 어떤 면에서 상충되는 정보를 제시할 수 있다. 확인된 예는 제거나 수정을 위한 가능한 방법을 가리킨다. 이 절의 두 번째 부분에서는 개별 레코드에서 식별 가능한 오류를 살펴보자.

이 가설은 RNA 시퀀싱 기술의 깊은 지식에 의해 동기 부여되는 것이 아니라 단순히 데이터 예로서 제시된다. 이는 일반적으로 도메인 전문가와 함께 일하는 데이터 과학자의 관점이다. 예를 들어 데이터 세트의 측정값 중 RNA-Seq와 구형 하이브리드화 기반 미세배열을 얼마나 많이 활용했는지 모른다.

그러나 이를 위해 시퀀싱 기술에서 상대적으로 일반적인 오류가 실제 측정된 rRNA에 존재하지 않는 RNA 염기쌍의 짧은 단편의 부정확한 반복을 유발한다고 가정해 보자. 다른 한편으로는 microsatellites와 minisatellites가 rRNA에서도 발생한다는 것을 알고 있다(텔로미어telomeres는 그렇지 않지만). 따라서 반복되는 시퀀스의 존재만으로는 데이터 수집 오류가 발생했음을 증명하지 않는다. 그것은 단지 암시적일 뿐이다.

이 예제의 목적은 단순히 다음과 같은 사용자 정의 작업이 특정 도메인에서 데이터 검증과 관련이 있을 수 있다는 생각을 제시하는 것이다. 우리가 찾을 것은 상대적으로 긴 하위 시퀀스가 특정 시퀀스 내에서 반복되는 모든 공간이다. 이것이 오류인지 흥미로운 현상인지는 도메인 전문 지식의 문제다. 기본적으로 다음 코드에서는 45개 염기쌍의 반복된 하위 시퀀스를 찾지만 해당 길이를 변경할 수 있는 구성 옵션을 제공한다. 각각의 뉴클레오타이드nucleotide가 단순히 무작위로 선택되면 길이 45의 각 특정 패턴이 약 10^{-27}의 확률로 발생하고, '생일 역설birthday paradox'(https://en.wikipedia.org/wiki/Birthday_problem) 고려 사항이 있더라도 반복은 본질적으로 발생하지 않는다. 그러나 유전적 과정은 그렇게 무작위적이지는 않다.

첫 번째 단계로 FASTA 파일에 반복하는 짧은 함수를 만들어 메타데이터와 함께 포함된 각 시퀀스에 대해 좀 더 설명적인 `namedtuple`을 생성한다. 많은 라이브러리가 표시된 코드보다 더 빠르고 강력하게 유사한 작업을 수행하지만 FASTA 형식은 이러한 함수를 쉽게 작성할 수 있을 만큼 간단하다.

```
Sequence = namedtuple("FASTA", "recno ID name locus bp")

def get_sequence(fname):
    fasta = gzip.open(fname)
    pat = re.compile(r'n+')  # 하나 이상의 'n'
    sequence = []
    recno = 0
    for line in fasta:
        line = line.decode('ASCII').strip()
        if line.startswith('>'):
            # 'n'의 문자열보다는
            # 단일 '-'을 포함하도록 기본 쌍 수정
            bp = "".join(sequence)
            bp = re.sub(pat, '-', bp)  # 팻을 대시로 바꿈
            if recno > 0:
                yield Sequence(recno, ID, name, locus, bp)
            ID, name, locus = line[1:].split('|')
            sequence = []
            recno += 1
        else:
            sequence.append(line)
```

get_sequence() 함수를 사용하면 단일 gzip 파일에 포함된 모든 시퀀스를 느리게 반복할 수 있다. 총 데이터가 1.1GiB이므로 한 번에 모두 읽지 않는 것이 유리하다. 이러한 파일이 gzip 파일이라고 가정하는 것 외에도 헤더가 다른 규칙을 갖거나 헤더가 없는 것이 아니라 DDBJ 방식으로 형식된다고 가정한다. 언급했듯이 다른 도구는 더 강력하다. 함수가 어떻게 동작하는지 보고자 하나의 레코드만 읽어보자.

```
fname = 'data/prokaryotes/16S.fasta.gz'
prokaryotes = get_sequence(fname)
rec = next(prokaryotes)

print(rec.recno, rec.ID, rec.name, rec.locus)
print(fill(rec.bp, width=60))
```

```
1 AB000106_1 Sphingomonas sp. 16S ribosomal RNA
ggaatctgcccttgggttcggaataacgtctggaaacggacgctaataccggatgatgac
gtaagtccaaagatttatcgcccagggatgagcccgcgtaggattagctagttggtgagg
taaaggctcaccaaggcgacgatccttagctggtctgagaggatgatcagccacactggg
actgagacacggcccagactcctacgggaggcagcagtagggaatattggacaatgggcg
aaagcctgatccagcaatgccgcgtgagtgatgaaggccttagggttgtaaagctctttt
acccgggatgataatgacagtaccgggagaataagccccggctaactccgtgccagcagc
cgcggtaatacggagggggctagcgttgttcggaattactgggcgtaaagcgcacgtagg
cggcgatttaagtcagaggtgaaagcccggggctcaaccccggaatagcctttgagactg
gattgcttgaatccgggagaggtgagtggaattccgagtgtagaggtgaaattcgtagat
attcggaagaacaccagtggcgaaggcggatcactggaccggcattgacgctgaggtgcg
aaagcgtggggagcaaacaggattagataccctggtagtccacgccgtaaacgatgataa
ctagctgctggggctcatggagtttcagtggcgcagctaacgcattaagttatccgcctg
gggagtacggtcgcaagattaaaactcaaaggaattgacgggggcctgcacaagcggtgg
agcatgtggtttaattcgaagcaacgcgcagaaccttaccaacgtttgacatccctagta
tggttaccagagatggtttccttcagttcggctggctaggtgacaggtgctgcatggctg
tcgtcagctcgtgtcgtgagatgttgggttaagtcccgcaacgagcgcaaccctcgcctt
tagttgccatcattcagttgggtactctaaaggaaccgccggtgataagccggaggaagg
tggggatgacgtcaagtcctcatggcccttacgcgttgggctacacacgtgctacaatgg
cgactacagtgggcagctatctcgcgagagtgcgctaatctccaaaagtcgtctcagttc
ggatcgttctctgcaactcgagagcgtgaaggcggaatcgctagtaatcgcggatcagca
tgccgcggtgaatacgtccccaggtcttgtacacaccgcccgtcacaccatgggagttgg
tttcacccgaaggcgctgcgctaactcgcaagagaggcaggcgaccacggtgggatcagc
gactgggtgagtcgtacaggtgc
```

우려하는 하위 시퀀스 중복에 대해 각 시퀀스/레코드를 확인하고자 또 다른 짧은 함수가 도움이 될 수 있다. 이 파이썬 코드는 이전에 matched_rna() 함수와 마찬가지로 카운터를 다시 사용한다. 단순히 주어진 길이의 모든 하위 시퀀스를 살펴보고, 많은 부분이 겹치고 1보다 큰 수만 반환한다.

```
def find_dup_subseq(bp, minlen=45):
    count = Counter()
    for i in range(len(bp)-minlen):
        count[bp[i:i+minlen]] += 1
    return {seq: n for seq, n in count.items() if n > 1}
```

해결해야 할 잠재적인 문제가 있는지 확인하고자 처음 2,800개의 레코드만 살펴보자. 전체 데이터 세트에 거의 100만 개의 시퀀스가 포함돼 있다는 점을 감안하면 이러한 중복이 더 많이 발생한다. 초기 범위는 정확히 두 가지 예를 찾고자 단지 시행착오로 선택됐다. 중복된 하위 시퀀스는 비교적 드물지만 백만 시퀀스 사이에서 여러 번 발생하지 않을 정도로 드물지는 않다.

```
for seq in islice(get_sequence(fname), 2800):
    dup = find_dup_subseq(seq.bp)
    if dup:
        print(seq.recno, seq.ID, seq.name)
        pprint(dup)
```

```
2180 AB051695_1 Pseudomonas sp. LAB-16
{'gtcgagctagagtatggtagagggtggtggaatttcctgtgtagc': 2,
 'tcgagctagagtatggtagagggtggtggaatttcctgtgtagcg': 2}
2534 AB062283_1 Acinetobacter sp. ST-550
{'aaaggcctaccaaggcgacgatctgtagcgggtctgagaggatga': 2,
 'aaggcctaccaaggcgacgatctgtagcgggtctgagaggatgat': 2,
 'accaaggcgacgatctgtagcgggtctgagaggatgatccgccac': 2,
 'aggcctaccaaggcgacgatctgtagcgggtctgagaggatgatc': 2,
 'ccaaggcgacgatctgtagcgggtctgagaggatgatccgccaca': 2,
 'cctaccaaggcgacgatctgtagcgggtctgagaggatgatccgc': 2,
```

```
'ctaccaaggcgacgatctgtagcgggtctgagaggatgatccgcc': 2,
'gcctaccaaggcgacgatctgtagcgggtctgagaggatgatccg': 2,
'ggcctaccaaggcgacgatctgtagcgggtctgagaggatgatcc': 2,
'ggggtaaaggcctaccaaggcgacgatctgtagcgggtctgagag': 2,
'gggtaaaggcctaccaaggcgacgatctgtagcgggtctgagagg': 2,
'ggtaaaggcctaccaaggcgacgatctgtagcgggtctgagagga': 2,
'ggtggggtaaaggcctaccaaggcgacgatctgtagcgggtctga': 2,
'gtaaaggcctaccaaggcgacgatctgtagcgggtctgagaggat': 2,
'gtggggtaaaggcctaccaaggcgacgatctgtagcgggtctgag': 2,
'taaaggcctaccaaggcgacgatctgtagcgggtctgagaggatg': 2,
'taccaaggcgacgatctgtagcgggtctgagaggatgatccgcca': 2,
'tggggtaaaggcctaccaaggcgacgatctgtagcgggtctgaga': 2,
'tggtggggtaaaggcctaccaaggcgacgatctgtagcgggtctg': 2,
'ttggtggggtaaaggcctaccaaggcgacgatctgtagcgggtct': 2}
```

이전과 마찬가지로 이 검증은 도메인 및 문제별로 질문하는 방향만 가리키며 올바른 조치를 결정하지는 않는다. 서브시퀀스 중복은 시퀀싱 프로세스의 오류를 나타낼 수 있지만 기본 도메인 및 게놈 메커니즘과 관련된 내용을 나타낼 수도 있다. 그러나 충돌은 우연히 발생할 가능성이 매우 낮다.

연습

이 장의 연습으로 먼저 학습한 기술을 사용해 일반적인 다단계 데이터 클리닝을 수행할 것을 요구한다. 두 번째 연습에서는 이 책에서 다룬 분석 도구(또는 선택한 다른 도구)를 사용해 제공된 데이터 세트에서 샘플 편향을 특성화한다.

데이터 특성화

이 연습에서는 상당히 완전한 데이터 클리닝 단계를 수행해야 한다. 이 장에서 설명한 기술에 초점을 맞추지만 다른 장에서 설명하는 개념도 필요하다. 이러한 작업 중 일부는 이후 장에서 설명하는 기술이 필요하므로 필요에 따라 잠시 건너 뛰어 작업을 완료한다. 여기서는 '브래드의 하우스' 온도 데이터로 돌아가지만 데이터는 원시 형식이다. 원시 데이터는 네 개의 온도계에 해당하는 네 개의 파일로 구성된다. 이러한 파일은 다음 위치에서 찾을 수 있다(링크가 변경돼 접속되지 않을 수도 있다).

https://www.gnosis.cx/cleaning/outside.gz

https://www.gnosis.cx/cleaning/basement.gz

https://www.gnosis.cx/cleaning/livingroom.gz

https://www.gnosis.cx/cleaning/lab.gz

이러한 데이터 파일의 형식은 단순하지만 사용자 정의 텍스트 형식이다. 형식 파싱에 대한 영감을 얻으려면 1장, 3장을 다시 참고하자. 몇 가지 행을 살펴보자.

```
%%bash
zcat data/glarp/lab.gz | head -5
```

```
2003 07 26 19 28 25.200000
2003 07 26 19 31 25.200000
2003 07 26 19 34 25.300000
2003 07 26 19 37 25.300000
2003 07 26 19 40 25.400000
```

보시다시피 공백으로 구분된 필드는 날짜 시간의 구성 요소를 나타내고 그 뒤에 온도를 표시한다. 형식 자체는 모든 파일에 대해 일관된다. 그러나 각 파일에 기록된 특정 타임스탬프는 일관되지 않는다. 4개의 데이터 파일은 모두 2004-07-16

T15:28:00에 끝나고 그중 3개는 2003-07-25T16:04:00에 시작된다. 각 파일에 다양하고 다른 타임스탬프가 누락됐다. 비교를 위해 일부 클리닝을 수행하는 유틸리티 함수로 읽은 전체 데이터 프레임에 171,346개의 행이 있음을 기억할 수 있다. 반대로 여러 데이터 파일의 라인 수는 다음과 같다.

```
%%bash
for f in data/glarp/*.gz; do
  echo -n "$f: "
  zcat $f | wc -l
done
```

```
data/glarp/basement.gz: 169516
data/glarp/lab.gz: 168965
data/glarp/livingroom.gz: 169516
data/glarp/outside.gz: 169513
```

이 연습의 모든 작업은 사용하기로 결정한 특정 프로그래밍 언어 및 라이브러리와 무관하다. 전반적인 목표는 685k 데이터 포인트 각각을 다음에 제시하는 몇 가지 개념적 범주 중 하나로 특성화하는 것이다.

작업 1: 4개의 데이터 파일을 모두 공통 데이터 프레임으로 읽는다. 또한 각 레코드가 분리된 구성 요소가 아닌 적절한 기본 타임스탬프로 식별하기를 바란다. 날짜/시간 필드를 설명하는 7장을 참고할 수 있다.

작업 2: 모든 결측 데이터 포인트를 명시적으로 누락됐음을 나타내는 마커로 채운다. 여기에는 약간 다른 두 가지 측면이 있다. 데이터 파일에 존재하지 않는 일부 암시적 타임스탬프가 있다. 우리의 목표는 전체 데이터 기간 동안 3분씩 증가하는 것이다. 두 번째 측면에서 일부 타임스탬프는 어떤 데이터 파일에는 표시되지만 다른 파일에는 표시되지 않는다. 이 장의 결측 데이터에 관한 절과 4장에서 동일한 이름의 절을 참고할 수 있다. 또한 7장의 날짜/시간 필드에 대한 설명도 관련이 있을 수 있다.

작업 3: 데이터에서 모든 정규 트렌드와 주기를 제거한다. 관련 기술은 기기마다 다를 수 있다. 이 장에서 언급했듯이 세 가지 측정 시리즈는 온도 조절 장치에 의해 적어도 부분적으로 조절되는 실내 온도이고 하나는 실외 온도다. 문제의 집이 실내 온도 조절기나 방 사이의 난방 시스템에 차이가 있는지 여부는 독자가 데이터를 기반으로 판단할 수 있게 남겨둔다(적어도 어떤 집의 열 순환은 항상 불완전하고 균일하지 않음).

TIP

> 디트렌딩을 수행하는 단계로 6장에서 설명한 대로 결측 데이터를 일시적으로 보정하는 것이 유용할 수 있다.

작업 4: 다음 범주에 따라 모든 데이터 포인트(타임스탬프 및 위치)를 특성화한다.

- 일반적으로 예상되는 범위 내에 있는 '정규' 데이터 포인트
- 트렌드와 관련된 편차를 나타낼 가능성이 있는 '흥미로운' 데이터 포인트
- 기대치에 비해 가능성이 낮은 값을 반영하고 기록이나 트랜스크립션Transcription 오류일 가능성이 더 높은 '데이터 오류'. 주어진 값은 절대 크기 때문이 아니라 인근 값의 델타를 기반으로 할 수 없다고 간주한다. 4장은 여기서 관련성이 높다.
- 결측 데이터 포인트

작업 5: 특성화된 데이터 포인트 분포에서 발견된 패턴을 설명한다. 특정 방식으로 특성화된 대부분 또는 모든 데이터를 보여주는 시간적 트렌드나 간격이 있는가? 이것은 살펴본 네 가지 수단 중 어떤 것에 따라 달라지는가?

오버샘플링된 여론 조사

여론 조사 회사는 종종 데이터 수집에서 의도적으로 오버샘플링(오버셀렉션)을 사용한다. 이 문제는 이 장의 주제에서 설명한 오버웨이팅 또는 6장에서 다룰 기계적 오버샘플링과는 다소 다른 문제다. 오히려 여기서 아이디어는 특정 클래스나 값 범위가 기본 모집단에서 흔하지 않은 것으로 알려져 있으므로 전체 매개변수 공간은 모집단의 해당 세그먼트에 대해 드물게 채워질 가능성이 있다는 것이다. 대안으로 오버샘플링된 클래스는 모집단에서 일반적일 수 있지만 분석 목적에 특히 높은 식별력이 필요한 하위 모집단을 나타낸다.

데이터 수집 자체에서 오버샘플링을 사용하는 것은 여론 조사 회사에서 조사한 인간 대상에만 국한되지 않는다. 예를 들어 사이클로트론에서 생성되는 흔하지 않은 입자 또는 연구 숲의 흔하지 않은 식물과 같이 완전히 관련이 없는 주제 도메인에 대해서도 비슷하게 의미가 있는 경우가 있다. 이 연습에 사용된 데이터를 수집한 Pew Research Center와 같은 책임 있는 데이터 수집가는 항상 기본 모집단의 분포에 대한 오버샘플링 방법과 기대치를 명시적으로 문서화한다. 실제로 우리가 활용하는 2010년 여론 조사에 대한 다음 자세한 내용은 다음의 위치에서 읽을 수 있다.

https://www.pewsocialtrends.org/2010/02/24/millennials-confidentconnected-open-to-change/

그러나 이 연습을 완료하려면 처음에는 해당 문서의 참조를 건너뛰는 것이 좋다. 여기에서 작업을 위해 적절한 첨부 문서 및 메타데이터 없이 이 데이터를 받았다고 가정하자(명확하게 말하면 Pew는 여기에서 꼼꼼함). 이는 실제 지저분한 데이터의 세계에서 너무 자주 발생한다. 편향이나 오버샘플링을 도입하기 위한 체계적인 변경이 없는 원시 데이터는 다음 위치에서 자체적으로 사용할 수 있다.

https://www.gnosis.cx/cleaning/pew-survey.csv

작업 1: 데이터를 읽고 어떤 연령대가 의도적으로 오버 또는 언더샘플링됐는지, 어느 정도까지인지 판단하자. 나중에 합성 샘플링이나 가중치에 이 가중치를 사용할 수 있지만 현재로서는 여러분의 믿음과 일치하는 데이터 세트의 각 관측치에 sampling_multiplier라는 새로운 열을 추가하기만 하면 된다.

이를 위해 1x를 '중립' 용어로 취급한다. 예를 들어 40세 대상이 5배 이상 선택됐다고 생각하는 경우 승수 5.0을 할당한다. 대칭적으로 50세가 2배로 체계적으로 과소 선택됐다고 생각되면 배수 0.5를 할당한다. 2010년 미국 사람들은 연령별로 균일하게 분포되지 않았다는 것을 명심하자.

또한 샘플 크기가 약 2,000개와 가능한 연령이 75개인 경우 단순히 무작위성으로 인해 서브그룹 크기의 일부 불균일성이 예상된다. 중립적 선택 비율에서 발생하는 임의의 변동은 여전히 1.0으로 코딩돼야 한다.

작업 2: 범주형 필드 중 일부는 관련이 있지만 별개의 바이너리 값을 인코딩하는 것처럼 보인다. 예를 들어 기술에 대한 이 질문은 데이터 과학 목표를 위해 이상적으로 코딩되지 않을 수 있다.

```
pew = pd.read_csv('data/pew-survey.csv')
list(pew.q23a.unique())
```

```
['New technology makes people closer to their friends and family',
 'New technology makes people more isolated',
 '(VOL) Both equally',
 "(VOL) Don't know/Refused",
 '(VOL) Neither equally']
```

처음 두 설명은 설문 조사 대상자에 의해 상호 신뢰되거나 신뢰되지 않을 수 있기 때문에 각 설명을 별도의 불리언 값으로 인코딩하는 것이 타당하다. 응답 거부를 처리하는 방법은 다시 인코딩해 여러분이 내릴 추가 결정이다. 다중 불리언으로 더 잘 인코딩돼야 하는 범주형 값을 결정하고 그에 따라 데이터 세트를 수정한다.

각 분야에 대한 결정을 설명하고 정당화한다.

작업 3: 연령 이외의 다른 인구 통계 필드가 오버샘플링됐는지 확인한다. 열의 이름은 대개 암호화되지만 의견의 정도를 나타내는 정성적 답변이 있는 필드는 인구 통계학적 독립 변수가 아니라 조사된 종속 변수라고 가정해도 무방하다. 예를 들면 다음과 같다.

```
list(pew.q1.unique())
```

```
['Very happy', 'Pretty happy', 'Not too happy', "(VOL) Don't know/Refused"]
```

이 작업에 대한 판단을 내리고자 외부 데이터 소스를 참조해야 할 수 있다. 예를 들어 데이터 세트 분포와 비교할 미국 시간대(2010년)의 대략적인 인구 분포를 찾을 수 있어야 한다.

```
list(pew.timezone.unique())
```

```
['Eastern', 'Central', 'Mountain', 'Pacific']
```

작업 4: 작업 3에 제시된 `q1`과 같이 일부 필드는 일반적으로 명확하게 인코딩된다. `(Very happy:Pretty happy)` vs. `(Pretty happy:Not too happy)`에 대한 상대 비율을 직접 할당하는 것은 불가능하지만 이 세 가지 값의 순위는 분명하며 이를 서수 1, 2, 3이라고 부르는 것이 합리적이며 도움이 된다. 물론 응답을 거부하는 것도 어떤 방식으로든 인코딩해야 한다. 모든 관련 필드를 다시 인코딩해 이러한 직관적인 도메인 지식을 활용하자.

대단원

품질은 결코 우연이 아니다. 항상 지적인 노력의 결과다.

– 존 러스킨John Ruskin

이 장에서 다룬 주제: 결측 데이터(재검토), 편향, 클래스 불균형, 정규화, 스케일링, 오버웨이팅, 주기성, 비스포크 검증

이 장에서는 데이터 편향 문제에 초점을 맞췄다. 데이터 세트가 모집단을 완전히 나타내는 경우는 거의 없다. 데이터 세트는 오히려 특정 종류의 그림을 형성하고자 그 모집단을 왜곡하고 선택한다. 때때로 이러한 편향은 매개변수 공간을 채우는 하나의 방법으로 의도적이면서 근거를 잘 두고 있다. 다른 경우에는 단순히 기본 현실에서 수량이나 클래스의 분포를 반영한다. 이 경우 데이터의 고유한 장점이자 분석의 함정이다. 그러나 다른 경우에도 데이터 수집, 콜레이션, 트랜스크립션 또는 집계의 요소는 더 미묘한 편향을 내놓을 수 있으며 데이터 분석 및 모델링을 위해 어떤 방식으로든 편향을 수정해야 할 수 있다. 편향을 감지하는 것은 편향을 해결하기 위한 첫 번째 단계다.

편향과 관련이 있지만 우려 사항으로 다소 비슷한 것은 데이터의 주기성이다. 종종 특정 데이터 시리즈(데이터가 어떤 방식으로 정렬된 경우 종종 시계열로 정렬됨)에는 유용하게 분리될 수 있는 '신호' 및 '변동'의 구성 요소가 있다. 어떤 의미에서 신호는 시간 T에서 측정값이 M에 가까워질 확률이 더 높다는 기대를 제공한다는 점에서 일종의 편향이다. 신호를 식별하는 것은 종종 데이터 분석의 중요한 측면이다. 종종 선험적이지는 않지만 신호의 편차를 식별하는 것도 흥미로운 정보의 추가적인 채널을 제공한다.

이상 징후 감지에 대한 이전 장에서는 값 컬렉션 내에서 일반적으로 통계적으로 가능성이 없는 데이터를 식별하는 방법의 힌트를 제공했다. 그러나 우리는 매우 자주 더 많이 도메인별 문제를 보고 싶어 한다. 종종 우리가 실제로 갖고 있는 데이터에 의해 침해될 수 있는 깨끗한 데이터의 패턴에 대한 기대치를 활용할 수 있다.

이러한 패턴은 알고리듬 방식으로 이러한 기대치를 표현하는 사용자 정의 코드로만 표현될 수 있지만 일반 통계 테스트 측면에서는 공식화할 수 없다.

6장에서는 데이터 보정에 대한 중요하고 미묘한 질문으로 넘어간다.

3부

수정과 참조

06

값 보정

> 난 다른 사람을 대신할 사람이다
>
> 나는 키가 꽤 커 보이지만 굽이 높다.
>
> 여러분이 보는 간단한 것들은 모두 복잡하다.
>
> 난 꽤 젊어 보이지만 시대에 뒤떨어졌다.
>
> – 피터 타운센드Pete Townsend

데이터는 다양한 방식으로, 그리고 다양한 이유로 누락되거나 신뢰할 수 없다. 이러한 방법은 특히 4장과 5장에서 설명한다. 때로는 잘못된 데이터를 처리하는 가장 좋은 방법은 단순히 폐기하는 것이다. 그러나 관측치 내에서 나머지 특징을 유지하고자 어떤 방식으로든 값을 보정하는 것이 더 유용하다. 이 장의 관점에서 신뢰할 수 없는 것으로 식별된 모든 데이터 값(처음에 잘못된 값이 있는 경우에도)이 이미 명시적으로 결측으로 표시됐다고 가정하자.

데이터를 보정할 때 원래 데이터 세트와 여러분이 발명한 (보정된) 값 사이의 차이를 잘 기록하는 것이 중요하다. 이 레코드는 사용 가능한 데이터 형식에 따라 각 데이터 항목에 대해 명시적 주석 형식을 취할 수 있다. 레코드를 보관하는 가장 일반적인 방법은 다양한 방식으로 데이터를 정리할 때 데이터 버전을 유지하고 수정을 반복적으로 수행하는 명시적 스크립트를 유지(및 버전 관리)하는 것이다.

일반적으로 데이터는 많은 레코드 또는 관측치로 그룹화된다. 머신러닝과 많은 통계 목적에 궁극적으로 필요한 테이블 형식은 이런 식으로 명확하다. 하나의 행은 적어도 느슨하게 '관측치'이고 각 열은 이상적으로는 모든 관측치에 대해 갖고 싶은 특징을 나타낸다. 처음에 계층적 구조 또는 테이블이 아닌 구조로 저장된 데이터조차도 대부분의 분석을 수행하기 전에 레코드 지향 표현으로 변환돼야 한다. 초기 형식은 여전히 레코드와 같은 방식으로 분할된다. 파일을 분리하거나 중첩된 데이터에 대해 최상위 키를 분리하거나 일부 작업별 목적에 따라 파티션을 분리할 수 있다.

값을 보정하는 것과 레코드를 폐기하는 결정이 전부이거나 아무것도 아닐 필요는 없다. 일부 레코드는 바람직하고 저장이 가능하지만 다른 레코드는 저장하지 않겠다고 결정하는 경우도 있다. 레코드에 의해 행해지든 문제에 대해 수행되든 결정에는 일반적으로 몇 가지 고려 사항이 있다. 이러한 고려 사항에서 주로 강조되는 점은 데이터 세트의 머신러닝 사용을 가정한다. '머신러닝'이 아닌 시각화 또는 분석은 그 자체로 보정에 대해 걱정하는 경우가 훨씬 적지만 때로는 확실히 염려가 된다. 고려해야 할 몇 가지 문제는 다음과 같다.

- 데이터가 많은가? 데이터가 제한적이라면 가능한 모든 레코드를 보존하는 것이 특히 중요할 수 있다. 머신러닝 모델은 작업할 데이터가 많을수록 훨씬 더 좋아진다. 결측 데이터가 있는 레코드를 폐기한 후 수백만 개 또는 수만 개의 레코드가 남아 있으면 보정에 대해 걱정할 필요가 없다. 수백 개의 레코드만 있으면 모든 레코드가 소중하다고 느껴진다. 물론 레코드가 적을수록 결함이 있는 보정이 불균형적인 영향을 미칠 수 있다.

- 결측 데이터가 편향된 방식으로 발생한다는 지식이나 의심을 갖고 있는가? 결측 레코드가 전체 데이터 세트와 다른 특징이나 패턴을 갖는 관측치와 관련될 가능성이 있는 경우 이를 복구하는 것이 특히 중요할 수 있다. 하나의 센서 위치 또는 하나의 시간 프레임이 결측 데이터와 밀접한 관련이 있다. 모델링된 도메인의 일부 측면을 잘 포착하려면 해당 위치나 시간이 필요할 수 있다.
- 편향 문제에 따라 '무작위 결함' 서브세트에 속하는 결측 데이터가 있는 레코드를 폐기해도 괜찮지만 체계적으로 결측 데이터가 있는 레코드는 문제의 매개변수 공간의 다른 영역을 다루기 때문에 중요하다고 결정할 수 있다.
- 레코드에 특징이 많은가 아니면 적은가? 5개의 특징이 있는 레코드에서 2개의 결측 레코드는 좋은 모델에 대해 많은 유용한 가중치를 유지하지 못할 것이다. 50개 또는 1,000개의 레코드 중 하나의 특징이 누락된 레코드는 수정할 가치가 훨씬 더 높다.
- 결측값의 역할은 무엇인가? 지도학습 교육 세트(예, 분류 또는 회귀 분석 문제)에서 대상의 특징이 누락된 경우 보정은 그다지 좋은 결과를 얻지 못할 것이다. 입력 특징을 보정하는 것이 훨씬 더 유용할 것이다. 그러나 거기에서도 문제나 도메인에서 해당 입력 특징의 역할은 다양할 수 있다. 특별한 특징은 실제로 가장 예측 가능한 특징인지 여부에 관계없이 '비즈니스 목적' 관점에서 중추적인 역할을 할 수 있다. 중앙 작업에 중요한 특징을 보정하는 것은 일반적으로 현명하지 않다.

NOTE

유효성(effectiveness)

알론 랄레비(Alon Halevy), 피터 노빅(Peter Norvig), 페르난도 페리에라(Fernando Periera)의 『The Unreasonable Effectiveness of Data』(https://static.googleusercontent.com/media/research.google.com/en//pubs/archive/35179.pdf)은 매우 큰 데이터 세트가 많은 문제를 해결하는 방법을 잘 알려주는 설득력 있는 에세이다.

이 장의 처음 두 절에서는 단일 값 보정을 살펴본다. 이는 우리가 항상 보정이라고 생각하는 것과 직결된다. 마지막 절에서는 전체 데이터 세트 수정인 오버샘플링과 언더샘플링을 살펴본다. 조직적으로나 개념적으로나 모두 보정이라는 주제에 해당하는 문제를 다룰 가치가 있다. 샘플링의 목표는 보정이 정확히 무엇인지 모델링하려는 현실과 더 비슷하다고 생각하는 데이터 세트를 생성하는 것이다.

전형적인 값 보정

> 또 다른 마케팅 전략이 있다.
>
> 전형적인 소녀는 전형적인 소년을 얻는다.
>
> – 아리 업Ari Up, 팔로마 맥라디Paloma McLardy, 테사 폴리트Tessa Pollitt, 비브 알베르틴Viv Albertine

개념:

- 보정할 값 식별
- 데이터 세트 내 중심 경향
- 평균, 중앙값, 기하 평균, 다중 모달 데이터
- 모집단 기반의 중심 경향
- 경향을 나타내는 인접 데이터

할 수 있는 가장 간단한 일은 결측값이 동일한 특징의 일반적인 트렌드와 유사하다고 가정하는 것이다. 경우에 따라 도메인 지식은 특정 레코드에 대한 특정 정보가 없는 경우 합리적인 기본값이 무엇인지 알려줄 수 있다. 그러나 그러한 배경이 없다면 존재하는 데이터는 보정에 대한 지침을 제공할 수 있다.

전형적인 테이블 형식 데이터

UCI 머신러닝 리포지터리에서 사용할 수 있는 피부과 데이터 세트(https://archive.ics.uci.edu/ml/datasets/Dermatology)를 살펴보자. 이 데이터에는 366명의 환자에 대한 34개의 측정값이 포함돼 있으며, 각 측정값은 6가지 피부 상태 중 하나로 진단된다. 대부분의 특징은 관찰된 한 특징의 심각성에 대해 서수 코딩된 측정이다.

이 데이터를 다소 원시적인 형태로 얻어 본다. dermatology.data 파일은 헤더가 없는 CSV다. dermatology.names 파일에는 이름이 암시하는 것보다 좀 더 많은 내용이 포함돼 있다. 특징 이름을 제공하는 것 외에도 산문의 몇 가지 다른 사항 및 알 수 없는 값이 발생하는 값 코딩과 같은 데이터 세트에 대한 추가 설명을 제공한다. 이 책의 저장소에 있는 dermatology.py 파일에는 데이터 프레임에 데이터를 적당히 다듬는 내용이 포함돼 있다.

```
from src.setup import *
from src.dermatology import *
df.iloc[:, [0, 1, 2, 3, -2, -1]].sample(6)
```

	erythema	scaling	definite borders	itching	Age
247	2	2	2	0	62
127	2	2	2	2	44
230	3	2	0	1	30
162	3	2	2	2	22
159	3	2	2	1	47
296	2	1	1	3	19

	TARGET
247	psoriasis
127	lichen planus
230	seboreic dermatitis

```
162          lichen planus
159    seboreic dermatitis
296      cronic dermatitis
```

샘플 행을 빠르게 볼 때 결측 데이터가 명백하게 드러나지 않는다. 추가 조사를 통해 결측 데이터를 식별할 수 있다. 제공된 설명에서 관측된 심각성은 0, 1, 2, 3으로 인코딩되도록 의도된 것임을 알고 있다('가족 이력' 특징은 0 또는 1로 인코딩됨). 이 코딩 외에 뭐가 있는가?

```
clean, suspicious = [], {}
for col in df.columns:
  values = df[col].unique()
  if set(values) <= {0, 1, 2, 3}:
    clean.append(col)
  else:
    suspicious[col] = values
```

대부분의 필드는 예상 코딩 값으로 제한된다.

```
print("No problem detected:")
pprint(clean[:8])
print(f"... {len(clean)-8} other fields")
```

```
No problem detected:
['erythema',
 'scaling',
 'definite borders',
 'itching',
 'koebner phenomenon',
 'polygonal papules',
 'follicular papules',
```

```
 'oral mucosal involvement']
... 25 other fields
```

몇 가지 다른 필드는 코딩 세트 밖에 있다. 그러나 그중 하나는 진단된 여러 조건의 합리적인 이름과 철자만 포함하는 TARGET이다. 대부분의 경우 연령에는 '?' 값 하나를 제외하고 합리적인 인간 연령을 포함하고 있으며, 거기에도 존재한다. 이것이 이 데이터 세트가 결측missing 데이터를 인코딩하는 방식이다.

NOTE

결측(missing)

특히 판다스 라이브러리는 기본적으로 다양한 문자열 값을 '결측(missing)'을 의미하는 것으로 인식한다. pandas.read_csv() 및 데이터 유형을 유추하는 기타 함수 내에서 결측으로 간주되는 값을 열별로 수동으로 구성할 수 있다. 이 글을 쓰는 시점과 판다스 1.0의 경우 이러한 기본값은 정확히 다음과 같다.

'', '#N/A', '#N/A N/A', '#NA', '-1.#IND', '-1.#QNAN', '-NaN', '-nan', '1.#IND', '1.#QNAN', '<NA>', 'N/A', 'NA', 'NULL', 'NaN', 'n/a', 'nan', 'null'

다른 라이브러리는 유사한 추론/추정을 수행하거나 수행하지 않을 수 있으며, 이러한 라이브러리는 다른 기본 문자열 모음을 사용할 것이다. 부동소수점 값을 직접 인코딩하는 데이터 형식의 경우 부동소수점 숫자에 대한 IEEE-754 규격의 일부인 NaN(숫자가 아님) 값이 결측 데이터를 식별하는 데 사용되는 경우가 많다. 이 인코딩의 정확성에 대한 철학적 태도는 다양하지만 분명히 자주 보게 될 것이다. 다른 경우에는 −1(양수여야 하는 측정값의 경우) 또는 99999(규모가 더 낮을 것으로 예상되는 측정값의 경우)와 같은 '특별한' 값이 발생한다.

```
# 공지 연령에는 예상 연령과 '?'가 있다.
print("Suspicious:")
pprint(suspicious)
```

```
Suspicious:
{'Age': array(['55', '8', '26', '40', '45', '41', '18', '57', '22', '30', '20',
 '21', '10', '65', '38', '23', '17', '51', '42', '44', '33', '43',
```

```
'50', '34', '?', '15', '46', '62', '35', '48', '12', '52', '60',
'32', '19', '29', '25', '36', '13', '27', '31', '28', '64', '39',
'47', '16', '0', '7', '70', '37', '61', '67', '56', '53', '24',
'58', '49', '63', '68', '9', '75'], dtype=object),
'TARGET': array(['seboreic dermatitis', 'psoriasis', 'lichen planus',
'cronic dermatitis', 'pityriasis rosea',
'pityriasis rubra pilaris'], dtype=object)}
```

이 데이터 세트에서 결측 데이터에 사용되는 다소 특이한 값을 식별한 후에는 더 표준적인 접근 방식을 사용해 다시 인코딩해야 하는 경우가 많다. 특히 결측 데이터에 사용되는 NaN으로 문자열 값 연령을 부동소수점 숫자로 변환하는 것은 매우 일반적인 스타일이며, 판다스는 편리하고 유용한 방식으로 처리한다. 판다스에서 이를 수행하고자 먼저 '?'를 알려진 '결측' 값으로 대체한 후 열을 부동소수점으로 형 변환한다. 여러 행에 값이 조정됐음을 알 수 있다.

```
# '?'로 표시된 누락된 연령을 할당
df.loc[df.Age == '?', 'Age'] = None  # 또는 NaN
# 문자열/없음 나이를 부동소수점으로 변환
df['Age'] = df.Age.astype(float)
# 누락된 연령이 있는 행을 표시
df.loc[df.Age.isnull()].iloc[:, -4:]
```

	inflammatory monoluclear inflitrate	band-like infiltrate	Age	TARGET
33	0	0	NaN	psoriasis
34	0	0	NaN	pityriasis rosea
35	0	0	NaN	seboreic dermatitis
36	0	3	NaN	lichen planus
262	3	0	NaN	cronic dermatitis
263	2	0	NaN	cronic dermatitis

```
264                    3          0  NaN          cronic dermatitis
265                    3          0  NaN          cronic dermatitis
```

이 데이터 세트에 대해 '전형적인' 값을 부여할 수 있는지에 대한 의문이 생긴다. 358개의 행은 인간 수명의 합리적인 범위에서 특정 연령을 갖고 있다. 8개의 행에 결측값이 있다. 데이터 수집의 '중심 경향central tendency'을 식별하는 익숙한 방법이 많다. 눈에 띄는 것은 최빈값, 중앙값, 평균, 기하 평균과 주로 눈에 띄지 않지만 조화 평균이 있다. 특히 판다스에서는 그중 처음 세 개가 기본 제공 메서드다. 기하 평균 또는 조화 평균의 경우 일반적으로 `scipy.stats.gmean` 또는 `scipy.stats.hmean`을 사용한다(둘 다 사용자 정의 함수로 구성하기 어렵지 않음). 다른 프로그래밍 언어나 도구에서 이러한 세부 사항은 다양하지만 개념은 동일하다.

기하 평균Geometric mean은 데이터가 몇 자리 수의 규모를 커버할 때 유용하다. 종종 이러한 데이터는 로그 스케일 축을 사용해 플롯을 만드는 데이터와 동일한 종류다. 지수 성장에 관한 측정은 종종 기하 평균으로 적절하게 '평균화averaged'된다. 조화 평균Harmonic mean은 액션 비율을 비교할 때 유용하다. 예를 들어 일부 객체의 속도를 측정하는 특징이 있는 경우 일반적인 값은 조화 평균으로 가장 잘 측정된다.

이러한 몇 가지 평균은 수치적으로 서로 가까운 경우가 많으며 보정은 처음부터 추정이므로 그중 하나를 선택하는 것은 잘못된 정밀도false precision가 될 수 있다.

NOTE

정밀도(precision)

잘못된 정밀도(과대 정밀도, 거짓 정밀도, 잘못된 정밀도, 가짜 정밀도라고도 함)는 수치 데이터를 정당화된 것보다 더 나은 정밀도를 의미하는 방식으로 제시될 때 발생한다. 정밀도는 정확도(accuracy)의 한계이기 때문에 종종 정밀도 편향(precision bias)이라는 이름의 정확도에 대한 과신으로 이어진다.

정규 분포를 포함해 선형 분포가 다소 있는 데이터 컬렉션의 경우보다 일반적인 평균 중 하나가 적절할 수 있다. 환자의 모달 연령을 좋은 표현으로 시도해볼 수 있다. 이 데이터 세트에는 작은 데이터에서 흔히 볼 수 있는 다중 모달 분포가 있다. 또한 0세에서 80세 사이의 데이터 포인트가 358개에 불과하기 때문에 데이터는 일반적으로 '편중lumpy'돼 있다. 최빈값Mode은 좋은 접근 방식이 아닐 것이다(하지만 하나의 값이 분명히 우세한 경우도 있다).

```
df.Age.mode()
```

```
0    40.0
1    50.0
dtype: float64
```

빠른 플롯을 사용해 연령 분포를 더 잘 이해하고 어떤 값이 일반적인지에 대한 아이디어를 얻을 수 있다. 탐색에서는 전체적인 분포 감각만 원하기 때문에 축 레이블과 눈금은 생략된다.

```
(df.Age
  .value_counts()
  .sort_index()
  .plot(kind="bar", yticks=[], xticks=[],
        title="Age distribution of patients "
              f"({df.Age.min():.0f} to {df.Age.max():.0f})")
);
```

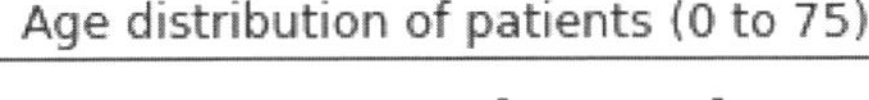

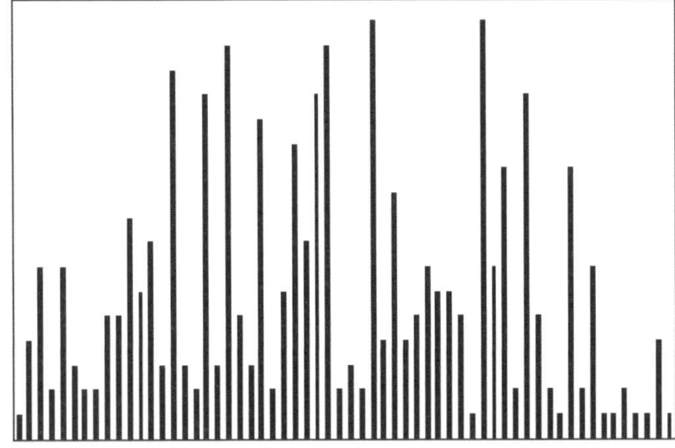

그림 6.1: 환자의 연령 분포(0~75세)

이 경우 특히 유력한 후보로 튀어 나오는 것은 없다. 두 개의 최빈값보다 약간 작은 피크가 몇 개 있으며 노이즈가 있는 데이터의 일반적인 패턴은 없다.

대부분 평균 또는 중앙값이 더 대표적이다. 이러한 값은 두 개의 최빈값과는 눈에 띄게 다르지만 여기서 서로 상당히 가깝게 나타난다.

```
df.Age.mean(), df.Age.median()
```

```
(36.29608938547486, 35.0)
```

그러나 보정할 값에 대해 더 많은 정보에 입각한 선택을 하고자 도메인 지식을 사용할 수도 있다. 예를 들어 이 데이터 세트를 설명하는 메타데이터는 터키 연구원 여러 명이 개발해 1998년에 발표했음을 나타낸다. 환자 기밀로 인해 좀 더 정확한 세부 정보를 공개할 수 없지만 세계 무역기구 데이터 세트를 기반으로 Statista (https://www.statista.com/)에서 얻은 이 표와 같은 과거 인구 통계 데이터를 참조할 수 있다.

1998년 터키의 중간 연령은 약 24세로 보인다.

Year	Median Age	Year	Median Age
1950	19.7	1990	21.7
1955	19.4	1995	23.0
1960	19.6	2000	24.5
1965	18.4	2005	26.4
1970	18.5	2010	28.2
1975	19.1	2015	29.8
1980	19.5	2020	31.6
1985	20.5		

(출처: WTO, 2018년, 2020년 예상)

물론 우리의 도메인 지식이 이 모집단 정보보다 더 깊이 있다면 피부 상태와 일반적인 연령의 상관관계에 대한 지식도 가질 수 있다. 비전문가로서 나는 그러한 조건이 일반적으로 나이가 들면서 증가한다고 생각하는 경향이 있지만 좋은 보정은 막연한 직감 이상의 근거를 가져야 한다. 이 책의 목적상 알 수 없는 값을 데이터 자체 내의 중간 연령으로 보정하자.

```
df.loc[df.Age.isnull(), 'Age'] = df.Age.median()
df.Age.value_counts().head()
```

```
35.0    22
50.0    17
40.0    17
36.0    16
27.0    16
Name: Age, dtype: int64
```

보정된 35세는 과도하게 표현되지만 극적으로 그렇지는 않다. 그리고 연령과 관련된 경향은 이러한 보정된 관측치에 대해 중간 정도여야 한다.

지역성 보정

어떤 의미에서 트렌드trends와 지역성locality은 분명 관련이 있다. 예를 들어 시계열에서 특정 분에 수행된 측정은 동일한 도구로 다음 분에 수행되는 측정에 대한 '로컬local'이다. 즉, 대략 분-스케일 측정 빈도를 가정할 때 내가 수년간 일한 도메인인 분자 역학에서 시간 단계는 대략 펨토초(10^{-15})이고, 분은 달성 가능한 시뮬레이션 범위를 크게 벗어난다. 반대로 지질학이나 우주론에서 분은 시간 기점을 시퀀싱할 때 측정할 수 없을 정도로 작다. 어쨌든 선형 또는 순차적 지약성은 트렌드 보정에 관한 다음 절에서 다룬다.

그러나 일반적으로 지역성은 시퀀스에 관한 것이 아니다. 예를 들어 차원 공간에서(물리적 공간을 직접 나타내거나 매개변수 또는 위상 공간과 관련해) 지역성은 단순히 공간에서 '근접성closeness'일 수 있다. 인접해 있는 다른 값을 기반으로 값을 보정하는 것은 종종 우리가 실제로 갖고 있지 않은 데이터를 채우는 합리적인 방법이다. 경우에 따라 지역성 기반 보정이 전역 기본값으로 가정하는 것보다 기본 데이터를 나타낼 가능성이 더 높다.

예를 들어 UCI 마신러닝 리포지터리에서 사용할 수 있는 또 다른 데이터 세트는 광학 문자 인식 애플리케이션에서 인식할 수 있는 손으로 쓴 숫자 컬렉션(https://archive.ics.uci.edu/ml/datasets/Optical+Recognition+of+Handwritten+Digits)이다. 이러한 특정 스캔 이미지에는 안티앨리어싱이 포함돼 있으므로 검정 잉크의 실제 스트로크는 일반적으로 다양한 어두운 회색 픽셀로 둘러싸여 있다. 어둡고 밝은 색 사이에 인접한 경계가 발생하지만 종종 중간 회색이 흑백 픽셀 사이에 존재한다. 사진 이미지에서는 이미지 영역 간 중간 색상이 훨씬 더 일반적이다.

일부 픽셀을 임의로 삭제해 UCI 숫자 이미지의 서브세트를 수정했다. 이 표현에서 누락된 회색 스케일 값은 -1로 표시된다. 실제 스캔된 픽셀 값은 0(흰색)에서 16(검정색) 사이이다. 데이터 세트를 간단하게 살펴보자. 8 × 8 이미지의 50개 샘플임을 알 수 있다. 8 × 8 배열의 각 위치는 작은 정수다.

```
print("Array shape:", digits.shape)
```

```
Array shape: (50, 8, 8)
```

각 숫자 배열에는 몇 개의 -1 값이 있다. 값과 함께 음영으로 픽셀을 시각화해 결측 데이터를 파악할 수 있다. 누락된 각 픽셀 안에 'x'가 포함된 여러 샘플이 표시된다.

```
show_digits(digits)
```

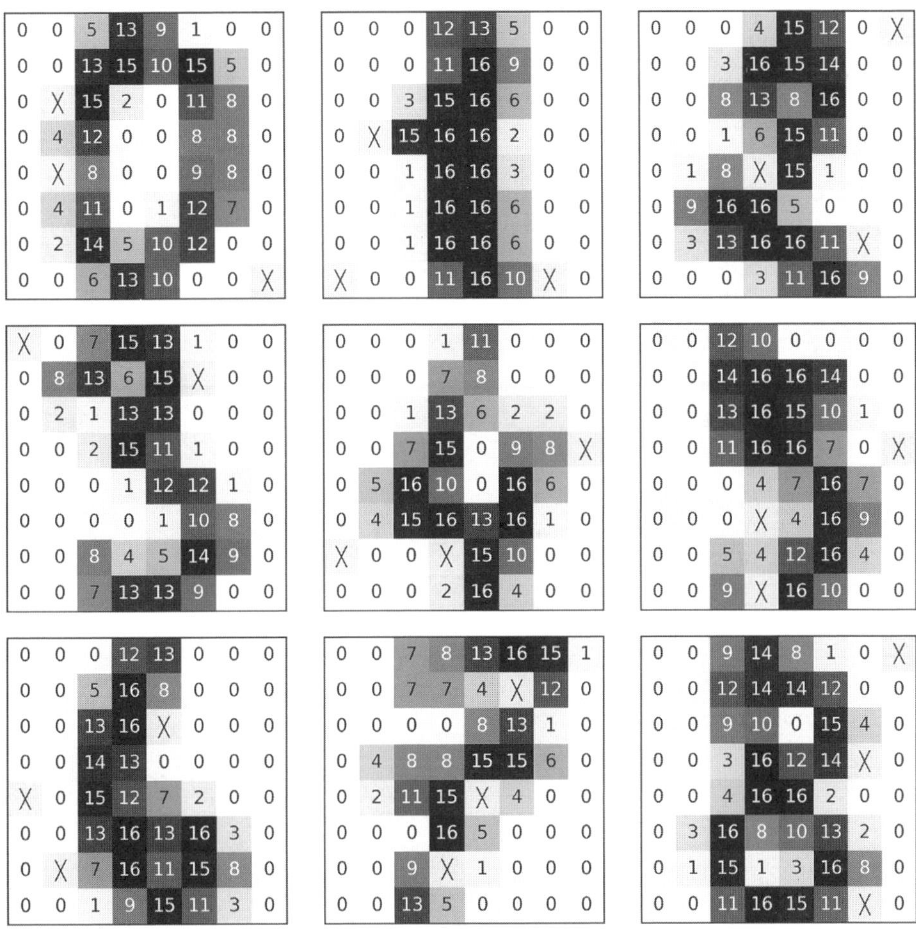

그림 6.2: 일부 숫자 시각화

원한다면 에지 감지, 컨볼루션 필터 등에 정교한 기술을 적용해 더 잘 인식된 픽셀을 찾을 수 있다. 그러나 이 데모에서는 누락된 각 픽셀이 인접 픽셀의 평균값이라고 가정한다. 물론 수평 및 수직 이웃과 동일한 대각선 가중치를 적용할지 여부는 추가적인 결정이다. 따라서 잠재적으로 수평 vs. 수직, 위 vs. 아래 등에 다른 가중치가 적용된다.

```
# 최상의 벡터화 속도가 아닌 명확성을 위해 코딩됨
# 함수 정의만; 이후 셀에서 사용
def fill_missing(digit):
    digit = digit.copy()
    missing = np.where(digit == -1)
    for y, x in zip(*missing): # 픽셀의 x/y 위치 풀링
        # 슬라이스에 음수 인덱스 사용 안 함
        x_start = max(0, x-1)
        y_start = max(0, y-1)
        # 크기보다 큰 인덱스는 손상 없음
        x_end = x+2
        y_end = y+2
        # 또 다른 -1이 지역에 있다면 -1을 모두 제거함
        region = digit[y_start:y_end, x_start:x_end].flatten()
        region = region[region >=0]
        total = np.sum(region)
        avg = total // region.size
        digit[y, x] = avg
    return digit
```

fill_missing() 함수는 인접한 숫자를 기반으로 새 숫자 하나를 만든다. 원본의 샘플을 반복해 새 데이터 세트를 쉽게 구성할 수 있다.

```
new = np.empty_like(digits)
for n in range(new.shape[0]):
    new[n] = fill_missing(digits[n])

show_digits(new)
```

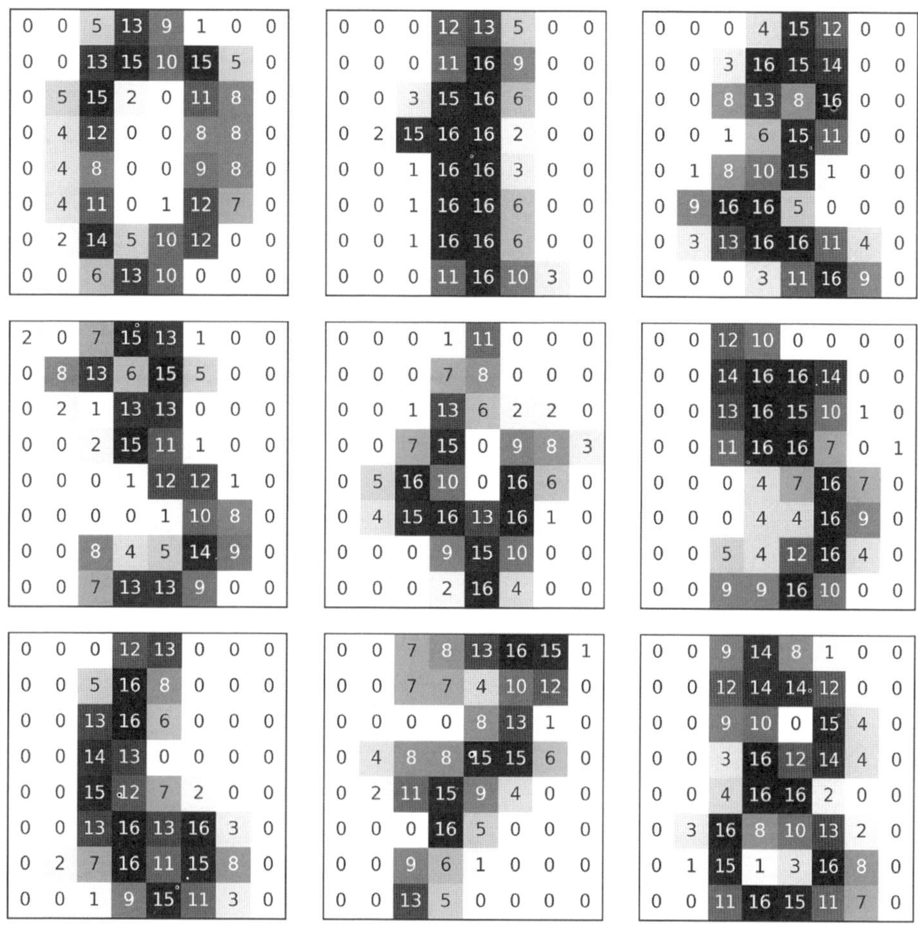

그림 6.3: 결측값이 보정된 숫자

이 책의 모든 부분에서와 마찬가지로 나의 의도는 실제 데이터에서 사용되는 결함 있는 리소스를 사용해 데이터 품질을 개선하는 가장 좋은 방법에 대한 생각을 장려하는 것이다. 샘플 코드에서 수행하는 특정 인접성 평균은 종종 합리적인 접근 방식이며, 이 예에서는 매우 잘 수행되지만 보정의 목표가 무엇인지에 대한 명확한 의도를 항상 공식화해야 한다. 또한 특정 접근 방식이 나중에 수행하는 모델링이나 분석에 어떤 영향을 미칠지 생각해보자. 보정에 대한 다른 접근 방식이 모델을 선택하는 데 더 효과적일 수 있다.

시계열 및 기타 선형 트렌드의 데이터 트렌드를 살펴보자.

트렌드 보정

> 줄을 서 있는 시간이 길어질수록 잘못된 줄에 서 있을 가능성이 커진다.
>
> – 익명

개념:

- 트렌드 유형(회귀 분석)
- 채우기
- 선형
- 시간 민감성
- 비로컬
- 다른 변수와 관련
- 더 큰 예제를 통해 작업: 클래스별 타임스탬프 집계
- 맥락이 보정하기에 충분한지 판단
- 중앙값 보정에 해당하는 정적 트렌드
- 시계열 이외의 트렌드
- 다항식 맞춤 트렌드 보정

데이터 과학자가 보정에 사용하는 가장 분명하고 가장 널리 알려진 트렌드는 시계열 데이터일 것이다. 펨토초마다, 매 초마다, 매 분마다, 매 년마다, 매 세기마다 등 비교적 규칙적인 일정에 따라 관측을 수행하는 경우 누락된 관측치는 인접한

타임스탬프 관측치와 유사하다고 추정하는 것이 합리적이다. 트렌드 보정의 아주 일반적인 용도 중 하나는 재무 모델이다. 예를 들어 유가증권의 시장 거래는 이벤트 간격이 불규칙할 수 있다(결측 데이터 또는 트랜잭션 빈도가 틱 빈도보다 일반적이지 않음). 그러나 다른 많은 도메인에서도 동일한 문제가 발생한다.

트렌드 보정에 대한 몇 가지 일반적인 접근 방식이 있다. 여기에는 순방향 채우기, 역방향 채우기, 로컬 회귀 분석, 시간 민감 회귀 분석, 비로컬 회귀 분석, 상관관계 보정이 포함된다. 이 절에서 설명하는 모든 보정에 대한 한 가지 주의 사항은 결측 데이터의 간격보다 주기성이 짧은 높은 빈도는 처리할 수 없다는 것이다.

예를 들어 무언가가 확률적으로 10헤르츠 주파수에서 변동할 수 있다면 1초 간격의 관측치는 보정에 거의 가치가 없다. 분명히 어느 정도는 겹치는 신호의 강도에 달려 있지만 이는 명심해야 할 문제다.

트렌드 타입

순방향/역방향 채우기: 결측값이 시퀀스의 이전/이후 값과 같다고 가정한다. 판다스 `Series.fillna()` 메서드는 R tidyverse에 있는 **`tidyr`** 패키지의 **`fill()`** 함수와 마찬가지로 이러한 보정을 수행할 수 있다.

로컬 회귀 분석: 누락된 관측치에 인접한 관측치를 연결하는 연속 함수가 있다고 가정한다. 대부분의 경우 단순히 선형 함수를 가정한다. 예를 들어 결측값을 채우고자 인접 관측치의 평균을 취한다. 그러나 개념적으로는 비선형 함수에 대한 샘플이 되는 인접점을 기반으로 값을 보정할 수 있다.

시간 민감 회귀 분석: 결측값에 인접한 값만 보더라도 인접한 값이 날짜 시간을 나타내는 경우 관측치의 실제 연대기순 간격을 활용할 수 있다. 모든 관측치가 시간상 균등한 간격을 두고 있다면 이는 문제가 된다. 여기서 일반적인 직관은 값이 짧은 기간보다 더 긴 기간에 더 많이 변할 가능성이 있다는 것이다.

비로컬 회귀 분석: 시리즈 내에서 회귀 분석은 인접한 요소보다 더 넓은 범위에서 글로벌global이거나 윈도우windowed일 수 있다. 다시 말하지만 선형 회귀 분석은 일반적이며 가장 간단한 접근 방식이지만 회귀 분석을 위한 다른 기능적 형태도 가능하다. 글로벌 회귀 분석이나 윈도우 회귀 분석은 기본 트렌드의 무작위 로컬 변동에 덜 민감할 수 있다. 물론 결측 데이터 자체가 그러한 변동이었을 수 있으므로 이러한 접근 방식(및 트렌드 보정을 위한 대부분의 다른 방식)은 변동성의 평활화 정도가 미미하다.

상관관계 보정: 결측값이 있는 한 열(특징)의 데이터는 하나 이상의 다른 열에 있는 데이터와 상당한 상관관계가 있을 수 있다. 이 경우 다운스트림 모델이 분해 및 차원 축소와 같은 상호 상관관계를 인식해야 할 수 있다. 그러나 초기 보정 단계로서 상관관계를 기반으로 값을 가정하는 것이 종종 유용하다.

다소 기술적인 측면에서 거의 모든 종류의 보정이 해당 트렌드의 변동성이 아니라 트렌드를 따르기 때문에 보정이 일반적으로 이분산성을 감소시킨다는 것을 주목할 수 있다. 거의 모든 데이터 과학 목적을 위해 바람직하거나 적어도 허용 가능하지만 보정된 데이터에 대해 많은 종류의 통계 일반화를 명시하는 것은 피해야 한다(일반적으로 이러한 목적을 위해 원시 데이터를 사용).

이러한 접근 방식 중 몇 가지를 설명하고자 먼저 매우 간단한 시계열 예제를 살펴보자. 우리는 단순히 날짜 레벨의 해상도로 작은 판다스 시리즈를 구성하지만 관측 날짜의 간격이 고르지 않다. 첫 번째 관측치는 이후 관측치와 극적으로 다른 값을 가지며 대부분 암시된 글로벌 기울기가 요소 간의 로컬 차이와 다르다는 점을 강조한다.

```
date_series
```

```
2001-01-01    -10.0
2001-01-05      1.0
2001-01-10      2.0
```

```
2001-02-01          NaN
2001-02-05          4.0
dtype: float64
```

순방향 또는 역방향 채우기는 간단하다.

```
date_series.ffill() # 또는 .bfill()
```

```
2001-01-01        -10.0
2001-01-05          1.0
2001-01-10          2.0
2001-02-01          2.0
2001-02-05          4.0
dtype: float64
```

일반적으로 '평균화'라고 부르는 로컬 회귀 분석도 쉽다.

```
date_series.interpolate('linear')
```

```
2001-01-01        -10.0
2001-01-05          1.0
2001-01-10          2.0
2001-02-01          3.0
2001-02-05          4.0
dtype: float64
```

판다스(및 기타 도구)에서 시간 증가에 따라 트렌드에 가중치를 부여할 수 있다. 이는 여전히 로컬 연산(인접한 값의 의미에서)이지만 2001-01-10보다 2001-02-01에서 2001-02-05까지의 더 큰 근접성을 기반으로 한 가중 평균이다. 즉, 인접하지 않은 극한값 -10은 활용되지 않는다.

```
date_series.interpolate('time')
```

```
2001-01-01    -10.000000
2001-01-05      1.000000
2001-01-10      2.000000
2001-02-01      3.692308
2001-02-05      4.000000
dtype: float64
```

이 시리즈는 단조롭게 오름차순이므로 초기 지점에서 최종 지점까지 선을 그리는 것만으로 단순화된 회귀 분석을 수행할 수 있다. 이는 최소 제곱 선형 회귀 분석이 아니라 균일 보간법과 시간 기반 보간법 사이의 간격을 강조한다. 2월 1일에 보정된 값인 0.5는 적절하지 않은 것처럼 보일 수 있지만 글로벌 트렌드를 시각화하면 의미가 있다. 일반 최소 제곱OLS, Ordinary Least-Squares 값도 시간 보간된 값보다 훨씬 아래로 떨어진다. 하나의 초깃값이 시리즈 후반의 다른 값보다 훨씬 낮기 때문이다.

```
plot_filled_trend(date_series)
```

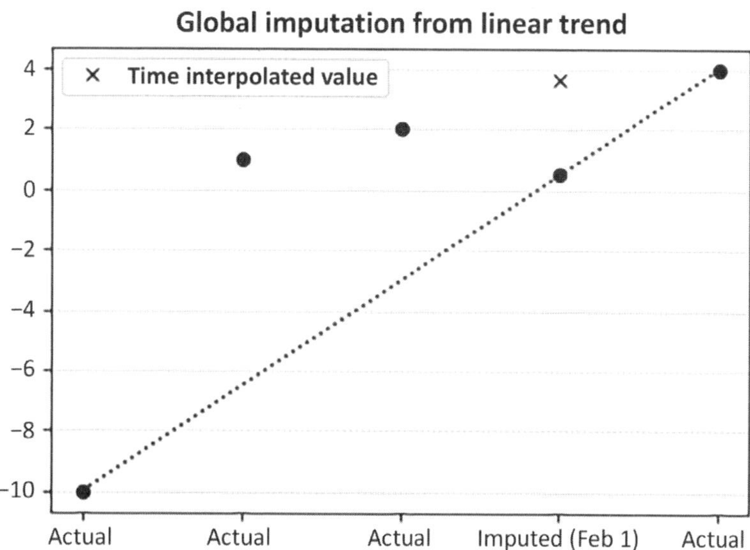

그림 6.4: 선형 트렌드에서 글로벌 보정

결측값을 보정하고자 특징 간의 상관관계를 찾을 수도 있다. 예를 들어 이 장의 앞부분에 사용된 피부과 데이터에서 일부 관찰된 특징은 가끔 누락된 연령 특징과 명확하게 연관돼 있다. 이 경우 모든 의학적 관찰은 서수적이지만 유사한 접근 방식은 이를 연속적 특징으로 적용한다. 특히 `follicular horn plug` 특징은 환자의 연령과 강하게(그리고 단조롭게) 음의 상관관계가 있다. 다른 특징의 서수 값을 기반으로 누락된 각 연령을 간단히 할당할 수 있다. 각 `follicular horn plug` 정도의 평균 연령을 계산해보자.

```
from src.dermatology import derm
feat = 'follicular horn plug'
age_groups = derm.groupby(feat).Age.mean()
age_groups
```

```
follicular horn plug
0    37.696429
1    20.400000
2    10.625000
3     9.750000
Name: Age, dtype: float64
```

서수 특징별로 그룹화의 평균 연령을 기준으로 몇 라인의 적당히 조밀한 판다스 코드를 누락된 각 Age에 할당할 수 있다. 이 특정 데이터 세트에서 누락된 모든 연령은 "follicular horn plug"의 정도가 영(0)인 환자에 속하지만 다른 데이터는 다를 수 있다(또는 이 상관관계를 유발하는 수집 또는 대조 방법론에 무언가가 있을 수 있다).

```
# Age가 누락된 행의 행 레이블
missing = derm.loc[derm.Age.isnull()].index

# 특징 매핑을 기반으로 연령 할당
derm.loc[missing, 'Age'] = derm[feat].map(age_groups)

# 몇 가지 특징으로 채워진 데이터를 보기
derm.loc[missing, [feat, 'scaling', 'itching', 'Age']].head(3)
```

	follicular horn plug	scaling	itching	Age
33	0	2	0	37.696429
34	0	1	0	37.696429
35	0	2	2	37.696429

판다스가 평균 연령을 계산한 정밀도는 의미가 없지만 명시적으로 줄인다고 해서 특별한 이점도 없다.

더 크게 얽힌 시계열

미국 펜실베이니아주의 필라델피아시에서는 필라델피아 지역의 오픈 데이터 카탈로그인 OpenDataPhilly(https://www.opendataphilly.org/)라는 멋진 리소스를 제공한다. 시의 공식 오픈 데이터 저장소일 뿐만 아니라 지역 내 많은 조직의 데이터 세트가 포함돼 있다. 이 절에서 작업하는 데이터 세트는 가치 있고 품질이 좋지만 목적을 위해 데이터를 구성하는 데 필요한 많은 정리 단계가 필요한 충분한 뉘앙스도 포함하고 있다.

이 절에서 설명할 특정 실제 데이터 세트는 각 부동산에 과세된 시장 가치와 관련이 있다. HTTPS 인터페이스를 통해 SQL 쿼리를 전달하고 JSON 결과를 가져와서 이 데이터를 얻었다. 특정 쿼리는 다음과 같다.

```
SELECT parcel_number, year, market_value FROM assessments
```

'구획parcel'은 단순히 공동 증서에 따른 재산에 대한 세금/규제 용어다. OpenDataPhilly는 실제로 이 반환된 결과(이 글 작성 당시)에 완전한 정보를 갖고 있지만 나는 무작위로 결측값이 있는 버전을 인위적으로 설계했다. 전체 데이터는 philly_house.json 파일에 있으며 결측값이 있는 버전은 philly_missing.json이다. 둘 다 이 책의 저장소에 있다. 결측 데이터를 만들고자 시장 가치의 약 5%가 NaN으로 대체됐다.

데이터 이해

나는 서비스가 전체 데이터 세트보다 적은 수로 결과를 제한했다고 생각한다. 필라델피아 인구에 비해 상대적으로 적은 구획이 포함돼 있다. 이 절에서는 이 질문이 중요하지 않지만 다른 목적을 염두에 두고 있는지 조사하는 것이 적절하다. 데이터 세트를 보고 보정하기 전에 몇 가지 기본적인 포렌식을 수행해보자. 초기에 좋은 형태로 제공됐더라도 '깨끗한 데이터'를 얻으려면 여러 단계를 거쳐야 한다.

```
parcl = pd.read_json('data/philly_missing.json')
parcl.sample(7, random_state=4) # 랜덤 상태가 세부 정보를 강조
```

```
       parcel_number    year    market_value
--------------------------------------------
 1862    123018500.0    2014         96100.0
 3921    888301242.0    2015         15000.0
  617            NaN    2018             0.0
 1068    311033500.0    2018         16500.0
11505    888301508.0    2015         15000.0
 3843    252327300.0    2014             NaN
10717    314204200.0    2016         41800.0
```

데이터 세트의 일반적인 아이디어는 각 구획이 수년마다 시장 가치를 갖는다는 것이다. 샘플에서 일부 parcel_number 값이 누락되고 일부 market_value 값이 누락된 것을 볼 수 있다. 후자는 내가 얻은 데이터에 있었다. 각 행에는 연도가 있지만 시장 가치는 영이다. 누락된 시장 가치는 내가 인위적으로 구성했다.

이러한 것들의 분포를 알아보자.

```
nparcel = len(parcl[parcl.parcel_number.isnull()])
nmarket = len(parcl[parcl.market_value.isnull()])

print(f"All rows: {len(parcl):>8,}")
print(f"No parcel: {nparcel:>8,}")
print(f"No market: {nmarket:>8,}")
```

```
All rows:    18,290
No parcel:    1,140
No market:      965
```

이 예에서는 왜 일부 결과가 구획 번호 없이 반환되는지 알 수 없지만 시간에 따른 가격 트렌드를 분석한다는 규정된 목표 아래에서는 이를 전혀 사용할 수 없다. 누락된 구획 번호는 내가 수정한 것이 아니라 획득한 데이터의 특징이다. 분석에 도움이 되지 않는 것으로 간주해 폐기하게 하자. 또한 이러한 배제 이후 5년 동안 한 부동산의 전형적인 가격 변동이 어떤지 궁금하다. 우리는 천 달러 그룹의 표준 편차를 알고 싶을 것이다. 다음 셀에서 이것을 계산한다.

일반적으로 (항상 그런 것은 아님) 각 구획과 관련된 5년의 다른 연도가 있다는 점에 유의하자. 따라서 다음에 부분적으로 표시된 값의 개수 합계는 필터링된 행의 총수의 1/5보다 약간 더 많다.

```
parcl = parcl[parcl.parcel_number.notnull()]

print(f"Remaining rows: {len(parcl):,}")

stds = parcl.groupby('parcel_number')['market_value'].std()
(stds // 1000 * 1000).value_counts().head()
```

```
Remaining rows: 17,150
0.0       2360
7000.0     114
6000.0     109
2000.0     103
3000.0      83
Name: market_value, dtype: int64
```

지금까지 가장 일반적인 표준 편차는 영 달러 범위인 것 같다. 반올림하고 있기 때문에 실제 영이 될 수도 있고 단순히 1,000달러 미만일 수도 있다. 좀 더 자세히 살펴봐야겠다.

```
stds[stds == 0].count()
```

```
2309
```

시장 가치가 조금씩 변한 구획의 대부분은 실제로 5년 동안(적어도 평가된 대로) 정확히 영만큼 변했다. 게다가 무변화 상황은 전체 데이터의 약 2/3다. 물론 이러한 영 변경 구획 중 일부는 결측 데이터가 있기 때문에 부분적으로 아무런 변화가 없을 수도 있다. 판다스는 일반적으로 결측 데이터를 집계에서 무시한다. 예를 들어 4개의 동일한 시장 가치와 1개의 누락된 시장 가치를 가진 구획에 대한 최선의 수정 방법이 무엇인지는 명확하지 않다. 그중 몇 개를 보면 우리의 직관을 알 수 있다.

먼저 데이터 프레임을 좀 더 정리해보자. 이제 모든 NaN 값이 제거됐으므로 모든 구획 번호가 정수가 되기를 바란다. 우리는 또한 단순히 정수가 아닌 실제 연도로부터 이익을 얻을 수 있다.

```
parcl['parcel_number'] = parcl.parcel_number.astype(np.uint32)
parcl['year'] = pd.to_datetime(parcl.year, format="%Y")
parcl.head()
```

	parcel_number	year	market_value
0	213302600	2016-01-01	196800.0
1	213302600	2015-01-01	196800.0
2	213302600	2014-01-01	196800.0
3	213308200	2018-01-01	198000.0
4	213308200	2017-01-01	198000.0

약간 얽힌 판다스 코드는 영 변경 구획에 결측 데이터가 얼마나 자주 있는지, 결측 데이터 구획이 얼마나 많은지를 알려준다. 이 답변에 도달하고자 다음의 능숙한 특정 코드 이외에 다른 방법이 분명히 있지만 그 스타일은 많은 라이브러리에서

데이터 프레임 작업의 전형이므로 이해할 가치가 있다.

```
(parcl
  # 몇 년 동안 STD가 0인 구획을 본다.
  # 이러한 표준 편차를 'stds'로 계산했다.
  # 구획을 찾기 위한 비편차에 대한 '.index'
  .loc[parcl.parcel_number.isin(stds[stds == 0].index)]
  # 보고 있는 구획을 그룹화
  .groupby('parcel_number')
  # 구획의 시장 가치를 중요하게 생각한다.
  .market_value
  # 집계는 서로 다른 시장 가치의 개수다.
  .agg('count')
  # 개별 구획을 보여주는 대신 요약한다.
  .value_counts()
)
```

```
5    1767
4     473
3      66
2       3
Name: market_value, dtype: int64
```

사용할 수 없는 데이터 제거

관측치(연도)가 4개 미만인 경우 해당 구획은 다운스트림 분석에 사용할 수 없다. 이는 이 문제에 대한 도메인별 판단이다. 분명히 이는 보편적인 규칙이 아니라 단순히 업무 중심적인 것이다. 더 많은 판다스 코드를 사용해 문제의 구획을 제거할 수 있다. 다음 코드는 마지막 예제와 거의 비슷하지만 능숙한 스타일보다는 설명적인 임시 이름을 사용한다. 두 스타일 모두 그 자체로 더 좋은 것은 아니지만 다른 데이터 과학자나 개발자의 코드에서 두 가지를 모두 만나게 될 것이다.

이 코드에서 주목해야 할 한 가지 미묘한 점은 판다스 .groupby() 작업이 집계에서 결측 데이터를 무시한다는 것이다. 따라서 그룹에 3개의 숫자 값과 2개의 NaN(즉, 일반적으로 범주와 일치하는 5개의 행)이 있는 경우 .mean()은 3개의 누락되지 않은 값의 평균을 제공할 뿐만 아니라 .count()는 5가 아닌 3을 답으로 제공할 것이다. .size() 메서드에는 NaN을 포함한다.

```
# 연도(부울 배열) 간에 변경 사항이 없는 구획?
nochange = parcl.parcel_number.isin(stds[stds == 0].index)

# 구획별로 그룹화된 구획 데이터
by_parcel = parcl[nochange].groupby('parcel_number')

# 시장 가치의 수를 집계하고 4와 비교
few_vals = by_parcel.market_value.count() < 4

# 4개의 시장 가치보다 작은 구획 번호
few_index = few_vals[few_vals == True].index

# 삭제할 실제 행 번호는 무엇인가?
drop_rows = parcl[parcl.parcel_number.isin(few_index)].index

# 삭제되지 않은 행을 보유한 DataFrame과 새로운 이름
parcl2 = parcl.drop(drop_rows)

# 17,150 행에서 16,817 행으로 트리밍
parcl2
```

```
       parcel_number        year      market_value
--------------------------------------------------
    0      213302600  2016-01-01          196800.0
    1      213302600  2015-01-01          196800.0
    2      213302600  2014-01-01          196800.0
    3      213308200  2018-01-01          198000.0
  ...            ...         ...               ...
18286      661010710  2016-01-01          215000.0
```

```
18287     661010710  2015-01-01           215000.0
18288     661010710  2014-01-01           215000.0
18289     661010720  2018-01-01           215000.0
16817 rows × 3 columns
```

실제 트렌드 보정으로 넘어가자. 규정에 따라 1년을 제외한 모두가 하나의 공통된 시장 가치를 나타내면 나머지 연도(결측값 포함)는 동일한 값으로 보정돼야 한다. 어떤 의미에서 이는 'null 트렌드'지만 위의 상관관계 보정과 동일한 조치이기도 하다. 구획 번호를 범주형 변수(많은 클래스에도 불구하고 '온톨로지적으로')로 취급하면 보정하는 것은 클래스의 평균, 중앙값, 최솟값, 최댓값, 최빈값인 일반적인 값이다.

일관성 보정

여기서의 접근 방식이 유일한 방법은 아니다. 예를 들어 필라델피아에서 2014년과 2018년 사이에 주택 가치가 일반적으로 증가했다고 결정한 경우 특정 구획이나 특정 연도에 대한 지식이 없어도 그 트렌드를 반영할 수 있다. 그러나 이 대체 접근 방식은 누락된 연도가 첫 번째 또는 마지막 연도인 경우에만 이해하기 쉽다. 2014년, 2015년, 2017년, 2018년의 모든 값이 구획에 대해 동일하다면 선형 글로벌 트렌드는 실제로 2016년의 해당 구획에 대해 알려주지 않을 것이다.

```
# 정확히 4년간의 구획을 찾고자 그룹을 집계
# 'by_parcel' 그룹은 이미 변경 사항이 없다고 가정
four_vals = by_parcel.market_value.count() == 4

# 4개의 시장 가치를 가진 구획 번호
four_index = four_vals[four_vals == True].index

# 대입할 구획의 행 번호
impute_rows = parcl2[parcl2.parcel_number.isin(four_index)].index
```

```
# 4개의 시장 가치가 있는 구획에 대해서만 구획을 그룹화
by_four = parcl2.loc[impute_rows].groupby('parcel_number')

# 평균(또는 동일한 중앙값 등)을 행에 대입
new_vals = by_four.market_value.mean()

# 일부 구획 번호와 값의 매핑
new_vals
```

```
parcel_number
42204300      30800.0
42205300      33900.0
42206800      30800.0
42207200      30800.0
                ...
888301511     15000.0
888301512     15000.0
888301814     15000.0
888301815     15000.0
Name: market_value, Length: 473, dtype: float64
```

위의 코드에 생략된 세부 사항이 있다. 하나의 구획에 네 개의 비결측값이 있는 장소를 찾았는데, 이는 해당 구획과 일치하는 일부 시장 가치에 대해 하나의 NaN이 있음을 의미한다. 그러나 기술적으로 반드시 사실은 아니다. 구획에 총 4개의 행만 있는 경우 이는 해당 행과 관련된 시장 가치뿐만 아니라 전체 행이 누락됐음을 나타낸다. 다음 코드 블록은 이러한 공통 그룹 값을 채우지만 4개의 기존 행에 동일한 값을 단순히 재할당하는 위치를 표시하고자 몇 라인을 추가한다.

주목하고자 하는 비정상적인 조건을 감지하고 표시할 수 있도록 다음 코드는 명시적인 루프다. 일반적으로 속도를 위해 연산을 벡터화하는 것이 더 관용적인 판다스 연습 또는 일반적으로 데이터 프레임이다. 약간 마법적인 `.transform(lambda x: x.fillna(x.mean()))`과 함께 또 다른 `.groupby()`를 사용해 판다스에서 이를 수행할 수 있다.

데이터 행이 20,000개 미만인 경우 속도 차이는 중요하지 않지만 수백만 행의 경우 속도 차이가 중요하다.

```
# 서로 다른 DF의 변경 내역을 유지
parcl3 = parcl2.copy()

# 구획별로 새로 채워진 값을 반복
for n, (index, val) in enumerate(new_vals.items()):
  # 할당은 여러 행을 대부분 중복으로 채움
  parcl3.loc[parcl3.parcel_number == index, 'market_value'] = val
  # 총 4개의 행으로 시작했는가?
  if len(parcl3.loc[parcl3.parcel_number == index]) == 4:
    print(f"Parcel #{index} has only 4 rows total (all
${val:,.0f})")
```

```
Parcel #352055600 has only 4 rows total (all $85,100)
Parcel #541286700 has only 4 rows total (all $116,600)
Parcel #621431100 has only 4 rows total (all $93,800)
```

이 절에서 수행한 정리는 비교적 상세하다. 결측값 보정이 이를 변경해서는 안 되므로 parcl3에 parcl2와 동일한 수의 행이 포함되기를 원한다. 또한 코드의 마지막 비트에 의해 동작하는 473개의 구획이 있다는 것을 알고 있다. 하지만 그중 3개는 애초부터 4개의 행만 존재했던 곳이었다. 따라서 문제가 해결되려면 버전 간에 470개의 행이 수정돼야 하며, 모든 경우에 NaN을 값으로 대체한다.

```
assert len(parcl2) == len(parcl3) == 16_817

(parcl3[parcl3.market_value.notnull() &
       (parcl2.market_value != parcl3.market_value)]
  .sort_values('parcel_number'))
```

```
      parcel_number       year    market_value
------------------------------------------------
1733       42204300  2018-01-01        30800.0
3718       42205300  2017-01-01        33900.0
1306       42206800  2014-01-01        30800.0
1346       42207200  2014-01-01        30800.0
...             ...         ...            ...
11517     888301511  2018-01-01        15000.0
11525     888301512  2015-01-01        15000.0
7802      888301814  2016-01-01        15000.0
14156     888301815  2015-01-01        15000.0
470 rows × 3 columns
```

보간법

이 절은 실제로 트렌드 보정에 도달하기 전에 꽤 먼 길을 갔다. 그러나 초기에 데이터 세트를 이해하는 것은 항상 필수이며 트렌드 보정 자체를 수행하기 전에 다른 정리가 매우 자주 필요하다. 보정이 가능해지기 전에 적당한 정도의 정리가 필요하다. 다행히도 판다스 및 기타 유사한 데이터 프레임 도구에서 실제 트렌드 보정은 매우 간결하다.

값을 입력하려면 여기에서 선택한 접근 방식의 두 단계가 필요하다. 여기서 선형(로컬) 보간법은 접근 방식으로서 합리적으로 느껴진다. 5개의 타임스텝만 있고 데이터 세트에서 대부분의 시장 가치가 실제로 전혀 변하지 않는 경우 이 예에서는 어떤 종류의 글로벌 회귀 분석도 지원되지 않는다.

기본 판다스 `.interpolate()`는 원하는 것을 거의 제공한다. 그러나 누락된 첫 번째 요소는 다루지 않는다. 순방향 방식으로 동작하기 때문에 메서드는 기본적으로 후행 요소에 대해 순방향 채우기로 설정된다. 첫 번째 요소도 보정됐는지 확인하고자 역방향 채우기를 수행해야 한다.

여기서 주의해야 할 요령이 있다. 단순히 전체 데이터 프레임을 보간하면 이전 구획을 기반으로 일부 값을 채울 수 있다. 특히 구획과 관련된 첫 해가 NaN이라면 이전 구획의 마지막 값과 다음 구획의 첫 번째 값 사이에 의미 없는 트렌드가 나타난다. 따라서 그룹 기반 방식으로 운영해야 한다.

우리가 할 일에 대한 간단한 미리 보기는 작은 시리즈에서 볼 수 있다. 먼저 보간만 사용한 후 다시 채우기를 추가한다.

```
s = pd.Series([None, 1, 2, None, 3, 4, None])
s.interpolate()
```

```
0     NaN
1     1.0
2     2.0
3     2.5
4     3.0
5     4.0
6     4.0
dtype: float64
```

```
s.interpolate().bfill()
```

```
0     1.0
1     1.0
2     2.0
4     3.0
5     4.0
6     4.0
dtype: float64
```

조각들을 한데 모아보자. 먼저 구획 번호와 연도별로 올바르게 정리하고 나서 보간[interpolate]한 후 다시 채운다.

```
# 연도순으로 데이터를 정렬하고 구획과 함께 보관
parcl4 = parcl3.sort_values(['parcel_number', 'year'])

# 그룹별로 보간
parcl4['market_value'] = (
  parcl4
  .groupby('parcel_number')
  .market_value
  .transform(pd.DataFrame.interpolate))

# 그룹당 백필(back fill)
parcl4['market_value'] = (
  parcl4
  .groupby('parcel_number')
  .market_value
  .transform(pd.DataFrame.bfill))
```

이제 (아마도) 정리 및 트렌드 보정이 완료됐으므로 데이터 프레임에 대한 온전성 검사를 수행해야 한다.

```
print(f"Total rows after operations: {len(parcl4):,}")

# 간과한 누락 데이터
parcl4.loc[parcl4.market_value.isnull()]
```

```
Total rows after operations: 16,817
       parcel_number        year  market_value
------------------------------------------------
16461      571291500   2018-01-01           NaN
```

이 최종 검사는 1년의 데이터에만 존재하는 구획이 하나이므로 보간할 트렌드가 없음을 보여준다. 대부분 분석에서 이 행을 폐기하고 싶을 것이다. 이 절을 떠나기 전에 이 비정상적인 행은 필터링 및 보정의 아티팩트가 아니라 원래 데이터 자체에 존재한다는 것을 확신할 수 있다.

```
# 디스크에서 읽은 대로(누락된 구획 제외)
parcl.loc[parcl.parcel_number == 571291500]
```

```
       parcel_number        year  market_value
----------------------------------------------
16461      571291500  2018-01-01           NaN
```

비시간적 트렌드

이 책은 가능한 한 실제 데이터를 사용하려고 한다. 실제 데이터 세트의 특이한 사고, 패턴, 이상한 구석은 느낄 가치가 있다. API를 간략하게 설명하는 데 사용되는 매우 짧은 예제를 넘어서 합성 데이터는 일부 혼란을 놓칠 위험이 있다. 그럼에도 이 절에서는 흥미로운 구조를 갖고 있다고 생각하는 기발하고 허구적인 데이터 세트를 발명한다. 이 책의 독자 중에 고체 물리학자나 양자 화학자들이 있다면 만화책에서조차도 내가 주장하는 방식으로 행동할 수 없다는 것을 알아차릴 수 있을 것이다.

렉스 루터 연구소는 슈퍼맨을 물리치고 세상을 지배하려는 끊임없는 노력으로 다양한 형태의 크립토나이트에 빛나는 레이저를 사용해 여러 실험을 수행했다. 특히 다양한 파장의 레이저에 노출될 때 많은 유형의 크립토나이트가 넓은 시각적 휘도 대역을 얻는다는 것을 알아차렸다. 크립토나이트는 공급이 부족해 모든 레이저 파장에서 모든 요소 유형의 동작을 테스트하지 못했다. 게다가 그들이 사용한 킬로와트 레이저는 각각 특정 주파수로 돼 있지만 테스트에 사용된 레이저와 다른 종류의 레이저를 사용해 무기를 개발하려고 한다고 가정한다.

데이터 프레임에는 실험실에서 수행한 관측치가 포함된다. 레이저는 단일 방향으로 초점을 맞추기 때문에 단위는 전체 루멘이 아닌 방향성 칸델라로 측정된다.

```
krypt = pd.read_fwf('data/excited-kryptonite.fwf')
krypt
```

```
   Laser_type_kw   Subtype      Wavelength_nm     Kryptonite_type
-----------------------------------------------------------------
 0   Helium-neon       NaN              632.8               Green
 1   Helium-neon       NaN              543.5               Green
 2   Helium-neon       NaN              593.9               Green
 3   Helium-neon       NaN              611.8               Green
...          ...       ...                ...                 ...
95       Excimer       ArF              193.0                Gold
96       Excimer       KrF              248.0                Gold
97       Excimer      XeCL              308.0                Gold
98       Excimer       XeF              353.0                Gold

        candela_per_m2
----------------------
 0             415.837
 1                 NaN
 2             407.308
 3             401.305
...                ...
95             611.611
96                 NaN
97             608.125
98                 NaN

99 rows × 5 columns
```

시각화를 통해 적어도 레이저 파장 범위 내에서 테스트된 각 유형의 크립토나이트(녹색, 적색, 금색)는 로그 선형 반응 곡선이 다르거나 다소 차이가 나는 것으로 보인다. xenologenetic 금속은 테스트되지 않은 파장에서 놀라운 특징을 가질 가능성이 있다. 하지만 첫 번째 패스에서는 기본적으로 회귀 분석 문제가 있다.

```
plot_kryptonite()
```

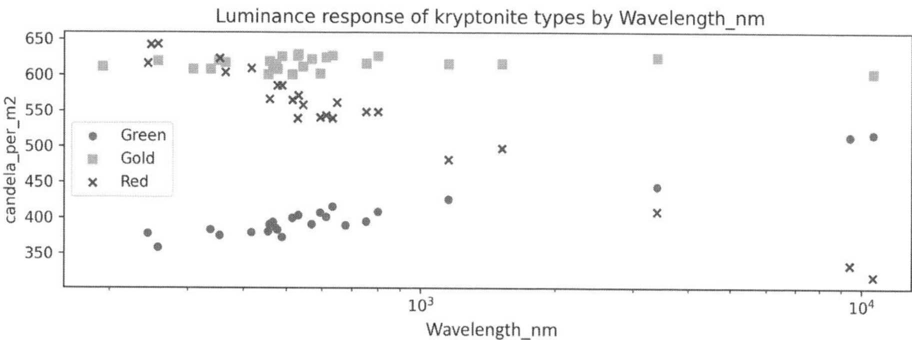

그림 6.5: 파장별 크립토나이트 유형의 휘도 반응

이 절에서는 전체 회귀 분석에 반드시 관심이 있는 것이 아니라 단순히 누락된 관측치를 보정하는 데 관심이 있다. 표와 플롯에서 테스트 세트의 일부 레이저에는 일부 타입의 크립토나이트에 대해 사용 가능한 데이터가 없음을 알 수 있다. 예를 들어 1520nm의 헬륨-네온 레이저는 금색과 적색 크립토나이트에 대해서만 테스트됐으며, 9400nm의 CO_2 레이저는 녹색 및 적색 크립토나이트에 대해서만 테스트됐다.

```
(krypt[
  (krypt.Wavelength_nm > 1500) &
  (krypt.Wavelength_nm < 10000)]
.sort_values('Wavelength_nm'))
```

	Laser_type_kw	Subtype	Wavelength_nm	Kryptonite_type
5	Helium-neon	NaN	1520.0	Green
38	Helium-neon	NaN	1520.0	Red
71	Helium-neon	NaN	1520.0	Gold
6	Helium-neon	NaN	3391.3	Green
...	...	...	...	...

```
72   Helium-neon        NaN              3391.3            Gold
28           CO2        NaN              9400.0           Green
61           CO2        NaN              9400.0             Red
94           CO2        NaN              9400.0            Gold

      candela_per_m2
----------------------
 5               NaN
38           497.592
71           616.262
 6           444.054
...              ...
72           624.755
28           514.181
61           334.444
94               NaN

9 rows × 5 columns
```

두 측정값은 서로 직접 계산할 수 있지만 가시 범위의 전자기 주파수는 좀 더 선형적인 숫자 범위를 차지하는 반면, 파장은 몇 배의 크기에 걸쳐 있다. 목적을 위해서는 레이저 주파수로 작업하는 것이 더 편리할 수 있다.

```
λ = krypt.Wavelength_nm / 10**9 # 파장(미터)
c = 299_792_458   # 광속(m/s)
krypt['Frequency_hz'] = c/λ

# 주파수 대 휘도를 그리기
plot_kryptonite(df=krypt, logx=False,
                independent='Frequency_hz')
```

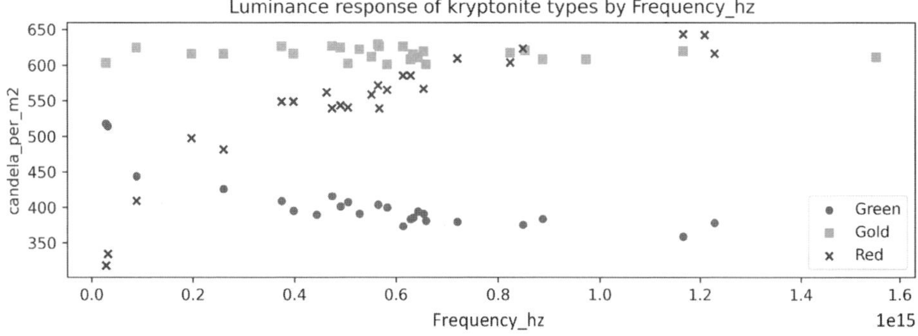

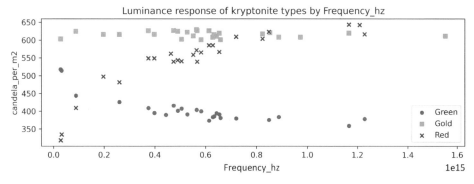

그림 6.6: 주파수별 크립토나이트 유형의 휘도 응답

시각적으로 주파수를 사용하는 선형 플롯에서 적색 크립토나이트에 대한 반응 곡선이 분명하게 구부러진 것처럼 보이며, 녹색에 대한 반응 곡선도 마찬가지로 분명하게 구부러진 것처럼 보일 것이다. 분명히 데이터는 노이즈가 있고 부드러운 곡선과 거의 밀접하게 일치하지 않는다. 이것이 요소의 물리적 특징 때문인지 실험 설정의 한계 때문인지는 현재 알 수 없다. 이러한 동기를 갖고 1보다 높은 차수의 다항식 피팅을 수행할 수 있다.

```
# 누락되지 않은 데이터에 대해서만 polyfit을 수행
kr_vals = (krypt[krypt.candela_per_m2.notnull()]
           .sort_values('Frequency_hz'))

# 각 크립토나이트 색상에 맞게 수행
for color in ('Red', 'Green', 'Gold'):
   # 적합한 색상으로 제한
   kcolor = kr_vals.loc[kr_vals.Kryptonite_type == color]
   x = kcolor["Frequency_hz"]
   y = kcolor["candela_per_m2"]
   coef2, coef1, offset = np.polyfit(x, y, deg=2)

   # 발견한 계수를 출력
   print(f"{color:>5s} (hz → nit): "
     f"{coef2:.1e}*x^2 + {coef1:.1e}*x + {offset:.1e}")
```

```
# 계수를 사용해 누락된 값 채우기
kmissing = krypt.loc[krypt.candela_per_m2.isnull() &
                     (krypt.Kryptonite_type == color)]
x = kmissing.Frequency_hz
krypt.loc[x.index, 'candela_per_m2'] = (
                        coef2*x**2 + coef1*x + offset)
```

```
  Red (hz → nit):  -2.6e-28*x^2 + 5.5e-13*x + 3.5e+02
Green (hz → nit):  1.4e-28*x^2 + -2.7e-13*x + 5.0e+02
 Gold (hz → nit):  -4.1e-30*x^2 + 2.8e-15*x + 6.2e+02
```

다항식 피팅을 기반으로 보정한 결측 데이터로 다시 플로팅하면 새로운 점 중 어느 것도 분명히 제자리에서 벗어나는 것처럼 나타나지 않는다. 물론 그들이 정확한지 여부는 훨씬 더 많은 도메인 지식이 필요한 것이다. 적어도 회귀 분석은 예상한 대로 동작한다.

```
plot_kryptonite(df=krypt, logx=False,
                independent='Frequency_hz')
```

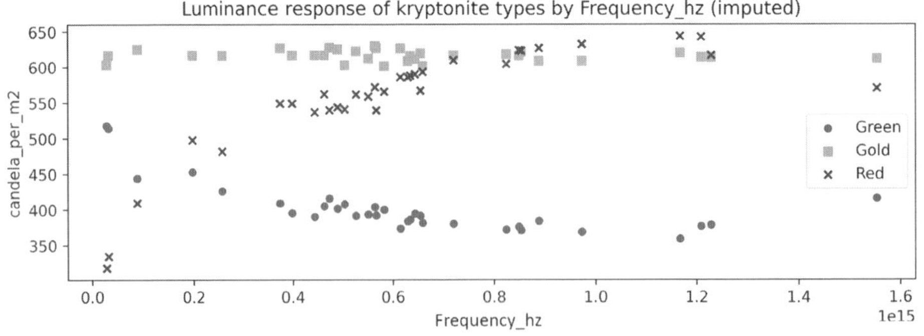

그림 6.7: 결측 데이터를 보정한 휘도 응답

보정에 의해 명시적인 모든 결측값을 '기입'했으며 이렇게 하지 않으면 불가능했던 많은 통계 테스트와 머신러닝 알고리듬이 가능해졌다. 이제 샘플링에 대한 좀 더 글로벌 이슈로 넘어가자.

샘플링

개념:

- 범주형 변수와 이산 연속형 변수
- 대상 클래스 값의 밸런싱
- 대체가 없는 샘플링
- 대체가 있는 샘플링
- 중복에 의한 오버샘플링
- 퍼지 통계 오버샘플링

샘플링은 데이터 세트를 어떤 방식으로든 재조정하고자 변경하는 것이다. 불균형 imbalance은 사용된 데이터 수집 기술이나 측정 중인 현상의 기본 패턴을 반영할 수 있다. 이러한 불균형은 변수가 범주형이고 클래스 분포의 명백한 개수가 있을 때 특히 명확해질 수 있다. 특별한 종류의 샘플링은 7장에서 설명하는 시계열 리샘플링이다.

불균형은 연속형 변수의 분포가 단순히 고르지 않은 경우에도 관련될 수 있다. 이는 매우 일반적이다. 어떤 의미에서는 측정할 수 있는 대부분의 수량이 정규 분포나 베타 분포와 같이 고르지 않게 분포되기 때문이다. 이를 위해 멱법칙 분포 또는 지수 분포와 같은 극도로 '긴 꼬리long-tailed' 분포를 제외한다. 즉, 비교적 좁은 범위 내에서 단순히 피크를 갖는 연속 값은 여러 자릿수에 걸쳐있는 값과 다른 문제를 나타낸다. 예를 들어 원래 값의 로그를 취하거나 값을 분위수로 이산화해 긴 꼬리 분포를 좀 더 선형적인 분포로 변환하는 것이 유용하다.

대략 정규 분포의 간단한 예로 인간의 키를 보자. 세부 사항을 자세히 살펴보면 실제 데이터는 성별에 따라 다소 양면성이 있을 수 있으며 국적, 연령 등에 따라 추가적인 2차 패턴이 있을 수 있다. 이 간단한 그림의 경우 불균형 자체만으로도 설명하기에 충분하다. 분명히 인간의 키는 다양하지만 가장 작은 신생아와 가장 키가 큰 성인 사이에서도 5배 미만의 차이가 있다. 성인들 사이에서만 (아주 드물게 매우 키가 작은 사람들은 제외) 거의 항상 1.5배 이내다. 즉, 키는 본질적으로 선형적인 수량이지만 균일하게 분포된 것은 아니다.

이 절의 예제는 파이썬이 아닌 R Tidyverse를 사용하는 것으로 전환한다. 파이썬 데이터 프레임 라이브러리(판다스 및 기타)는 모든 것을 똑같이 쉽게 보여준다. 독자가 라이브러리보다는 개념에 대해 좁게 생각하도록 독려하고자 더 많은 독자가 파이썬에 더 익숙하다는 가정하에 전환이 이뤄졌다.

```
%load_ext rpy2.ipython
```

우리는 25,000명(시뮬레이션)의 물리적 측정값이 포함된 데이터 세트를 읽을 수 있다 (http://wiki.stat.ucla.edu/socr/index.php/SOCR_Data_Dinov_020108_HeightsWeights#References). 여기서 목적을 위해 키가 어떻게 분포돼 있는지 살펴보자.

```
%%R -o humans
library('tidyverse')
humans <- read_csv('data/height-weight.csv')
humans

── Column specification ──
cols(
```

```
  Height = col_double(),
  Weight = col_double()
)

# A tibble: 25,000 x 2
  Height  Weight
   <dbl>   <dbl>
 1  167.    51.3
 2  182.    61.9
 3  176.    69.4
 4  173.    64.6
 5  172.    65.5
 6  174.    55.9
 7  177.    64.2
 8  178.    61.9
 9  172.    51.0
10  170.    54.7
# ... 24,990개의 추가 행이 있음
```

키를 일정한 숫자 증분으로 나누면 적어도 중간 키가 더 짧거나 더 큰 범위보다 훨씬 더 자주 발생하기 때문에 모호한 가우스 분포를 볼 수 있다.

그럼에도 이 샘플의 모든 인간(일반적으로 거의 모든 성인)은 153cm에서 191cm 사이의 좁은 범위에 있다.

```
humans.hist(figsize=(10,3), bins=12);
```

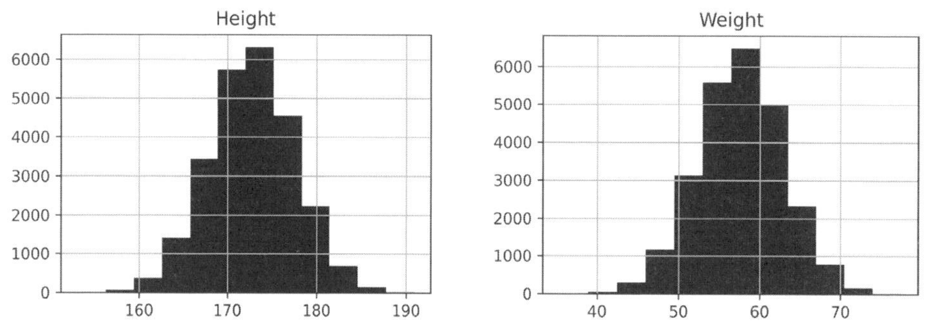

그림 6.8: 키와 몸무게의 분포를 보여주는 히스토그램

```
%%R
table(cut(humans$Height, breaks = 5))
```

```
 (153,161] (161,168] (168,176] (176,183] (183,191]
       145      4251     14050      6229       325
```

키를 다른 특징(예, 영양, 국적, 성별, 연령, 소득 등)에서 예측하는 목표인 경우 여러 종류의 머신러닝 모델에 대해 희귀한 클래스('매우 작다', '매우 크다')는 다른 특징에서 거의 또는 절대적으로 예측되지 않을 것이다. 다른 측정값에서 매우 작은 사람(샘플의 약 0.5%)과 유사한 사람이 너무 많기 때문에 기본 예측은 단순히 '평균'이 아니라도 '약간 작다'가 될 것이다.

그러나 독립 변수의 매개변수 공간 영역이 불균형한 경우 유사한 문제가 있다. 예를 들어 인도네시아나 네덜란드가 각각 가상훈련 세트에 단지 몇 개의 샘플만 갖고 있었다면(다른 나라들은 많지만) 해당 국가 거주자들의 가장 작은 평균 키와 가장 큰 평균 키를 갖고 있다는 사실을 거의 사용할 수 없었을 것이다. 더욱이 적은 수의 샘플에 특히 키가 작은 네덜란드인이나 특히 키가 큰 인도네시아인이 포함된 경우 클래스 값의 존재는 기대하는 것과 정확히 반대 방향으로 예측을 편향시킬 수 있다.

언더샘플링

악마는 디테일에 있다.

– 아인스튀어젠데 노이바우텐Einstürzende Neubauten

인위적으로 이산된 범위가 아닌 실제 범주형 값을 사용하는 데이터 세트를 살펴보자. UCI 머신러닝 1997 자동차 평가 데이터 세트(https://archive.ics.uci.edu/ml/datasets/Car+Evaluation)가 여기에서 유용하다. 원래 데이터 세트는 트렁크가 '작음', '중간' 또는 '큼'이거나 유지 관리 비용이 '낮음', '중간', '높음' 또는 '매우 높음'과 같은 서수 값에 대해 다양한 범주형 단어를 사용한다. 이는 이 책에서 순차 정수sequential integers로 변환된다. 그러나 집중할 전반적인 등급은 명백한 암시적 순서도 있지만 설명적인 단어로 남아있다.

```
%%R
cars <- read_csv('data/cars.csv',
                 col_types = cols("i", "i", "i", "i", "i", "i", "f"))
cars
```

```
# A tibble: 1,728 x 7
   price_buy price_maintain doors passengers trunk safety rating
       <int>          <int> <int>      <int> <int>  <int> <fct>
 1         1              0     3          6     0      0 Unacceptable
 2         2              2     3          6     2      1 Acceptable
 3         2              2     5          2     1      1 Unacceptable
 4         0              1     3          2     2      1 Unacceptable
 5         2              1     5          2     0      1 Unacceptable
 6         3              1     2          6     2      1 Acceptable
 7         0              2     4          4     0      0 Unacceptable
 8         1              2     2          4     2      0 Unacceptable
 9         1              0     4          4     0      1 Acceptable
10         1              3     3          2     0      0 Unacceptable
```

```
# ... 1,718개의 추가 행이 있음
```

다른 기록된 특징을 기반으로 자동차의 '수용성'을 예측한다고 상상해보자. 처음 10개 행에서 많은 수가 허용되지 않는다는 것이 눈에 띈다. 전체 등급 분포를 살펴보자.

```
%%R
table(cars$rating)
```

```
Unacceptable     Acceptable  Very Good         Good
        1210            384         65           69
```

이 차들의 평가자들은 아주 적은 수의 차가 좋고, 아주 좋은 차를 찾는 데 다소 까다로울 것이다. 어쨌든 이는 등급 특징에서 강한 불균형을 보여주며, 분류 모델에서 대상으로 사용할 것이다. 더 높은 품질의 모델을 생성하는 방식으로 훈련 데이터를 정리하고 싶다. 다른 특정 모델링 기술은 다른 기술보다 샘플링 기술로 개선할 가능성이 더 높거나 적다는 점을 명심하자. 예를 들어 선형 모델은 클래스 불균형에 크게 민감하지 않은 반면 K-최근접 이웃 모델은 이러한 문제에 매우 민감한 경향이 있다. 그러나 이러한 종류의 일반화 내에서도 서로 다른 데이터 세트 및 도메인의 다양한 샘플링이 여러 면에서 효과적이다. 다운스트림 모델의 선택은 매우 중요하다.

세 가지 조건이 충족될 경우 언더샘플링은 문제가 되지 않는다.

- 데이터 세트에 매우 많은 행이 있다.
- 흔하지 않은 클래스조차도 합리적인 수의 샘플을 갖고 있다.
- 매개변수 공간이 샘플로 충분히 커버된다.

이러한 모든 조건을 유지할 수 있을 만큼 운이 좋다면 가장 작은 클래스의 샘플 크기를 선택하는 것만으로도 충분하다. 그러나 이러한 조건에 도달할 수 없는 경우(특히 가장 작은 클래스가 너무 작은 경우) 어느 정도의 불균형을 허용하는 것은 일반적으로 끔찍한 일이 아니다. 50:1 불균형은 문제가 될 수 있고 2:1은 중요하지 않을 수 있다. 자동차 평가를 위해 각 클래스에서 100개의 샘플을 찾으려고 시도하지만 가진 만큼만 만족하자. 이 데이터 세트에 100개 미만의 드문 클래스 샘플이 있다고 해서 그다지 크게 여유롭지는 않다.

```
%%R
unacc <- sample(which(cars$rating == "Unacceptable"), 100)
acc <- sample(which(cars$rating == "Acceptable"), 100)
good <- sample(which(cars$rating == "Good"), 69)
vgood <- sample(which(cars$rating == "Very Good"), 65)
samples <- slice(cars, c(vgood, good, acc, unacc))
samples
```

```
# A tibble: 334 x 7
   price_buy  price_maintain  doors  passengers  trunk  safety     rating
       <int>           <int>  <int>       <int>  <int>   <int>      <fct>
 1         0               1      2           6      2       2  Very Good
 2         0               0      4           4      2       2  Very Good
 3         1               0      3           6      1       2  Very Good
 4         0               0      5           6      1       2  Very Good
 5         1               0      3           4      2       2  Very Good
 6         1               1      3           6      1       2  Very Good
 7         1               0      5           4      1       2  Very Good
 8         1               0      4           4      1       2  Very Good
 9         0               0      3           6      2       2  Very Good
10         1               1      4           6      2       2  Very Good
# ... 324개의 추가 행이 있음
```

여기서는 클래스당 사용할 수 있는 행수를 수동으로 선택했으며 DMwR(Data Mining with R), caret(Classification And REgression Training) 또는 ROSE(Random Over-Sampling Examples)와 같은 상위 레벨 라이브러리를 사용하지 않았으므로 샘플링을 좀 더 간결하게 만든다. 이러한 패키지에는 좀 더 정교하고 다양한 샘플링 기술이 포함돼 있으며, 그중 일부를 곧 사용할 것이다. 파이썬 세계에서 `imbalanced-learn` 패키지는 믿음직한 선택이며 언급된 R 패키지에 있는 대부분의 기술을 포함한다.

NOTE

패키지(packages)

R과 파이썬에서 사용할 수 있는 도구들 사이에는 겹치는 부분도 많지만 언어와 커뮤니티 간의 문화와 초점에는 약간의 차이가 있다. 한편으로 R은 통계에 더 확실히 초점을 맞추고 있으며 해당 영역에서 사용할 수 있는 라이브러리의 범위는 더 깊다. 다른 영역의 라이브러리는 R에서 더 얕다.

그러나 기술적 초점을 넘어 프로그래밍 언어 커뮤니티에는 주목할 만한 철학적 차이가 있다. 파이썬은 많은 기여자가 있는 공통 라이브러리를 중심으로 결합하거나 또는 유사한 영역을 다루는 라이브러리 간의 공통 API를 중심으로 통합하는 경향이 있다. R은 상대적으로 기여자가 적은 많은 패키지를 성장시키는 경향이 있으며 기능이 부분적으로 중복되고 패키지 간 공유 API에 대한 요구가 적다. 넘파이, 판다스, scikitlearn 및 훨씬 더 좁은 `imbalanced-learn`은 '표준' API다. 이와는 대조적으로 R에서는 `data.table`, `data.frame` 및 `tibble`이 다양한 API 및 장점과 경쟁한다. 더 좁게는 DMwR, caret, ROSE도 경쟁한다.

의도한 작업을 수행했는지 확인하고자 얻은 분포를 살펴보자.

```
%%R
samples %>%
  group_by(rating) %>%
  count()
```

```
# A tibble: 4 x 2
# 그룹: 등급 [4]
  rating          n
  <fct>       <int>
```

```
1  Unacceptable  100
2  Acceptable    100
3  Very Good      65
4  Good           69
```

흔치 않은 클래스에서 60개 샘플만 사용할 수 있는 것은 너무 희박할 것이다. 대체로 샘플이 거의 없는 클래스는 어떤 기술을 사용하든 특징의 매개변수 공간을 커버할 수 없다. 더 큰 클래스에서 선택한 100개의 샘플은 그다지 크지 않지만 기본 모집단이 훨씬 더 크고 샘플링이 편향되지 않기 때문에 이러한 샘플이 매개변수 영역을 완전히 놓칠 가능성이 적다.

샘플링은 불완전하지만 언더샘플링과 오버샘플링을 결합함으로써 모델을 편향시킬 가능성이 있는 대상 불균형은 최소한 피할 수 있다. 대체를 허용해 각 클래스에서 150개의 샘플을 가져오자(따라서 적은 수의 클래스에서 중복됨).

```
%%R
# 각 클래스에 대한 인덱스 찾기(dups OK)
indices <- unlist(
  lapply(
    # 등급 요인의 각 수준에 대해
    levels(cars$rating),
    # 대체용 150개의 인덱스가 있는 샘플
    function(rating) {
      pred <- which(cars$rating == rating)
      sample(pred, 150, replace = TRUE) }))

# 고르게 그려졌는지 확인
slice(cars, indices) %>%
  group_by(rating) %>%
  count()
```

```
# A tibble: 4 x 2
# 그룹: 등급 [4]
  rating           n
  <fct>        <int>
1 Unacceptable   150
2 Acceptable     150
3 Very Good      150
4 Good           150
```

오버샘플링

> 신은 디테일에 깃든다.
>
> – 루트비히 미스 반 데어 로에Ludwig Mies van der Rohe(구스타브 플로베르Gustave Flaubert)

데이터가 많을 때 언더샘플링은 머신러닝 모델을 위한 좀 더 균형 잡힌 훈련 데이터를 생성하는 빠른 방법이다. 대부분의 경우 데이터 세트는 매개변수 공간을 매우 잘 커버하지 않으므로, 순수하게 언더샘플링만으로 훈련 데이터를 버릴 수 있다. 관측치가 꽤 많더라도 일반적인 클래스는 고차원 공간의 프로토타입 영역 주위에 클러스터링된다. 가능한 한 민감하게 매개변수 공간을 평가해야 하는 경우 데이터를 버리는 것은 위험하다. 물론 모델의 유형과 보유한 계산 리소스의 양으로 인해 전체 데이터 세트에서 모델을 훈련시킬 수 없는 경우도 있다. 그렇다면 언더샘플링은 독립적인 매력이 있으며 그것을 하는 데 있어 클래스의 민감성은 전적으로 좋은 것이다.

가장 간단한 종류의 오버샘플링을 수행하는 방법을 이미 살펴봤다. 예를 들어 자동차 평가 데이터 세트에서 가장 일반적인 클래스의 개수까지 대체해 간단히 샘플링할 수 있다. 정확히 그 기술은 어떤 샘플은 반복되고 다른 샘플은 생략되기 때문에 가장 일반적인 클래스에서 약간의 노이즈를 생성한다.

NOTE

샘플링(sampling)

클래스별 리샘플링에 대한 가장 직접적인 접근 방식은 가장 일반적인 클래스를 다른 클래스와 차별화하지 않는 것이다. 즉, 가장 일반적인 클래스에 100개의 항목이 있는 경우 대체를 통한 리샘플링은 리샘플링된 버전에서 약 36개를 생략하고 다른 항목은 중복된다는 것을 의미한다. 이와는 대조적으로 초기 항목이 10개만 있는 클래스에서 100개 항목으로 리샘플링하면 거의 확실하게 각 항목이 한 번 이상 나타난다.

개념적으로 좀 더 '공정한' 작업을 수행하고자 추가 코드를 사용할 수 있다. 우리는 원본 데이터의 사본을 만들 것이다. 그런 다음 서로의 클래스에서 max_class_size-current_class_size 항목만 샘플링한다. 그런 다음 손대지 않은 원본을 새 샘플과 결합한다. 이렇게 하면 모든 원본이 결과 데이터에 적어도 한 번 나타난다. 이러한 접근 방식은 개선될 수 있지만 다음에 설명하는 SMOTE와 같은 접근 방식보다 덜 미묘한 것으로 남아있다.

또 다른 접근 방식은 일반적이지 않은 클래스를 필요한 만큼 복제해 좀 더 일반적인 클래스와 대략적인 동등성에 도달하게 하는 것이다. 예를 들면 다음과 같다.

```
# 원시 데이터를 읽어서 가장 일반적인 등급을 계산
cars = pd.read_csv('data/cars.csv')
cars2 = cars.copy()    # 데이터 프레임 복사본 수정
most_common = max(cars2.rating.value_counts())

for rating in cars2.rating.unique():
   # 하나의 등급 클래스만 있는 DataFrame
   rating_class = cars2[cars2.rating == rating]
   # most_common을 오버슈팅하는 것보다 하나 적게 복제
   num_dups = (most_common // len(rating_class)) ? 1
   for _ in range(num_dups):
      cars2 = pd.concat([cars2, rating_class])

cars2.rating.value_counts()
```

```
Unacceptable    1210
Good            1173
Very Good       1170
Acceptable      1152
Name: rating, dtype: int64
```

이 접근 방식은 중복으로 불균일하지 않으면서 드문 각 클래스를 가능한 한 복수 클래스의 빈도에 가깝게 만든다. 즉, 정확히 1,210개의 Acceptable 샘플을 원하면 일부 샘플을 다른 샘플보다 한 번 더 복제한다. 아주 약간의 불균형을 허용하는 것이 더 나은 방법이다.

순수한 오버샘플링보다 더 흥미로운 것은 합성 소수 오버샘플링 기술SMOTE, Synthetic Minority Over-sampling Technique이라는 기술과 불균형 데이터를 위한 적응적 합성 샘플링 방법ADASYN, Adaptive Synthetic Sampling Method for Imbalanced Data이라는 밀접하게 관련된 기술이다. R에는 SMOTE 및 유사한 기술을 수행하기 위한 여러 가지 선택 사항이 있다. 라이브러리에 관련은 있지만 기술이 약간 다른 smotefamily, DMwR, ROSE가 포함된다. 그러나 다음 몇 가지 코드 예제에서는 필요한 라이브러리 중에서 선택의 폭이 적기 때문에 파이썬의 imbalanced-learn을 대신 사용할 것이다.

SMOTE 계열의 여러 기술 간에는 약간의 기술적인 차이가 있지만 일반적으로 모두 비슷하다. 그들이 하는 일은 K-최근접 이웃 기술을 사용해 새로운 데이터 포인트를 생성하는 것이다. 소수 표본 중에서 특징의 매개변수 공간에서 가장 가까운 이웃 몇 개를 살펴본 다음 기존 관측치와 동일하지 않은 매개변수 공간의 해당 영역 내에 새로운 합성 샘플을 만든다. 비공식적인 의미로 이것을 '퍼지fuzzy' 오버샘플링이라고 부를 수 있다. 물론 이 합성 지점에 할당된 클래스 또는 대상은 기존 소수 클래스 관측치 클러스터와 동일하다. 결론은 특징 값이 흐릿한 이러한 종류의 오버샘플링이 일반적으로 정제하지 않은 오버샘플링보다 훨씬 더 유용한 합성 샘플을 생성한다는 것이다.

앞에서 설명한 것처럼 자동차 등급 클래스는 완전히 불균형이다.

```
cars.rating.value_counts()
```

```
Unacceptable     1210
Acceptable        384
Good               69
Very Good          65
Name: rating, dtype: int64
```

이와 유사한 몇 가지 오버샘플링 기술은 `imbalanced-learn`에서 이용할 수 있다. 자세한 내용은 라이브러리의 설명서를 참고한다. 이들 모두는 동일한 scikit-learn API를 기반으로 구축되며 scikit-learn 파이프라인에 포함되거나 해당 라이브러리와 상호작용할 수 있다. 해당 라이브러리의 K-최근접 이웃을 활용하는 비하인드 방식 외에 `imbalanced-learn`을 사용하기 위해 scikit-learn을 사용할 필요가 없다.

모듈 이름 `sklearn`으로 가져 오는 패키지 이름 scikit-learn과 유사하게 우리가 사용하는 설치 패키지의 이름은 `imbalanced-learn`이지만 `imblearn`으로 가져온다.

```
# 특징과 대상 행렬만 정의하고 다음 셀에서 사용
from imblearn.over_sampling import SMOTE

# 데이터 프레임을 X 특징과 y 특징으로 나눔
X = cars.drop('rating', axis=1)
y = cars['rating']

# 리샘플링된 특징/대상 생성
X_res, y_res = SMOTE(k_neighbors=4).fit_resample(X, y)
```

특징과 대상을 원본과 유사한 DataFrame으로 다시 결합해보자.

```
synth_cars = X_res.copy()
synth_cars['rating'] = y_res
synth_cars.sample(8, random_state=2)
```

	price_buy	price_maintain	doors	passengers	trunk	safety
748	2	2	5	6	0	0
72	0	3	2	6	0	1
2213	3	0	2	4	0	2
1686	2	3	5	2	0	0
3578	0	0	4	6	1	1
3097	0	0	2	4	0	2
4818	0	1	4	4	1	2
434	2	3	5	6	2	0

	rating
748	Unacceptable
72	Unacceptable
2213	Acceptable
1686	Unacceptable
3578	Good
3097	Good
4818	Very Good
434	Unacceptable

우리가 원하는 대로 대상의 클래스는 정확하게 균형을 이루고 있다. 정확한 균형을 필요로 하지 않도록 샘플링 전략을 변경할 수 있지만 이 경우 정확성이 합리적이다.

```
synth_cars.rating.value_counts()
```

```
Good           1210
Very Good      1210
```

```
Unacceptable    1210
Acceptable      1210
Name: rating, dtype: int64
```

여기서 주목할 만한 작은 포인트가 있다. SMOTE를 수행하는 여러 R 라이브러리와 달리 imbalanced-learn은 특징의 데이터 타입을 유지한다. 특히 특징의 서수 정수는 정수로 유지된다. 이는 여러분이 원하는 것일 수도 있고 아닐 수도 있다. 의미상 '낮음'에서 '매우 높음'까지 price_buy 평가는 0~3 범위의 연속 값으로 합리적으로 인코딩될 수 있다. 그러나 자동차 도어의 수는 의미상 정수다. 그래도 소비자로서 "도어가 많을수록 더 좋다"면 약간 터무니없이 문자 그대로의 의미를 가진 합성 행에는 해가 되지 않을 가능성이 높다.

주어진 특징 값을 직접 해석하는 것보다 더 중요한 것은 값이 모델에 얼마나 유용한가 여부다. 많은 종류의 모델에서 연속형 변수는 더 유용한 클러스터링을 제공하며, 대부분 부동소수점 입력에 대해 훈련하는 것을 선호한다. 데이터 타입을 floats로 형 변환하고 새로운 non-integral 특징 값을 참고해 다시 리샘플링을 수행해보자.

```
cars.iloc[:, :6] = cars.iloc[:, :6].astype(float)
cars.head()
```

```
   price_buy  price_maintain  doors  passengers  trunk  safety
-----------------------------------------------------------------
0        1.0             0.0    3.0         6.0    0.0     0.0
1        2.0             2.0    3.0         6.0    2.0     1.0
2        2.0             2.0    5.0         2.0    1.0     1.0
3        0.0             1.0    3.0         2.0    2.0     1.0
4        2.0             1.0    5.0         2.0    0.0     1.0

          rating
----------------
```

```
0    Unacceptable
1      Acceptable
2    Unacceptable
3    Unacceptable
4    Unacceptable
```

```
# 데이터 프레임을 X 특징과 y 특징으로 나눔
X = cars.drop('rating', axis=1)
y = cars['rating']

# 리샘플링된 특징/대상 생성
X_, y_ = SMOTE().fit_resample(X, y)
pd.concat([X_, y_], axis=1).sample(6, random_state=4)
```

	price_buy	price_maintain	doors	passengers	trunk	safety
4304	1.0	0.158397	2.158397	6.0	2.0000	2.0
337	3.0	0.000000	3.000000	4.0	0.0000	1.0
2360	2.0	2.000000	3.247795	4.0	2.0000	2.0
3352	0.0	1.000000	2.123895	4.0	2.0000	1.0
2064	0.0	3.000000	4.000000	6.0	1.8577	2.0
4058	1.0	0.000000	3.075283	6.0	2.0000	2.0

	rating
4304	Very Good
337	Unacceptable
2360	Acceptable
3352	Good
2064	Acceptable
4058	Very Good

연습

이 장의 연습에서는 먼저 보정된 트렌드의 품질을 평가할 것이다. 두 번째 연습에서는 단일 특징뿐만 아니라 여러 특징에서 불균형이 발생할 수 있는 데이터로 작업하는 것을 고려해야 한다.

대체 트렌드 보정

이 장의 크립토나이트 예제에서는 입력 레이저 주파수에 2차 다항식 피팅을 사용해 평방미터당 칸델라의 결측값을 보정했다. 어떤 의미에서 단순히 로컬 보간을 사용하거나 순방향 채우기 또는 역방향 채우기를 사용하는 것이 더 간단할 것이다. 대부분의 데이터 프레임 라이브러리는 '틀에서 벗어난' 이러한 로컬 보정을 제공한다.

데이터 세트는 다음 위치에서 사용할 수 있다.

https://www.gnosis.cx/cleaning/excited-kryptonite.fwf

서로 다른 보정 접근법 간의 차이를 정량화해야 한다. 샘플 간의 차이를 표현하는 좋은 방법은 평균 제곱근 편차(RMSD, Root-Mean-Square Deviation)를 사용하는 것이며 이 연습에서는 해당 측정값을 사용한다. 결측값에 대한 정답이 무엇인지 정확히 알지 못하므로 다양한 접근 방식이 서로 얼마나 다른지 평가할 뿐이다.

크립토나이트의 각 색상/타입과 모든 색상의 집계를 측정하고 비교해야 할 여러 차이점이 있다.

- 모든 포인트(원본과 보정)와 2차 다항식 적합 함수 자체 사이의 RMSD
- 원본 포인트와 다음 사이의 RMSD
    - 선형 회귀 분석
    - 2차 다항식 적합성

    - 3차 다항식 적합성
    - 관련성이 있다고 판단되는 기타 회귀 분석(아마도 머신러닝 라이브러리에서)
- 1, 2, 3차 다항식 적합성과 인접 항목만을 기반으로 하는 로컬 보간 사이의 보정된 포인트에 대한 RMSD
- 다양한 차수의 다항식 적합성과 단순 순방향 채우기 사이에서만 보정된 포인트에 대한 RMSD

성가신 슈퍼맨을 물리칠 수 있는 최고의 전략이 무엇이라고 생각하는지 설명해 보자.

다중 특징 밸런싱

사람의 키/몸무게 데이터는 Height 수치에서 불균형을 보여줬다. Weight는 비슷한 분포를 보여준다. 상상의 대상이 첨부된 이 데이터 세트 버전은 https://www.gnosis.cx/cleaning/height-weight-color.csv에서 얻을 수 있다.

이 데이터는 거의 균등하게 균형을 이루고 {red, green, blue} 컬렉션에서 무작위로 생성된 Favorite라는 열을 추가한다.

```
humcol = pd.read_csv('data/height-weight-color.csv')
humcol.sample(6, random_state=1)
```

```
              Height       Weight   Favorite
--------------------------------------------
21492     176.958650    72.604585        red
 9488     169.000221    79.559843       blue
16933     171.104306    71.125528        red
12604     174.481084    79.496237       blue
 8222     171.275578    77.094118      green
```

```
9110    164.631065    70.557834       green
```

이 연습에서는 키와 몸무게에서 좋아하는 색상을 예측하는 모델을 탐색하려고 한다. 이 장의 앞부분에서 키의 분포를 봤다. 몸무게는 숫자 범위 사이에 비슷한 정도의 불균형을 갖고 있다.

```
pd.cut(humcol.Weight, 5).value_counts().sort_index()
```

```
(44.692, 55.402]      125
(55.402, 66.06]      3708
(66.06, 76.717]     14074
(76.717, 87.375]     6700
(87.375, 98.033]      393
Name: Weight, dtype: int64
```

우리가 규정한 가설에 따르면 키와 몸무게는 좋아하는 색상을 예측할 수 있다. 또한 체질량 지수BMI가 예측적일 수 있다고 가정한다. 이는 키와 몸무게에서 결정적으로 파생되지만 7장에서 설명하는 다항식 특징 도출에 따라 파생되는 것은 아니다. 특히 BMI 공식은 다음과 같다.

$$BMI = \frac{kg}{m^2}$$

여러분의 과제는 합성 샘플로 새로운 데이터 세트를 만드는 것이다. 여기에서 키, 몸무게, BMI가 각각 상대적으로 동일한 수의 관측치로 표현된다. 이를 위해 키, 몸무게, BMI가 각각 비공식적으로 호출하는 5개의 클래스로 나눠져 있다고 가정한다. 예를 들면 '매우 작음', '작음', '평균', '큼', '매우 큼' 또는 다른 특징에 대한 유사한 이름으로 가정한다.

이 문제에 접근하는 간단한 방법은 단순히 기존 행을 양자화된 클래스의 표현을 늘리는 방식으로 복제하는 것이다. 먼저 그러한 접근법을 시도해볼 수 있다. 그러나 키, 몸무게 또는 BMI 클래스를 대표하는 새로운 합성 샘플을 생성하는 SMOTE, ADASYN 또는 ROSE와 같은 기술도 사용해야 한다. 이러한 합성 샘플을 생성할 때 적절하게 선호하는 색상을 할당해야 한다(이는 단순히 행을 복제하는 경우 간단하지만 여러 가지 다른 균형 요구 사항에 따라 새로운 합성 행을 만들 때 더 미묘해진다).

클래스 불균형이 100:1 정도라고 가정하면 특징당 5개의 클래스만 균형을 이루고 특징당 밸런싱 작업을 수행하면 데이터 세트 크기가 약 4배 증가한다. 데이터 세트를 원래 크기의 약 4×4×4 또는 64배 크기로 생성하고자 이러한 곱셈을 연결할 필요가 있는지 생각해보자. 특징별로 독립적으로 밸런싱하는 방법에 도달할 수 있어야 하며, 따라서 확장을 원래 크기의 약 4+4+4 또는 12배로 제한할 수 있어야 한다.

300,000행까지의 오버샘플링은 지나치게 다루기 어려운 일이 아니다. 그러나 25,000개 이상의 관측치로 시작했다면 곱셈은 그렇게 될 수 있다. 초기 오버샘플링이 실제로 약 300,000행의 데이터 순서에 따라 실제로 무엇인가를 생성한다고 가정하면 대략적인 클래스 균형을 유지하는 방식으로 이러한 300k 대부분의 합성 샘플을 100,000개까지 언더샘플링한다(여기에서는 정확한 균형이 필요하지 않다. 클래스당 행수의 차이 25% 미만을 목표로 한다).

이 연습의 마지막 요소로, 가능하다면 키, 몸무게, BMI, 선호하는 색상 대상 간의 관계에 대한 실제 모델을 만들어보자. 특정한 모델링이나 머신러닝 기술은 이 책의 범위를 벗어나지만 종종 이 책이 목적에 도움이 되기를 바란다.

- 모델이 얼마나 좋은 예측을 하는가?
- 모델은 어떤 예측을 하는가? 어떤 사람들이 어떤 색을 선호하며 얼마나 강하게 선호하는가?
- 어떤 특징이 가장 강력한 예측을 하는가?

힌트로서 선호하는 색상 할당에 비교적 강한 패턴이 포함돼 있을 것이다. 선호하는 색상에 대한 실제 조사 데이터가 있다면 예상할 수 있듯이 거기에는 많은 노이즈와 무작위성이 있다. 그러나 물리적 측정과 이러한 선호 사이에는 실제로 존재하지 않는 패턴도 있다.

대단원

> 여러분에게 묻는 질문에 절대로 대답하지 말라. 여러분에게 물어 봐줬으면 하는 질문에 대답하라.
>
> – 로버트 맥나마라Robert McNamara

이 장에서 다룬 주제: 중심 경향, 상관 경향, 트렌드 보정, 지역성, 언더샘플링, 오버샘플링

이 장에서 관련은 있지만 약간 다른 두 가지 주요 개념을 살펴봤다. 한편 데이터가 누락된 경우 개별 값을 보정하는 것이 유용한 경우가 많다. 이렇게 하면 데이터를 가져온 기본 도메인에 대해 알고 있는 데이터나 사실에 다양한 패턴을 사용할 수 있다. 때때로 주어진 변수에 대한 전형적인 것을 기반으로 값을 보정하고, 때로는 매개변수 공간의 특정 영역에 대한 특징성을 조정한다. 때로는 어떤 방식으로든 시퀀스를 수행하고 이러한 트렌드를 기반으로 보정할 수 있는 데이터의 트렌드를 발견한다.

두 번째 측면에서는 샘플링에서도 일종의 보정이 발생한다. 오버샘플링의 경우 단순히 기존 샘플을 반복하거나 집계 기술을 사용해 일반적이지 않은 클래스의 전형적인 것을 추정함으로써 완전히 새로운 합성 샘플로 간단하게 보정한다. 그러나 언더샘플링의 경우에도 일종의 보정이 진행되고 있다. 데이터 세트를 언더샘플링해도 개별 값은 변경되지 않지만 나머지 데이터의 분포는 절대적으로 변경된다. 즉,

결국 전체적인 요점은 원래 데이터 세트가 따르지 않는 범주형 또는 범위 변수 내에서 상대적 균형을 만들고자 한다.

데이터 과학 및 데이터 분석의 경우 항상 원시 형식으로 제공되는 조잡한 자료를 가져와 모델링 및 분석 목적에 적합한 형식을 제공해야 하는 것이 부담이다.

7장에서는 피처 엔지니어링과 새로운 합성 특징을 생성하는 방법을 살펴본다.

07

피처 엔지니어링

> 사람들은 데이터를 갖고 데이터 과학자인 나를 찾아온다. 그러면 내 직업은 데이터 문제 처리 담당자가 되고 데이터 고충 카운셀러가 된다.
>
> – 익명

6장에서는 결측값 채우기를 살펴봤다. 5장에서는 특정 숫자나 범주형 패턴에 적합하게 인위적으로 값을 조정하는 정규화 및 스케일링을 다뤘다. 이 두 가지 주제는 모두 이 장의 주제에 가깝지만 여기서는 원시 데이터 세트를 기반으로 하는 합성 특징 생성에 더 직접적으로 초점을 맞춘다. 보정은 결측값이 무엇인지 합리적으로 추정하는 문제인 반면 피처 엔지니어링은 데이터의 표현 형식을 변경하는 것이지만 결정적이고 종종 정보를 보존하는 방식(예, 가역적)으로 변경하는 것이다. 합성 특징의 간단한 예는 6장의 BMI^{Body Mass Index}(체질량 지수)의 구성이다.

데이터를 변환하는 방법에는 여러 가지가 있다. 간단한 경우 datetime의 숫자나 문자열 표현을 네이티브 표현으로 변환해 많은 작업을 더 쉽게 만들 수 있다. 문자열의 경우 표준 표현을 생성하거나 범주(요인factor라고도 함)로 취급할 수 있다. 더욱이 단일 문자열은 종종 개별 변수로 더 유용하게 취급되는 여러 가지 의미가 있지만 독립적인 정보를 포함할 수 있다. 숫자 값의 경우 때때로 이를 고유한 범위로 변환하고 서수 값으로 변환하면 매우 많은 정밀도로 인해 흐릿한 패턴을 드러내는 데 도움이 될 수 있다. 물론 양자화quantization는 가역적 변환에 속하지 않는다. 그러나 반복성을 위해 데이터 버전 관리와 스크립팅 변환을 계속 권장한다.

개별 특징의 표현에서 데이터 타입 변경이 중요하지만 때로는 데이터 세트의 매개변수 공간과 차원을 사용해 좀 더 체계적인 작업을 수행하고자 한다. 원핫 인코딩One-hot encoding은 단일 범주형 특징을 여러 숫자 필드로 바꾸는 간단한 변환이다. 이는 종종 특정 통계나 모델링 기술에서 필요하다. 다항식 특징은 여러 원시 특징을 결합해 일변량 특징에서 볼 수 없는 의미 있는 상호작용을 종종 나타낼 수 있는 방식으로, 합성 특성이다.

완전히 체계적인 변환은 분해로 수행된다. **주성분 분석**PCA, Principal Component Analysis 및 기타 기술은 정보 보존 방식으로 전체 매개변수 공간을 변환한다. 그 자체로 그러한 변환은 정보를 얻지도 않고 잃지도 않지만 종종 이렇게 변환된 차원의 서브세트에서만 정보의 대부분을 수집할 수 있는 차원 축소와 결합된다. 목적에 따라 이러한 변환은 모델을 더 다루기 쉽고 품질이 좋게 만들 수 있다.

***

먼저 표준 설정 코드를 실행해보자.

```
from src.setup import *
%load_ext rpy2.ipython
```

```
%%R
library(tidyverse)
```

7장은 scikit-learn의 기능을 다른 장보다 광범위하게 사용한다. 여기에서 scikit-learn을 사용해 설명하는 모든 것은 다른 방법으로도 수행할 수 있다. scikit-learn은 머신러닝 모델용 데이터를 준비할 때 피처 엔지니어링에 필요한 많은 도구를 갖추고 있다. scikit-learn에서 제공하는 API는 일관되고 잘 설계돼 있으므로 일반적으로 칭찬받을 만한 가치가 있지만 기본 개념을 설명하는 것이 7장의 목표다.

날짜/시간 필드

> 시간은 아이들이 아름답게 노는 게임이다.
>
> – 헤라클레이토스Heraclitus

개념:

- 타임스탬프 구성 요소 결합
- 데이터 프레임의 날짜/시간 연산
- 시간 델타
- 중복된 타임스탬프(선택과 평균화)
- 리샘플링과 그룹화
- 누락된 타임스탬프에서 보간

당장 사용할 수 없는 날짜 인코딩의 예로, 책의 다른 부분에서 설명한 온도 판독값으로 돌아가자. 다른 목적을 위해 함수 내에서 소량의 데이터 정리를 수행하는 `read_glarp()` 함수를 제공했다. 이 절에서는 원시 데이터로 유사한 작업을 수행한다.

온도 데이터는 여러 파일로 구성되며 각 파일에는 보통 3분마다 판독하는 각각 다른 자동 온도계에 대한 측정값이 포함돼 있다. 그중 하나를 살펴보면 내용이 다음과 같이 배열돼 있음을 알 수 있다.

```
%%bash
zcat data/glarp/outside.gz | head -5
```

```
2003 07 25 16 04 27.500000
2003 07 25 16 07 27.300000
2003 07 25 16 10 27.300000
2003 07 25 16 13 27.400000
2003 07 25 16 16 27.800000
```

이러한 파일에는 헤더가 없지만 여러 열은 2003년과 2004년의 날짜로, 직관적으로 파싱할 내용에 해당된다. 이 파일의 특정 형식을 공백으로 구분하거나 고정 너비로 읽을 수 있다. 여기서는 판다스를 이용해서 공백으로 구분된 파일로 읽는다.

```
temps = pd.read_csv('data/glarp/outside.gz',
                    sep=' ', header=None,
                    names=['year', 'month', 'day',
                           'hour', 'minute', 'degrees'])
temps.head(5)
```

```
   Year  month   day   hour  minute degrees
0  2003      7    25     16       4    27.5
1  2003      7    25     16       7    27.3
2  2003      7    25     16      10    27.3
3  2003      7    25     16      13    27.4
4  2003      7    25     16      16    27.8
```

이 외부 온도 데이터 세트의 특정 문제나 이슈는 사소하다. 그러나 그중 많은 것이 남아 있어 일반적으로 시계열 데이터로 작업하는 데 필요한 가장 일반적인 많은 기술을 사용할 수 있다. 이 절의 예제는 모두 판다스를 활용하지만 다른 데이터 프레임 라이브러리는 어떤 언어로든 일반적으로 유사한 기능을 갖고 있다.

날짜 시간 만들기

원하는 모든 정보는 데이터 프레임에서 사용할 수 있지만 좀 더 유용하게 만들어 보자. 많은 판다스 작업은 특히 DateTime 인덱스를 이용하는 데 편리하므로, 이를 인덱스로 만든다.

```
ts_fields = ['year', 'month', 'day', 'hour', 'minute']
temps.index = pd.to_datetime(temps[ts_fields])
temps.drop(columns=ts_fields, inplace=True)
temps
```

```
                     degrees
2003-07-25 16:04:00     27.5
2003-07-25 16:07:00     27.3
2003-07-25 16:10:00     27.3
2003-07-25 16:13:00     27.4
...                      ...
2004-07-16 15:19:00     16.9
2004-07-16 15:22:00     16.8
2004-07-16 15:25:00     16.8
2004-07-16 15:28:00     16.4
169513 rows × 1 columns
```

이 데이터는 겉보기에는 시계열 순서로 돼 있는 것 같지만 행이 많고 항상 시계열 순서는 아니다. 일반적으로 그것을 표현하는 그래프 생성을 포함해 많은 종류의 연산을 위해 연대기순으로 데이터를 유지하려고 한다. 단순히 시계열(이 경우 인덱스)을 멱등 연산idempotent operation으로 정렬할 수 있지만 그 전에 목표가 이미 충족됐는지 확인해보자.

```
temps.index.is_monotonic_increasing
```

```
False
```

연속적인 행 사이의 단계 차이(판다스에서 Timedelta로 표현됨)를 살펴봄으로써 이를 조사할 수 있다.

```
increments = temps.index.to_series().diff()
increments[increments < pd.Timedelta(minutes=0)]
```

```
2003-10-26 01:01:00      -1 days +23:03:00
dtype: timedelta64[ns]
```

이 인덱스는 단조롭지 않으며 한 번의 역행 점프가 있다(해당 연도의 실제 일광 절약 시간 조정보다 한 시간 일찍 발생하지만 여전히 관련이 있음). 일부 필드 값으로 정렬된 데이터가 실제 디스크 형식으로 반드시 그렇게 표현되는 것은 아니라는 사실을 되돌아봐야 한다. SQL 데이터베이스와 같은 여러 형식은 강제되지 않는 한 정렬 가정을 무시할 수 있는 모든 종류의 최적화를 수행한다. 자세히 살펴보기 전에 DateTimeIndex로 데이터를 명시적으로 정렬해보자.

```
temps.sort_index(inplace=True)
temps.index.is_monotonic_increasing
```

```
True
```

규칙성 부여

5장의 '연습' 절에서 결정했듯이 일반적인 '3분마다' 패턴에서 예상되는 타임스탬프가 누락돼 있다. 먼저 이러한 간격이 실제로 존재하는지 확인한 다음 이를 수정해 좀 더 규칙적인 시계열을 생성해보자. 여기서 이 작업은 분명히 값 보정과 관련이 있다. 개별 데이터 포인트가 아닌 전체 행을 '발명'한다는 점에서 다르다. 1년도 채 안 되는 기간 동안 3분씩 증가하면 예상되는 관측치가 약 170,000개에 이른다.

```
increments = temps.index.to_series().diff()
gaps = increments[increments > pd.Timedelta(minutes=3)]
gaps
```

```
2003-07-26 19:28:00   0 days 00:06:00
2003-07-27 09:10:00   0 days 00:06:00
2003-07-29 08:28:00   0 days 00:06:00
2003-07-29 11:43:00   0 days 00:06:00
                            ...
2004-07-05 19:55:00   0 days 07:36:00
2004-07-06 09:28:00   0 days 00:06:00
2004-07-06 16:28:00   0 days 00:06:00
2004-07-14 04:04:00   0 days 00:06:00
Length: 160, dtype: timedelta64[ns]
```

그래서 실제로 측정에 약간의 간격이 있지만 그다지 많지는 않다. 천 개의 측정 중 한 개 정도만 3분 이상 간격으로 시간 증분에 인접해 있다. 그러나 대부분의 간격이 단일 측정(예상되는 3분이 아닌 6분)의 손실이지만 일부 장소에서는 더 큰 간격이 존재한다는 것을 알 수 있다. 몇 개의 큰 간격이 있다. 가장 긴 것은 하루 이상이다. 다른 것은 시간이나 분 단위로 측정된다.

```
with show_more_rows():
    print(gaps.sort_values(ascending=False).head(15))
```

```
2003-12-11 03:04:00   1 days 13:48:00
2004-04-28 00:31:00   0 days 13:06:00
2004-07-05 19:55:00   0 days 07:36:00
2003-12-18 09:25:00   0 days 06:33:00
2003-12-06 09:25:00   0 days 06:24:00
2003-12-29 08:46:00   0 days 06:03:00
2003-12-11 14:19:00   0 days 04:42:00
2004-04-04 03:01:00   0 days 01:03:00
2004-06-30 18:13:00   0 days 00:33:00
2003-11-24 08:04:00   0 days 00:30:00
2003-10-11 17:13:00   0 days 00:27:00
2003-12-13 17:10:00   0 days 00:15:00
2004-06-30 03:07:00   0 days 00:12:00
2004-06-22 10:16:00   0 days 00:12:00
2004-07-02 09:22:00   0 days 00:12:00
dtype: timedelta64[ns]
```

일반적인 작은 간격은 다음의 예와 같다. 2003-07-26 19:25:00에 일반적으로 예상되는 관측치가 누락됐다. 이는 결측 데이터지만 일부 센티넬로 명시적으로 표시되지 않고 예측할 수 있는 시퀀스와 관련해서 암시적인 부재로 인해 데이터가 누락됐다.

```
temps.loc['2003-07-26 19:22:00':'2003-07-26 19:28:00']
```

```
                          degrees
-----------------------------------
2003-07-26 19:22:00          27.5
2003-07-26 19:28:00          27.1
```

측정 사이의 간격이 너무 짧은 경우도 찾을 수 있다. 그중 몇 개가 있지만 그 몇 개를 살펴보는 것은 또 다른 문제를 가리킬 것이다.

```
small_steps = increments[increments < pd.Timedelta(minutes=3)]
small_steps.sort_values(ascending=False)
```

```
2003-10-03 12:04:00   0 days 00:02:00
2003-12-24 15:10:00   0 days 00:00:00
2003-10-26 01:01:00   0 days 00:00:00
2003-10-26 01:07:00   0 days 00:00:00
                             ...
2003-10-26 01:52:00   0 days 00:00:00
2003-10-26 01:55:00   0 days 00:00:00
2003-10-26 01:58:00   0 days 00:00:00
2003-10-26 01:31:00   0 days 00:00:00
Length: 22, dtype: timedelta64[ns]
```

타임스탬프에 있는 작은 간격의 수는 22개에 불과하지만 더 구체적으로 하나를 제외한 모든 간격은 실제 제로 타임 델타다. 즉, 중복된 datetime 값을 말한다. 예상되는 3분 간격이 아닌 2분 간격은 이후 지점이 예상된 위치에서 1분 오프셋에 있기 때문에 관측치의 간격을 약간 불규칙하게 만든다.

도메인 판단으로 데이터에 대해 수행하는 어떤 분석이나 모델링에서 1분 차이는 크지 않다고 결정할 것이다. 그러나 이는 우리가 내려야 할 판단이며 모든 데이터 세트에 보편적인 것은 아니다. 특히 다음의 결측값을 기준으로 정규화하면 많은 관측치에 대해 보정된 측정 시간도 이동할 것이다. 데이터의 변화 패턴이 아닌 특정 시간과 관련된 이벤트의 경우 이러한 변화는 용납될 수 없을 것이다.

다음 셀cell은 판다스 API의 멋진 기능을 설명하는 기회이기도 하다. 2분 간격을 둘러싼 데이터 슬라이스를 살펴보겠지만 슬라이스의 끝은 데이터 자체에서 실제로 발생하지 않는 시간이다. 판다스는 연대기순으로 알만큼 충분히 똑똑하며 끝이 존재하지 않더라도 특정 날짜 시간 사이에 있는 모든 인덱스 값을 선택한다. 또한 날짜 시간을 실제 날짜 시간 객체 또는 문자열로 쓸 수 있다(여러 가지 추정된 문자열 형식 중 하나로, 가능한 경우 항상 ISO-8601을 사용하는 것이 최선의 선택이다).

중복된 타임스탬프

여기에서는 시계열 데이터에서 흔하지 않은 또 다른 문제에 직면한다. 데이터에서 소수의 행이 동일한 타임스탬프에 의해 인덱싱된다. 이 데이터 세트에는 170,000개 중 41개의 문제 행만 있으므로 여기에서 거의 모든 접근 방식이 괜찮을 것이다. 많은 경우 추가 열이 명시적 또는 암시적 키의 일부일 수 있다. 예를 들어 다른 위치 온도가 외부 온도와 함께 집계된 경우 깔끔한 데이터 프레임에 위치를 범주형 열로 포함할 수 있다. 이 경우 일반적으로 많은 중복된 타임스탬프가 예상되지만 범주/위치당 하나만 예상된다.

```
# 중복 세트의 일부인 모든 행 표시
# 다른 'keep' 옵션은 일부 또는 모든 중복 항목을 삭제
temps[temps.index.duplicated(keep=False)]
```

```
                                degrees
--------------------------------------
2003-10-26 01:01:00 1.9
2003-10-26 01:01:00 0.9
2003-10-26 01:07:00 1.9
2003-10-26 01:07:00 1.1
                    ...         ...
2003-10-26 01:58:00 0.1
2003-12-24 15:10:00 6.4
2003-12-24 15:10:00 20.9
2003-12-24 15:10:00 6.4
41 rows × 1 columns
```

대부분의 중복은 섭씨 1도 이하의 작은 값 차이를 갖고 있다. 그러나 `2003-12-24 15:10:00`에 특이한 일이 발생했다. 같은 순간에 기록된 세 가지 값이 있는데, 그중 두 개는 6.4°C지만 나머지 하나는 20.9°C다. 12월 콜로라도의 실외 온도에 대한 도메인 지식과 데이터 자체의 패턴은 이 명확한 아웃라이어를 버리게 이끌 것이다. 난방된 내부에서 여러 도구로 기록했기 때문에 20.9 판독 값은 다른 온도계로 측정한 치환일 가능성이 높다.

한 가지 옵션은 판다스의 메서드 `.drop_duplicates()`를 사용하는 것이다. 이는 첫 번째 행을 유지하거나, 마지막 행을 유지하거나, 모호한 모든 행을 삭제할 수 있는 옵션을 제공한다. 이러한 옵션 중에서 결정할 명확한 근거가 없지만 이 경우 중복 항목의 빈도가 상대적으로 낮기 때문에 해로운 것은 없을 것이다. 예를 들면 다음과 같다.

```
no_dups = (temps
           .reset_index() # 명명된 열 중복 제거
           .drop_duplicates(keep='first', subset='index')
           .set_index('index'))

print(f"Length of original DataFrame: {len(temps):,}")
print(f"Length of de-duped DataFrame: {len(no_dups):,}")

# 현재 datetime 인덱스가 고유한지 확인
no_dups.index.is_unique
```

```
Length of original DataFrame: 169,513
Length of de-duped DataFrame: 169,492
True
```

중복된 타임스탬프의 중복 제거에 대한 또 다른 접근 방식은 집계 공통 값을 그룹화하는 것이다. 예를 들어 어떤 측정값이 선호되는지 확실하지 않은 경우 여러 값의 평균을 취할 수 있다. 이는 특정 데이터와 관련이 없으며 중복 항목 사이에 명백한 아웃라이어가 있는 경우에는 잘못됐을 수 있다. 하지만 어쨌든 API를 살펴보자.

```
mean_dups = temps.groupby(temps.index).mean()

print(f"Length of mean-by-duplicate: {len(mean_dups):,}")
mean_dups.index.is_unique
```

```
Length of mean-by-duplicate: 169,492
True
```

타임스탬프 추가

앞서 언급했듯이 시계열 데이터에는 간격이 있다. 대부분은 예상되는 3분 스케줄에 대한 단일 결측값이지만 한 개는 하루를 넘기고, 몇 개는 여러 시간이다. 또한 하나의 간격이 3분이 아니라 2분이라는 문제를 지적했다. 이를 알고 있지만 현재 데이터 세트에 대해 중요한 것으로 취급하지 않을 것이다.

더 많은 datetime 행을 추가하는 일반적인 방법은 데이터를 원하는 빈도로 다시 샘플링하는 것이다. 예를 들어 월별 온도만 원하지만 평균적으로 다음과 같은 작업을 수행할 수 있다.

```
# 판다스 문서를 참조하고 M=월과 m=분을 혼동하기 쉽다.
no_dups.resample('1M').mean()
```

```
     index        degrees
----------------------------
2003-07-31     21.508462
2003-08-31     20.945075
2003-09-30     14.179293
2003-10-31     12.544181
       ...           ...
```

```
2004-04-30       7.708277
2004-05-31      14.357831
2004-06-30      15.420425
2004-07-31      20.527493
13 rows × 1 columns
```

직관적으로 이러한 낮은 빈도 리샘플링은 그룹화와 매우 유사하다. .groupby()를 사용해 동일한 효과를 얻을 수 있다. 여기서 알파벳순이 아닌 시간순으로 월을 원한다는 점에서 다소 까다로운 코드를 사용한다. 이를 얻는 한 가지 방법은 그룹에 번호를 포함시킨 후 삭제하는 것이다.

```
# 월 번호와 이름을 모두 그룹화
by_month = no_dups.groupby(
  [no_dups.index.month, no_dups.index.month_name()])
# 한 달 동안의 평균 기온
by_month = by_month.mean()
# 이제 결과가 정렬됐으니 월 번호를 버린다.
by_month = by_month.droplevel(0)
# 인덱스 이름 지정
by_month.index.name = 'month_name'
by_month
```

```
month_name      degrees
------------------------
   January     0.433968
  February    -0.209109
     March     7.848025
     April     7.708277
       ...          ...
 September    14.179293
   October    12.544181
  November     2.332037
```

```
    December     0.667080
12 rows × 1 columns
```

평균이 실제 연대기순이 아닌 이름이 지정된 월에 걸쳐 있다는 점에서 약간 다른 작업을 수행했다. 이 예에서는 데이터 범위가 거의 정확히 1년에 걸쳐 있기 때문에 거의 차이가 없다. 그러나 여기에서도 2003년 7월의 일부 수치와 2004년 7월의 일부 수치 평균을 구했다. 이것이 중요하다면 이를 방지하고자 그룹화에 연도를 포함할 수 있다. 물론 일 년 동안의 전형적인 기온을 찾고 있다면 이는 사실 다년 데이터에 대한 목표에 더 가까울 수 있다.

출발점은 다르지만 9월과 10월은 기술들 사이에 동일한 수단을 보여준다(7월만 조금 다를 것이다). 그러나 월별 데이터로 다운샘플링하는 것은 실제로 선언한 작업이 아니다. 오히려 누락된 3분 증분을 채우고자 약간 업샘플링하고자 한다. 이는 아주 쉽다. 3분 간격으로 변환하기 전에 169,513개의 관측치로 시작했음을 기억하자.

```
filled_temps = no_dups.asfreq('3T')
filled_temps
```

```
                Index        degrees
---------------------------------
2003-07-25 16:04:00         27.5
2003-07-25 16:07:00         27.3
2003-07-25 16:10:00         27.3
2003-07-25 16:13:00         27.4
...                          ...
2004-07-16 15:19:00         16.9
2004-07-16 15:22:00         16.8
2004-07-16 15:25:00         16.8
2004-07-16 15:28:00         16.4
171349 rows × 1 columns
```

.asfreq() 메서드에는 역방향 채우기 또는 순방향 채우기에 대한 선택적 인수argument가 있다. 이것를 사용하지 않았으므로 이제 데이터에 일정 수의 결측값(NaN으로 표시됨)이 포함된다. 6장에서는 결측 데이터의 값을 추정하는 데 사용할 수 있는 채우기 및 보간 전략을 설명한다.

몇 개의 결측값이 있는지 확인할 수 있다.

```
sum(filled_temps.degrees.isnull())
```

```
1858
```

누락된 타임스탬프 하나를 추가하는 공간의 경우 모든 종류의 채우기나 보간으로 충분할 것이다. 그러나 여러 시간 또는 심지어 하루에 걸친 작은 수의 큰 간격을 가진 경우 선형 보간은 누락된 간격에 대해 거의 확실하게 제대로 동작하지 않는다.

2분 단위로 증분하는 타임스탬프 오프셋의 다소 이상한 변화를 기억하는가? 시계열이 끝날 무렵 다른 간격 중 하나 이상이 시간당 분을 바로 잡았지만 중간 리샘플링된 측정 중 일부는 엄격한 측정 시간으로부터 변경됐다. 여기에서 한 가지 옵션은 1분 빈도로 꽤 많이 업샘플링하고, 이를 좀 더 정교한 보간 기술과 결합하는 것이다. 판다스는 대부분 SciPy가 설치된 경우 nearest, zero, slinear, quadratic, cubic, spline, barycentric, polynomial, krogh, piecewise_polynomial, pchip, akima, from_derivatives와 같은 풍부한 보간 모음을 제공한다.

이러한 고차 보간법 중 하나는 몇 시간 간격에서는 매우 정확하게 수행될 가능성이 있지만 하루 길이 간격에서는 분명히 잘 수행되지 않는다. 1분 빈도로 업샘플링한 후 스플라인 보간법spline interpolation을 사용해 누락된 타임스탬프를 채우자.

```
one_minute_temps = no_dups.asfreq('1T')
one_minute_temps.index.name = 'Timestamp'
```

```
one_minute_temps
```

Timestamp	degrees
2003-07-25 16:04:00	27.5
2003-07-25 16:05:00	NaN
2003-07-25 16:06:00	NaN
2003-07-25 16:07:00	27.3
...	...
2004-07-16 15:25:00	16.8
2004-07-16 15:26:00	NaN
2004-07-16 15:27:00	NaN
2004-07-16 15:28:00	16.4

514045 rows × 1 columns

이 높은 샘플링 빈도는 첫 번째 패스에서 많은 행과 많은 NaN을 생성한다.

```
one_minute_temps.interpolate(method='spline', order=3,
                             inplace=True)
one_minute_temps.head()
```

Timestamp	degrees
2003-07-25 16:04:00	27.500000
2003-07-25 16:05:00	27.082346
2003-07-25 16:06:00	27.079049
2003-07-25 16:07:00	27.300000
2003-07-25 16:08:00	27.072395

여기에서는 모든 값이 일부 보정된 값으로 채워져 있지만 2003-12-11에서 누락된 하루 반 정도의 영역을 살펴보는 것은 특히 흥미롭다.

```
(one_minute_temps
   .loc['2003-12-07':'2003-12-12', 'degrees']
   .plot(title="Spline interpolation of missing temps",
         figsize=(12,3)));
```

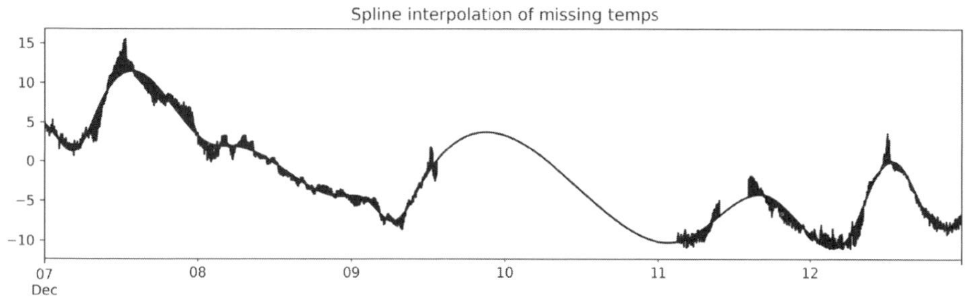

그림 7.1: 누락된 온도의 스플라인 보간

훨씬 더 복잡한 원시 데이터와 비교해 매끄러운 트렌드가 보간/보정된 위치임을 쉽게 알 수 있다('원시' 데이터의 2/3가 실제로 보정되지만 매우 국지적으로 보정된다). 2003-12-11에 대한 긴 간격은 정확하지 않을 수 있지만 신뢰할 수 없는 것은 아니며 전체 데이터 세트의 모델에 지나치게 영향을 줘서는 안 된다. 긴 간격 이후 몇 시간 동안 더 작은 몇 시간 간격이 있다. 이는 결측 데이터가 있을 수 있는 것과 분명히 비교적 가깝다.

최고의 보간 기술을 선택하는 것은 예술이다. 시계열 데이터에서 예상되는 주기(있는 경우)에 따라 크게 달라진다. 실제로 데이터의 순서가 시계열인지 아니면 다른 유형의 시퀀스인지에 따라 다르다. 5장에서 데이터의 디트렌딩에 대한 설명은 관련이 있다. 특정 행동에 대한 기대를 이끌어내는 도메인 지식이 없는 경우 누락된 포인트에 대한 단순한 선형 보간은 잠재적인 피해를 제한하지만 반드시 큰 이점을 얻는 것은 아니다. 데이터가 시계열 데이터인 경우 시간에 민감한 회귀 분석을 사용하는 것이 좋다. 6장을 참고하자. 그러나 더 복잡하지만 규칙적인 간격 패턴이 예상되는 경우 스플라인, 다항식 또는 구간별 다항식과 같은 보간 기술을 사용하면 더 나은 값 보정을 제공할 가능성이 있다.

숫자나 날짜 시간이 나타나기를 바라는 곳에서 문자열 안에 인코딩된 데이터를 살펴보자.

문자열 필드

> 언어는 죄악에서 잉태되고 과학은 그것의 구원이다.
>
> – 윌러드 반 오먼 콰인Willard Van Orman Quine

개념:

- 텍스트의 수치적 추상화
- 임베디드된 번호의 식별
- 문자열 거리 측정
- 음성 정규화
- 범주형과 작은 고윳값 개수
- 일반적이지 않은 값과 요인 레벨
- 비아토믹non-atomic 필드를 다양한 데이터 타입으로 파싱

문자열 필드에 포함된 데이터는 다양한 의미를 가질 수 있다. 최악의 경우 단어는 복잡하고 미묘하며 논리적으로 연결된 의미를 표현할 수 있다. 그러나 데이터 과학은 책, 기사 또는 짧은 자유 형식 주석에는 관심이 없다. 범주형, 숫자형, 서수형, 날짜/시간 데이터만 좋아한다.

물론 자연어 처리NLP, Natural Language Processing는 데이터 과학, 데이터 분석, 머신러닝에서 진정성 있고 중요한 영역이다. 그것이 이 책의 광범위한 특정 주제가 될 수 없지만

일반적인 요점은 될 수 있다. 데이터가 되려면 산문 텍스트를 변환해야 한다.

단어 수는 숫자다. N-gram 빈도(단위로 간주되는 단어 또는 문자 시퀀스)는 매개변수 공간의 차원이 될 수 있다. 텍스트의 은닉 마르코프 모델Hidden Markov Model에서 상태 전환의 변환 확률은 단순히 벡터다. 큰 어휘는 더 작은 벡터 공간에 합성 차원으로 포함될 수 있다. 기존 감정 분석 모델을 사용해 문장이나 산문 텍스트에서 다른 세그먼트의 숫자 특징을 생성할 수 있을 것이다.

NLP에 사용할 수 있는 몇 가지 인코딩을 간략히 설명하기 전에 텍스트에 대한 더 간단한 사용을 살펴보자. 많은 문자열 필드는 데이터에 매우 가깝다. 예를 들어 정수나 부동소수점 숫자가 문자열로 표시될 수 있다. 숫자를 나타내고자 명확하게 의도됐지만 외관상의 문제가 있는 문자열 데이터를 발견하는 것은 매우 일반적이다.

1장에 표시된 것과 유사한 매우 작은 테이블 형식 데이터 세트를 읽어보자.

```
df = pd.read_fwf('data/parts2.fwf')
df
```

	Part_No	Description	Maker	Price
0	12345	Wankle rotary engine	Acme Corporation	$ 555.55
1	No.678	Sousaphone	Marching Inc.	$ 333.33
2	2468	Feather Duster	Sweeps Bros	$ 22.22
3	#9922	Area 51 metal fragment	No Such Agency	$9999.99

`Part_No` 및 `Price` 특징 아래에서 각각 정수와 부동소수점 숫자를 나타내는 의도를 명확하게 볼 수 있다. 판다스 라이브러리로 이러한 유형의 자동 인식을 무력화시킨 두 열의 문자열에 약간의 추가 텍스트가 있다. 개별 열을 정리한 후 다시 원하는 타입으로 변환할 수 있다. 정리하는 동안 판다스(또는 다른 라이브러리)가 기본적으로 추론하는 것보다 약간 더 좁은 제한을 적용할 수 있다. 목적을 위해 부품 번호는 항상 양수이고 216보다 크지 않다고 가정한다. 즉, 부호 없는 16비트 정수다.

```
# 숫자가 아닌 모든 항목을 제거하는 정규 표현식
df['Part_No'] = (df.Part_No
                 .str.replace(r'[^0-9]', '')
                 .astype(np.uint16))

# 문자열의 시작 부분에서 공백이나 $를 제거
df['Price'] = (df.Price
               .str.lstrip("$ ")
               .astype(float))
df.dtypes
```

```
Part_No        uint16
Description    object
Maker          object
Price         float64
dtype: object
```

```
df
```

```
    Part_No            Description              Maker      Price
-----------------------------------------------------------------------
0     12345   Wankle rotary engine   Acme Corporation     555.55
1       678             Sousaphone      Marching Inc.     333.33
2      2468         Feather Duster        Sweeps Bros      22.22
3      9922  Area 51 metal fragment    No Such Agency    9999.99
```

숫자로 변환할 수 있게 문자열을 정리하는 것은 세부 사항에서 까다로울 수 있지만 개념상 각 특징이 '출시하려는' 숫자로만 구성돼 있다고 가정할 때 약간의 시선과 시행착오에 지나지 않는다. 다음 절에서는 문자열에 동등성을 부여하고 문자열을 범주형으로 처리하고 문자열 필드를 암시적 하위 필드(아마도 각각의 타입)로 분할해 이보다 더 많은 작업을 수행하는 방법을 살펴볼 것이다.

숫자로의 변환이 적절하다고 판단되면 어떤 종류의 숫자인지 염두에 두는 것이 좋다. NOIR에 대한 용어집 항목은 명목형, 순서형, 간격, 비율 변수에 대한 설명을 제공한다. 물론 이러한 고려 사항은 기본 데이터 형식이 이미 숫자인 경우에도 가치가 있다. 앞의 예에서 규정에 따라 Part_No:100이 Part_No:200보다 이전에 카탈로그에 추가됐음을 알 수 있지만 이를 구분하는 기간은 알 수 없다. Part_No:99는 Part_No:100이 Part_No:200에서 나온 것보다 Part_No:100에서 더 많은 (음의) 간격이 더 많이 추가됐을 수 있다. 이 시나리오에서 변수는 서수다. 특히 Part_No:100 + Part_No:200이 Part_No:300과 특정 관계가 있을 것으로 예상하지 않는다(아무 의미도 없음). 물론 숫자는 카탈로그 엔트리와 관련해 단순히 무작위일 수 있으며 문자열로 남겨두는 것이 가장 좋다.

Part_No와 달리 Price 항목은 그들 사이에 비율 관계가 있다고 가정한다. Price:250인 항목은 Price:500인 항목의 절반이다. 구매자가 Price:250과 Price:500을 주문하면 일반적으로 $750가 청구된다. 물론 구매자가 원하지 않는 Price:750인 품목으로 직접 대체할 수 있다는 것을 의미하는 것은 아니다.

퍼지 매칭

때로는 명목/범주형 값을 나타내는 짧은 문자열 필드가 있다. 그러나 데이터 수집의 변화로 인해 동일한 명목 값을 포함하도록 관측치에 다른 문자열이 입력될 수 있다. 문자열의 문자가 잘못될 수 있는 방법에는 여러 가지가 있다. 매우 일반적인 문제는 비정규 대문자와 허위 간격이다. 명목으로 의도된 특징의 경우 단순히 원시 문자열을 소문자나 대문자로 처리하고 모든 공백(특정 기댓값에 따라 패딩 또는 내부에서)을 제거하는 것이 종종 좋은 정책인 경우가 많다.

공백과 대소문자의 간단한 정규화는 의도된 많은 동등성을 드러내지만 유사한 문자열 사이의 편집 거리를 살펴볼 수도 있다. 4장의 '연습' 절을 통해 이러한 가능성을 확인했다. 간단한 오타와 철자 오류는 종종 문자열 쌍 사이의 짧은 레벤슈타인 거리로 포착된다. 이런 종류의 비교에는 두 가지 문제가 있다. 다메라우-레벤슈타인

Damerau-Levenshtein, 해밍Hamming, 자로-윙클러Jaro-Winkler, 레벤슈타인과 마찬가지로 다른 편집 거리 측정에도 동일한 문제가 적용된다. 한 가지 문제는 거리가 전이적이지 않다는 것이다. A와 B 사이의 편집 거리가 5이고 B와 C 사이의 편집 거리가 5면 A와 C 사이의 거리는 0에서 10까지가 될 수 있다. 6이 '충분히 근접한 동등성'에 대한 임곗값인 경우 B를 'A형'으로 간주해야 할지 'C형으로 간주해야 할지 아니면 둘 다로 간주해야 할지 둘 다 아닌 것으로 간주해야 할지 명확하지 않을 수 있다.

편집 거리를 사용할 때 더 큰 문제는 2차 복잡성이 있다는 것이다. 즉, 비전이성non-transitivity이 의미하는 것처럼 모든 유사성을 찾는 유일한 방법은 모든 값 쌍을 각각의 쌍 편집 거리와 비교하는 것이다. 예를 들어 공통 접두어 모음을 식별하는 경우 몇 가지 지름길이 있을 수 있지만 일반적으로 이러한 복잡성을 받아 들여야 한다. 다음의 작은 예에서는 금지되지 않지만 큰 데이터 세트의 경우 금지된다.

종종 유용한 또 다른 접근 방식은 음성 정규화phonetic canonicalization다. 오류 가능성이 높은 음성 인식 시스템의 보급이 증가함에 따라 추가 기회가 있을 수 있지만 이 접근 방식은 다양한 방식으로 음역할 수 있는 이름에 유용하다. 대부분의 경우 음성 인식 소프트웨어는 단어를 다소 비슷하게 듣는 것으로 잘못 식별한다. 이 접근 방식은 오타 클래스도 포착할 수 있지만 일관성이 떨어진다. 'GNU'와 'GUN' 문자열은 하나가 바뀌었지만 예를 들어 발음은 크게 다르다.

다소 오래된(1918년) 음성 정규화 접근 방식은 Soundex라고 하며, 유사한 소리 모음을 공통 기호로 대체해 동작한다. 예를 들어 'b', 'f', 'p', 'v'는 모두 동일한 방식으로 인코딩된다. 그 시스템을 기반으로 1990년 Metaphone이 구축됐다.

Metaphone은 일반적으로 개별 문자 소리의 추가가 아닌 특정 소리를 가진 문자 클러스터를 보거나 다른 인접한 문자의 컨텍스트에서 특정 문자를 삭제하는 것과 같은 좀 더 복잡한 규칙을 허용한다. 이러한 기술은 주로 자음에 의존하며 모음은 종종 인코딩에서 삭제된다.

Double Metaphone은 Metaphone보다 더 나아가 슬라브어, 게르만어, 켈트어, 그리스어, 프랑스어, 이탈리아어, 스페인어, 중국어, 기타 기원에서 단어를 차용한 영어의 더 많은 불규칙성을 설명하려고 한다. 이는 비교적 복잡한 규칙 세트를 제공한다. 예를 들어 문자 C를 사용하고자 약 100개의 서로 다른 컨텍스트를 테스트한다. 그러나 알고리듬은 모든 데이터 세트 크기에 대해 선형을 유지하며 일반적으로 개별 단어를 코딩할 때 순차적이다. 이 기술의 이름에서 'double'은 기본 정규화와 여러 번 대체 규칙을 사용하는 보조 정규화를 모두 생성한다는 사실에서 비롯된다. 이를 통해 좀 더 유연한 동등성 비교가 가능하다. 예를 들어 A의 보조 인코딩은 적어도 유사성에 대한 힌트인 B의 기본 인코딩과 일치할 수 있다.

구체적인 예를 들어 살펴보자. 다양한 언어에서 왔지만 동일한 사람이나 동일한 패밀리, 모듈로 트랜스크립션modulo transcription 차이를 나타낼 수 있는 유사한 여러 패밀리 네임을 가진 데이터 세트를 갖고 있다. 이 예에서 이름은 표시 목적에 따라 '유사성 그룹'으로 레이블이 지정되지만 실제 데이터에서는 이와 유사한 것이 없을 가능성이 높다. 일반적인 데이터 세트처럼 보이게 하고자 숫자가 있는 추가 열도 포함된다. 같은 이름일 수 있는 이러한 다른 철자를 통합할 수 있는지 여부에 관계없이 이름은 유한하게 많기 때문에 명목형 변수를 형성한다.

```
names = pd.read_csv('data/names.csv', index_col='Group')
names.head(8)
```

```
Group      Last_Name        Other_Data
--------------------------------------
1        Levenshtein             103
1       Levenschtein             158
1         Levenstein             110
2            Hagelin             136
2             Haslam             105
2           Haugland             190
2           Heislen              181
2             Heslin             106
```

파이썬 Metaphone 패키지를 사용하는 경우 모든 입력 문자열에 대해 기본/보조 인코딩 쌍을 생성하는 `doublemetaphone()` 함수를 사용할 수 있다(보조는 공백일 수 있음).

동일한 패키지의 `metaphone()` 함수 또는 대부분의 다른 정규화 라이브러리는 입력 문자열을 나타내는 단일 문자열을 생성한다. 라이브러리 Fuzzy는 더 빠른 구현이지만 ASCII 입력으로 제한돼 일부 테스트 이름에서 악센트 부호가 있는 문자와 함께 동작하지 않는다. 이러한 정규화를 데이터 프레임에 추가한다.

```
from metaphone import doublemetaphone

metas = zip(*names.Last_Name.map(doublemetaphone))
names['meta1'], names['meta2'] = metas
```

동일한 이름에 대한 여러 철자 변형이 포함된 유사성 그룹 6을 살펴보자.

```
with show_more_rows():
  print(names.loc[6])
```

Group	Last_Name	Other_Data	meta1	meta2
6	Jeong	191	JNK	ANK
6	Jong	157	JNK	ANK
6	Chŏng	100	XNK	
6	Chung	123	XNK	
6	Jung	118	JNK	ANK
6	Joung	168	JNK	ANK
6	Chong	101	XNK	
6	Cheong	133	XNK	
6	Choung	104	XNK	

한글 '정', IPA International Phonetic Alphabet(국제 음성 기호) '/dʒʌŋ/'라는 매우 일반적인 한국 패밀리 네임은 다양한 스타일 가이드에 따라, 그리고 역사적으로 다른 시기에 다양한

방식을 통해 영어로 음역됐다. 나열된 항목 중 하나가 나타날 수 있지만 모두 동일한 기본 이름을 참조하거나 한국어 이름을 참조하는 경우 해당 이름을 참조한다. 복잡해진다. 한국에서 'Jeong'은 현재 표준어다. 북한에서는 'Jong'이 현재 공식 음역이다.

복잡한 예로 미국의 페미니스트 소설가 Erica Jong은 러시아/폴란드-유태인 조상이므로 그녀의 패밀리 네임이 Yiddish 출신일 것으로 예상할 수 있다. 알고 보니 이 패밀리 네임은 사실 그녀의 두 번째 남편인 중국계 미국인 정신과 의사의 것임이 밝혀졌다. 중국 이름은 한국 이름과 관련이 멀지만 단순하게 확실히 다른 트랜스크립션은 아니다. 마찬가지로 스위스 정신 분석가 Carl Gustav Jung의 독일 이름은 한국 이름과 관련이 없다.

'/jʊŋ/'로 발음되는 독일어 이름(즉, 'J'는 독일어, 이디시어, 스웨덴어, 노르웨이어, 네덜란드어 등의 영어 'Y'와 유사하게 발음됨)을 포함해 이들 중 일부에 대한 정규화 'ANK'를 알 수 있다.

보조 인코딩을 살펴보더라도 이 기술로 통일하지 못하는 이름 철자가 남아 있다. 이니셜 'J'와 이니셜 'Ch'는 단순히 다른 표현으로 주어진다. 그러나 우리는 대체 철자 중 많은 것을 정규 표현으로 줄였다. 다른 예를 살펴보자. 전 리비아 지도자인 무아마르 카다피Muammar Gaddafi는 영어 언론에 의해 매우 다양한 방식으로 표기된 이름을 갖고 있어서 철자 변형이 유머러스해져 버렸다. 아랍어로는 'قَذَّافِي'지만 IPA에서는 '/gə'dɑfi/' 또는 '//gə'dæfi/'였다. Double Metaphone 기술은 여기서 거의 모든 변형을 기본 또는 보조 정규화로 식별하는 데 매우 효과적이다. 이를 공통 명목값으로 취급하는 것이 목적에 합리적일 수 있다('KTTF'로 인코딩된 소수는 이러한 방식으로 통일되지 않으며 'KSF'/'KTSF'로도 통일되지 않지만 다른 모든 값은 통일될 수 있다). 이는 'Jeong'(또는 일부 변형 철자)이라는 이름의 개인들 여럿보다 더 나은 예일 것이다. 이러한 철자를 사용하는 거의 모든 영어 뉴스 기사(아마도 우리의 가상 문서 말뭉치corpus일 것임)가 동일한 사람을 언급했기 때문이다.

```
with show_more_rows():
    print(names.loc[5])
```

```
         Last_Name  Other_Data  meta1  meta2
Group
5          Gadaffi         197    KTF
5           Gadafi         189    KTF
5           Gadafy         181    KTF
5          Gaddafi         163    KTF
5          Gaddafy         179    KTF
5          Gadhafi         112    KTF
5          Gathafi         187    K0F    KTF
5         Ghadaffi         141    KTF
5          Ghadafi         152    KTF
5         Ghaddafi         192    KTF
5         Ghaddafy         122    KTF
5         Gheddafi         142    KTF
5          Kadaffi         139    KTF
5           Kadafi         188    KTF
5          Kaddafi         192    KTF
5          Kadhafi         121    KTF
5          Kazzafi         193    KSF   KTSF
5         Khadaffy         148    KTF
5          Khadafy         157    KTF
5         Khaddafi         134    KTF
5           Qadafi         136    KTF
5          Qaddafi         173    KTF
5          Qadhafi         124    KTF
5       Qadhdhafi         114   KTTF
5       Qadhdhāfī         106   KTTF
5         Qadthafi         186    KTF
5          Qathafi         130    K0F    KTF
5         Quathafi         145    K0F    KTF
5          Qudhafi         158    KTF
```

인코딩을 마무리하고자 비슷한 소리를 가진 몇 가지 다른 이름을 여러 그룹으로 살펴보자. 다음 예를 자유롭게 살펴보자. 솔직히 그것은 레벨슈타인 거리와 저자의 패밀리 네임에 대한 농담을 가능하게 한다.

```
with show_more_rows():
    print(names.loc[names.index < 5])
```

```
          Last_Name  Other_Data   meta1  meta2
Group
1       Levenshtein         103  LFNXTN
1      Levenschtein         158  LFNXTN
1        Levenstein         110  LFNSTN
2           Hagelin         136    HJLN   HKLN
2            Haslam         105    HSLM
2          Haugland         190   HKLNT
2           Heislen         181     HLN
2            Heslin         106    HSLN
2           Hicklin         151    HKLN
2          Highland         172   HHLNT
2          Hoagland         174   HKLNT
3           Schmidt         107     XMT    SMT
3             Shmit         167     XMT
3             Smith         160     SM0    XMT
3             Smitt         181     SMT    XMT
3              Smit         192     SMT    XMT
4            Mertz          173    MRTS
4             Merz          116     MRS
4            Mertes         178    MRTS
4            Hertz          188    HRTS
```

스미스Smith와 유사한 모든 이름은 'XMT'로 통일될 수 있지만 그렇게 하려면 기본 및 보조 인코딩을 모두 살펴봐야 한다. H-이니셜 이름으로 시작할 때 반드시 모두 동일하게 같은 인상을 주지는 않지만 일부 중복되는 것을 볼 수 있다. 실망스럽게도 독일어나 이디시어에서는 이 책 저자의 성 'Mertz'의 역사적인 철자 오류가 있었음에도 'Mertz'와 'Merz'가 이러한 방식으로 통일되지 않았다.

앞의 명목 값 통일의 예는 사람 이름(특히 패밀리 네임)에 초점을 뒀지만 범주형 값 표현에서 음성적 혼란이나 대체가 발생할 수 있는 다른 경우에 일반적이다.

명시적 범주

개념적으로 측정값의 수가 적은 변수와 실제로 범주형 변수 사이에는 차이가 있다. 요인(범주형) 변수를 사용하면 사용 의도를 좀 더 정확하게 표현할 수 있을 뿐만 아니라 몇 가지 추가 API와 성능 최적화를 사용할 수 있다. 요인은 매우 자주 문자열로 저장된 데이터와 연관되지만 그럴 필요는 없다. 데이터 타입만으로는 문제가 결정되지 않는다. 예를 들어 다음과 같이 주택 개발에 대한 데이터가 있을 수 있다.

Lot #	Address	Acres	House Style
32849	111 Middle Rd	2	32
34210	23 High St	1	21
39712	550 Lowe Ave	3	22
40015	230 Cross St	1	21
32100	112 Middle Rd	1	14
30441	114 Middle Rd	2	22

적은 도메인 지식을 사용해 각 특징의 특성을 판단할 수 있다. 특히 Lot #은 부동산을 설명하기 위한 고유한 의미라고 가정할 수 있다. Address는 아마 유사할 것이다. 한 필드가 정수이고 다른 필드가 문자열이라는 사실은 중요하지 않다. 단지 값이 각 레코드에 대해 고유한 것을 나타내는 의도일 뿐이다. 하나의 로트[lot]는 때때로 여러 주소로 세분화되고 다른 로트는 주소 없이 미개발될 수 있지만 일반적으로

값이 대략적으로 구별되기를 기대한다. 값은 레코드 전체에서 완전히 고유하지 않을 수 있지만 방향에는 경향이 있다. 이들은 요인에 대한 좋은 후보가 아니다.

다음으로 주택 스타일과 로트 크기(에이커)를 생각해보자. 주택 스타일은 개발업자가 사용할 수 있는 비교적 적은 수의 재고 평면도 중에서 선택됐을 것이다. 정수로 인코딩되지만 동일한 의도로 사용된 짧은 이름일 수 있다(예, 'Tudor Revival 4 BR'). 주택이 맞춤 계획(또는 어떤 경우든 개발업자의 포트폴리오에 포함되지 않은 계획)에 따라 지어졌지만 'CUSTOM'과 같은 이름이나 -1과 같은 센티넬 번호로 인코딩될 수 있는 향후 데이터를 고려해야 할 수도 있다. 대부분의 경우 주택 스타일은 범주형 변수로 가장 잘 설명된다.

현재 있는 데이터만 보면 Acres 변수는 우리를 오도할 수 있다. 그것은 House Style 보다 훨씬 적은 값을 가진 정수다. 도메인 지식으로 새로운 주택 개발은 일반적으로 고정된 도면 크기로 나눠져 있음을 알 수 있다(1~3 에이커는 주거용 주택의 경우 비정상적으로 크지만 터무니없는 것은 아니다). 그러나 시간이 지남에 따라 로트는 원래 할당과 일치하지 않는 단위로 세분화되거나 집계될 수 있다. 114 Middle Rd의 소유자는 자신의 토지 0.35 에이커를 112 Middle Rd의 인접 소유자에게 판매할 수 있으며, 둘 다 정수가 아닌 일반적이지 않은 로트 크기를 가질 수 있다. 대부분의 경우 초깃값이 이를 암시할 수 있지만 사실 이 변수를 범주형 변수로 인코딩하고 싶지 않다. 현재 정수만 포함하는 변수임에도 부동소수점 숫자가 가장 적절할 것이다.

***

4장의 '연습' 절에서 많은 사람 이름이 포함된 데이터 세트를 봤다. 그중 대부분은 일반적으로 의도된 이름이지만 철자가 틀린 것일 수 있다. 먼저 판다스를 사용해 데이터를 읽은 후 일반적이지 않은 이름의 행을 삭제한 다음 Name 문자열 열을 범주형 변수로 변환한다.

```
humans = pd.read_csv('data/humans-names.csv')
humans
```

	Name	Height	Weight
0	James	167.089607	64.806216
1	David	181.648633	78.281527
2	Barbara	176.272800	87.767722
3	John	173.270164	81.635672
...	...	...	...
24996	Michael	163.952580	68.936137
24997	Marie	164.334317	67.830516
24998	Robert	171.524117	75.861686
24999	James	174.949129	71.620899

25000 rows × 3 columns

이를 위해 이름이 10회 미만인 행은 살펴보지 않으려고 한다. 이는 대부분의 행을 유지하지만 25,000개의 행에서 417개가 제거됐음을 알 수 있다.

```
name_counts = humans.Name.value_counts()
uncommon = name_counts[name_counts < 10]
humans = (humans
          .set_index('Name')
          .drop(uncommon.index)
          .reset_index())
humans
```

	Name	Height	Weight
0	James	167.089607	64.806216
1	David	181.648633	78.281527
2	Barbara	176.272800	87.767722
3	John	173.270164	81.635672
...	...	...	...
24579	Michael	163.952580	68.936137
24580	Marie	164.334317	67.830516

```
24581     Robert    171.524117     75.861686
24582      James    174.949129     71.620899
24583 rows × 3 columns
```

이 시점에서 다음과 같이 18개의 고유한 이름이 남아 있다. 그것들은 각각 별도의 문자열로 다소 비효율적으로 저장되지만 일반적으로 모든 판다스 연산은 완벽하게 잘 동작한다. 예를 들어 다른 연산을 수행하고자 이름별로 그룹화할 수 있다. 또한 scikit-learn과 같은 라이브러리는 일반적으로 고유한 문자열 모음을 범주형으로 취급한다(많은 모델의 경우 다른 모델에는 숫자 인코딩이 필요함). 판다스에서 요소로 변환하는 것은 스토리지 크기를 최적화하고 일부 선택 작업을 더 빠르게 수행하는 것에 지나지 않는다. 이는 가치 있는 목표지만 사용 가능한 API에는 거의 영향을 미치지 않는다. 다음에서 R의 Tidyverse가 요인에 따라 다소 더 맞춤화됐음을 알 수 있다.

```
humans['Name'] = humans.Name.astype('category')
humans.Name.dtype

CategoricalDtype(categories=['Barbara', 'David', 'Elizabeth', 'James',
                             'Jennifer', 'Jessica', 'John', 'Jon',
                             'Joseph', 'Linda', 'Marie', 'Mary',
                             'Michael', 'Patricia', 'Richard', 'Robert',
                             'Susan', 'William'],
ordered=False)
```

이 DataFrame을 사용할 때 실제로 변경되는 것은 없다. 특히 이름이 문자열 필드로 남아 있다고 간주할 수 있지만 필터는 더 빨리 실행된다. 앞에서 볼 수 있듯이 `dtype`은 이제 범주 값도 노출하지만 문자열 열의 경우에도 동일한 정보를 `Series.unique()`에서 일반적으로 사용할 수 있다(문자열에 대한 전체 열의 선형 스캔이 필요하지만 범주형 열에 대한 단일 기존 데이터 구조를 찾는다).

```
humans[humans.Name == 'Mary']
```

```
            Name        Height        Weight
-----------------------------------------------
   19       Mary    170.513197     71.145258
   35       Mary    175.783570     73.843096
   54       Mary    166.074242     70.826540
   61       Mary    175.258933     78.888337
  ...        ...           ...           ...
24532       Mary    172.602398     72.602118
24536       Mary    172.159574     70.383305
24547       Mary    173.902497     71.545191
24549       Mary    169.510964     71.460077
1515 rows × 3 columns
```

'요인[factors]'이라고 부르는 것을 더 특별하게 취급하는 R을 사용해 동일한 데이터 세트를 살펴보자. R에서도 요인 변수와 기본 데이터 타입(종종 기본 문자열이지만 정수 또는 부동소수점도 때때로 요인으로 취급) 간에 앞뒤로 쉽게 변환할 수 있다.

```
%%R
humans <- read_csv('data/humans-names.csv')
humans
```

```
— Column specification —
cols(
  Name = col_character(),
  Height = col_double(),
  Weight = col_double()
)

# A tibble: 25,000 x 3
    Name      Height   Weight
    <chr>      <dbl>    <dbl>
```

```
 1  James       167.     64.8
 2  David       182.     78.3
 3  Barbara     176.     87.8
 4  John        173.     81.6
 5  Michael     172.     82.8
 6  William     174.     70.7
 7  Elizabeth   177.     81.2
 8  Joseph      178.     78.3
 9  Jessica     172.     64.5
10  William     170.     69.2
# ... with 24,990 more rows
```

이 Tidyverse 버전의 데이터 세트에서는 판다스와 약간 다른 작업을 수행할 것이다. 먼저 판다스에서 `.astype()`으로 했던 것과 거의 같은 방식으로 `mutate_at()`를 사용한다. 다음으로 요인 변수의 사용자 정의 기능을 사용한다. 여기서 모든 일반적이지 않은 이름은 버려지지 않고 공통 값 "UNCOMMON"으로 함께 묶인다. 이를 통해 다른 관련 데이터 열을 유지할 수 있다(판다스에서는 분명히 가능했지만 간결성은 약간 떨어짐).

```
%%R
# 열 이름을 요인 변수로 만든다.
humans <- mutate_at(humans, vars(Name), factor)

# 100회 미만으로 발생하는 모든 값은 다음과 같다.
# 요인 수준 "UNCOMMON"에서 집계됨
humans['Name'] <- fct_lump_min(humans$Name, min = 100,
                               other_level = "UNCOMMON")
humans
```

```
# A tibble: 25,000 x 3
    Name      Height   Weight
    <fct>      <dbl>    <dbl>
 1  James       167.     64.8
```

```
 2  David      182.    78.3
 3  Barbara    176.    87.8
 4  John       173.    81.6
 5  Michael    172.    82.8
 6  William    174.    70.7
 7  Elizabeth  177.    81.2
 8  Joseph     178.    78.3
 9  Jessica    172.    64.5
10  William    170.    69.2
# ... 24,990개의 추가 행이 있음
```

유일하게 눈에 띄는 변경 사항은 열 타입이 변경됐다는 것이다. 그러나 이렇게 하면 요인 변수의 레벨에 대해 질문할 수 있는 반면 동일한 호출은 문자열에 대해 NULL을 생성한다.

```
%%R
levels(humans$Name)
```

```
 [1] "Barbara"   "David"     "Elizabeth" "James"   "Jennifer" "Jessica"
 [7] "John"      "Jon"       "Joseph"    "Linda"   "Marie"    "Mary"
[13] "Michael"   "Patricia"  "Richard"   "Robert"  "Susan"    "William"
[19] "UNCOMMON"
```

여기서도 tibble API에서 그다지 많이 변경된 것은 아니다. fct_lump_min()과 유사한 함수를 사용하는 기능은 요인 열에만 한정되지만 액세스는 이전과 동일하게 유지된다(더 빠름).

```
%%R
humans %>% filter(Name == "UNCOMMON")
```

```
# A tibble: 417 x 3
   Name      Height  Weight
   <fct>      <dbl>   <dbl>
 1 UNCOMMON   172.     76.5
 2 UNCOMMON   167.     60.3
 3 UNCOMMON   182.     85.2
 4 UNCOMMON   176.     72.3
 5 UNCOMMON   174.     82.1
 6 UNCOMMON   170.     66.8
 7 UNCOMMON   171.     60.0
 8 UNCOMMON   171.     73.9
 9 UNCOMMON   171.     80.4
10 UNCOMMON   177.     73.3
# ... with 407 more rows
```

이제 일반적이지 않은 이름은 포괄 "UNCOMMON" 요인 레벨에 포함됐으므로 관측치의 분포를 살펴보자.

```
%%R
ggplot(humans, aes(y = Name)) + geom_bar(stat = "count")
```

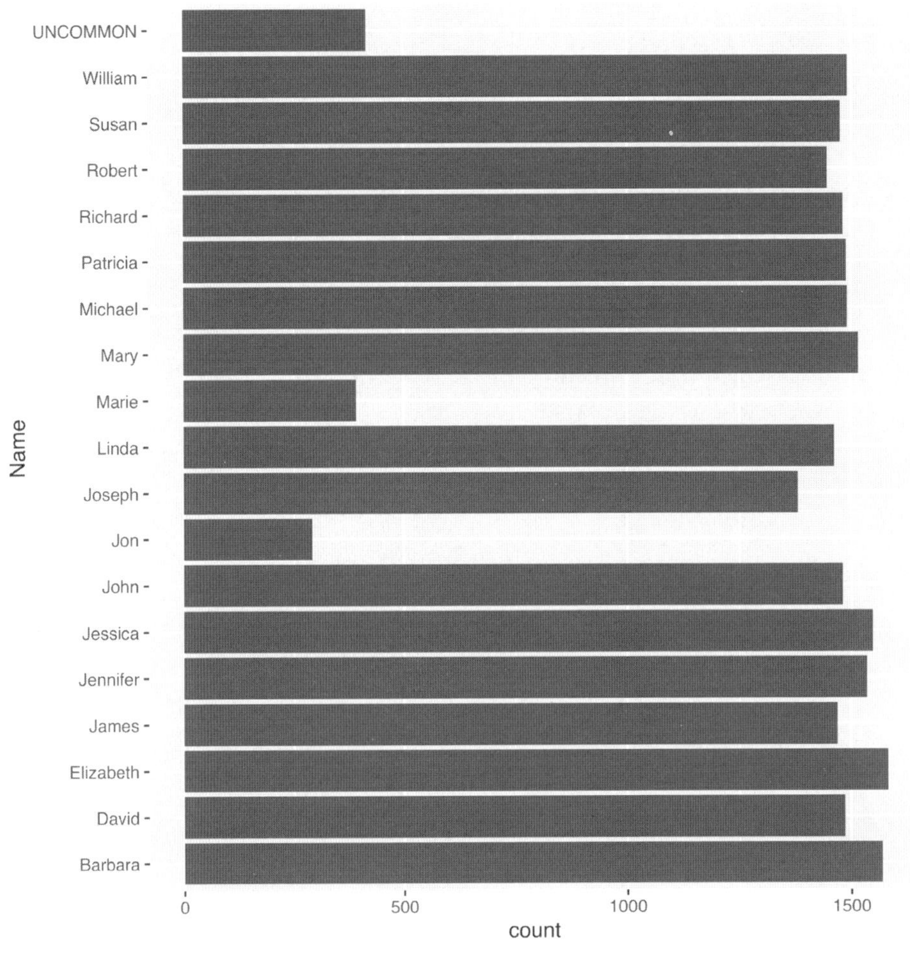

그림 7.2: 이름 개수의 분포

다음 절에서는 다시 문자열이 고려되지만 자연어 처리에 사용된다는 의미에서 문자열은 숫자 표현으로 변환할 수 있는 인간 언어의 텍스트로 사용된다.

문자열 벡터

> 의미를 없애라.
>
> – 캐시 애커Kathy Acker

개념:

- 단어 가방Bag-of-words
- Word2Vec
- 코사인 유사성
- 불용어Stop words, 토큰화tokenization, 표제어 추출lemmatization

자연어 처리NLP, Natural Language Processing는 데이터 과학의 큰 하위 분야다. 이 주제는 그 자체로 좋은 책이 많고 다행히도 많은 종류의 책이 시중에 있다. 이 책에서는 하나의 틈새 영역만 살펴보려고 한다. 머신러닝 모델이 자연어 문자열을 어떻게 입력으로 받아들일 수 있고 통계 기술이 동작할 수 있도록 숫자 특징으로 인코딩할 수 있을까?

역사적으로 정교하게 정렬된 자연어 텍스트를 벡터로 변환하는 두 가지 주요 방법이 있다. 가장 간단한 경우에는 '단어 가방bag-of-words'이라는 기술을 사용할 수 있다. 이는 몇 줄의 코드로 표현을 쉽게 만들 수 있는 기술로서 매우 간단하다. 아이디어는 먼저 전체 말뭉치corpus에 대한 어휘를 구성하는 것이다. 즉, 단순히 말뭉치에 포함된 모든 단어의 모음이다. 그런 다음 그 안에 있는 각 텍스트를 어휘 길이의 벡터로 나타낼 수 있으며 각 구성 요소 차원은 해당 단어의 개수를 나타낸다. 이는 말뭉치에 따라 큰 벡터 크기를 생산할 수 있고, 따라서 어휘는 크기가 명백히 커질 수 있다. 단어의 순서를 잃더라도 이 인코딩은 의미적 구별을 포착하는 유용한 벡터를 생성하는 데 매우 효과적일 수 있다.

매우 단순화된 예로 마을에 애완동물 가게가 여러 개 있다고 가정해보자. 각각은 '개'와 '고양이'라는 두 단어에 대해 다양한 수의 언급이 있는 카탈로그를 출판한다. (이들 중) 특정 종류의 애완동물을 직접 키우려면 애완동물 관리 요건에 더 관련성이 높은 애완동물이 무엇인지 결정해야 한다. NLP에서 일반적으로 사용하는 벡터는 2차원이 아닌 수백 또는 수천 차원을 가질 가능성이 있다.

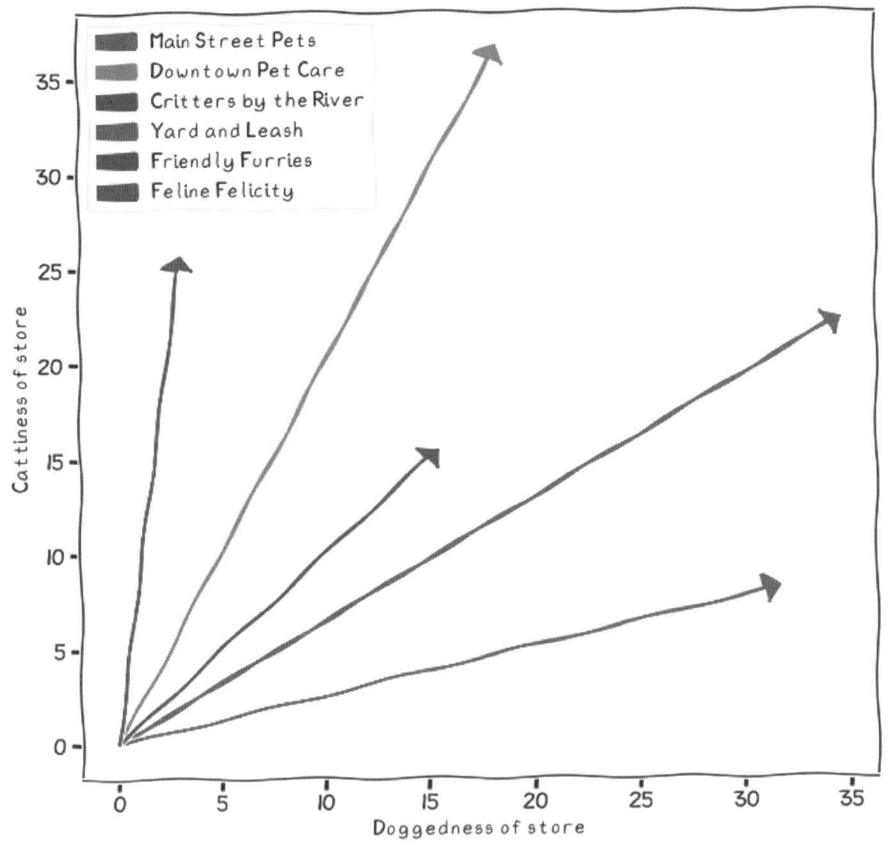

그림 7.3: 애완동물 가게 벡터 공간

어휘를 상대적으로 다루기 쉽게 유지하고자 단어를 더 간단한 형식으로 줄일 수 있다. 구두점을 버리고 대소문자를 정규화해 더 적은 단어를 얻을 수 있다. 또한 NLTK[Natural Language Toolkit] 패키지를 사용해 '불용어[Stop words]'(일반적으로 작은 연결 단어, 대명사, 기타 몇 가지 다른 단어를 제거할 수 있으며, 이는 문장의 일반적인 의미에 거의 추가되지 않는다. 분명히 이는 인간 의사소통의 명확성을 위해 종종 필요하지만 의미의 벡터 표현은 일반적으로 불용어 없이도 더 낫다. 간단한 예로 안타깝지만 정치적으로 권위주의적인 시인의 유명하고 힘 있는 시를 선택해보자.

```
# 윌리엄 버틀러 예이츠(William Butler Yeats)
second_coming = """
Turning and turning in the widening gyre
The falcon cannot hear the falconer;
Things fall apart; the centre cannot hold;
Mere anarchy is loosed upon the world,
The blood-dimmed tide is loosed, and everywhere
The ceremony of innocence is drowned;
The best lack all conviction, while the worst
Are full of passionate intensity.

Surely some revelation is at hand;
Surely the Second Coming is at hand.
The Second Coming! Hardly are those words out
When a vast image out of Spiritus Mundi
Troubles my sight: somewhere in sands of the desert
A shape with lion body and the head of a man,
A gaze blank and pitiless as the sun,
Is moving its slow thighs, while all about it
Reel shadows of the indignant desert birds.
The darkness drops again; but now I know
That twenty centuries of stony sleep
Were vexed to nightmare by a rocking cradle,
And what rough beast, its hour come round at last,
Slouches towards Bethlehem to be born?
"""
```

첫 번째 단계는 벡터 인코딩을 위해 단순화된 단어와 어휘를 결정하는 것이다. 먼저 시 자체는 더 많은 표준 단어의 시퀀스로 축소된다. 이는 토큰화tokenization의 한 형태지만 매우 단순화된 형태다.

```
def simplify_text(text):
    stops = nltk.corpus.stopwords.words('english')
    words = re.findall(r'[a-z]+', text.lower())
    return [w for w in words if w not in stops]

poem = simplify_text(second_coming)
poem[:6]
```

```
['turning', 'turning', 'widening', 'gyre', 'falcon', 'cannot']
```

여기에서는 어휘에서 벡터 내의 인덱스 위치로 매핑을 하려 한다. 벡터에서 특정 단어 표현의 위치는 각각 벡터의 직교축을 구성하기 때문에 이 목적과 관련이 없다. 예를 들어 'gyre'가 벡터의 두 번째, 여섯 번째 또는 스무 번째 요소로 선택됐는지는 중요하지 않다.

목표는 이러한 벡터를 사용해 각 슬라이스를 인코딩하는 것이다. 슬라이스는 단일 단어일 수 있지만 줄, 단락, 스탠자stanza(시절, 시구, 연) 또는 우리가 좋아하는 다른 부분일 수 있다. 다음 코드는 먼저 단어를 인덱스 위치에 매핑한 후 단어 가방 벡터를 생성한다.

```
word2ndx = {w:n for (n, w) in enumerate(set(poem))}
print(f"Vector dimensions={len(word2ndx)}")

def make_vector(words, word2ndx=word2ndx):
    # 차원당 0 카운트의 벡터 생성
    vec = np.zeros(len(word2ndx), dtype=np.uint16)
    for word in words:
```

```
        # 알려지지 않은 단어나 시도를 무시할 수 있다.
        # 정규화하고자 여기서 예외를 발생시킨다.
        assert word in word2ndx
        n = word2ndx[word]
        vec[n] += 1
    return vec

list(word2ndx.items())[:5]
```

```
Vector dimensions=84
[('centre', 0), ('loosed', 1), ('blank', 2), ('falconer', 3), ('moving', 4)]
```

이 단어 가방 벡터화 기술을 설명하고자 각 스탠자를 벡터로 인코딩할 수 있다.

```
for i, stanza in enumerate(second_coming.split('\n\n')):
    print(f"Stanza {i+1}:")
    print(make_vector(simplify_text(stanza)))
```

```
Stanza 1:
[1 2 0 1 0 0 0 2 0 0 0 0 0 0 0 1 0 0 0 1 0 0 0 0 0 1 0 1 1 1 1 0 1 0 0 1 0
 1 1 0 1 1 0 2 0 0 0 0 0 0 0 0 0 1 0 0 0 1 1 1 1 0 1 0 0 1 1 0 1 0 0 0 0 1
 0 0 0 0 0 1 0 1 0 1]
Stanza 2:
[0 0 1 0 1 1 1 0 1 1 1 1 1 1 1 0 1 1 2 0 1 1 1 1 1 0 1 0 0 0 0 2 0 1 1 0 1
 0 0 1 0 0 1 0 1 1 1 1 2 1 1 1 1 0 1 2 1 0 0 0 0 1 0 1 1 0 0 1 0 1 1 2 1 0
 1 1 1 1 1 0 1 0 1 0]
```

이 벡터는 두 스탠자의 '의미' 간 차이를 나타낸다. 놀랍게도 불용어 외에는 반복되는 단어가 없다는 것을 이 단락을 쓰기 전까지는 깨닫지 못했다. 각 스탠자 내에서 다양한 단어가 반복되지만 그 이상은 아니다. 인간의 입장에서 읽었을 때 확실히 각 스탠자에서 다른 '느낌'을 얻고 전체적인 의미를 다르게 특성화한다.

일반적으로 단어 가방보다 더 강력한 벡터화 기술은 Word2Vec이다. 이 모델을 사용하면 임의의 차원의 벡터를 만들 수 있다. 그러나 그보다 더 중요한 것은 Word2Vec이 실제로 주변 단어에 의해 정의된 대로 각 단어의 컨텍스트를 보는 2계층 신경망을 사용한다는 것이다. 이는 흥미롭게도 의미 있는 벡터를 생성한다. 일반적으로 인용되는 몇 가지 예는 의미가 서로 다른 벡터를 빼고 더하는 것이다. 예를 들어 크고 전형적인 영어 말뭉치에 대해 훈련을 받으면 다음과 같은 것을 보게 될 것이다.

(cat–dog) ≈ (kitten–puppy)

또는

(china–beijing) ≈ (turkey–ankara)

훈련에 사용된 말뭉치에 따라 두 번째는 특히 북미에서 식용하는 날지 못하는 새인 'turkey'라는 추가적인 의미로 인해 버려질 수 있다. 그러나 'china'는 비슷한 동음이의어 효과를 갖는 도자기 접시의 단어이기도 하다.

Word2vec 기반의 구축은 원래 발명가인 꾸옥 레Quoc Le와 토마스 미콜로프Tomas Mikolov에 의해 '단락 벡터paragraph vector'라고 불리는 개선된 버전이지만 여기서 사용하는 `gensim` 패키지에서 Doc2Vec라고 불린다. `gensim`은 매우 유용한 파이썬용 NLP 패키지로 많은 유용한 NLP 모델링 도구를 포함한다. 그것은 기본 라이브러리의 속도에 최적화돼 있다. 또한 조사할 가치가 있는 것은 spaCy인데, 이는 비슷한 목적을 갖고 있지만 더 많은 사전 빌드된 모델을 사용한다. 많은 목적에서 두 벡터화는 대부분 유사하다. Doc2Vec은 각 문서(예, 문장, 단락, 스탠자 또는 전체 책)에 주로 저자처럼 일부 속성으로 태그를 지정하는 기능을 추가한다. 이 태깅을 사용하면 태그(예, 저자)를 전체적으로 특성화하고, 이를 다른 태그나 새로운 텍스트와 비교하는 추가 방법을 사용할 수 있다.

이 토론을 위해 항공사에 대한 14,485개의 트윗 모음을 살펴볼 것이다. 앞에서 사용한 하나의 시보다 큰 말뭉치는 유용하겠지만 비슷한 방식으로 사용하지 못할 이유는 없다. 이 데이터 세트에는 트윗 자체 외에도 여러 가지가 있다.

이러한 두 필드는 이름(계정의)과 항공사다. 후자는 사용자가 직접 첨부한 트위터의 @ 태그를 기반으로 결정되기 때문에 다소 중복된다. 이해를 돕고자 몇 가지를 살펴보자.

```
db = sqlite3.connect('data/Airline-Tweets.sqlite')
cur = db.cursor()

sql = """
SELECT name, airline, text
FROM Tweets
"""
cur.execute(sql)
tweets = cur.fetchall()
pprint(tweets[5000:5003], width=60)
```

```
[('Paul_Faust',
  'United',
  '@united Love to report how horrible this flight is to '
  "your team. Let's make it worse...as they get to my "
  'seat...out of all snacks'),
 ('Jennsaint8',
  'Southwest',
  '@SouthwestAir any chance they will change this to '
  'include Northeast airports? JetBlue has.'),
 ('_stephanieejayy',
  'Delta',
  '@JetBlue do you have any afternoon flights going from '
  'BQN to JFK? I only seem to find early morning flights.')]
```

저자를 사용해 이 말뭉치에 태그를 지정하는 것은 분명 타당할 것이다. 그러나 각 저자는 상대적으로 적은 수의 트윗을 작성하므로 더 자주 발생하는 항공사 이름을 사용하는 것이 더 흥미로울 수 있다. 이 선택은 이 책에서 그다지 중요하지 않지만 단지 설명을 위한 것이다. API를 표시하고자 두 태그를 모두 사용할 것이다.

```
from gensim.models.doc2vec import Doc2Vec, TaggedDocument

docs = []
for (author, airline, msg) in tweets:
  td = TaggedDocument(simplify_text(msg), [author, airline])
  docs.append(td)

# 단어가 최소 4x 이상 나타나야 하고 각 면에서 2개 단어를 본다.
# 생성된 벡터는 10차
model = Doc2Vec(docs, vector_size=10, window=2, min_count=4)
```

최소 개수 요건에서 어휘가 얼마나 큰지 확인하고 몇 가지 예제 단어를 살펴보자. 어휘의 단어 순서는 단어 가방이 아니었기 때문에 의미가 없다. 어휘에는 수천 개의 단어가 있지만 표현을 임의의 차원으로 줄인다. 여기서는 10개의 차원을 선택하는데, 이는 상당히 고정 관념적인 메시지로 충분하다. 의미적 변화가 더 많고 더 넓은 말뭉치가 더 높은 차원의 이점을 얻을 수 있다(지정되지 않은 경우 기본값은 100임).

```
print("Number of words:", len(model.wv.vocab))
list(model.wv.vocab)[:7]
```

```
Number of words: 3359
['jetblue', 'new', 'ceo', 'seeks', 'right', 'balance', 'please']
```

NOTE

stems

단어 식별 자체가 NLP의 중요한 영역이다. '동일한' 단어의 굴절 형태는 종종 동일한 기본형으로 가장 잘 취급된다. 이는 어간 추출(Stemming)이나 표제어 추출(Lemmatization)에 의해 수행된다. 어간 추출은 공통 접사를 제거해 단어의 형태학적 어근을 구성하는 몇 개의 문자를 식별한다. 표제어 추출은 문법적 컨텍스트와 음소 관계를 모두 사용해 더 나아간다. 예를 들어 표제어 추출은

'dove'를 'dive'(즉, 점프) 동사로 정규화하지만 'dove'는 'dove'(즉, 새) 명사로 정규화할 수 있다. 두 기술 모두 예에서 'seek(찾기)'라는 단어를 'seeks(찾기)', 'seeking(찾기)' 등과 동일하게 표시한다.

실행한 이 코드의 목적은 이제 10개의 숫자 특징으로 생성할 수 있는 모든 문자열을 나타낼 수 있게 하는 것이다. 새로운 문자열은 어휘의 용어만 사용할 수 있지만 Gensim은 초기 훈련 세트에서 발생하지 않는 단어를 포함해 모델과 함께 더 큰 어휘를 구성하는 메커니즘을 제공한다. 먼저 기존 트윗에 대한 벡터를 살펴본 후 새로운 메시지를 살펴보자.

```
msg = tweets[11_001][2]
print(msg)
model.infer_vector(simplify_text(msg))
```

```
@AmericanAir thank you for responding rather quickly btw
array([ 0.01165844, 0.00964975, -0.08577796, -0.03201848,  0.00883767,
        0.13692749, 0.06367198,  0.02911634, -0.00109272, -0.16733222],
      dtype=float32)
```

아래에서 간단한 새로운 메시지를 만들고 그 벡터를 얻을 수 있다. 이 차원은 특별한 의미는 없지만 그들 사이의 관계를 측정할 수 있다. 또한 이 합성 데이터를 다운스트림 모델링 기술에 사용할 수 있는 중간 데이터 세트에 저장할 수도 있다. 후자는 이 변환에 가장 일반적으로 사용된다.

```
badservice = model.infer_vector(['bad', 'service'])
badservice
```

```
array([-0.03352741,  0.0146618 , -0.03105226,  0.036326  ,  0.05287395,
        0.05780041, -0.05203189,  0.07293667, -0.01861257, -0.13574287],
```

```
dtype=float32)
```

Gensim 라이브러리는 코사인 유사성(두 벡터 사이의 코사인 각도)과 기타 기술을 사용해 이러한 표현을 비교할 수 있는 풍부한 기능 세트를 제공한다. 예를 들어 어떤 단어가 'bad service(나쁜 서비스)'라는 짧은 메시지에 가장 가까운 단어인지 살펴보자. 작은 메모는 내가 이 다음 출력을 정지시켰다는 것이다. Doc2Vec의 기본이 되는 신경망은 임의적 상태 추출State Randomization을 갖고 있으므로 훈련될 때마다 기본 신경망에서 다른 벡터와 다른 연결 가중치가 생성된다. 여기에서는 특정 실행의 결과를 표시하지만 다른 실행은 세부 사항이 다르다.

```
model.wv.most_similar(['bad', 'service'])
```

```
[('terrible', 0.9658449292182922),
 ('clients', 0.9587224125862122),
 ('management', 0.9491853713989258),
 ('greeting', 0.9436992406845093),
 ('msy', 0.9382249116897583),
 ('pathetic', 0.9378621578216553),
 ('dropped', 0.9307988286018372),
 ('keeping', 0.9277007579803467),
 ('lack', 0.924517035484314),
 ('telling', 0.9227219223976135)]
```

이러한 단어들의 대부분은 직접적으로 부정적이다. 중립적이거나 긍정적인 것처럼 보이는 것들은 어떤 의미에서 그들의 평범한 의미를 부정하는 컨텍스트에서 주로 발생할 것이다. 예를 들어 'management(관리)'는 일반적으로 트윗에서 부정적인 형용사로 둘러싸여 있을 것이다. 또한 태그를 사용해 다음 셀에서처럼 태그와 관련된 텍스트 모음을 나타내는 벡터를 얻을 수도 있다.

매개변수 공간의 이러한 벡터에서 추가로 항공사나 감정을 표현하는 특정 텍스트에 대한 측정을 수행할 수 있으며, 이는 다양한 벡터의 유사성을 보여준다.

```
airlines = ('Delta', 'United', 'JetBlue')
delta, united, jetblue = (model.docvecs[x] for x in airlines)
print(f"Delta:\n{delta}\n")
print(f"United:\n{united}\n")
print(f"JetBlue:\n{jetblue}\n")
```

```
Delta:
[ 5.578579   2.0885715 -5.8722963 -5.2461944 4.862418 6.6500683
  3.054988   2.5725224  3.1206055 -9.660177 ]

United:
[ 0.62689006 2.9862213 -10.10382    -7.578535   -0.44318137
  3.9621575  2.9998243 -0.11659689 -2.9283297  -7.8558965 ]

JetBlue:
[ 0.04514389 0.03341183 -0.02691341  0.01708637 0.02028313 -0.03833938
 -0.0415993 -0.04835104 -0.05358113 -0.03369116]
```

항공사별 비교에서 사람들이 이 항공사에 대해 트윗하는 내용이 얼마나 비슷할까?

```
from scipy.spatial.distance import cosine
print(f"Delta  | United  | {cosine(delta, united):.3f}")
print(f"Delta  | JetBlue | {cosine(delta, jetblue):.3f}")
print(f"United | JetBlue | {cosine(united, jetblue):.3f}")
```

```
Delta  | United  | 0.239
Delta  | JetBlue | 0.930
United | JetBlue | 0.787
```

이 분석에서 Delta와 United가 매우 유사하다는 것을 알 수 있지만 Delta와 JetBlue는 가능한 한 벡터 공간에서 거의 멀리 떨어져 있다. 즉, 값이 0이면 동일한 '감정'

벡터를 의미하는 반면, 값이 1이면 최대로 다르다. 지금은 추상적인 의미에서 벡터 공간에 대해 계속 생각하기에 좋은 시기다.

분해

> 엔트로피를 설명하면 남은 것은 노이즈뿐이다.
>
> – 데이비드 메르츠David Mertz

개념:

- 주성분 분석과 기타 분해
- 화이트닝
- 차원 축소
- t-SNE와 UMAP을 이용한 시각화

초기 데이터 수집으로 인한 고차원이든 추가 합성 특징 생성으로 인한 고차원이든 고차원 데이터 세트는 모델링 기술에 적합하지 않을 수 있다. 이러한 경우 더 적은 특징으로 작업하는 것이 더 계산적으로 다루기 쉬울 뿐만 아니라 더 예측 가능할 수 있다. 특징 선택은 대부분 이 책의 범위를 벗어나지만 합성 특징의 수를 가장 극적으로 증가시키는 기술인 다항식 특징Polynomial Features에 대해 다음 절에서 간략하게 설명한다.

그러나 특별한 종류의 '특징 선택feature selection'은 특징 세트의 매개변수 공간을 분해하는 것이다. 이러한 기술은 모든 특징이 다음의 '원핫 인코딩' 절에서 설명하는 기술을 통해 어떤 방식으로든 수치적으로 인코딩됐다고 가정한다. 분해는 어떤 의미에서 합성 특징을 생성하지만 실제로 하는 일은 매개변수 공간의 새로운 정규직교 기저orthonormal basis(새로운 축)를 생성하는 것이다. 분해할 때 변환은 정보를 보존하며 이전 데이터 세트와 동일한 수의 차원을 유지하면 되돌릴 수 있다. 그러나 분해의 목적은 대부분 차원 축소를 수행하는 것이다. 다차원 데이터에 대해 분해가 수행되면 데이터의 엔트로피가 초기 차원에 집중돼 나머지 차원에는 훨씬 적은 정보 내용이 남게 된다. 종종 더 높은 수의 차원을 삭제해도 모델링 메트릭에 아무런 해가 되지 않거나 실제로 개선된다.

가장 일반적이고 가장 오래된 분해 기술은 1901년 칼 피어슨Karl Pearson에 의해 처음 개발된 주성분 분석PCA, Principal Component Analysis이다. 이 절에서는 주로 PCA에 초점을 맞추겠지만 다른 기술이 특정 데이터 세트와 도메인 특성 값 분포에 대해 더 강력할 수 있다는 점을 유념해야 한다. 이러한 다른 기술 중 일부에는 음수 미포함 행렬 분해NMF, Non-negative Matrix Factorization, 잠재 디리클레 할당LDA, Latent Dirichlet Assignment, 독립 성분 분석ICA, Independent Component Analysis, t-분포 확률적 임베딩t-SNE, t-distributed Stochastic Neighbor Embedding가 포함된다. 그러나 마지막으로 나열된 기술인 t-SNE는 가역적이지 않으므로 분해로 정확히 특성화되지는 않지만 시각화에 매우 유용한 차원 축소이며, 그 예를 살펴보자. 편리하게도 이러한 모든 분해(및 기타 분해)는 scikit-learn에서 제공한다. 물론 각각 다른 라이브러리에서도 사용할 수 있다.

로테이션과 화이트닝

첫 번째 예로 두 가지 특징만 있는 데이터 세트를 보고 분해를 수행해보자. 분해를 수행할 때 '가장 중요한 합성 축'을 강조한다. PCA에 대한 결과는 구체적으로 정의하면 연속적인 각 PCA 특징에 따라 분산이 감소한다는 것이다. 화이트닝Whitening과 스피어링Sphering은 이러한 합성 특징의 크기를 리스케일링re-scaling하는 것을 의미하는 동의어다.

분해를 사용하면 너무 강한 일부 특징의 이차적인 강조가 제거될 수 있다. 사용되는 모델의 특정 종류에 따라 다르지만 많은 모델의 경우 0에서 100까지의 숫자 특징은 단순히 계산에 더 큰 숫자를 제공하기 때문에 0에서 1까지의 특징보다 더 많은 영향을 미친다. 일반적으로 피처 엔지니어링으로 미리 판단하는 것보다 모델이 특징의 중요성을 선택하게 하는 것이 좋다. 즉, 분해(또는 기타 피처 엔지니어링 기술)는 합성 특징에 다른 특징보다 크거나 작은 숫자 스케일을 제공하므로 해당 기본 가중치를 부여할 수 있다. 다음과 같이 그것을 피하는 것이 가장 좋다.

```
from src.whiten import data, show

# 삽화를 위한 두 가지 초기 특징,
# 하지만 일반적으로 높은 차원을 가질 것이다.
show(data, "Parameter space for two features",
  "Raw Feature 1", "Raw Feature 2")
```

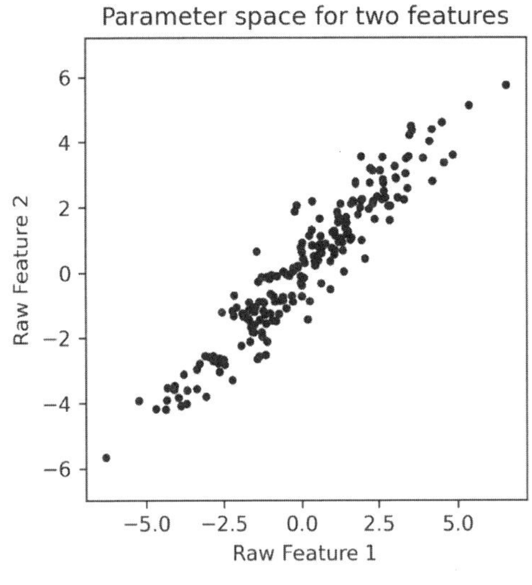

그림 7.4: 두 특징에 대한 매개변수 공간

여기에는 분명 상당히 강한 상관관계가 있는 두 가지 특징이 있다. 특히 관측된 축보다 대략 45°의 대각선을 따라 분산이 더 크다는 것을 알 수 있다. PCA는 이 분산 축(즉, 가장 큰 엔트로피)을 기본 구성 요소로 만들고자 데이터의 방향을 조정한다.

```
from sklearn.decomposition import PCA
show(PCA().fit_transform(data),
  "PCA Components", "Synthetic Axis 1", "Synthetic Axis 2")
```

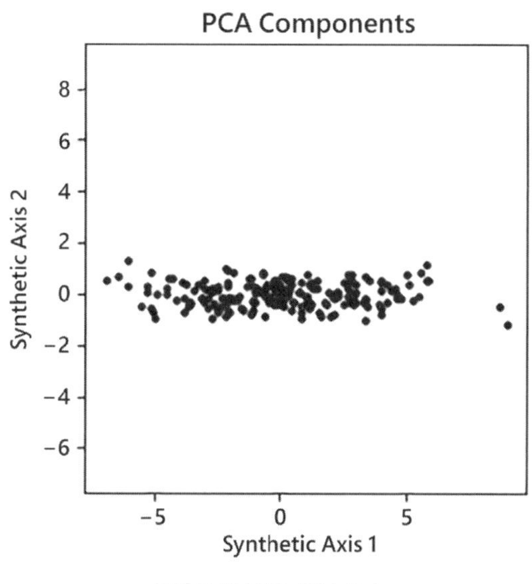

그림 7.5: PCA 구성 요소

5장에서 스케일링을 자세히 살펴봤다. 이러한 표준 기술을 사용해 이 '평탄화된 flattened' 데이터를 확장할 수 있지만 이 문제는 scikit-learn이 이를 자동으로 수행하는 인수에서 빌드하는 PCA 변환에서 충분히 일반적이다는 것이다. 이렇게 하면 변환 후 두 번 데이터를 리스케일할 필요가 없으며 일반적으로 더 깔끔한 접근 방식이다.

```
show(PCA(whiten=True).fit_transform(data),
  "Whitened Components", "Synthetic Axis 1", "Synthetic Axis 2")
```

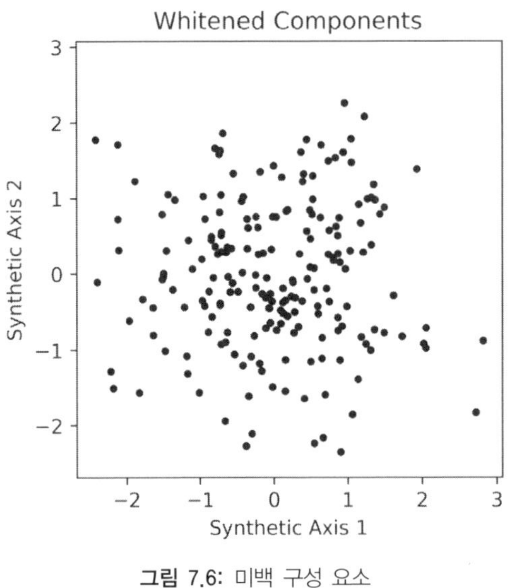

그림 7.6: 미백 구성 요소

'화이트닝'의 사용은 음향 및 스펙트럼 분석에서 '화이트 노이즈'와 '핑크 노이즈'를 구분하는 것과 매우 유사하다. 두 종류의 노이즈 모두 광범위한 빈도 값을 나타내지만 '핑크'는 시각적 스펙트럼의 빨간색 끝을 지나치게 강조한다. 마찬가지로 화이트닝되지 않은 PCA는 특정 축을 지나치게 강조한다.

차원 축소

정규 직교 기저의 변경은 그 자체로 머신러닝 모델에 도움이 될 수 있지만 분해의 좀 더 일반적인 용도는 대부분의 정보를 유지하면서 차원 수를 줄이는 것이다. 예를 들어 널리 사용할 수 있는 위스콘신 유방암Wisconsin Breast Cancer 데이터 세트를 사용해 보자. 이는 UCI 머신러닝 리포지터리, 캐글Kaggle에서 얻거나 scikit-learn과 기타 데이터 과학 라이브러리에 포함될 수 있다. 요약하면 이 데이터 세트에는 양성 또는 악성으로 대상 특성화와 함께 30개의 종양 측정값이 포함돼 있다.

대상 클래스 간에 상대적으로 균형이 잘 잡힌 569개의 관측치가 있다(악성 212개, 양성 357개).

```
cancer = load_breast_cancer()
X_raw = StandardScaler().fit_transform(cancer.data)
y = cancer.target
```

일반적인 머신러닝 모델을 사용해 예측을 시도하면 순수한 접근 방식으로 꽤 잘 할 수 있다. 이를 설명하고자 모델 훈련에 사용되는 특정 데이터가 오버피팅overfitting 되지 않게 훈련/테스트 분할을 수행한다. 이는 이 설명의 범위를 벗어나지만 다음 코드 라인은 이를 수행한다. PCA를 사용해 차원을 줄일 수도 있으며 모델 품질에 미치는 영향은 흥미롭다. 이 설명을 위해 원래 30개 특징에서 파생된 하나의 주 구성 요소, 두 개의 구성 요소, 네 개의 구성 요소를 선택한다. 차원의 스케일을 보존하고자 각 경우를 화이트닝한다(일반적으로 PCA1 케이스의 경우 문제가 된다).

```
X_pca1 = PCA(n_components=1, whiten=True).fit_transform(X_raw)
X_pca2 = PCA(n_components=2, whiten=True).fit_transform(X_raw)
X_pca4 = PCA(n_components=4, whiten=True).fit_transform(X_raw)
```

세 가지 후보 특징 행렬을 사용해 해당 K-이웃 모델이 얼마나 잘 수행되는지 살펴보자.

```
for X in (X_raw, X_pca1, X_pca2, X_pca4):
  X_train, X_test, y_train, y_test = (
    train_test_split(X, y, random_state=1))
  model = KNeighborsClassifier().fit(X_train, y_train)
  accuracy = model.score(X_test, y_test)
  error_rate = 100*(1-accuracy)
  print(f"Features | {X.shape=}\t| {error_rate=:.2f}%")
```

```
Features  | X.shape=(569, 30) | error_rate=4.90%
Features  | X.shape=(569, 1)  | error_rate=9.79%
```

```
Features   | X.shape=(569, 2)  | error_rate=6.99%
Features   | X.shape=(569, 4)  | error_rate=4.20%
```

원시 데이터에 대한 4.90%의 오류율은 너무 불합리하지는 않다. 어쨌든 그것을 기준선이라고 생각해보자. 단 하나의 주요 구성 요소로 오류율은 9.79%로 올라간다. 이는 얼마나 많은 정보를 버렸는지 감안할 때 놀랄 만큼 좋고, 단일 원시 특징을 사용해서 할 수 있었던 것보다 우수하다. 두 가지 주요 구성 요소를 유지하면 오류율이 6.99%로 떨어지며, 이는 합리적인 중간값이다.

그러나 흥미로운 점은 네 가지 주요 구성 요소를 사용하면 전체 원시 데이터로 달성한 것보다 약간 더 나은 4.20%의 오류율을 얻을 수 있다는 것이다. 본질적으로 데이터 엔트로피의 대부분을 파악한 후 남은 것은 랜덤 노이즈뿐이다.

'엔트로피'와 '노이즈'의 대조는 정확하지만 장난기 있는 표현으로도 사용된다. '정보 내용'은 실제로 엔트로피의 의미에 더 가깝지만 엔트로피와 노이즈는 많은 컨텍스트에서 동의어로 취급된다. 그러나 근본적인 요점은 관측치의 변동성 중 일부는 근본적인 자연(또는 인공) 현상에서 기인하고 일부는 한정된 모집단을 샘플링하는 무작위 변동에서 기인한다는 것이다. 분해를 통한 차원 축소는 노이즈에서 신호를 선택하는 경향이 있다. 여기에 시행착오가 남아 있음을 주목해야 한다. 예를 들어 4개가 아닌 5개 또는 6개의 구성 요소를 선택하면 원시 데이터보다 다시 더 나빠진다(이러한 정확한 모델 알고리듬에서 정확한 훈련/테스트 분할, 정확한 하이퍼파라미터 등).

PCA가 변환으로 수행하는 작업으로 돌아가보자. 주요 구성 요소를 선형으로 도출하고자 각 원시 차원의 승수를 결정한다. 예를 들어 유방암 데이터 세트에서 각 관측치는 30개의 숫자로 구성된 벡터다. 각 숫자에 상수를 곱하고 30개의 프로덕트를 합산해 구성 요소 1을 구성한다. 마찬가지로 구성 요소 2의 경우에도 다른 승수를 사용한다. 설명을 위해 `n_components=3`에 대한 이러한 승수 테이블을 만들어보자.

```
pca3 = PCA(n_components=3).fit(X_raw)
pd.DataFrame(pca3.components_.T,
             index=cancer.feature_names,
             columns=['pca_1', 'pca_2', 'pca_3'])
```

	pca_1	pca_2	pca_3
mean radius	0.218902	-0.233857	-0.008531
mean texture	0.103725	-0.059706	0.064550
mean perimeter	0.227537	-0.215181	-0.009314
mean area	0.220995	-0.231077	0.028700
...	...	...	...
worst concavity	0.228768	0.097964	-0.173057
worst concave points	0.250886	-0.008257	-0.170344
worst symmetry	0.122905	0.141883	-0.271313
worst fractal dimension	0.131784	0.275339	-0.232791

30 rows × 3 columns

즉, 피팅된 PCA 객체의 `.transform()` 메서드를 사용할 수 있지만 동일한 계산을 일반 넘파이에서 수행할 수 있다.

```
row0_sk = pca3.transform(X_raw)[0]
row0_np = (pca3.components_ * X_raw[0]).sum(axis=1)
print(f"Row 0 as transform:  {row0_sk}")
print(f"Row 0 as mul/sum:    {row0_np}")
```

```
Row 0 as transform: [ 9.19283683 1.94858307 -1.12316599]
Row 0 as mul/sum:   [ 9.19283683 1.94858307 -1.12316599]
```

시각화

다른 목적을 위해 다른 분해를 사용하는 것이 유용할 수 있다. 그러나 주요 구성 요소 분석은 대부분의 경우 시도해야 하는 첫 번째 기술이다. 한 가지 특별한 용도는 실제로 공간적으로 표현할 수 있는 2차원 또는 3차원으로 고차원 매개변수 공간의 유용한 시각화를 생성하고자 할 때다. t-분포 확률적 임베딩t-SNE, t-distributed Stochastic Neighbor Embedding은 고차원 데이터를 2차원이나 3차원으로 투영하기 위한 비선형 차원 축소 기술이다. 유사한 객체는 가까운 포인트로 모델링되고 유사하지 않은 객체는 높은 확률로 먼 포인트로 모델링된다. 이 시각화 기술의 예로 8 × 8 그레이스케일 픽셀로 스캔된 1,797개의 손 글씨 숫자 컬렉션을 살펴보자. 이 컬렉션은 UCI 머신러닝 리포지터리에 게시되고 scikit-learn과 함께 배포된 컬렉션 중 하나다. 이것이 의미하는 바는 다양한 픽셀 값에 대한 64차원 매개변수 공간이다.

로지스틱 회귀 분석과 같은 비교적 단순한 모델은 이 데이터 세트에 대한 예측 정확도에서 좋은 결과를 얻을 수 있다. 합성곱 신경망CNN, Convolutional Neural Networks은 훨씬 더 좋다. 몇 가지 샘플 스캔을 살펴보고 기본 데이터를 가져오자.

```
digits = get_digits()
```

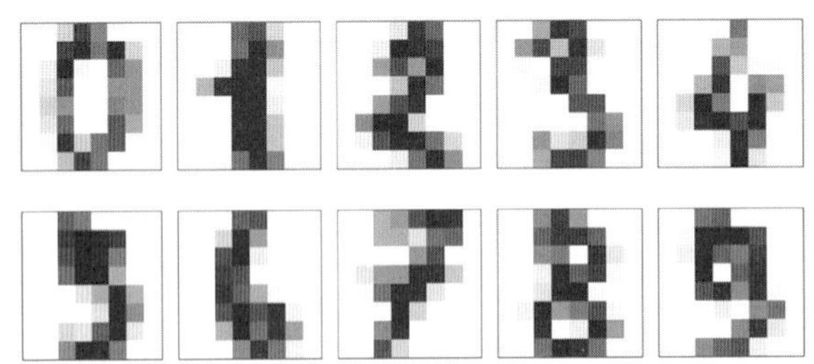

그림 7.7: 샘플 숫자

PCA를 사용해 이 64차원 매개변수 공간을 단순화할 수 있다. 이는 실제로 투영된 이 매개변수 공간에서 숫자의 합리적인 차이를 보여주는 2차원 시각화를 얻을 수 있다. 예를 들어 숫자 0이 지배하는 아래 플롯의 상단 중앙을 향한 영역이 분명히 있다. 동시에 숫자가 발생하는 영역 사이에는 강한 겹침이 있고 약간 느슨한 차이가 있다.

```
pca_digits = PCA(n_components=2).fit_transform(digits.data)
plot_digits(pca_digits, digits, "PCA")
```

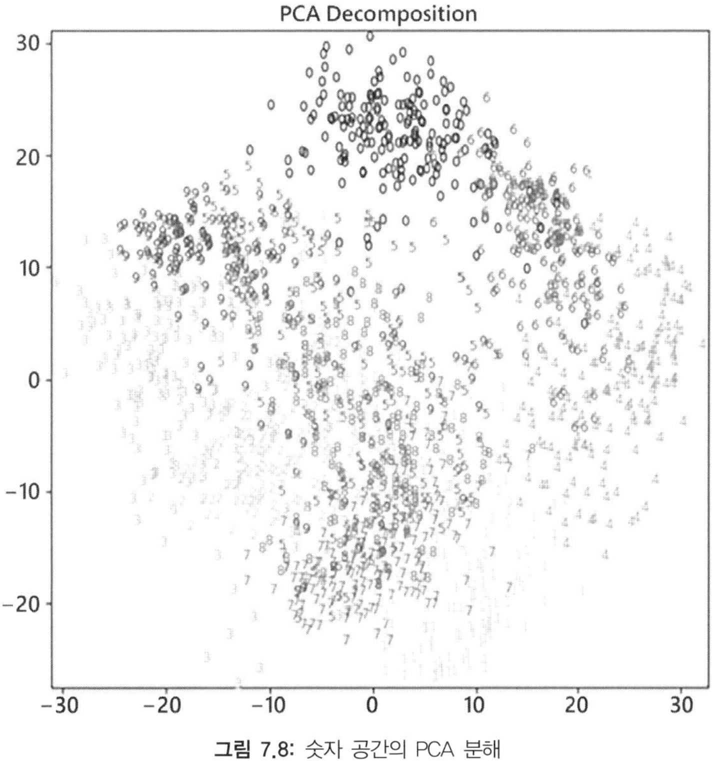

그림 7.8: 숫자 공간의 PCA 분해

PCA 차원 축소의 스케일 단위와 기타 기술 아래의 스케일 단위에는 구체적인 숫자 의미가 없다. 그것들은 단순히 알고리듬의 아티팩트지만 플롯을 만들거나 통계 또는 모델링에 사용할 수 있는 차별화된 숫자를 생성한다.

이와는 대조적으로 t-SNE를 사용하면 이 시각화에 대해 훨씬 더 강력한 결과를 얻을 수 있다. 따라서 이 프로젝션을 기반으로 한 모델링은 더 많은 작업을 제공한다. 이 예에서 t-SNE 플러스 로지스틱 회귀 분석은 전체 특징 공간에서 로지스틱 회귀 분석보다 더 나은 성능을 발휘하지 못하지만 각 관측치를 나타내는 데 사용되는 기본 데이터가 훨씬 적다고 해서 그렇게 나쁘지는 않다. 예를 들어 왼쪽 중앙에 있는 0 자리의 클러스터는 매우 강하며 이들과 다른 숫자 사이에 간격이 크다. 다른 일부는 잘 분리돼 있지 않지만 우리가 기대하는 특정 방식으로 그려진 9는 3과 매우 유사하다.

```
tsne_digits = TSNE(random_state=1).fit_transform(digits.data)
plot_digits(tsne_digits, digits, "t-SNE")
```

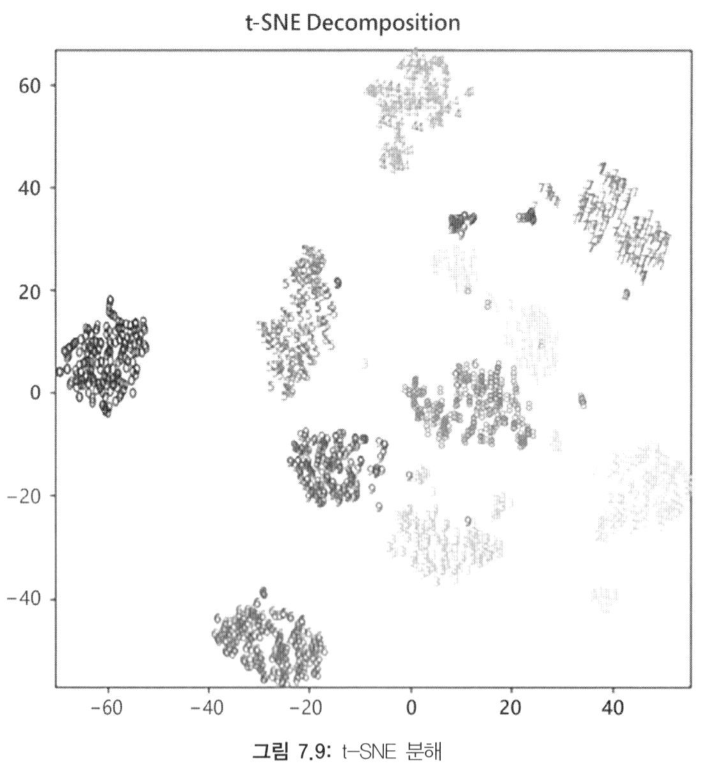

그림 7.9: t-SNE 분해

UMAP(Uniform Manifold Approximation and Projection for Dimension Reduction)는 t-SNE와 유사한 동기(그러나 매우 다른 수학)를 가진 또 다른 기술이다. UMAP에는 종종 추가적인 이점이 있다. 특히 클러스터 내 관측치의 근접성뿐만 아니라 클러스터 간의 거리는 UMAP에 의해 대략적으로 보존되는 반면 t-SNE는 단순히 그러한 시도를 하지 않는다. 특정 스캔된 숫자 예제에서 UMAP은 t-SNE보다 훨씬 더 조밀한 클러스터를 생성한다.

사실 클러스터는 충분히 조밀해 각 클러스터 내의 겹치는 많은 숫자를 구별하는 것이 어렵거나 불가능하다.

```
from umap import UMAP
umap_digits = UMAP(random_state=1).fit_transform(digits.data)
plot_digits(umap_digits, digits, "UMAP")
```

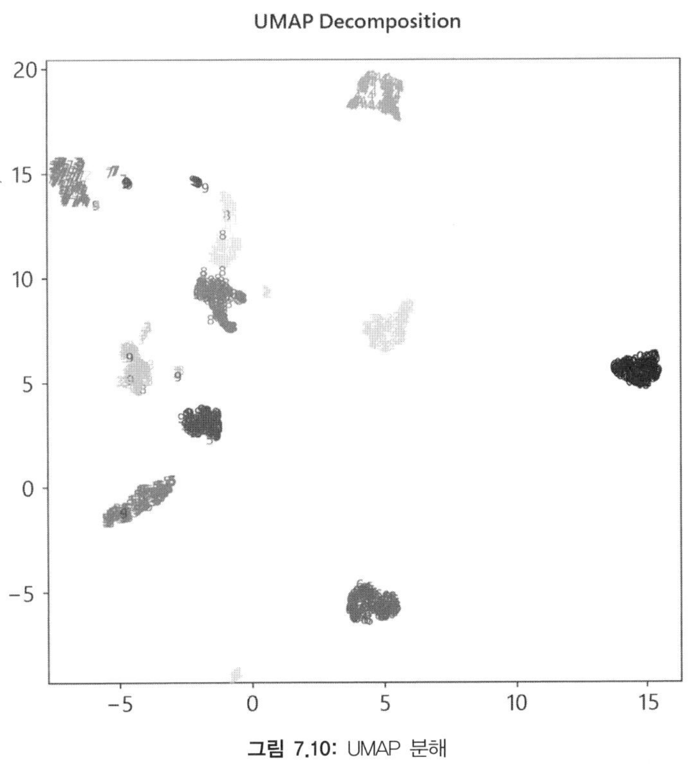

그림 7.10: UMAP 분해

분해 기술을 사용해 합성 특징을 생성할 때 당연히 해당 특징만 사용하도록 제한하지는 않는다. 특정 요구 사항에 따라 분해된 상위 몇 개 차원을 활용하는 것이 합리적일 수 있지만 일부 원본의 원시 특징, 원핫 인코딩 특징, 다항식 특징 또는 다른 타입의 합성 데이터를 사용해 동일한 중간 데이터 세트에 추가하는 것이 좋다. 작업별 데이터 세트 구성은 앞에 있는 특정 목적에 가장 효과적일 수 있다. 작업하기에 가장 좋은 데이터를 얻으려면 많은 직감, 약간의 추론, 많은 시행착오가 필요하다.

연속형 측정값을 서수형 데이터로 바꾸는 방법을 살펴보자. 서수형 데이터는 종종 모델의 파워를 높일 수 있다.

양자화와 이진화

> 나는 내국인과 외국인, 두 타입의 남자만 좋아한다.
>
> – 메이 웨스트Mae West

개념:

- 세분화 감소
- 빈 크기 밸런싱
- 임곗값 설정

연속형 또는 단순히 서수형 데이터가 적은 수의 레벨로 더 유용하게 표현되는 경우가 있다. 그것의 한계로 숫자 범위를 `True`/`False` 또는 일반적으로 1/0의 두 값으로 줄일 수 있지만 다른 값도 동작할 수 있다. 이 한계에서 양자화quantization를 이진화binarization라고 한다. 양자화 변환을 사용하는 것은 표시된 데이터가 측정 정확도의 관점에서나 데이터 과학 작업에 대한 효용의 관점에서나 실제로 의미 있는 것보다 더 높은 정밀도를 가질 때 종종 유용하다.

이 절과 다음 절에서 간단한 예로 내가 콘퍼런스에서 scikit-learn에 대한 튜토리얼에서 학생들을 대상으로 실시한 설문 조사 결과를 사용할 것이다. 나는 때때로 머신러닝을 수행하기 위한 빠른 데이터 세트로, 다른 훈련에서 이와 동일한 데이터를 사용한다. 여기에 제시된 내용은 일부 특징을 제거했지만 이 절에서는 유용한 특징을 유지한다. 모든 데이터와 마찬가지로 이 데이터 세트는 지저분하다. 일부 정리가 완료됐지만 실제 환경을 제공하고자 일부 요소는 의도적으로 피했다(너무 지저분하지는 않아 유용하지 않음).

```
survey = pd.read_csv('data/ML-survey.csv')
survey.sample(6, random_state=1)
```

	Language	Experience	Age	Post_Secondary	Success
95	C++	1.0	57	12	7
44	Python	7.0	24	11	5
56	R	2.0	46	9	10
97	Python	2.0	23	3	5
69	Python	5.0	53	4	8
114	Python	25.0	76	23	1

이 데이터는 충분히 간단하다. 튜토리얼 참석자 일부에 대한 전자 설문 데이터가 수집됐으며 튜토리얼이 1-10 척도로 얼마나 성공적이었는지 평가하도록 요청했다. 약간의 도메인 지식은 이와 같은 클래스에서 응답 분포가 매우 왜곡돼 있음을 알려준다. 본질적으로 9 또는 10은 강한 긍정이고 7 이하는 부정적이다. 8의 응답은 보통 긍정적이다. 범위 전반에 걸쳐 더 많은 통일성을 희망하지만 인간 심리학과 그러한 평가에 어떻게 대응해야 할지에 대한 사회적 압박의 역사가 이를 가능하게 한다. 이러한 데이터는 이와 같은 익숙한 패턴을 따른다.

```
(survey
  .Success
  .value_counts()
  .sort_index()
  .plot(kind='bar', title="Distribution of Ratings"));
```

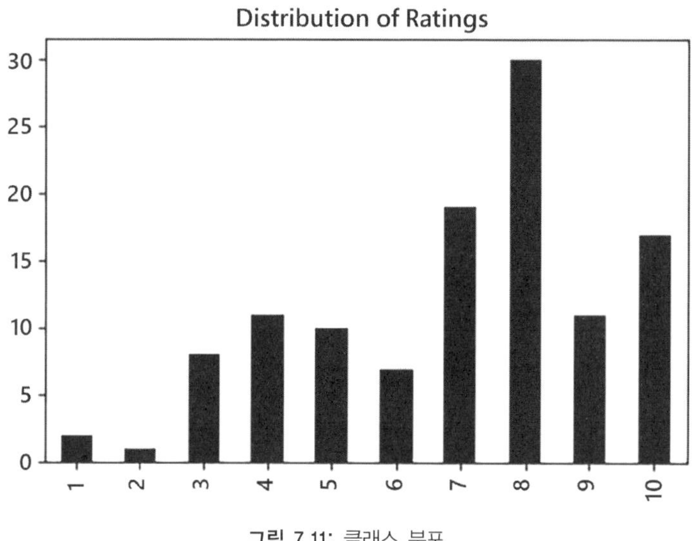

그림 7.11: 클래스 분포

데이터 분포, 알려진 평가 심리학 및 규정된 분석 목적을 고려할 때 평가 달성을 단순히 이진 값으로 취급하기를 원한다. 이는 불리언 배열을 생성하는 간단한 비교를 통해 판다스에서 또는 거의 모든 다른 데이터 프레임 라이브러리에서 매우 쉽게 수행할 수 있다.

이러한 불리언 배열은 종종 필터나 마스크로 사용되지만 완벽하게 좋은 값을 직접 제공할 수 있다.

```
survey.Success >= 8
```

```
0        True
1        True
2        True
3       False
          ...
112     False
113      True
114     False
115      True
Name: Success, Length: 116, dtype: bool
```

넘파이 또는 다른 라이브러리에서 원시 배열로 작업하는 경우 scikit-learn 클래스 Binarizer를 사용할 수 있다. 이 유틸리티는 항상 2차원 행렬을 입력으로 예상하지만 단일 열이 있는 행렬은 완벽하게 허용된다.

```
from sklearn.preprocessing import Binarizer

# 7과 8 사이의 임의의 위치에 임곗값 설정
binary_rating = Binarizer(threshold=7.5)

# Series가 아닌 2-D DataFrame을 전달
success = binary_rating.fit_transform(survey[['Success']])

# 버전을 유지하는 것이 좋다.
survey2 = survey.copy()
survey2['Success'] = success
survey2
```

```
     Language  Experience   Age   Post_Secondary  Success
----------------------------------------------------------
  0    Python        20.0    53               13        1
  1    Python         4.0    33                7        1
  2    Python         1.0    31               10        1
```

```
  3    Python      12.0   60          12     0
...       ...       ...  ...         ...   ...
112    Python       4.0   35           4     0
113    Python       3.0   44           6     1
114    Python      25.0   76          23     0
115    Python      25.0   75          12     1
116 rows × 5 columns
```

이진 값은 Success 측정에 적합하다. 다른 열은 조금 다르게 처리하고 싶다. 참석자들의 고등 교육이 어떻게 분포됐는지 살펴보자. 그것을 약간 다르게 취급할 생각이다.

```
(survey2
  .Post_Secondary
  .plot(kind="hist", bins=20,
        title="Distribution of Education"));
```

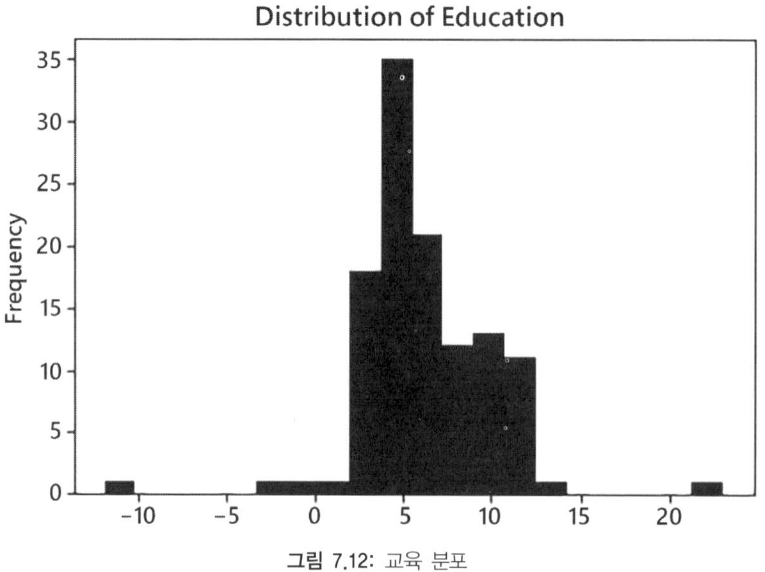

그림 7.12: 교육 분포

데이터에는 두 가지 명백한 아웃라이어가 있다. 한 응답자는 23년의 고등 교육을 받았다고 주장했다. 동일한 응답자가 114행 위에 표시되며 응답자는 76세라고 보고했다. 설문 조사의 의도와 설명이 박사 학위 또는 이에 상응하는 전문 학위를 10년으로 표기하는 선을 따랐다는 점을 감안할 때 23년은 다소 의심스럽다. 이 같은 사람이 박사, 의학 박사, 법학 박사 학위를 갖고 있을 가능성이 있지만 의사소통에 실패했거나 엔트리 오류가 있을 가능성이 더 크다. 그럼에도 우리는 그 사람이 가장 교육적인 범주에 들어갈 것이라고 규정할 것이다.

두 번째 아웃라이어는 -12로, 단순히 말도 안 되는 값이다. 어쨌든 의도는 대학 교육을 받을 때까지 몇 년 동안 일부 공제가 아니라 대학 교육이 0으로 표시되지 않게 하는 것이었다. 3학년 학생이 참석했고 튜토리얼이 가장 인상 깊었다고 느꼈을 것이다. 또는 데이터 엔트리 오류가 있을 가능성이 더 크다. 이 경우 이를 최소 교육 범주로 간단히 코딩할 것이다. 또 다른 목적으로 6장에서 설명한 기술을 반영해 인정되지 않는 값을 처리할 수 있다. 정확한 교육 연도를 보존하기보다는 '최소 교육', '중등 교육', '고등 교육'에 해당하는 값만 저장한다. 숫자는 0, 1, 2로 코딩돼 있어야 한다. 프로젝트 문서에는 이 매핑을 설명해야 한다.

데이터를 교육량에 따라 거의 동일한 크기의 빈[bin]으로 나누고자 scikit-learn 클래스 `KBinsDiscretizer`를 사용할 수 있다. scikit-learn API의 다른 부분과 마찬가지로, 먼저 클래스의 매개변수화된 인스턴스를 만든 다음 `.fit_transform()`을 수행해 데이터를 변환한다.

```
from sklearn.preprocessing import KBinsDiscretizer

# 3개의 균형 잡힌 bin으로 binner를 만든다.
edu_bin = KBinsDiscretizer(n_bins=3,
                           encode='ordinal',
                           strategy='quantile')

# Post_Secondary 열을 비운다(bin).
```

```
level = edu_bin.fit_transform(survey2[['Post_Secondary']])

# 이 버전에서는 비운(binned) 필드 이름을 "Education"으로 변경한다.
survey3 = survey2.copy()
survey3['Education'] = level.astype(np.uint8)
survey3.drop('Post_Secondary', axis=1, inplace=True)
survey3.sample(8, random_state=2)
```

```
    Language   Experience   Age   Success Education
----------------------------------------------------
24    Python         3.0     28         1         0
89    Python        12.0     46         0         2
28    Python         3.0     31         1         1
56         R         2.0     46         1         2
 2    Python         1.0     31         1         2
53    Python        10.0      3         1         2
45    Python         1.0     31         0         2
79              JavaScript  1.0        32         1  1
```

일반적으로 Education 값이 예상대로 0, 1, 2임을 알 수 있다. 어떤 컷오프가 선택됐는지 각 범주에 속하는 응답자 수를 더 자세히 살펴볼 수 있다.

내가 이것을 범주로 설명하고 있지만(키 매핑 문서화를 기대하지만) 범주형이 아니라 명확하게 정렬돼 있음에 주목해야 한다.

```
print("Education cut-offs:")
print(edu_bin.bin_edges_[0], '\n')
print("Count per bin:")
print(survey3.Education.value_counts())
```

```
Education cut-offs:
[-12.          4.33333333    7.          23.          ]
```

```
Count per bin:
2    44
0    39
1    33
Name: Education, dtype: int64
```

교육의 경우 유틸리티가 균형 잡힌 빈을 위해 컷포인트를 결정할 수 있도록 허용했다. 그러나 특정한 특징에 대해 고정된 숫자 범위로 나누는 것이 좋을 것이다. 경험값에 대한 접근 방식을 시도해보자(수년간의 프로그래밍 경험을 반영하기 위함). KBinsDiscretizer는 이를 달성하고자 다른 매개변수로 간단히 인스턴스화할 수 있다. 다시 한 번 숫자 0, 1, 2, 3, 4가 원시 연도가 아닌 경험 범위를 나타내는 데 사용된다는 것을 문서화해야 한다. 그러나 여기서는 새 데이터 세트 버전에서 동일한 열 이름을 유지한다.

```
# 동일한 숫자 범위의 5개 bin으로 binner를 만든다.
exp = KBinsDiscretizer(n_bins=5,
                       encode='ordinal',
                       strategy='uniform')

# Experience 열을 비운다.
exp_level = exp.fit_transform(survey3[['Experience']])

# Experience 이름은 유지하지만 새로운 의미다.
survey4 = survey3.copy()
survey4['Experience'] = exp_level.astype(np.uint8)
survey4.sample(8, random_state=3)
```

```
     Language    Experience    Age    Success  Education
-----------------------------------------------------------
 83   MATLAB              1     37          0          2
  5   Python              0     32          1          0
  6   Python              0     34          0          2
```

```
42     MATLAB           0    31       0       2
100    Python           0    47       0       2
 97    Python           0    23       0       0
 40    Python           1    33       1       2
 25         R           0    36       1       0
```

비닝Binning에 '균일한' 전략을 사용하면 매우 불균형한 빈이 생성된다. 그러나 이는 대부분의 경우에 완벽하게 합리적이다. 더 넓은 목적에서 경험의 양을 5년의 대략적인 배수로 반올림하는 것은 좋은 단순화가 될 수 있다. 이 기술을 적당히 변경하면 정확히 5년으로 잘라낼 수 있었지만 데이터 자체를 정기적으로 잘라내어야 대략적인 범위를 얻을 수 있다.

```
print("Experience cut-offs:")
print(exp.bin_edges_[0], '\n')
print("Count per bin:")
print(survey4
        .Experience.value_counts()
        .sort_index())
```

```
Experience cut-offs:
[ 0.    5.4 10.8 16.2 21.6 27. ]

Count per bin:
0     93
1     14
2      4
3      1
4      4
Name: Experience, dtype: int64
```

각각 이전 양자화에서 값을 서수로 인코딩했다. 그러나 때로는 다른 접근 방식이 더 나을 수 있다. 값의 다양한 숫자 범위가 서수이거나 순수하게 정량적이라기보다는 범주적으로 완전히 다른 것이라고 간주할 수 있다. 교육은 증분이 고르지 않았기 때문에 순서대로 취급됐다. 그러나 경험은 단순히 연속적이지만 정량화된다. 근사치로 원래 측정값을 복구하는 것은 단순히 각 값에 5.4를 곱하는 것이다.

특정 측정의 경우 서로 다른 값이 서로 다른 도메인이나 체제를 반영할 수 있다. 이를 위해 다음 절에서 설명하지만 KBinsDiscretizer의 매개변수로도 사용할 수 있는 원핫 인코딩을 사용할 수 있다.

이 예에서는 'Young', 'Mid_Age', 'Old' 한 튜토리얼 참석자는 우리가 구별하고자 하는 완전히 다른 종류라고 규정한다(저자는 해당 도메인의 마지막 도메인에 포함된다). 그러나 그렇게 하기 전에 데이터 품질 문제를 처리해야 한다. 일부 연령 값은 의심스러워 보인다.

```
survey4.Age.describe()[['mean', 'min', 'max']]
```

```
mean      36.965517
min        3.000000
max       99.000000
Name: Age, dtype: float64
```

```
survey[survey.Age < 10]
```

```
    Language   Experience   Age  Post_Secondary  Success
-----------------------------------------------------------
53    Python         10.0     3               9        9
85    Python          3.0     3              10        6
```

이 튜토리얼에는 99세의 참석자는 있었을 것으로 추정되지만 확실히 3세의 참석자는 없었다. 99세의 참석자는 부정확한 엔트리였을 것이지만 3세는 프로그래밍 경험과 고등 교육이 각각 나이를 초과하기 때문에 데이터 자체에서 잘못된 것임이 입증됐다. 나는 이들이 데이터 엔트리 오류를 범한 30대 참석자라고 가정하고 둘 다 35세로 보정한다고 가정한다(모든 참석자의 평균 또는 평균 연령과 멀지 않아서 나도 합리적으로 사용할 수 있음).

```
# 다음 버전을 만들고 잘못된 데이터를 대체한다.
survey5 = survey4.copy()
survey5.loc[survey5.Age == 3, 'Age'] = 35

# 3개의 열에 3개의 bin이 있는 binner를 만든다.
# 참고: "onehot"이 있는 희소 배열
age_bin = KBinsDiscretizer(n_bins=3,
                           encode='onehot-dense',
                           strategy='quantile')

# Age 열을 비우고(bin) 분할(split)
age = age_bin.fit_transform(survey5[['Age']])
age = age.astype(np.uint8).T
survey5 = survey5.assign(Young=age[0],
                         Mid_Age=age[1],
                         Old=age[2])
survey5.drop('Age', axis=1, inplace=True)
survey5.sample(8, random_state=4)
```

	Language	Experience	Success	Education	Young	Mid_Age	Old
13	Python	0	0	2	0	1	0
2	Python	0	1	2	0	1	0
25	R	0	1	0	0	1	0
16	Python	0	1	0	0	0	1
19	Python	0	0	1	0	0	1
79	JavaScript	0	1	1	0	1	0
5	Python	0	1	0	0	1	0
24	Python	0	1	0	1	0	0

원핫 인코딩을 사용해 연령 범위에 대한 합성 열을 만들었으므로 일반적으로 원핫 인코딩을 설명하는 다음 절로 넘어가는 것이 좋다. 단계적으로 다듬고 변형한 이 설문 조사 데이터 세트로 계속 작업할 것이다.

원핫 인코딩

> 한 번 살인에 빠지면 곧 도둑질을 대수롭지 않게 여기게 된다. 강도질하고 술을 마시고 안식일을 어기고, 그로부터 무례함과 미루기까지 하게 된다. 일단 이 내리막길로 들어서면 어디부터 멈춰야 할지 모른다. 많은 사람이 그 당시에는 대수롭지 않게 여겼을지도 모르는, 살인이나 다른 사건으로 스스로의 파멸을 시작했다.
>
> – 토마스 드 퀸시Thomas de Quincey

개념:

- 인위적인 오더링 방지
- 합성 불리언 특징

일반적으로 우리는 여러 클래스 값이 인코딩된 특징을 사용한다. 많은 모델이나 기타 통계 기술의 경우 특징이 숫자로 인코딩돼야 한다. 이를 수행하는 쉬운 방법은 값을 숫자 서수로 인코딩하는 것이다. 예를 들어 설문 조사 데이터에서 `Python=1`, `R=2`, `JavaScript=3` 등을 매핑해 언어 특징을 인코딩할 수 있다. 이러한 값은 숫자지만 범주에 인위적인 순서를 지정하지 않으면 더 나은 품질을 얻을 수 있다. 다른 프로그래밍 언어에는 고유하거나 명확한 순서가 없다.

클래스 값의 인코딩은 의미 있는 문자열이 아닐 수 있지만 이미 작은 정수 범위를 사용할 수 있다. 이는 변수에 대한 서수성을 잘못 제시할 수 있다. 특정 특징에 대한 합리적인 해석인지 확인하려면 문서와 도메인 지식을 참조해야 한다. 물론 대칭적으로 문자열은 실제로 서수 값을 명확하게 인코딩한다. 예를 들어 평가에서 '나쁨', '좋음', '최상'(의미 있는 순서는 알파벳과 같은 해당 문자열의 '자연적인' 순서일 가능성이 낮음).

하나의 특징을 여러 값으로 인코딩하고자 각 클래스 값에 대해 하나씩 여러 특징으로 변환할 수 있다. 이 인코딩 이름의 '원핫one-hot'은 이러한 새로운 특징 중 정확히 하나는 1이고 나머지 특징은 0임을 나타낸다(또는 프로그래밍 언어 및 라이브러리에 따라 True/False). 설문 조사 데이터 세트에서 선호하는 프로그래밍 언어 열은 원핫 인코딩에 적합한 후보다.

판다스에서 `get_dummies()` 함수는 데이터 프레임을 원핫 인코딩으로 변환한다. scikit-learn에서 `OneHotEncoder` 클래스는 동일한 작업을 수행하지만 판다스 작업에 국한되지 않는다(행렬과 유사한 작업). 두 API 모두 새로운 특징의 이름 지정, 스토리지에 조밀한 또는 희소한 배열 사용 여부, (다중 공선성을 줄이고자) 하나의 범주 생략 여부, 판다스에서 인코딩할 열을 제공하는 다양한 옵션이 있다. 기본적으로 판다스는 모든 문자열이나 범주형 열을 검색하지만 조정할 수 있다. 예를 들어 정수 열의 원핫 인코딩을 강제할 수 있다.

프레젠테이션을 위해 몇 개의 행 샘플과 행으로 인코딩된 언어 특징을 가진 치환된 데이터 프레임을 표시한다. 대부분의 샘플(여기서는 열로 표시됨)에는 `Lang_Python` 특징에 1이 있고 다른 특징에 0이 있음을 알 수 있다.

일부 샘플에는 다른 특징에 '원핫'이 있다.

```
survey6 = pd.get_dummies(survey5, prefix="Lang")
survey6.sample(10, random_state=3).T.tail(8)
```

```
                    83  5  6  42  100  97  40  25  115  103
-------------------------------------------------------------
         Lang_C++    0  0  0   0    0   0   0   0    0    0
  Lang_JavaScript    0  0  0   0    0   0   0   0    0    0
      Lang_MATLAB    1  0  0   1    0   0   0   0    0    0
      Lang_Python    0  1  1   0    1   1   1   0    1    0
           Lang_R    0  0  0   0    0   0   0   1    0    1
       Lang_Scala    0  0  0   0    0   0   0   0    0    0
          Lang_VB    0  0  0   0    0   0   0   0    0    0
  Lang_Whitespace    0  0  0   0    0   0   0   0    0    0
```

scikit-learn API는 살펴본 다른 변환기와 유사하다. 매개변수화된 인스턴스를 생성한 다음 이를 사용해 데이터를 피팅하거나 변환한다. 이 API에서 제안된 특징 이름과 같은 메타데이터는 인코딩된 객체에 있으며 원시 인코딩된 데이터는 일반 넘파이 배열이다.

```
from sklearn.preprocessing import OneHotEncoder
lang = survey5[['Language']]
enc = OneHotEncoder(sparse=False).fit(lang)
one_hot = enc.transform(lang)
print(enc.get_feature_names())
print("\nA few encoded rows:")
print(one_hot[80:90])
```

```
['x0_C++' 'x0_JavaScript' 'x0_MATLAB' 'x0_Python' 'x0_R' 'x0_Scala'
 'x0_VB' 'x0_Whitespace']

A few encoded rows:
[[0. 0. 0. 1. 0. 0. 0. 0.]
 [0. 0. 0. 0. 0. 0. 0. 1.]
 [0. 0. 0. 1. 0. 0. 0. 0.]
 [0. 0. 1. 0. 0. 0. 0. 0.]
 [0. 0. 0. 1. 0. 0. 0. 0.]
 [0. 0. 0. 1. 0. 0. 0. 0.]
 [0. 0. 0. 1. 0. 0. 0. 0.]
 [0. 0. 0. 1. 0. 0. 0. 0.]
 [0. 0. 0. 0. 1. 0. 0. 0.]
 [0. 0. 0. 1. 0. 0. 0. 0.]]
```

변환을 통해 더 많은 특징을 갖춘 데이터 세트에 도달했지만 다운스트림 목적에 더 적합한 특징을 갖추게 됐다. DataFrame이 방대해 이 공간에 쉽게 표시할 수 없으므로 한 행만 살펴보자. 이 예제에서 수행한 특정 인코딩은 모두 음이 아닌 작은 정수를 제공하지만 이는 다른 연속 숫자 변수와 쉽게 결합될 수 있으며, 이러한 작은 숫자와 유사한 숫자 범위로 스케일링된 변수와 결합될 수 있을 것이다.

```
with show_more_rows():
  print(survey6.loc[0])
```

```
Experience        3
Success           1
Education         2
Young             0
Mid_Age           0
Old               1
Lang_C++          0
Lang_JavaScript   0
Lang_MATLAB       0
Lang_Python       1
Lang_R            0
Lang_Scala        0
Lang_VB           0
Lang_Whitespace   0
Name: 0, dtype: int64
```

원핫 인코딩은 합성 특징으로 차원성을 높이는 작은 단계다. 다음으로 다항식 특징을 통해 진정한 도약을 시도한다.

다항식 특징

> 최종 분석에서 드로잉은 아무리 자체적으로 실행해도 더 이상 단순한 드로잉이 아니다. 그것은 상징이며, 가상의 투영선이 더 높은 차원을 만날수록 더 좋다.
>
> – 파울 클레 Paul Klee

개념:

- 합성 특징 생성
- 차원의 저주
- 특징 선택

다항식 특징을 생성하면 많은 수의 새로운 합성 특징이 생성될 수 있다. 이 변환의 기본 아이디어는 간단하다. 최대 N개의 기존 기능을 곱한 새로운 특징을 추가한다. 이 절에서 사용할 scikit-learn 버전에서 `PolynomialFeatures`는 모든 매개변수 조합의 곱셈을 수행한다(지정된 정도까지). 물론 곱셈이나 기타 특징의 조합을 수동으로 생성하는 것은 쉽다. `PolynomialFeatures`는 다른 scikit-learn 클래스의 사용자에게 친숙한 하나의 API에서 모든 조합을 식별하고 유용한 메타데이터가 포함된 일반 변환기 객체를 제공하는 작업을 마무리한다.

다항식 특징을 구성하는 것은 종종 특징 선택을 사용해 특징을 확보해야 하는 주된 이유다. 예를 들어 30개의 원시 기능을 15개로 줄이는 것은 대부분의 모델에서 그다지 중요하지 않을 것이다. 그러나 다음 예에서 496개의 합성 특징을 줄이는 것은 모델의 거듭제곱과 사용되는 계산 리소스 모두에 중요하다. 훨씬 더 많은 수의 합성 다항식 특징을 구성하면 특징 선택의 필요성이 훨씬 더 강해진다. 특징 선택과 결합된 다항식 확장의 조합이 원시 특징보다 훨씬 더 강력한 모델을 생성하는 것은 매우 일반적이다.

scikit-learn은 단일 기능의 사각형(또는 큐브 등)을 만들지 여부에 대한 세부 정보를 제공한다. 이는 대부분의 경우 전체 데이터 파이프라인에서 그다지 중요하지 않다. 나는 일반적으로 이러한 용어를 포함해도 아무런 해가 없다고 생각하며, 때로는 이점이 있다. `interactions_only` 옵션을 사용하지 않는 경우 생성되는 특징의 수는 다음과 같다.

$$\#features = N + N + \frac{N \times (N-1)}{2} + 1$$

예를 들어 30개의 원시 차원에 대해 2차에서 496개의 다항식 특징을 얻는다. 100개의 원시 특징에 대해 5,151을 얻는다. 이 절에서는 이 장의 앞부분에서도 사용된 Wisconsin Breast Cancer 데이터 세트로 돌아간다. 30개의 숫자 특징(및 하나의 이진 대상)이 있음을 기억하자.

```
cancer = load_breast_cancer()
X_raw = MinMaxScaler().fit_transform(cancer.data)
y = cancer.target
```

합성 특징 생성

다항식 특징을 만드는 것은 이 책에서 살펴본 scikit-learn의 다른 모든 변환기와 마찬가지로 또 다른 변환이다. 이 절에서는 2차 다항식에만 많은 주의를 기울이지만 합성 특징의 성장을 설명하고자 다음 루프에서 몇 가지 차수가 생성된다. 변환기 딕셔너리와 결과 X 배열의 또 다른 딕셔너리를 모두 만든다. 생성되는 동안 이러한 합성 특징이 얼마나 높은 차원인지 표시해보자.

```
poly = dict()
X_poly = dict()

print(f"Raw data set shape: {cancer.data.shape}")

for n in [2, 3, 4, 5]:
    poly[n] = PolynomialFeatures(n)
    X_poly[n] = poly[n].fit_transform(X_raw)
    print(f"Degree {n} polynomial: {X_poly[n].shape}")
```

```
Raw data set shape:    (569, 30)
Degree 2 polynomial:  (569, 496)
Degree 3 polynomial:  (569, 5456)
Degree 4 polynomial:  (569, 46376)
Degree 5 polynomial:  (569, 324632)
```

특징이 수만 또는 수십만 개로 너무 많아서 좋은 모델링이나 분석을 수행할 수 없다. 2차 다항식의 496개 특징조차도 실제적으로 약간 흔들린다. 차수 2는 메모리를 압도하지 않을 수 있지만(분명히 행수에 따라 달라지며, 이 예는 작다), 거의 확실하게 **차원의 저주** curse of dimensionality로 이어지고 모델은 비효율적일 것이다.

이러한 합성 특징이 무엇을 포함하고 있으며 어떻게 명명되는지 살펴보자. 이미 원래 특징을 [0, 1] 간격으로 조정했으므로 곱셈 조합은 해당 범위에 유지된다. 다시 정규화하고자 다항식 데이터를 다시 스케일링할 수 있지만 이 경우에는 중요하지 않다.

물론 이러한 합성 특징의 이름을 지정할 수 있다. 그러나 PolynomialFeatures는 원시 특징 이름을 기반으로 편리한 제안 세트를 제공한다.

```
names = poly[2].get_feature_names(cancer.feature_names)

row0 = pd.Series(X_poly[2][0], index=names)
row0.sample(8, random_state=6)
```

```
mean compactness^2                      0.627323
radius error worst perimeter            0.238017
smoothness error worst concavity        0.090577
mean compactness worst concavity        0.450361
perimeter error                         0.369034
area error fractal dimension error      0.050119
radius error concavity error            0.048323
```

```
mean fractal dimension symmetry error   0.188707
dtype: float64
```

특징 이름의 대표 컬렉션을 가져오는 특정 무작위 상태를 선택했다. 특히 일부 특징은 mean compactness^2와 같은 원시 특징의 거듭제곱으로 명명된다. 다른 것들은 경계 오차perimeter error와 같은 원시 기능 자체다. 대부분의 합성 특징은 smoothness error worst concavity 또는 mean compactness worst concavity와 같은 두 가지 원시 특징의 곱셈이다. 개념상 특징의 비율을 나타내는 합성 특징도 유용할 수 있지만 자동으로 생성되지는 않는다. 여러 단어로 된 특징 이름의 경우 공백보다는 별표 또는 쉼표와 같은 구분 기호를 사용하는 것이 미적으로 더 나을 수 있지만 어쨌든 곱셈은 후자의 이름으로 표시된다.

고차 다항식을 사용하면 특징의 이름도 물론 더 복잡해진다. 가능한 항으로 개별 원시 차원의 거듭제곱을 포함해 최대 4개의 원시 특징을 가진 다양한 조합이 결합된다.

```
names = poly[4].get_feature_names(cancer.feature_names)
row0 = pd.Series(X_poly[4][0], index=names)
row0.sample(6, random_state=2)
```

```
mean texture mean symmetry concavity error worst fractal dimension
0.000884
mean texture mean perimeter mean smoothness
0.007345
mean concave points compactness error worst perimeter^2
0.114747
fractal dimension error worst radius worst perimeter worst symmetry
0.045447
mean compactness mean fractal dimension worst area worst compactness
0.133861
```

```
mean area worst compactness worst concave points^2
0.187367
dtype: float64
```

***

대부분 R은 유사하게 다항식 특징을 생성하기 쉽게 만든다. 수식[formula]은 모든 상호 작용 항을 생성하는 것을 간결하게 만드는 멋진 R 구문이다. 그러나 원시 항의 거듭제곱을 포함하면 수식으로 표현하기가 다소 번거로워진다. 가능한 지원 함수가 이를 올바르게 하는 데 도움이 된다. 다음 코드는 훨씬 간단한 데이터 세트를 사용해 tibble에서 3차 다항식 특징을 생성한다. 실제 로직은 더 높은 차원의 X와 다르지 않으며 단지 이 작은 예에서는 디스플레이가 더 깨끗할 뿐이다.

```
%%R
X <- tibble(A = c(0.2, 0.3, 0.4),
            B = c(0.1, -0.3, 0.5),
            C = c(-0.2, 0.3, 0.1))
formula = ~ .^3
poly2 <- as.tibble(model.matrix(formula, data=X))
poly2
```

```
# A tibble: 3 x 8
  '(Intercept)'     A     B     C  'A:B'  'A:C'  'B:C'  'A:B:C'
          <dbl> <dbl> <dbl> <dbl>  <dbl>  <dbl>  <dbl>    <dbl>
1             1   0.2   0.1  -0.2   0.02  -0.04  -0.02   -0.004
2             1   0.3  -0.3   0.3  -0.09   0.09  -0.09   -0.027
3             1   0.4   0.5   0.1    0.2   0.04   0.05     0.02
```

이 예는 3개의 데이터 행을 나타내며 각 행에는 3개의 원시 특징 각각을 포함하고 3개의 원시 특징 각각 쌍의 곱, 3개의 원시 특징 모두의 곱이 포함된다.

특징 선택

단순히 엄청난 수의 합성 특징을 갖는 것은 아직 그다지 유용하지 않다. 이러한 특징을 활용하려면 대부분을 먼저 폐기해야 하기 때문일 것이다. '차원의 저주'는 고차원 데이터와 관련된 몇 가지 관련 문제를 나타낼 수 있다.

본질적으로 모델의 효율성과 통계적 의미는 매개변수 차원의 수가 너무 많아지면 훨씬 더 나빠질 수 있다.

TIP

> 매우 대략적인 경험 법칙은 열수가 행수의 10분의 1을 넘지 않아야 한다는 것이다. 이 비율은 사용되는 모델의 종류에 따라 다르지만 다른 선택은 경험 법칙보다 더 엄격한 요구 사항을 부과하며, 이는 하한선으로 가장 잘 처리된다. 또한 수백만 개의 관측치가 있을 수 있는 데이터 세트의 경우에도 대략적으로 최대 수백 개의 차원이 목표가 돼야 한다.

특별한 종류의 머신러닝 설계인 심층 신경망에서는 이 경험 법칙이 제시하는 것보다 더 높은 차원의 입력 계층을 만날 수 있다. 그러나 거기에서도 그러한 네트워크의 초기 계층은 거의 항상 차원을 줄이는 역할을 한다. 신경망은 훈련에서 특징 선택을 효과적으로 수행하는 방법을 학습한다. 신경망의 숨겨진 계층에는 종종 수백 개의 뉴런이 있지만 거의 수천 개의 뉴런을 갖고 있다. 많은 계층이 있는 심층 신경망에서도 각 계층에 수백 개 미만의 뉴런이 있는 경우가 많다.

여기에서 특징 선택이 시작된다. 수많은 (대부분 합성) 특징 중 어떤 것이 진정으로 모델에 도움이 되는지, 어떤 것이 단순히 노이즈를 추가하는지 결정해야 한다. 비교를 위해 다양한 변환에서 유방암 데이터를 모델링해보자. 또한 이 접근 방식에서 '최상의' 특징만 선택할 수 있다.

최상의 특징을 선택하는 데 사용할 수 있는 방법은 여러 가지가 있다. 가장 간단한 방법은 각 특징의 예측 강도에 대한 일변량 모델링이다. 이는 예를 들어 `SelectKBest`의 scikit-learn 내에서 수행된다. 수많은 특징이 있는 경우 이는 때때로 합리적인 접근 방식이다. 그러나 훨씬 더 강력한 기술은 특정 모델 객체(즉, 클래스 및 하이퍼파라미터 모음)를 기반으로 특징을 재귀적으로 제거하는 것이다.

scikit-learn에서 RFE 및 RFECV는 재귀적 특징 제거를 수행한다. 후자의 클래스는 더 정확하고 훨씬 느리다. 클래스 이름은 '재귀적 특징 제거 및 교차 검증recursive feature elimination and cross-validation'의 약어다. Plain RFE는 특징 수가 감소하는 모델을 이미 반복적으로 훈련시킨다(예, 2차 다항식 유방암 데이터에 대해 훈련된 496개의 모델). RFECV는 여러 가지 다른 훈련/테스트 분할에서 특징 중요도를 사용하고 복수 순서를 선택해 한 단계 더 나아간다. 기본적으로 이는 5개 폴드이므로 고려되는 각 특징 수에 대해 5개의 모델이 있다(예, 2차 다항식에 대해 훈련된 2,480개의 모델). 서브샘플링에서의 견고성은 평가에 대해 상당히 강한 신뢰를 준다.

R에서 caret 패키지는 선택적으로 교차 검증을 통해 재귀적 특징 제거를 수행하는 rfe()와 rfeControl() 함수 쌍을 포함한다.

명심할 제한 사항은 모든 타입의 모델이 특징 중요도의 순위를 제공하지는 않는다는 것이다. 예를 들어 이 개념은 차원 축소를 위한 분해를 설명하는 데 사용한 K-이웃 모델과 관련이 없다. 선형 모델은 재귀적 특징 제거에도 활용되는 특징 중요도와 충분히 동등한 계수를 제공한다. 명시적인 특징 중요도가 없는 모델에서도 일변량 특징 선택을 수행하고 일변량 상관관계에서 가장 강력하고 다양한 수의 특징을 시도할 수 있다. 이러한 방식으로 특징 세트를 줄이면 더 나은 측정 항목을 얻을 수 있다. 이 경우 검색을 지원하기 위한 스캐폴딩scaffolding이 더 적다.

특징 중요도를 노출하는 모델 유형을 살펴보고 2차 다항식 합성 데이터 세트에서 496으로부터 특징을 재귀적으로 제거해본다. 모델에 여러 개의 하이퍼파라미터를 설정했으며 특정 특징 선택과 측정 항목 평가는 다른 특징을 사용하는 경우 달라진다. 끝에 있는 몇 개의 매개변수는 단순히 실행 컨텍스트를 제어하며 모델 알고리듬 자체에 중요하지 않다(예, 다중 CPU 코어 사용 또는 특정 임의의 상태에서 초기화).

```
model = RandomForestClassifier(n_estimators=100, max_depth=5,
                               n_jobs=4, random_state=2)
```

다음 몇 줄의 코드에는 이해할 내용이 많다. 반복적으로 훈련하려는 특정 추정량estimator으로 매개변수화된 RFECV 클래스의 인스턴스를 만든다. 이 경우 이것은 랜덤 포레스트 분류자random forest classifier(특정 하이퍼파라미터 포함)이지만 특징 중요도를 노출하는 모든 종류의 모델이 똑같이 적합하다. 그런 다음 특징 수를 줄이고 교차 검증을 위해 폴드를 제외하면서 통합된 모델을 여러 번 피팅시킨다. 이러한 모든 피팅과 암시적 스코어링 작업에 대한 데이터는 RFECV 인스턴스의 속성에 저장되며 나중에 검사할 수 있다.

유지되는 가장 중요한 속성은 support이며, 이는 최적의 서브세트에 포함되는 특징과 그렇지 않은 특징을 나타내는 배열이다. 이 속성을 사용해 제외하는 것보다 포함하는 것이 더 유용한 열만 포함하도록 더 큰 초기 행렬을 필터링할 수 있다. 이는 이 코드에서 X_support로 저장된다. 특징이 축소됐는지 확인하고자 형태를 살펴본다.

```
rfecv = RFECV(estimator=model, n_jobs=-1)
best_feat = rfecv.fit(X_poly[2], y)
X_support = X_poly[2][:, best_feat.support_]
X_support.shape
```

```
(569, 337)
```

여기에서 여러 후보 특징 세트의 품질을 비교할 수 있다. 원시 데이터에 피팅한 후 전체 다항식 데이터에 피팅하고 마지막으로 특징 제거를 통과한 다항식 데이터 열의 서브세트에 피팅한다. 매번 새 모델이 피팅된 후 분할된 테스트 데이터에 대해 스코어링한다. RFECV의 전체 데이터 세트를 사용해 최상의 N(이 경우 337)을 결정했지만 스코어링에 사용하는 훈련된 모델은 단순히 오버피팅이 아니라는 것을 확인하고자 훈련 행에만 액세스할 수 있다.

```
for X in (X_raw, X_poly[2], X_support):
    X_train, X_test, y_train, y_test = (
        train_test_split(X, y, random_state=42))
    model.fit(X_train, y_train)
    accuracy = model.score(X_test, y_test)
    error_rate = 100*(1-accuracy)
    print(f"Features | {X.shape=}\t| {error_rate=:.2f}%")
```

```
Features | X.shape=(569, 30)  | error_rate=2.80%
Features | X.shape=(569, 496) | error_rate=1.40%
Features | X.shape=(569, 337) | error_rate=0.70%
```

이러한 서로 다른 접근 방식에 의해 달성된 오류율이 조명받고 있다. 원시 특징이 있더라도 여기서 사용하는 랜덤 포레스트 모델은 이 장의 앞부분에서 사용된 K-이웃보다 우수하다. 여기서 더 관련이 있는 것은 다항식 특징을 사용하면 오류율이 크게 향상된다는 것이다. 이러한 특징을 더 예측 가능한 특징으로만 분류하면 훨씬 더 나은 오류율을 볼 수 있다. 어떤 경우에는 더 나은 메트릭 결과를 얻고자 시작했던 것보다 훨씬 적은 특징을 선택한다. 여기서는 특징 수를 적당히 줄였다. 중요한 요소는 정확성이 향상된다는 것이다.

RFECV 선택에 의해 생성된 또 다른 유용한 속성은 그리드 스코어다. 이는 각 특징이 연속적으로 제거된 후 얻은 메트릭 스코어다. 또는 더 정확하게는 훈련에서 데이터의 일부를 제외한 각 폴드 아래의 스코어 평균이다. 어쨌든 여기에는 전형적인 패턴이 있다. 매우 적은 특징의 경우 정확도가 낮다. 적당한 수의 경우 거의 최고의 메트릭을 달성한다. 서로 다른 특징의 수가 많은 경우 메트릭은 대략적으로 정점이다. 정점을 따라 이러한 초기 특징 중 N개를 선택하면 유사한 메트릭이 제공된다. 일부 특정 숫자는 특정 선택 검색에서 최적이지만 종종 정확한 숫자는 임의의 초기

화와 같은 작은 세부 사항에 따라 달라진다. 때로는 추가 특징에 대한 명확한 감소와 함께 특정 범위의 특징이 명확하게 선호되는 패턴도 있다.

```
(pd.Series(best_feat.grid_scores_)
     .plot(figsize=(10, 2.5), linewidth=0.75,
          title="#Features vs. Accuracy on 2-Polynomial Data"));
```

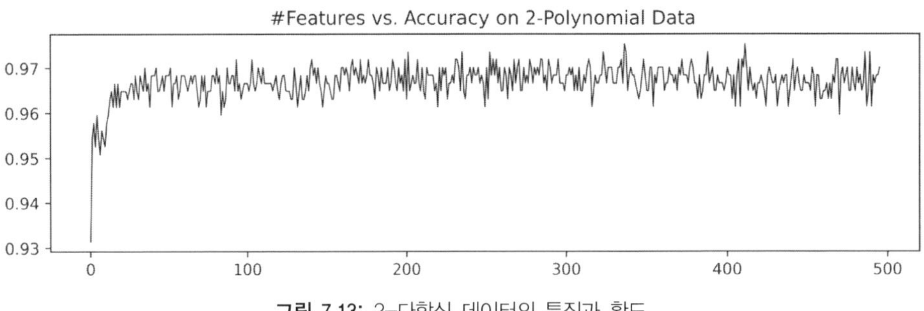

그림 7.13: 2-다항식 데이터의 특징과 확도

정점의 시작 부분 근처에 여러 특징을 선택하면 필요한 합성 데이터의 크기가 줄어들지만 정점에 시작이 분명한지 여부를 판단해야 한다.

연습

다음 연습에서는 이산 이벤트discrete events에서 '연속적인 것 같은' 결과를 찾은 후 대칭적으로 연속적이거나 또는 빈번한 이벤트를 더 거친 시간 단위의 측정으로 취급하도록 요구한다. 합성 특징을 생성하기 위한 두 가지 수정 사항은 일반적으로 실제 데이터 세트에서 유용하고 적절하다.

간헐적 발생

이 장에서는 타임스탬프 필드에 규칙성을 적용하는 방법을 설명했지만 이 연습에서는 어떤 방식으로든 그 목표를 되돌릴 것을 요구한다. 이벤트가 본질적으로 불규칙하게 발생하는 경우가 있다. 예를 들어 방사선을 측정하는 가이거Geiger 카운터는 전리 방사선이 임곗값에 도달할 때마다 '클릭click'(또는 기타 이산 신호)을 생성한다. 마찬가지로 우리는 각각의 새싹이 나무 숲 안에 나타날 때 타임스탬프를 측정할 수 있다. 발생 빈도는 전체적인 방식으로 성장률과 일치하지만 개별 이벤트는 확률적으로 분포돼 있다. 예를 들어 각 지정학적 지역 내에서 특정 날에 새로운 진단으로 Covid-19 대유행(현재 진행 중)처럼 다른 현상에는 전체 패턴을 간접적으로 정의하는 유사한 개별 이벤트가 있다.

2020년을 포괄하는 1년 간격 동안 5개 도구 중 하나에 의해 측정된 이벤트를 포함하는 인공 데이터 세트가 제공된다. 이벤트 기록은 정확한 분에만 발생하지만 그렇다고 해서 같은 분 동안 발생하는 여러 이벤트를 배제하지는 않는다. 일반적으로 각 도구의 일반적인 이벤트 빈도는 분당 1회보다 적게 발생한다. 5개의 도구는 단순히 'A'에서 'E'까지 이름이 지정된다. 앞에서 언급한 현상 중 하나 또는 원하는 다른 도메인을 설명하는 이 데이터를 자유롭게 상상할 수 있다.

데이터 세트는 다음에서 사용할 수 있다.

https://www.gnosis.cx/cleaning/events.sqlite

데이터 세트 내의 레코드는 다음 몇 개와 유사하다.

Timestamp	Instrument
2020-07-04 11:28:00	A
2020-07-04 11:29:00	B
2020-07-04 11:31:00	C
2020-07-04 11:34:00	D
2020-07-04 11:28:00	A
2020-07-04 11:34:00	A

데이터가 반드시 시간 순으로 발생하는 것은 아니다. 또한 동일한 타임스탬프에는 동일한 또는 다른 도구의 여러 이벤트가 포함될 수 있다. 예를 들어 테이블에서 `2020-07-04 11:28:00`은 도구 A에서 두 개의 이벤트를 측정하고 `2020-07-04 11:34:00`은 도구 A에서 하나의 이벤트를 측정하고 도구 D에서 다른 이벤트를 측정했다. 총 약 100만 개의 이벤트가 기록됐다.

각 도구는 시간 순서와 관련해 다른 패턴을 나타낸다. 동작을 숫자 형식으로 합리적으로 특성화하는 데 필요하다고 생각하는 많은 합성 특징을 만든다. 그러나 특징을 수십만 개가 아니라 수만 개 또는 수백 개로 번호 매기는 것으로 생각하자. 이러한 특징을 추가 통계 분석 또는 머신러닝 기술에 사용할 수 있도록 깔끔한 데이터 프레임에 넣는다. 이 데이터 프레임에는 활용하기로 결정한 합성 특징에 해당하는 열이 있다.

산문 설명을 사용하거나 수학 함수를 사용해 일반적인 용어로 각 도구의 동작을 특성화하려고 한다. 데이터 보증을 느끼는 만큼 구체적으로 설명하고 가능한 한 특성화의 한계나 불확실성을 설명해야 한다.

레벨 특성화

이 연습에서는 이전 연습과 동일한 데이터 세트를 사용한다. 이 데이터 세트는 다음에서 이용할 수 있다.

https://www.gnosis.cx/cleaning/events.sqlite

앞에서 설명한 것처럼, 5개의 도구는 각각 특정 타임스탬프에서 발생하는 개별 이벤트를 측정한다. 이벤트는 1분 정확도로 식별되며 시계열은 2020년을 포함한다. 어떤 분에는 여러 이벤트(동일하거나 다른 도구에서)가 있고, 어떤 분에는 이벤트가 없다.

이 연습의 목표는 이벤트 빈도가 '낮음', '중간' 또는 '높음'인지 여부에 따라 연중 매일의 특성을 지정하는 것이다. 이 양자화된 레벨을 각각 도구별로, 그리고 하루 전체에 대해 특성화해야 한다. 누적 빈도수와 도구별 빈도수 모두에 가장 적합한 양자화 전략을 결정해야 한다. 각 도구마다 다른 이벤트 분포에 따라 전략 선택은 달라질 수 있다.

다섯 개의 도구 모두는 집계할 때 대략적으로 상응하는 것을 측정한다고 가정할 수 있다. 예를 들어 이러한 이벤트가 이전 연습의 한 예에 따라 나무에서 새 새싹을 감지하는 경우 다른 도구는 다른 과수원을 측정할 수 있다(예를 들어 새싹 vs. 잎 vs. 과일은 아님).

낮음/중간/높음의 양자화가 하나 이상의 도구 이벤트 분포에 적합하지 않다고 생각되면 적용되는 문제나 제한을 특성화하고 도구 동작을 특성화하는 다른 접근 방식을 생각해보자.

대단원

그리고 이 오래된 세상은 새로운 세상이다

그리고 대담한 세상

나를 위해

– 니나 시몬Nina Simone

이 장에서 다룬 주제: 날짜/시간 필드, 문자열 필드, 문자열 벡터, 분해, 양자화, 원핫 인코딩, 다항식 특징

이 장에서는 새로운 특징을 발견하기 위한 다양한 접근 방식을 살펴봤다. 이는 데이터 포인트를 발명하는 6장과 대조적이다. 두 기술 모두 각자의 방식에서 중요하지만 개념적으로는 다른 작업을 수행한다. 데이터를 수집하거나 제공하는 방식이 해당 데이터의 가장 의미 있는 내용을 나타내지 않지만 갖고 있는 데이터 안에 더 나은 표현이 숨어있는 경우가 종종 있다.

합성 특징을 만들 때 세 가지 일반적인 주제가 제시됐다. 한 가지 경우에 표현된 것처럼 쉽게 분리되고 개별적으로 표현될 수 있는 둘 이상의 기본 특징을 결합해 단일 특징을 가질 수 있다. 유사하게 그러나 다른 방향으로 이동하면 때로는 직접 존재하는 적은 수의 구성 요소가 단일 특징으로 더 잘 결합될 수 있다. 이 두 이동에 대한 명확한 예는 연도, 월, 시간 또는 분과 같은 여러 구성 요소이거나 단일 값일 수 있는 날짜 시간 값이다.

두 번째 주제로 관측치가 벡터로 존재하는 매개변수 공간을 살펴봤다. 추상적인 수학적 실체로서 초기 관측치는 관측치 벡터의 정규 직교 기저orthonormal basis(차원)를 형성할 필요가 없다. 종종 매개변수 공간의 기저를 변환하면 통계 및 머신러닝에 더 유용한 차원이 생성된다. 그러나 이러한 변환 후 합성 특징은 인간적인 의미를 거의 갖지 않지만 독점적인 숫자 측정값이라는 것을 기억할 필요가 있다.

세 번째 주제로 초기 특징과 값의 도메인 또는 다른 초기 특징과의 상호작용에서 나타나는 합성 특징을 살펴봤다. 직관적으로 직접 측정할 수 없는 양이 있다. '열 지수'는 여름 온도와 습도의 상호작용이다. '체질량 지수'는 인간의 체중과 키의 상호작용이다. 때때로 상호작용은 우리가 직접 측정하는 것보다 더 많은 정보를 제공한다. 다항식 피처 엔니지어링을 사용해 이러한 모든 상호작용의 공간을 탐색할 수 있지만 때로는 실행 불가능하게 많은 특징에 도달하는 함정도 있다. 마지막 상황에서 특징 선택만이 해답이다.

4부

부록

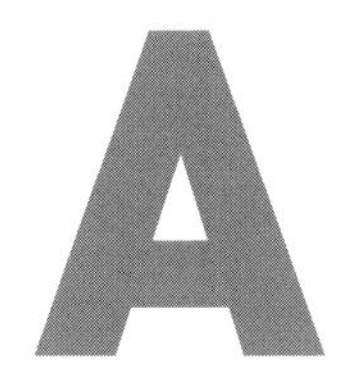

마치며

여러분이 아는 것

이 책이 분석 및 모델링을 위해 데이터를 준비하는 데 필요한 다양한 기술을 보여줬기 바란다. 일상 업무에서 접하게 될 가장 일반적인 데이터 형식 대부분을 다뤘다. 이 책에서 구체적으로 다루지 않았거나 언급할 기회가 없었던 파일이나 데이터 형식을 사용하는 경우에도 여기에서 설명한 일반적인 개념과 원칙이 여전히 적용되며 일부 라이브러리와 인터페이스 세부 사항만 달라진다. 특정 형식은 데이터 오류를 발생시키는 특별한 함정이 있지만 데이터는 분명히 표현 및 저장 기술과 관계없이 다양한 방식으로 손상될 수 있다.

1, 2, 3장에서는 각각 테이블 형식, 계층 구조, '특별한' 데이터 소스를 살펴봤다. 각 소스의 데이터를 데이터 과학에 가장 유용한 정돈된 형식으로 이동하기 위한 특정 도구와 특정 기술을 확인했다. 표시된 대부분의 예제는 파이썬 라이브러리 또는 단순히 표준 라이브러리를 사용했다. R에서는 해당 도구를 사용하는 수가 적었다. 그리고 때때로 유사한 작업을 수행하는 데 사용할 수 있는 다른 프로그래밍

언어를 살펴봤다. 상대적으로 자주 사용하는 커맨드라인 지향의 기술과 도구를 보여주는 것이 적절하다는 것을 알았다. 이러한 방법은 초기 분석, 요약 또는 전처리를 수행하는 가장 간단한 방법이다. 리눅스, BSD, OS X 또는 리눅스용 윈도우 서브시스템과 같은 거의 모든 유닉스 계열 시스템에서 사용할 수 있다. 그러나 나는 단순히 예제를 위해 선택한 특정 라이브러리, API, 도구를 소개하는 것 이상으로 독자들이 데이터에 접근하는 데 활용할 수 있는 아이디어와 개념적 프레임워크에 영감을 주고 싶다.

형식의 일부 문제에 민감하게 반응하는 수집 단계를 지나면 데이터 문제를 식별하고 해결하는 여러 단계(실제 생산에 도달하면 이상적으로 파이프라인화됨)에 들어간다. 식별과 관련해 찾아야 할 일반적인 두 가지 타입의 문제가 있으며 각 문제마다 많은 뉘앙스가 있다. 한편으로 어떤 방식으로든 잘못된 개별 데이터, 예를 들어 하나의 특정 도구에서 분리된 판독 값을 찾을 수 있다(레코딩, 트랜스크립션, 표 작성 등).

4장에서 초점을 맞춘 것처럼 때때로 그러한 문제의 존재를 최소한 합리적인 가능성으로 식별할 수 있다. 반면에 개별 데이터 포인트보다는 모든(또는 많은) 관측치의 수집을 설명하는 데이터에 더 체계적인 문제가 있을 수 있다. 대부분의 경우 이는 일종의 편향[bias]으로 귀결된다. 그러나 때로는 실제적이고 진실되게 근본적인 현상을 반영하는 데이터의 패턴이나 트렌드가 있지만 그것이 가장 관심 있는 '데이터 안에 있는 데이터'는 아니다. 5장에서는 편향과 정규화 및 디트렌딩 기술을 모두 살펴봤다.

편향과 폐기할 수 있는 트렌드를 확인한 후 파이프라인의 다음 단계는 데이터를 구성하는 것이다. 책 전체에서 데이터 버전 관리와 반복 가능한 스크립트 또는 자동화된 워크플로 작성이 우수한 데이터 과학에 필수적이라는 점을 강조했다. 6장이나 7장에서 데이터가 더 이상 원시 상태가 아니라 처리된다는 사실을 항상 염두에 둬야 한다. 파이프라인의 중요한 각 단계를 복구하고 모든 변환을 반복할 수 있어야 한다. 어떤 값이 발명하기에 합리적인지에 대한 가정은 더 많은 것을 학습하면 항상 나중에 수정될 수 있다. 그러나 데이터가 누락된 경우(원시 데이터에 없거나 분석에 의해 충분히 신뢰할 수 없는 것으로 판단되는 경우)는 누락된 데이터에 대해 적당한 추측으로 보정하는 것이 좋은 방법이다. 더욱이 때때로 최종 모델링이나 분석 전에 결정론적 방식으로 필드를 정규화, 결합, 변환해야 한다.

이 책의 장들은 데이터 과학 실무에서 개발할 파이프라인의 단계와 유사한 순서로 배열돼 있다. 분명히 특정 문제와 관련된 특정 형식, 기술, 도구를 결정해야 한다. 그러나 대략적인 순서로 이 단계들은 이 책의 순서와 유사할 것이다. 나는 다양한 도메인에서 예제를 이끌어냈고 다른 '형태'의 데이터를 사용했다. 그럼에도 여러분의 도메인과 문제는 여러 면에서 또는 대부분의 면에서 내가 제시한 예제와 완전히 다르다. 나는 여러분이 이러한 다른 도메인에서 개념적 연관성과 생각할 거리를 찾을 수 있기 바란다. 여러분이 직면한 작업은 너무 광범위하고 다양해 작은 레시피 세트로 줄일 수 없지만 그럼에도 상당히 적은 수의 개념적 영역과 전반적인 목적에 들어맞는다.

여러분이 아직 모르는 것

이 책에서 읽은 거의 모든 내용은 어떤 통계 테스트 또는 어떤 머신러닝 모델을 사용해야 하는지 다루지 않는다. 서포트 벡터 머신Support Vector Machine, 그래디언트 부트티드 트리Gradient Boosted Tree 또는 심층 신경망DNN, Deep Neural Network 중 어느 쪽이 여러분의 문제에 더 적용 가능한지 여부는 잘 알 수 없다.

콜모고로프-스미르로프Kolmogorov-Smirnov, 앤더슨-달링Anderson-Darling 또는 샤피로-윌크Shapiro-Wilk가 데이터 세트의 정규성 테스트를 더 잘 수행하는지 여부에 대해 전혀 알지 못하며 의견이 없다(내 샘플에서는 테스트에 두 명의 수학자가 있어야 한다고 결론을 내릴 수 있다). 그러한 판단을 하려면 다른 책을 읽어야 한다.

이러한 의도적인 제한과 더불어 선택은 대부분 데이터 클리닝과 무관하다는 점도 고려해야 한다. 사용하는 모델이나 적용하는 통계에 관계없이 모델에 들어가는 데이터는 가능한 한 깨끗해야 한다. 이 책에서 권장하고 단계를 설명하는 전체 파이프라인은 모든 분석 또는 모델링 작업에 모두 필요하며, 파이프라인의 다음 단계에 대한 최종 선택에 관계없이 거의 완전히 동일하다. 그러나 이 단락에는 잠정적인 주의 사항이 있다.

데이터 과학 시대 정신인 자동화의 망령이 나타나고 있다. 데이터 클리닝의 상당 부분은 인간 데이터 과학자보다 매우 영리한 시스템, 특히 모든 도메인을 지배하기 시작한 심층 신경망에서 더 잘 수행될 것이다. 사실 이 책의 원래 계획은 데이터 클리닝을 위해 머신러닝을 사용하는 방법을 설명하는 장을 포함하는 것이었다. 아마도 복잡하게 훈련된 모델은 내가 설명한 비교적 간단한 기술보다 '비정상'과 '신뢰할 수 있는 데이터'를 더 잘 판단할 수 있을 것이다. 심층 신경망의 추가 레이어는 암시적으로 신호를 노이즈와 분리하거나 신호의 관심 없는 부분을 디트렌딩할 수 있다. 정규화 및 엔지니어링된 특징은 DNN의 입력 레이어 근처에 있는 몇 개의 완전히 연결된 컨볼루션 또는 반복 레이어가 자동으로 수행하는 작업의 훨씬 조잡한 버전에 지나지 않는다.

이러한 데이터 클리닝 자동화 아이디어는 흥미로운 가능성을 나타낸다. 현재로서는 자동화의 윤곽이 불확실하고 유동적이다. 2021년 중반부터 많은 상용 클라우드 서비스가 프런트엔드 및 '시스템'을 제공하며, 이들의 피상적인 설명으로 인해 적어도 엘리베이터 피치 수준에서는 자동화 망령과 유사하게 들린다. 그러나 내 생각에 오늘날 이러한 서비스는 마케터가 암시하는 것보다 현실적으로 훨씬 적은 성과를 내고 있다. 이는 단순히 사용자가 순차적으로 수행할 수 있는 동일한 모델, 하이퍼파라미터, 데이터 클리닝 파이프라인 등을 시험해볼 수 있게 충분히 클러스터링된 머신의 집합체다. 대용량 데이터와 정교한 모델링 파이프라인을 위해 대규모 병렬 처리 방식을 도입할 수 있지만 이는 분석 결정을 진정으로 안내하는 머신에 비해 존재론적으로 부끄럽다.

지금까지 데이터 클리닝 자동화에 대해 작성한 모든 내용은 1년 내에 구식이 될 것이다. 그래도 미래의 글쓰기, 교육 자료, 강의 등을 찾을 때 내 이름과 이러한 문제를 생각하는 다른 데이터 과학자의 이름을 찾아보자. 나는 다른 곳에서 이러한 아이디어를 더 많이 말할 수 있기를 바란다. 그리고 이 책을 읽을 때 클라우드 제공 업체가 실제로 제공하는 세부 사항을 살펴보자. 내 주의 사항은 시간이 지남에 따라 관련성이 떨어질 수 있다. 그러나 이 책의 본문 전반에 걸친 권장 사항이 지속적으로 유지되기를 바란다.

용어 사전

온톨로지는 문헌학을 요약한다.

– 윌러드 반 오먼 콰인Willard Van Orman Quine(에른스트 헤켈Ernst Haeckel)

Accuracy(정확도)

분류 모델에는 모델의 '우수함'을 표현할 수 있는 수많은 메트릭metrics이 있다. 정확도Accuracy는 자주 사용되는 기본 메트릭이며, 단순히 정답 수를 데이터 포인트 수로 나눈 값이다. 예를 들어 다음과 같은 가설적 혼동 행렬confusion matrix을 고려해보자.

Predicted/Actual	Human	Octopus	Penguin
Human	5	0	2
Octopus	3	3	3
Penguin	0	1	11

28개의 유기체 관측치가 있고, 19개는 정확하게 분류됐으므로 정확도는 약 68%다. 일반적으로 사용되는 다른 지표는 정밀도, 재현율, F1 스코어다.

관련 개념: F1 스코어F1 score, 정밀도precision, 재현율recall

ActiveMQ

아파치 ActiveMQ는 오픈소스 메시지 브로커다. 다른 메시지 브로커와 마찬가지로, 시스템 간에 전송되는 메시지 집계는 종종 데이터 과학 분석을 위한 유익한 도메인이다.

BeautifulSoup

BeautifulSoup은 HTML 및 XML 문서를 파싱 및 처리하고 월드와이드웹에서 자주 발생하는 비문법적인 HTML을 처리하기 위한 파이썬 라이브러리다. BeautifulSoup은 웹 스크래핑을 통해 데이터를 수집하는 데 유용하다.

Berkeley DB

버클리 DBBerkeley DB는 키/값 저장소 시스템을 제공하기 위한 오픈소스 라이브러리다.

Big data(빅데이터)

'빅데이터Big data'의 개념은 컴퓨팅 및 스토리지 기능이 증가하고 시간이 지남에 따라 변화하는 개념이다. 일반적으로 빅데이터는 '전통적인' 간단한 도구를 사용해 처리하기에는 너무 큰 데이터다. 전통적이거나 단순한 도구는 조직, 프로젝트, 시간이 지남에 따라 달라진다. 대략적인 지침으로 사용 가능한 단일 서버나 워크스테이션의 메모리에 들어갈 수 있는 데이터는 '작은 데이터' 또는 최대 '중간 크기 데이터'다.

2021년 현재, 합리적으로 강력한 단일 시스템은 256GiB를 가질 수 있으므로 빅데이터의 크기는 최소 수십 또는 수백 기가바이트gigabytes(10^9)다. 이 글을 쓴 후 몇 년 안에 빅데이터의 임곗값은 최소 테라바이트terabytes(10^{12})가 될 것이며, 이미 오늘날 일부 데이터 세트는 엑사바이트exabytes(10^{18})에 도달했다.

Big-endian(빅엔디언)(Endianness 참조)

데이터는 '워드words'(일반적으로 32비트) 또는 기타 단위로 배열되며, 여기서 가장 큰 크기의 구성 요소(일반적으로 바이트)는 마지막 위치에 저장된다.

BSON(Binary JSON)

BSON은 JSON과 유사한 문서의 바이너리 인코딩된 직렬화다.

CARET(Classification And REgression Training)

R 패키지 CARETClassification And REgression Training은 데이터 분할, 전처리, 특징 선택, 리샘플링, 가변 중요도 추정을 위한 다양한 함수 컬렉션이다.

Cassandra(카산드라)

아파치 카산드라Apache Cassandra는 쿼리에 표준 SQL이 아닌 CQLCassandra Query Language을 사용하는 오픈소스 분산 데이터베이스 시스템이다. CQL과 SQL은 거의 비슷하지만 구체적인 세부 사항이 다르다.

Categorical variable(범주형 변수)(NOIR 참조)

관련 개념: 연속형 변수continuous variable, 등간 변수interval variable, 명목형 변수nominal variable, 순위 변수ordinal variable, 비율 변수ratio variable

Chardet

파이썬의 chardet 모듈과 다른 프로그래밍 언어의 유사 버전은 텍스트를 인코딩할 가능성이 있는 일련의 바이트에 휴리스틱 컬렉션을 적용한다. 프로토콜이나 형식이 명시적으로 인코딩을 선언하는 경우 먼저 시도해보자. 대체 시스템으로 chardet는 종종 다른 언어에서 발생하는 문자 및 n-gram 빈도와 주어진 인코딩에서 허용되는 바이트 값을 기반으로 합리적인 추측을 할 수 있다.

Chimera(키메라)

그리스 신화에서 키메라Chimera는 극적으로 이질적인 동물의 요소를 결합한 동물이다. 가장 일반적으로 여기에는 사자 머리, 염소 몸통, 뱀 꼬리가 포함된다. 일반적이지만 연상적인 형용사로서 적응된 용도에서 놀라울 정도로 병렬 배치된 요소를 함께 결합하는 것은 키메라라고 할 수 있다. 또는 은유적으로 키메라라고 부를 수 있다.

Column

한 행에 하나씩(일명 샘플, 관찰, 레코드 등) 많은 예제를 가질 수 있고 일반적으로 가질 수 있는 단일 종류의 데이터 항목이다. 열Column은 데이터 타입은 같지만 값은 다른 정렬된 데이터 항목으로 구성된다. 주안점이 약간 다른 '열'에는 여러 동의어가 사용된다. 특징은 머신러닝 알고리듬에서 열이 사용되는 방식을 강조한다. 필드는 데이터 항목을 저장하는 데 사용되는 데이터 형식에 중점을 둔다. 측정은 종종 특정 도구를 사용해 열이 경험적 관측치를 수집할 때 가장 자주 사용된다. 변수는 서로 다른 열 간의 방정식 관계를 생각할 때 사용된다(예, 독립 vs. 종속).

전체적으로 열과 행은 열이나 테이블 형식의 데이터를 형성한다.

동의어: 특징feature, 필드field, 측정measurement, 변수variable

Comma-Separated Values(CSV)

텍스트의 각 라인이 개행 문자(또는 캐리지 리턴 또는 CR/LF)로 구분되는 열 형식 데이터의 표현이다. 각 라인 내에서 데이터 값은 쉼표로 구분된다. 탭 또는 |와 같이 다른 구분 기호로 구분된 값도 종종 비공식적으로 CSV(전체 단어가 아닌 약어)라고 한다.

형식의 변형은 몇 가지 인용과 이스케이프 규칙을 사용한다. 내부적으로 쉼표를 포함하는 문자열 데이터 항목은 따옴표로 묶거나(일반적으로 따옴표 사용) 이스케이프 처리(일반적으로 백슬래시 사용)해야 한다. 그러나 그렇다면 그 캐릭터는 차례로 특별한 행동을 요구한다.

Continuous variable(연속형 변수)(NOIR 참조)

관련 개념: 범주형 변수categorical variable, 등간 변수interval variable, 명목형 변수nominal variable, 순위 변수ordinal variable, 비율 변수ratio variable

Coreutils(GNU Core 유틸리티)

텍스트 및 데이터 처리를 위한 셸 지향 유틸리티 컬렉션이다. 이전에 별도의 `textutils` 패키지에 포함됐던 이러한 도구의 서브세트는 특히 텍스트 데이터 소스 처리와 관련이 있다. 이러한 도구에는 `cat`, `cut`, `fmt`, `fold`, `head`, `sort`, `tail`, `tee`, `tr`, `uniq`, `wc`가 포함된다. `grep`, `sed`, `shuf`, `awk`와 같은 다른 커맨드라인 도구도 이러한 도구와의 상호작용에 널리 사용된다.

Corpus(말뭉치, pl. corpora)

말뭉치Corpus는 언어학 용어지만 관련 자연어 처리NLP, Natural Language Processing에서도 사용된다. 일반적인 출판사, 장르 또는 방언과 같이 유사한 도메인을 포괄하는 텍스트의 큰 '본문'(라틴어 어근)을 의미한다. 일반적으로 어떤 종류의 모델링이나 통계 분석은 특정 텍스트 본문에 적용될 수 있으며, 확장하면 유사한 도메인의 텍스트에 적용될 수 있다.

CouchDB(카우치DB)

아파치 카우치DB(Apache CouchDB)는 오픈소스 문서 지향 데이터베이스다. 내부적으로 CouchDB의 데이터는 JSON 형식으로 표시된다.

CrateDB

CrateDB는 오픈소스 문서 지향 데이터베이스다. CrateDB는 MongoDB 또는 CouchDB와 겹치는 공간을 차지하지만 실시간 성능을 강조한다.

Curse of dimensionality(차원의 저주)

'차원의 저주(Curse of dimensionality)'라는 문구는 1957년 리차드 벨맨(Richard E. Bellman)에 의해 만들어졌다. 이는 다양한 숫자나 과학 분야에 적용된다. 특히 머신러닝과 관련한 문제는 차원 수가 증가할수록 차지하는 매개변수 공간의 크기가 더 빠르게 증가한다는 것이다. 매우 큰 데이터 세트조차도 차원으로 정의된 매개변수 공간의 극히 일부만 차지한다. 모델은 훈련할 관측치가 거의 없거나 전혀 없는 매개변수 공간의 영역을 예측하거나 특성화하는 데 상당히 균일하지 않다.

매우 대략적인 경험 법칙은 관찰을 수행하는 것보다 10분의 1 미만의 차원/특징을 갖는 것이다. 그러나 피처 엔지니어링, 차원 축소, 특징 선택을 사용해 매개변수 공간을 수백 차원(즉, 수천 차원이 아닌 종종 수십이 수백보다 낫다)으로 줄일 수 있다면 매우 큰 데이터 세트도 최상의 성능을 발휘한다.

그러나 차원의 저주와 반대로 때때로 '차원의 축복'을 보게 된다. 선형 모델은 특히 작업할 몇 가지 차원만으로는 성능이 매우 떨어질 수 있다. 추가(합성) 특징을 얻거나 구성할 수 있다면 매우 동일한 유형의 모델이 매우 좋아질 수 있다. 일반적으로 이러한 축복은 모델이 100개에서 200개로 이동할 때가 아니라, 예를 들어 5개에서 10개로 이동할 때 발생한다. 존 폰 노이만(John von Neumann)은 다음과 같이 유명한 말을 한 적이 있다. "4개의 매개변수를 사용하면 코끼리 한 마리를 준비할 수 있고, 5개를 사용하면 코끼리 코를 흔들 수 있다."

Data artifact(데이터 아티팩트)

일반적으로 하드웨어 또는 소프트웨어 버그로 인한 의도하지 않은 데이터 변경이다. 일부 아티팩트는 데이터 수집 도구의 결함으로 인해 발생할 수 있다. 다른 것들은 트랜스크립션, 데이터 대조 또는 데이터 전송 오류로 인해 발생한다. 데이터 아티팩트는 데이터 세트에서 이상 징후로 감지되는 경우가 많다.

Data frame(데이터 프레임)

Data frame(때로는 'dataframe')은 다양한 프로그래밍 언어와 소프트웨어 라이브러리에서 제공하는 테이블 형식 데이터의 추상화다. 기본적으로 데이터 프레임은 여러 데이터 타입의 동종 계열이나 배열arrays(열columns)을 함께 묶어 다음과 같은 몇 가지 규칙을 적용한다.

- 데이터 프레임의 모든 열에는 동일한 수의 데이터 항목이 있다(일부는 명시적으로 '누락된' 센티넬일 수 있음).
- 각 열에는 동일한 데이터 타입의 데이터 항목이 있다.
- 데이터는 행 컬렉션과 열 컬렉션을 표시해 선택할 수 있다.
- 술어Predicate는 주어진 행의 데이터 속성을 기반으로 행 집합을 선택하는 데 사용할 수 있다.
- 열에 대한 연산은 열의 모든 요소에 대해 동시에 개념적으로 동작하는 벡터화된vectorized 방식으로 표현된다.
- 열과 행 모두 이름이 있을 수 있다. 일부 라이브러리에서 행은 인덱스 위치에 의해서만 이름이 지정되지만 모든 열은 설명적으로 이름이 지정된다.

인기 있는 데이터 프레임 라이브러리에는 파이썬 판다스와 Vaex, R data.table과 tibble, Scala DataFrame과 Julia DataFrames.jl이 포함된다.

data.frame

표준 R 분포에 포함된 데이터 프레임 라이브러리다. R 표준 data.frame은 R에 대한 가장 오래된 데이터 프레임 객체이며 널리 사용된다. 그러나 Tidyverse tibble 또는 data.table 라이브러리는 일반적으로 data.frame 경험을 기반으로 개선된 새로운 개발에 선호된다.

참조: data frame, data.table, tibble

data.table

R에서 많이 사용되는 데이터 프레임 라이브러리다. data.table은 인덱싱 작업에 대한 표준 인수를 사용해 필터링, 집계, 그룹화를 모두 수행하려고 한다. data.table 라이브러리는 Tidyverse와 다소 다른 관점을 갖고 있지만 일반적으로 상호 운용이 가능하다.

참조: tibble, data.frame

Dataset(데이터 세트)

데이터 세트[Dataset]는 단순히 관련 데이터의 컬렉션이다. 데이터가 테이블 형식인 경우 종종 테이블로 구성되지만 관련 테이블이 여러 개일 수 있다. 계층적 또는 기타 형식으로 정렬된 관련 데이터에서 하나 이상의 파일(다양한 형식)이 데이터 세트를 구성할 수 있다. 항상 그런 것은 아니지만 종종 데이터 세트는 모든 관련 구성 요소를 포함하는 단일 아카이브 파일[archive file]로 배포된다.

Denormalization(비정규화)

비정규화^Denormalization^는 수행된 쿼리에 대해 데이터의 '지역성[locality]'을 더 많이 허용하고자 데이터베이스 시스템 내에서 데이터를 복제하는 것이다. 이로 인해 스토리지 크기가 커지지만 대부분의 경우 읽기 쿼리 성능도 빨라진다. 비정규화는 잠재적으로 다른 위치의 데이터가 동기화되지 않는 데이터 무결성 문제를 야기한다.

DMwR(Data Mining with R)

R 패키지 DMwR에는 루이스 토로[Luis Torgo]의 저서 『Data Mining with R』(Chapman & Hall, 2017), Learning with Case Studies』(CRC Press, 2010)와 함께 제공되는 함수와 데이터가 포함돼 있다. 다양한 유틸리티가 포함돼 있지만 이 책의 관점에서는 SMOTE 구현이 포함돼 있기 때문에 언급한다.

DOM

DOM[Document Object Mode]은 XML 또는 HTML 문서 작업을 위한 언어 중립적인 API[Application Programming Interface]다. 규격은 어느 언어로든지 구현할 수 있게 메서드 이름 컬렉션을 제공하지만 특히 자바스크립트에서 영감과 스타일을 얻었다.

Domain-specific knowledge(도메인 지식)

이 책의 주제인 데이터 클리닝과 관련된 부분을 포함해 대부분의 데이터 과학은 '데이터 자체의 형태'에 의해 주도될 수 있다. 특정 데이터 항목은 패턴을 따르거나 순전히 수치적이거나 분석적인 기준에서 변칙적으로 나타날 수 있다. 그러나 대부분의 경우 어떤 데이터가 중요하거나 더 중요한지에 대한 정확한 판단은 데이터 자체가 아니라 데이터가 설명하는 도메인에 대한 지식[Domain-specific knowledge]에 있다.

도메인별 지식이나 단순히 '도메인 지식'은 데이터만으로 드러낼 수 없는 이러한 차이를 알려준다. 모든 도메인 지식이 극도로 기술적인 것은 아니다. 이 용어는 좀 더 '상식적인' 주제를 지칭할 수도 있다. 예를 들어 북반구의 실외 온도는 1월보다 7월에 더 높다는 것은 일반적인 지식이다. 이러한 배경 지식과 상충되는 데이터 세트는 개별 데이터 값 자체가 합리적인 숫자 범위에 있더라도 의심스러울 것이다. 그에 해당되는 경우 매우 일반적인 도메인 지식을 문제로 가져오는 것이 중요하다.

마찬가지로 일부 도메인 지식에는 심층적인 주제 영역의 전문 지식이 필요하다. 심리 조사의 데이터는 MMPI Minnesota Multiphasic Personality Inventory에서 서브스케일의 특정 모집단 분포를 보여줄 수 있다. 일부 분포는 신뢰할 수 없고 데이터 무결성이나 샘플 편향 문제를 나타낼 수 있지만 이를 판단하려면 전문 지식이 필요하다. 또는 전파 천문학 데이터는 멀리 있는 물체의 특정 방출 주파수 대역을 보여줄 수 있다. 허블 적색 편이 거리에 대한 기대치와 일치하는지 아니면 데이터 오류인지 여부를 확인하려면 전문 지식이 필요하다. 여러 도메인에서도 마찬가지다.

Eagerness

컴퓨터 프로그래밍과 컴퓨터 과학에서 때때로 '게으른 lazy'과 '조급한 eager'이라는 단어는 더 큰 문제를 해결하기 위한 접근 방식을 구별하는 데 사용된다. 예를 들어 일반적으로 알고리듬은 대규모 데이터 세트를 변환할 수 있다. eager 프로그램은 모든 데이터를 한 번에 처리한다. 반대로 lazy 프로그램은 특정 결과가 필요할 때만 개별 변환을 수행한다.

참조: laziness(게으름)

Elasticsearch(일래스틱서치)

일래스틱서치 Elasticsearch는 루씬 Lucene 라이브러리를 기반으로 하는 검색 엔진이다. 검색 엔진 구현의 일부로 일래스틱서치에는 문서 지향 데이터베이스 또는 데이터 스토어가 포함돼 있다.

Endianness(엔디언)

숫자의 컴퓨터 표현에서 엔디언Endianness은 일반적으로 빅엔디언big-endian이나 리틀엔디언little-endian이다. 이는 특정 순서로 저장된 합성 값의 스케일링된 크기를 나타낸다. 전형적으로 합성 값은 바이트며 16비트, 32비트, 64비트, 128비트(즉, 워드당 2, 4, 8, 16바이트)의 '워드Word'로 배열된다.

예를 들어 연속된 32비트 워드에 (부호 없는) 정수 값을 저장한다고 가정한다. 컴퓨터 시스템과 파일 시스템은 일반적으로 개별 비트가 아닌 1바이트의 주소 지정 해상도를 갖기 때문에 스케일링된 값이 저장될 수 있는 슬롯이 4개다. 예를 들어 숫자 1,908,477,236을 저장하려고 한다.

먼저 각 바이트가 0~255 값을 저장하기 때문에 이 숫자를 설명하는 합리적인 방법은 다음과 같다.

$$1{,}908{,}477{,}236 = (52 \times 2^{0}) + (13 \times 2^{8}) + (193 \times 2^{16}) + (113 \times 2^{24})$$

워드의 각 4바이트에 값을 저장하면 다음 방법 중 하나를 사용할 수 있다.

바이트 순서	바이트 1	바이트 2	바이트 3	바이트 4
리틀엔디언	52	13	193	113
빅엔디언	113	193	13	52

이전에는 대부분의 CPU가 빅엔디언과 리틀엔디언 워드 표현 중 하나만 사용했지만 대부분의 최신 CPU는 전환 가능한 바이엔디언bi-endianness을 제공한다. 마찬가지로 넘파이와 같은 많은 라이브러리는 스토리지 형식에서 서로 다른 엔디언의 데이터를 읽고 쓰는 데 유연성을 허용한다.

숫자 값을 저장하는 데 사용되는 컴퓨터 워드 이외의 형식도 엔디언일 수 있다. 특히 다른 날짜 형식은 빅엔디언, 리틀엔디언 또는 실제로 미들엔디언middle-endian 일

수 있다. 예를 들어 ISO-8601 날짜 형식은 빅엔디언을 규정한다(예, 2020-10-31). 연도는 가장 큰 규모를 나타내고 월이 그다음으로 큰 규모를 나타내고 날짜 번호는 가장 작은 해상도를 나타낸다. 시간 구성 요소에 대한 확장도 비슷하다.

대조적으로 일반적인 미국 날짜 형식은 `October 31, 2020`과 같이 읽을 수 있다. 철자로 표시된 월 이름은 여기에서 간접적으로 숫자를 나타낸다. 숫자는 동일한 엔디언 및 다른 구분 기호로 사용된다(예, 10/31/2020). 엔디언 관점에서 이는 미들엔디언이다. 가장 큰 규모(연도)는 끝에, 다음으로 큰 규모(월)는 시작에, 가장 작은 규모(일)는 중간에 배치된다. 분명히 다른 미들엔디언 형식도 가능하지만 널리 사용되지는 않는다(예, 2020 31 Oct).

미국 이외의 세계 대부분은 `31/10/2020`과 같이 리틀엔디언 날짜 표현을 사용한다. `October 31` 표현의 특정 값은 사용된 엔디언을 명확하게 하지만 `October 11`이나 `November 10`과 같은 날짜에 대해서는 그렇지 않다.

F1 Score(F1 스코어)

분류 모델에는 모델의 '우수함'을 표현할 수 있는 수많은 메트릭metrics이 있다. F1 스코어F1 Score는 재현율recall과 정밀도를 혼합해 특정 모델에서 발생하는 극단을 피하고, 주로 균형 잡힌 메트릭이다. F1 스코어는 다음과 같이 도출된다.

$$F1 = 2 \times \frac{\text{정밀도} \times \text{재현율}}{\text{정밀도} + \text{재현율}}$$

관련 개념: 정확도accuracy, 정밀도precision, 재현율recall

Feature(특징)(Column 참조)

동의어: 열column, 필드field, 측정measurement, 변수variable

Field(필드, Column 참조)

동의어: 열[column], 특징[feature], 측정[measurement], 변수[variable]

Fuzzy(퍼지)

Fuzzy는 영어 텍스트의 음성 유사성을 분석하기 위한 파이썬 라이브러리다.

GDBM(GNU dbm)

GDBM은 키/값 저장소 시스템을 제공하기 위한 오픈소스 라이브러리다.

General Decimal Arithmetic Specification(일반 10진 산술 규격)

일반 10진 산술 규격[General Decimal Arithmetic Specification]은 임의의 정밀도 10진 산술 및 숫자 표현을 구현하기 위한 표준이다. 사실상 반올림 규칙과 같이 구성 가능한 '컨텍스트'를 통합한다. 특히 파이썬 표준 라이브러리 10진수 모듈은 이 표준을 구현한 것이다.

Gensim

Gensim은 NLP용 오픈소스 파이썬 라이브러리로, 특히 비지도[unsupervised] 주제 모델링을 중심으로 한다. Gensim에는 word2vec 알고리듬의 구현과 그에 밀접하게 관련된 몇 가지 변형을 포함하고 있다.

Gibibyte(GiB, 기가바이트)

미터법 접두사는 국제 도량형국[BIPM, International Bureau of Weights and Measures]에 의해 국제 단위계[SI, International System of Units]에서 표준화됐다. 10의 거듭제곱 크기 순서는 yotta(10^{24})에서 yocto(10^{-24})까지 접두사로 표시된다. 특히 10^{3}(killo), 10^{6}(mega), 10^{9}(giga)의 승수는 컴퓨터 스토리지에서 볼 수 있는 일반적인 양을 처리하는 데 거의 적합하다.

그러나 역사적 이유와 실제 이유 모두에서 메모리나 스토리지의 바이트는 일반적으로 10^3(1000)이 아닌 2^{10}(1024)의 배수로 표현된다. 이 숫자는 상대적으로 비슷하지만 2^{10}, 2^{20}, 2^{30}을 kilobyte, megabyte, gigabyte로 잘못 명명하는 것이 일반적이지만 잘못된 것이다. 1998년 이후 국제전기기술위원회IEC, International Electrotechnical Commission는 이러한 2의 거듭제곱에 대한 정확한 설명을 위해 kibibyte(KiB), mebibyte(MiB), gibibyte(GiB) 사용을 표준화했다. 더 큰 크기의 경우 pebibyte(PiB), exbibyte(EiB), zebibyte(ZiB), yobibyte(YiB)가 있다.

ggplot2

2000년에 처음 출판된 릴랜드 윌킨슨Leland Wilkinson의 유명한 책 『The Grammar of Graphics(Statistics and Computing)』(Springer Verlag)는 그래프를 독립적으로 표현할 수 있는 구성 요소로 분해하는 그래프와 데이터 시각화에 대한 사고방식을 소개했다. 이러한 직교 구성 요소 중 하나를 변경하면 그래프의 전체 모양이 변경될 수 있지만 동일한 기본 데이터가 다른 방식으로 반영된다.

R 라이브러리 ggplot2는 해당 책의 개념을 구체적인 API로 번역하려고 시도하며 R 커뮤니티에서 널리 채택됐다. 파이썬 라이브러리 ggplot(강력한 수준)과 Bokeh 및 Altair(약간 덜한 수준)도 윌킨슨의 'grammar'를 에뮬레이트하려고 한다. Altair는 자바스크립트 라이브러리와 유사한 목표를 가진 Vega-Lite와 Vega를 기반으로 구축됐다.

Glob

파일명 컬렉션을 식별하는 데 가장 자주 사용되는 일반적이고 간단한 패턴 일치 언어다. 많은 프로그래밍 언어의 Bash 셸과 라이브러리 모두 이 구문을 지원한다.

GQL(Graph Query Language)

그래프 쿼리 언어GQL, Graph Query Language는 Neo4j가 자사 제품을 위해 개발한 사이퍼Cypher 언어를 기반으로 하는 그래프 데이터베이스 쿼리를 위한 (보류 중인) 표준이다.

Gremlin(그렘린)

그렘린Gremlin은 GQL과 구별되는 그래프 쿼리 언어다. 그렘린의 쿼리는 '능숙한 프로그래밍'과 관심 있는 노드 및 클래스에 대한 설명의 기능적 스타일을 강조한다.

Halting problem(정지 문제)

정지 문제Halting problem는 계산 이론에서 가장 유명한 결과일 것이다. 앨런 튜링Alan Turing은 1936년 "이 프로그램이 종료될 것인가?"라는 질문에 답하는 범용 알고리듬은 존재하지 않는다는 것을 증명했다. 물론 일부 프로그램의 경우 입증이 가능하지만 일반적인 경우에는 그렇지 않다. 제한된 시간(N단계) 동안 프로그램을 실행하더라도 N+1 단계에서 종료될 수 있으므로 질문에 답하지 않는다.

좀 더 비공식적으로 말하자면 주어진 작업이 "정지 문제와 동일하다."고 말하는 것은 해결할 수 없다는 관용적인 표현이다. 때때로 이 문구는 문제의 난이도에 대한 추측으로 사용되지만 새로운 문제를 푸는 것이 정지 문제에 대한 해결책을 암시한다는 것을 보여주는 수학적 증명이 알려진 경우도 있다. 이 책에서 이 문구는 엄격한 의미로만 사용되지만 컴퓨터 과학의 전문 용어에 대한 애정으로 사용된다.

h5py

h5py는 HDF5 형식으로 저장된 계층적 데이터 세트 작업을 위한 파이썬 라이브러리다.

HDF Compass

HDF Compass는 HDF5 데이터 파일의 내용을 검사하기 위한 오픈소스 GUI 도구다.

HDF5(Hierarchical Data Format 5)

HDF5Hierarchical Data Format 5는 크고 복잡한 이기종 데이터를 지원하는 오픈소스 파일 형식이다. HDF5는 중첩된 그룹의 파일 내에서 계층 구조를 사용해 데이터를 구성할 수 있다. 계층 구조의 '리프[leaf]'는 데이터 세트다. HDF5 파일에는 각 데이터 세트나 그룹에 대한 임의 및 도메인별 메타데이터가 포함될 수 있다. 많은 HDF5 파일에는 컴퓨터 메모리에 들어가는 것보다 훨씬 더 많은 데이터가 포함돼 있기 때문에 HDF5와 함께 동작하는 도구는 일반적으로 콘텐츠를 느리게 읽는 수단을 제공하므로 대부분의 데이터가 필요하지 않거나 필요할 때까지 디스크에만 남아있다.

Hyperparameter(하이퍼파라미터)

머신러닝 모델에서 일반 모델 타입은 실제 데이터에 대해 훈련되기 전에 미리 구성되는 경우가 많다. 하이퍼파라미터[Hyperparameter]는 승수, 숫자 제한, 재귀 깊이, 알고리듬 변형 또는 동일한 종류의 모델을 구성하는 다른 차이로 구성될 수 있다. 모델은 다른 하이퍼파라미터를 사용해 극적으로 다르게 수행할 수 있다.

Idempotent(멱등성)

멱등성[Idempotent]은 수학, 컴퓨터 과학 및 일반 프로그래밍에서 유용한 개념이다. 즉, 동일한 함수를 자체 출력에서 다시 호출하면 동일한 응답이 계속 생성된다. 이는 매력적인 수학에서 훨씬 더 멋진 개념과 관련이 있다.

Imager

Imager는 다양한 이미지 형식을 읽고 쓰며 R 내에서 이러한 이미지에 대해 프로그래밍 방식으로 다양한 분석 처리 작업을 수행할 수 있다. 라이브러리 내의 이미지는 2개의 공간 차원, 1개의 시간 차원, 1개의 색상 차원이 있는 4차원 벡터로 처리된다. 시간을 차원으로 포함함으로써 Imager는 비디오에서도 작업할 수 있다.

imbalanced-learn

imbalanced-learn은 민감한 오버샘플링 데이터를 위한 오픈소스 파이썬 소프트웨어 라이브러리다. 이는 이러한 알고리듬의 SMOTE(Synthetic Minority Oversampling TEchnique) 및 ADASYN(ADAptive SYNthetic) 변형은 물론 언더샘플링 기술을 구현한다. 주로 imbalanced-learn은 scikit-learn의 API를 에뮬레이트한다.

Imputation

머신러닝이나 통계 도구가 모든 관측치를 처리할 수 있게 누락된 데이터 포인트를 가능성이 있거나 적어도 그럴듯한 값으로 보정하는 프로세스다.

Interval variable(등간 변수)(NOIR 참조)

관련 개념: 범주형 변수(categorical variable), 연속형 변수(continuous variable), 명목형 변수(nominal variable), 순서형 변수(ordinal variable), 비율 변수(ratio variable)

ISO-8601

ISO-8601(데이터 요소 및 교환 형식 – 정보 교환 – 날짜 및 시간 표시)은 날짜 및 시간 표시에 대한 국제 표준이다. 예를 들어 파이썬을 사용해 이 엔트리를 작성하는 동안 하나를 생성한다.

```
from datetime import datetime
datetime.now().isoformat()
```

```
'2020-11-23T14:43:09.083771'
```

jq

jq는 JSON 라인을 포함해 커맨드라인 필터링, 검색, 형식 지정을 위한 유연하고 강력한 도구다.

JSON(JavaScript Object Notation)

JSON은 프로그래밍 언어에서 일반적으로 발생하는 데이터 구조 및 스칼라 값을 표현하기 위한 언어 독립적이고 사람이 읽을 수 있는 형식이다. 데이터 스토리지 형식과 서비스 간 통신을 위한 메시지 형식으로 널리 사용된다.

Jupyter(주피터)

프로젝트 주피터Project Jupyter는 주로 파이썬으로 작성된 오픈소스 라이브러리지만 읽고 쓸 수 있는 프로그래밍을 위한 '노트북notebooks'을 만들고, 보고, 실행하고, 편집하고자 수많은 프로그래밍 언어를 지원한다. 이 책은 주피터 랩Jupyter Lab을 사용해 작성됐으며 해당 노트북은 책의 저장소에서 구할 수 있다. 읽고 쓸 수 있는 프로그래밍에서 코드와 문서는 형식화된 문서로 렌더링되고 실행 가능한 코드로 실행되는 동안 자유롭게 배치된다. R 마크다운Markdown은 가볍게 주석이 달린 일반 텍스트를 사용해 유사한 목표를 달성하는 반면, 주피터는 노트북의 스토리지 형식으로 JSON을 사용한다.

주피터는 다소 오래된 '노트북' 인터페이스와 최신 'JupyterLab' 인터페이스를 모두 지원한다. 둘 다 동일한 기본 노트북 문서에서 동작한다.

Kafka(카프카)

아파치 카프카Apache Kafka는 오픈소스 스트림 프로세서다. 다른 스트림 프로세서 및 관련 메시지 브로커와 마찬가지로 시스템 간에 전송되는 메시지 집계는 종종 데이터 과학 분석을 위한 유익한 도메인이다.

Kdb+

Kdb+는 빠른 트랜잭션을 위해 설계된 칼럼 스토어column-store 데이터베이스다. 높은 빈도의 거래에서 널리 사용된다.

Laziness

컴퓨터 프로그래밍과 컴퓨터 과학에서 때때로 '게으른lazy'과 '조급한eager'이라는 단어는 더 큰 문제를 해결하기 위한 접근 방식을 구별하고자 사용된다. 예를 들어 일반적으로 알고리듬은 대규모 데이터 세트를 변환할 수 있다. eager 프로그램은 모든 데이터를 한 번에 처리한다. 반대로 lazy 프로그램은 특정 결과가 필요할 때만 개별적인 변환을 수행한다.

참조: eagerness

LMDB(Lightning Memory-Mapped Database)

LMDB는 키/값 저장소 시스템을 제공하기 위한 오픈소스 라이브러리다.

Lemmatization(표제어 추출)

자연어 처리 목적으로 단어를 문법적 뿌리로 정규화한다. 형태소 분석과 달리 표제어 추출lemmatization은 단어가 발생하는 맥락을 살펴보고 단순화된 형태와 품사를 모두 도출한다. 예를 들어 영어 단어 'dog'는 동물의 명사로 사용되며, 때로는 'annoy'를 의미하는 동사로도 사용된다. 표제어 추출은 다음과 같이 생성할 수 있다.

```
we[PRON] dog[VERB] the[DET] dog[NOUN]
```

관련 개념: stemming(어간 추출)

Little-endian(리틀엔디언)(Endianness 참조)

데이터는 '워드'(일반적으로 32비트) 또는 기타 단위로 배열된다. 여기서 가장 큰 규모 구성 요소(일반적으로 바이트)는 가장 빠른 위치에 저장된다.

MariaDB(마리아DB)

마리아DB[MariaDB]는 인기 있는 오픈소스 관계형 데이터베이스 관리 시스템[RDBMS, Relational DataBase Management System]이다. 쿼리 및 상호작용에 표준 SQL을 사용하고 SQL 표준에 필요한 기능 외에 몇 가지 사용자 정의 기능을 구현한다. 오라클이 GPLlicensed MySQL을 인수했을 때 설립자인 미카엘 (몬티) 와이드니우스[Michael (Monty) Widenius]가 프로젝트를 분기해 마리아DB를 생성했다. 와이드니우스의 큰 딸 이름인 'My'와 어린 딸 'Maria'로 명명됐다.

마리아DB는 MySQL과 API 및 ABI와 호환되지만 추가 스토리지 엔진과 같은 몇 가지 기능이 추가됐다.

참조: MySQL

Matplotlib

Matplotlib은 파이썬을 위한 강력하고 다재다능한 오픈소스 플로팅[plotting] 라이브러리다. 역사적 이유로 API는 원래 MATLAB과 비슷했지만 이제는 좀 더 객체지향적인 접근 방식이 권장된다. Basemap, Cartopy, Geoplot, ggplot, holoviews, Seaborn, 판다스 등을 포함한 수많은 상위 수준 라이브러리와 추상화가 Matplotlib 위에 구축된다.

Measurement(측정)(Column 참조)

동의어: 열[column], 특징[feature], 필드[field], 변수[variable]

Memcached

느린 서버 응답을 캐싱하거나 프록싱할 목적으로 키/값 연관 배열을 메모리에 유지하는 소프트웨어다. Memcached 서버의 콘텐츠는 일시적이지만 스냅샷 콘텐츠는 데이터 과학 목적으로 분석하는 데 유용할 수 있다.

Metaphone

Metaphone은 1990년 로런스 필립스Lawrence Philips에 의해 발표된 영어 단어의 음성 표준화 알고리듬이다. 같은 저자가 나중에 Double Metaphone을 발표한 다음 Metaphone 3를 발표했다. 각각은 비영어 언어에서 파생된 단어의 알려진 패턴을 연속적으로 더 잘 활용한다. Metaphone 및 후속 작업은 동일한 목적으로 개발된 초기 Soundex보다 더 정확하다.

Mojibake(모지바케)

모지바케Mojibake는 일반적으로 텍스트를 인코딩하는 데 사용된 것과 다른 문자 인코딩을 사용해 텍스트를 디코딩하려고 할 때 발생하는 비논리적인 텍스트다. 종종 주어진 언어 또는 알파벳에 속하는 개별 문자를 생성하지만 앞뒤가 맞지 않는 조합으로 생성된다(때로는 유머러스한 효과). 이 단어는 일본어에서 유래했으며 대략 '문자 변형'을 의미한다.

MonetDB(모넷DB)

모넷DBMonetDB는 SQL 및 기타 여러 쿼리 언어 또는 확장을 지원하는 오픈소스 열 지향 데이터베이스 관리 시스템이다.

MongoDB(몽고DB)

몽고DBMongoDB는 널리 사용되는 문서 지향 데이터베이스 관리 시스템이다. 기본 데이터의 JSON과 유사한 스토리지를 사용하고 쿼리와 응답 모두 JSON 문서를 사용한다. 몽고DB는 데이터의 계층적 배열 대부분을 링크된 문서에 반영하는 고유한 쿼리 언어를 사용한다.

MySQL

MySQL은 널리 사용되는 오픈소스 관계형 데이터베이스 관리 시스템[RDBMS]이다. 쿼리 및 상호작용에 표준 SQL을 사용하고 SQL 표준에 필요한 기능 외에 몇 가지 사용자 정의 기능을 구현한다. 오라클이 GPLlicensed MySQL을 인수했을 때 설립자인 미카엘 (몬티) 와이드니우스[Michael (Monty) Widenius]가 프로젝트를 분기해 MariaDB를 생성했다. 와이드니우스의 큰 딸의 이름인 'My'와 어린 딸 'Maria'로 명명됐다.

참조: MariaDB

Neo4j

Neo4j는 오픈소스 그래프 데이터베이스 및 데이터베이스 관리 시스템이다.

netcdf4-python

netcdf4-python은 netCDF C 라이브러리에 대한 파이썬 인터페이스다.

NetCDF

NetCDF[Network Common Data Form]는 배열 지향 과학적 데이터의 생성, 액세스, 공유를 지원하는 일련의 소프트웨어 라이브러리와 머신 독립적인 데이터 형식이다. HDF5 위에 구축된다.

NLTK

NLTK[Natural Language Toolkit]는 파이썬에서 자연어 처리를 위한 도구 컬렉션이다. 여기에는 수많은 코포라[corpora], 어휘 분석[lexical analysis] 도구, 명명된 엔티티 인식[entity recognition], 품사 태거[a part of speech tagger], 형태소 분석기[stemmers], 표제어 추출기[lemmatizers], NLP용 기타 다양한 도구가 포함된다.

참조: gensim, spaCy

Node.js

Node.js는 웹 브라우저에 내장된 자바스크립트 외부에서 실행되는 오픈소스 독립형 자바스크립트 인터프리터다. 커맨드라인에서 스크립팅 언어, 대화형 셸을 사용하거나 서버 프로세스를 실행하는 수단으로 사용할 수 있다. Node.js 환경에는 추가 라이브러리(파이썬용 pip 또는 conda, 루비용 RubyGems, 하스켈용 Cabal, 줄리아용 Pkg.jl:, 자바용 메이븐 등)를 쉽게 설치할 수 있는 npm^Node Package Manager^이라는 우수한 패키지 관리자가 함께 제공된다.

Nominal variable(NOIR 참조)

관련 개념: 범주형 변수^categorical variable^, 연속형 변수^continuous variable^, 등간 변수^interval variable^, 비율 변수^ratio variable^

NOIR(Nominal, Ordinal, Interval, Ratio)

약어 NOIR은 때로 다양한 특징 타입에 대한 연상으로 사용된다. 이는 '검은색'에 대한 프랑스어 단어지만, 특히 영어에서 '어두운' 문학이나 영화의 스타일과 관련이 있다. 약어는 Nominal/Ordinal/Interval/Ratio(명목/순서/간격/비율)를 나타낸다.

명목형^nominal^ 또는 순서형^ordinal^ 변수는 데이터 항목이 기록할 수 있는 한정된 수의 레이블을 기록한다. 이를 변수의 클래스^classes^라고도 한다.

순서형^ordinal^ 변수는 데이터 값이 낮은 것부터 높은 것까지의 스케일을 나타내지만 데이터의 간격은 기본 현상과 거의 또는 전혀 관계가 없을 수 있다. 예를 들어 달리기에서 1위, 2위, 3위 등의 승자를 기록하지만 각각의 시간은 기록하지 않는다. 1위는 2위보다 먼저 선을 넘었지만 밀리초가 빨랐는지 몇 시간 빨랐는지에 대한 정보가 없다. 마찬가지로 두 번째 위치와 세 번째 위치의 간격은 첫 번째 간격과 크게 다를 수 있다.

마지막 변수 타입은 연속형 변수지만 간격 및 비율 변수는 매우 다르다. 차이점은 데이터에 '자연적인 영natural zero'이 있는지 여부에 있다. 도메인 0은 항상 숫자 0일 필요는 없지만 일반적으로 숫자 0이다. pH 스케일로 측정하는 산도 또는 알칼리도에서 자연적인 영은 7이며 일반적으로 0에서 14 사이의 값이다(물리적 한계는 아니지만). pH 측정을 특징으로 사용한 경우 실제 비율을 표현하고자 숫자 0으로 다시 중심을 맞출 수 있다(이 측정에 대한 로그 비율임에도 불구하고). pH를 비율 변수로 취급하는 것이 합리적이다.

비율이 아닌 간격의 예로 한 신문 기사는 어떤 도시의 특정 겨울날의 온도 차이를 25°F에서 50°F 사이의 화씨 스케일의 아티팩트를 기반으로 평균 연도보다 두 배 더 덥다고 주장했다. 이것은 비율로서 말도 안 된다. 평균 온도 또는 온도의 표준편차에 대해 이야기하는 것은 완벽하게 유용하지만 숫자 비율은 의미가 없다(섭씨 또는 화씨에서. 켈빈 또는 랭킨에서는 최소한의 의미가 있지만 지표면에서 발생하는 범위의 온도를 설명하는 데 거의 사용되지 않음). 대조적으로 강우량의 비율 변수는 자연적인 영을 가지며 숫자 0이기도 하다. 0인치(또는 센티미터)의 강우량은 비가 없었음을 의미한다. 2인치의 강우량은 1인치의 비가 내리는 물의 두 배다.

NumPy(넘파이)

넘파이NumPy는 다차원 배열에서 빠르고 벡터화된 계산을 위한 오픈소스 파이썬 라이브러리다. 숫자 또는 과학적 계산을 수행하는 거의 모든 파이썬 라이브러리는 넘파이를 기본 지원 라이브러리로 사용한다. 여기에는 머신러닝, 모델링, 통계, 시각화 등의 도구가 포함된다.

Observation(관측치)(Row 참조)

동의어: 레코드record, 행row, 샘플sample, 튜플tuple

Ontology(온톨로지)

철학에서 온톨로지Ontology는 '존재하는 것'에 대한 연구다. 데이터 과학에서 온톨로지는 엔티티 간에 존재하는 클래스/서브클래스 및 클래스/인스턴스 관계뿐만 아니라 엔티티entity가 갖는 특징의 종류도 설명한다. 가장 중요한 것은 온톨로지가 다양한 엔티티 사이에 존재할 수 있는 관계의 종류를 설명할 수 있다는 것이다.

여러 종류의 관찰이 이뤄질 수 있는 경우 해당 관찰과 관련된 특정 특징 컬렉션과 각각이 취할 수 있는 특정 데이터 타입 및 허용 가능한 값의 범위를 설명하는 것이 데이터 온톨로지의 요소다. 다른 테이블이나 데이터 서브세트는 다른 특징 집합을 가질 수 있으므로 다른 온톨로지 역할을 한다.

온톨로지는 특히 범주형 데이터에 중요할 수 있다. 예를 들어 일부 레이블은 특이성의 정도가 다양한 다른 레이블의 인스턴스일 수 있다. 하나의 범주형 변수가 엔티티가 '포유동물'이고, 다른 하나는 '고양이과'이며, 다른 하나는 '집 고양이'임을 나타내는 경우 이들은 모두 다른 분류학적 수준에서 동일한 엔티티에 대한 설명일 수 있으며, 따라서 도메인 온톨로지의 일부다.

엔티티 간의 관계는 때때로 데이터 자체에서 파생될 수 있지만 종종 도메인 지식이 필요하다. 이러한 관계는 종종 의미 있는 모델이나 통계 분석의 종류를 알릴 수 있다. 예를 들어 데이터 컬렉션의 기본이 되는 엔티티가 의료 환자인 경우 도메인 온톨로지의 일부는 관찰된 여러 가지 특징이 동일한 도구로 수집됐는지, 동일한 혈액 샘플에서 수집됐는지, 또는 같은 날에 관찰이 이뤄졌는지 여부와 관련될 수 있다. 특징이 매우 다른 수량을 측정하더라도 '같은 날' 또는 '같은 도구' 관계는 분석에 도움이 될 수 있다.

참조: taxonomy

Ordinal variable(순위 변수)(NOIR 참조)

관련 개념: 범주형 변수categorical variable, 연속형 변수continuous variable, 등간 변수interval variable, 비율 변수ratio variable

OrientDB

OrientDB는 오픈소스, 다중 모델 데이터베이스 관리 시스템이다. 그래프, 문서, 키/값, 객체 모델을 지원한다. 쿼리는 Gremlin이나 SQL을 사용할 수 있다.

Orthonormal basis(정규 직교 기저)

정규 직교 기저Orthonormal basis는 고차원 공간, 특히 매개변수 공간 내에서 관측 포인트의 위치는 단순히 각 차원의 매개변수화된 합이다. 예를 들어 관측치에서 a, b, c 값을 갖는 것으로 세 가지 특징을 측정하면 이러한 측정을 3차원 매개변수 공간에서 표현할 수 있으며, 직교 단위 벡터 $\vec{x}$, $\vec{y}$, $\vec{z}$는 다음과 같다.

$$observation = a\vec{x} + b\vec{y} + c\vec{z}$$

그러나 이러한 특정 단위 벡터 $\vec{x}$, $\vec{y}$, $\vec{z}$를 사용해 관측치를 나타내는 선택은 다소 임의적이다. 정규 직교 기저(즉, N개의 상호 수직 단위 벡터다)를 선택하는 한 관측치 간의 모든 관계를 똑같이 잘 나타낼 수 있다. 예를 들면 다음과 같다.

$$a\vec{x} + b\vec{y} + c\vec{z} = a'\vec{x}' + b'\vec{y}' + c'\vec{z}'$$

분해는 더 유용한 방법으로 매개변수 공간 내에서 데이터를 분배하는 대체 정규 직교 기저를 선택하는 수단이다. 일반적으로 이는 초기 구성 요소(가장 낮은 번호의 축) 내에 분산을 집중시키는 방식을 의미한다.

Pandas(판다스)

판다스Pandas는 데이터 프레임 작업을 위해 널리 사용되는 오픈소스 파이썬 라이브러리다. 이 이름은 계량 경제학 용어 '패널 데이터'에서 파생됐다. 판다스는 넘파이를 기반으로 구축됐지만 수많은 추가 기능을 제공한다. 판다스의 가장 큰 장점 중 하나는 시계열 데이터로 작업하는 것이다. 그러나 기본 넘파이 배열 라이브러리 및 기타 데이터 프레임 라이브러리와 마찬가지로 열에 대한 대부분의 작업은 빠르고 벡터화된다.

Parameter space(매개변수 공간)

N개의 특징이 있는 관측치 세트의 매개변수 공간Parameter space은 각 관측치가 단일 포인트를 차지하는 N차원 공간이다. 기본적으로 포인트의 위치를 정의하는 벡터 베이스는 특징 자체와 직접 일치한다. 예를 들어 날씨 데이터를 분석할 때 '온도'를 x축으로, '습도'를 y축으로, '기압'을 z축으로 정의할 수 있다. 3차원 공간의 일부에는 그 안에 포인트가 있으며, 모델이 분석하고 예측할 수 있는 패턴이나 형태를 형성한다.

특징의 분해에 따라 회전되거나 미러링된 N차원 공간에서 동일한 데이터 포인트를 나타내는 새로운 정규 직교 기저를 선택할 수 있다.

Parquet(파켓)

아파치 파켓Apache Parquet은 하둡Hadoop 생태계에서 시작된 오픈소스 열 지향 데이터 스토리지 형식이지만 다른 프로그래밍 언어에서도 널리 지원된다.

PDF(Portable Document Format)

이동 가능 문서 형식PDF, Portable Document Format은 크로스플랫폼, 크로스디바이스 방식으로 문서의 모양을 정확하게 표현하는 데 널리 사용되는 형식이다. 예를 들어 동일한 문서가 컴퓨터 모니터, 개인용 프린터 또는 전문 미디어에서 거의 동일하게 보인다. 글꼴, 텍스트, 이미지, 색상, 라인은 표시 또는 인쇄 여부에 관계없이 PDF가 페이지에 렌더링하는 일부 요소다. PDF는 어도비Adobe에서 개발했지만 현재는 자유롭게 사용할 수 있는 개방형 표준 ISO 32000-2에 의해 관리되고 있다.

Pillow(forked from PIL)

파이썬 이미지 라이브러리Python Imaging Library는 많은 이미지 형식을 읽고 쓰며 파이썬 내에서 프로그래밍 방식으로 이러한 이미지에 다양한 처리 작업을 수행할 수 있다.

Poppler

PDF용 오픈소스 보기 및 처리 라이브러리다. 특히 Poppler에는 PDF 파일을 텍스트를 포함한 다른 형식으로 변환하기 위한 수많은 커맨드라인 도구가 포함돼 있다. Poppler는 추가 기능을 통합하는 것을 목표로 하는 Xpdf의 포크다.

참조: Xpdf

PostgreSQL

PostgreSQL은 널리 사용되는 오픈소스 관계형 데이터베이스 관리 시스템RDBMS이다. 쿼리와 상호작용을 위해 표준 SQL을 사용하고 SQL 표준에서 요구하는 것 외에 사용자 정의 특징과 수많은 사용자 정의 데이터 타입을 구현한다.

Precision(정밀도)

분류 모델에는 모델의 '우수함'을 표현할 수 있는 수많은 메트릭이 있다. 정밀도Precision는 '양의 예측 값'이라고도 하며 예측된 관측치 중 관련 관측치의 비율이다. 좀 더 비공식적으로 정밀도는 "예측된 경우 예측이 정확할 가능성은 얼마나 되는가?"라는 질문에 대답한다.

예를 들어 다음과 같은 가상 혼동 행렬confusion matrix을 고려해본다.

Predicted/Actual	Human	Octopus	Penguin
Human	5	0	2
Octopus	3	3	3
Penguin	0	1	11

이진 문제에서 이는 다음과 같이 표현할 수 있다.

$$정밀도 = \frac{참\ 양성}{참\ 양성 + 거짓\ 양성}$$

다중 클래스 문제의 경우 혼동 행렬에서와 같이 각 레이블에는 고유한 정밀도가 있다. 데이터 세트에 8명의 실제 인간이 주어졌을 때 5명은 올바르게 식별됐다. 그러나 2명의 비인간도 그렇게 확인됐다. 다시 말해 다음과 같다.

$$정밀도_{인간} = \frac{5}{5+2} \approx 71\%$$

모델의 전체 정밀도는 종종 각 레이블의 정밀도를 평균(가중 또는 비가중)해 제공된다.

관련 개념: 정확도accuracy, F1 score, 재현율recall

PyTables

PyTables는 HDF5 형식으로 저장된 계층적 데이터 세트 작업을 위한 파이썬 라이브러리다.

Query planner

SQL을 사용하든 다른 쿼리 언어를 사용하든 데이터베이스에 대해 쿼리를 공식화할 때 데이터베이스 관리 시스템DBMS은 해당 쿼리 실행과 관련된 계획된 단계 세트를 내부적으로 만든다. 많은 DBMS가 이러한 계획을 실행하기 전에 노출할 수 있다. 사용자는 이 정보를 사용해 데이터베이스 액세스의 효율성을 판단할 수 있다(그리고 쿼리를 수정하거나 데이터베이스 자체를 리팩토링할 수 있음).

Query planner는 사용할 인덱스와 순서를 결정하고 여러 테이블이나 문서에 있을 수 있는 데이터에 대한 검색과 비교 스타일, 쿼리를 효율적으로 실행하는 방법에 대한 기타 측면을 결정한다. 빅데이터 세트에 액세스할 때 Query planner의 품질은 종종 다른 DBMS를 구별할 수 있다.

R Markdown

R 마크다운Markdown은 문학적 프로그래밍literate programming을 위한 형식과 기술이다. 문학적 프로그래밍에서 코드와 문서는 포매팅된 문서로 렌더링하고 실행 코드로 실행되는 동안 자유롭게 배치된다. 동일한 특성을 많이 가진 주피터 노트북Jupyter notebooks은 JSON 문서로 저장되는 반면, R 마크다운은 사람이 쉽게 읽을 수 있고 편집 가능한 다크다운 형식의 확장으로, 일반 텍스트에 일반 구두점 문자를 가볍게 주석 처리해 특정 시각적 및 개념적 요소를 설명한다. R 마크다운을 사용하면 텍스트 주석으로 섹션을 표시해 코드 세그먼트도 일반 텍스트로 포함된다.

RabbitMQ

RabbitMQ는 오픈소스 메시지 브로커다. 다른 메시지 브로커와 마찬가지로 시스템 간에 전송되는 메시지 집계는 종종 데이터 과학 분석을 위한 유익한 도메인이다.

Ratio variable(비율 변수)(NOIR 참조)

관련 개념: 범주형 변수categorical variable, 연속형 변수continuous variable, 등간 변수interval variable, 명목형 변수nominal variable, 순서형 변수ordinal variable

Recall(재현율)

분류 모델에는 모델의 '우수함'을 표현할 수 있는 수많은 메트릭이 있다. 재현율Recall은 '감도sensitivity'라고도 하는데, 모델에 의해 식별되는 실제 발생의 비율이다.

예를 들어 다음과 같은 가상 혼동 행렬confusion matrix을 고려해본다.

Predicted/Actual	Human	Octopus	Penguin
Human	5	0	2
Octopus	3	3	3
Penguin	0	1	11

이진 문제에서 이는 다음과 같이 표현될 수 있다.

$$\text{재현율} = \frac{\text{참 양성}}{\text{참 양성} + \text{거짓 음성}}$$

다중 클래스 문제의 경우, 혼동 행렬에서와 같이 각 레이블에는 자체 recall이 있다. 데이터 세트에 있는 8명의 실제 인간이 있으며, 그 중 5명은 올바르게 식별됐다. 그러나 3명의 인간을 식별하지 못했다(이 기발한 예에서는 모두 문어인 것으로 예측됐다). 다시 말해서 다음과 같다.

$$\text{재현율}_{\text{인간}} = \frac{5}{5+3} \approx 62\%$$

모델의 전체 재현율은 종종 각 레이블에 대한 정밀도를 평균(가중 또는 비가중)해서 제공된다.

관련 개념: 정확도accuracy, F1 score, 정밀도precision

Record(Row 참조)

동의어: 관측치observation, 행row, 샘플sample, 튜플tuple

Redis(Remote Dictionary Server)

Redis는 오픈소스, 인메모리 키/값 데이터베이스다. Redis는 문자열, 목록, 맵, 세트,

정렬된 세트, HyperLogLogs, 비트맵, 스트림, 공간 인덱스를 포함한 다양한 데이터 타입과 데이터 구조를 지원한다.

RDBMS

관계형 데이터베이스 관리 시스템RDBMS, Relational DataBase Management System은 1970년에 코드E.F. Codd가 개발한 데이터를 저장하고 관계형 모델을 구현하기 위한 시스템이다. 이 관계형 모델에서 데이터는 테이블에 저장되며, 각 행은 값의 튜플tuple을 구성하고, 테이블의 열로 명명된 값의 키다. 이름에서 '관계형relational'이라는 용어는 한 테이블의 데이터가 외래키 관계를 선언하거나 쿼리 구문에서 조인을 수행해 다른 테이블의 데이터와 관련될 수 있다는 사실과 관련이 있다.

수십 년 동안 모든 RDBMS는 SQL 쿼리 언어를 지원했으며 때로는 추가 기능이나 데이터 타입과 관련된 선택적 확장 구문을 사용했다. 항상 그런 것은 아니지만 RDBMS는 다중 사용자 분산 서버에서 사용되며 트랜잭션은 여러 사용자 간의 쓰기 작업을 조정하는 데 사용된다.

인기 있는 RDBMS에는 PostgreSQL, MySQL, SQLite, 오라클, 마이크로소프트 SQL 서버, IBM DB2 등이 있다.

Requests

Requests는 파이썬을 위한 모든 기능을 갖춘 오픈소스 HTTP 액세스 라이브러리다. Requests는 파이썬 표준 라이브러리에 포함돼 있지 않지만 어디서나 사용할 수 있으며 일반적으로 최소한의 파이썬 배포에 포함된 도구보다 선호된다.

REST

RESTREpresentational State Transfer는 HTTP 서버와 클라이언트 간의 상호작용 패턴을 규범적으로 설명하는 소프트웨어 교육 스타일이다. RESTful이라는 형용사도 자주 사용된다. 이 스타일에서 HTTP 메서드 GET, POST, PUT, DELETE는 의도된 기능에 따라 명확하게 구분된다. 이 스타일에서 주요 강조점은 무상태statelessness다. 각 요청에는 응답을 유도하는 데 필요한 모든 정보가 포함돼야 하며 해당 응답은 클라이언트가 수행한 이전 작업 순서에 따라 달라져서는 안 된다.

rhdf5

rhdf5는 HDF5 형식으로 저장된 계층적 데이터 세트 작업을 위한 R 라이브러리다.

RJson

rjson은 JSONJavaScript Object Notation 작업을 위한 R 라이브러리다.

ROSE

ROSERandom Over-Sampling Examples는 클래스 불균형이 있을 때 합성 샘플링을 생성하는 R 패키지다. SMOTE 오버샘플링과 비슷한 목적으로 사용된다.

Row(행)

동일한 엔티티와 관련된 여러 명명된 데이터 항목으로 구성된 데이터 컬렉션이다. 컨텍스트에 따라 다양한 방식으로 엔티티를 정의할 수 있다. 예를 들어 물리적 세상에 있는 물체의 경우 과학 및 기타 절차에서 동일한 물체에 대해 여러 가지 다른 측정을 수행하는 것이 일반적이며 행은 해당 물체를 설명한다. 시뮬레이션이나 기타 수학적 모델링에서 행에는 가능한 값의 합성 샘플링 결과가 포함될 수 있다. 데이터의 실제 저장 관점에서 볼 때 행의 튜플이나 레코드 구조에 초점을 맞추는 것이 더욱 강조된다.

단일 행에 대해 수집된 명명된 데이터 항목은 일반적으로 데이터 열에 표시된다. 각 열에는 다른 데이터 타입이 있을 수 있지만 해당 열 내의 다른 각 행은 데이터 타입을 공유하지만 일반적으로 데이터 값은 공유하지 않는다.

동의어: 관측치observation, 레코드record, 샘플sample, 튜플tuple

Rvest

R용 rvest 패키지는 HTML 웹 페이지에서 데이터를 스크래핑하고 추출하는 데 사용된다.

Sample(샘플)(Row 참조)

동의어: 관측치observation, 레코드record, 행row, 튜플tuple

scikit-learn(사이킷런)

scikit-learn은 여러 머신러닝ML, Machine Learning 및 데이터 과학 작업을 위한 광범위한 오픈소스 파이썬 라이브러리다. 다수의 머신러닝 모델(지도 및 비지도), 메트릭, 샘플링 기술, 분해, 클러스터링 알고리듬, 데이터 과학에 유용한 기타 도구를 구현한다. 기능 전반에 걸쳐 scikit-learn은 공통 API를 유지한다. 많은 추가 라이브러리가 동일하거나 호환 가능한 API를 구현하게 선택했다.

Scipy.stats

Scipy.stats는 여러 확률 분포와 통계 기능을 구현하는 넘파이 생태계의 파이썬 모듈이다.

Scrapy

Scrapy는 여러 페이지의 검색을 조정하는 고성능 엔진을 포함해 웹 페이지 컬렉션을 스파이더링하고 분석하는 파이썬 라이브러리다.

Seaborn

Seaborn은 matplotlib에 기반을 둔 파이썬 데이터 시각화 라이브러리다. 매력적이고 유익한 통계 그래픽을 그리기 위한 고급 인터페이스를 제공한다.

SeqKit

SeqKit은 뉴클레오티드nucleotide 및 단백질 서열을 저장하는 데 사용되는 FASTA 및 FASTQ 형식의 파일을 조작하기 위한 툴킷이다.

Signed integer(부호 있는 정수)

특정 길이의 컴퓨터 비트로 표시되는 정수다. 부호 있는 정수Signed integer에서 1비트는 정수의 부호(음수 또는 양수)를 고정하게 예약돼 있다. 숫자를 저장하는 *N*비트에 대해 표현할 수 있는 가장 큰 정수는 $2^{N-1} - 1$이다. 표현할 수 있는 가장 작은 정수는 -2^{N-1}이다.

많은 프로그래밍 언어의 정수 크기는 최신 CPU의 메모리 단위 크기와 일치하며 8비트, 16비트, 32비트, 64비트, 128비트가 될 수 있다. 다른 비트 길이는 거의 정의되지 않는다.

데이터 형식과 데이터베이스에서 크기는 2진 비트가 아닌 10진수 숫자로 정의될 수 있다. 파이썬, TCL, Mathematica와 같은 일부 프로그래밍 언어(기본 정수) 및 특정 라이브러리를 사용하는 기타 여러 프로그래밍 언어는 크기 제한이 없는 임의의 정밀 정수arbitrary-precision integers를 허용한다. 이들은 필요에 따라 더 많은 수를 저장하고자 더 많은 비트를 동적으로 할당해 이를 수행한다.

참조: 부호 없는 정수unsigned integer

Solr(솔라)

아파치 솔라Apache Solr는 루씬Lucene 라이브러리를 기반으로 하는 검색 엔진이다. 검색 엔진 구현의 일부로 솔라에는 문서 지향 데이터베이스나 데이터 스토어가 포함돼 있다.

spaCy

spaCy는 고급 자연어 처리를 위한 오픈소스 소프트웨어 라이브러리다. 프로덕션 사용에 중점을 두고 있으며 딥러닝 프레임워크와 통합된다.

SPARQL Protocol 및 RDF Query Language

홀데인J. B. S. Haldane이 나중에 살았다면 "무료 소프트웨어 개발자는 재귀적 약어(YAML, GNU 등)를 지나치게 좋아한다."고 말했을 것이다. SPARQL은 RDFResource Description Framework 또는 '시맨틱 웹semantic web'을 위한 쿼리 언어며 다양한 프로그래밍 언어로 구현됐다. SPARQL은 'subject-predicate-object' 트리플 형식으로 쿼리를 표현한다. 이는 키/값 저장과 약간 유사하지만 그래프 데이터베이스에 더 가깝다.

Sphering(스피어링)(whitening 참조)

분해decomposition 중인 데이터의 정규화다.

동의어: whitening

SQLAlchemy

SQLAlchemy는 RDBMS 테이블의 테이블 형식 및 관계형 구조와 객체지향 인터페이스 사이에 '객체 관계형 매핑'을 제공하는 파이썬 라이브러리다.

SQLAlchemy는 모든 SQL 데이터베이스에 널리 사용되는 드라이버를 사용할 수 있으며 파이썬에서 데이터를 조작하기 위한 다양한 메서드를 제공한다.

SQLite

SQLite는 단일 파일에 여러 데이터 테이블을 저장하는 작고 빠르며 자체 포함된 신뢰성 높고 완전한 기능의 SQL 데이터베이스 엔진이다. SQLite(버전 3)에 액세스하기 위한 바인딩은 인기 있는 모든 프로그래밍 언어에서 사용할 수 있다. 라이브러리에는 SQL만을 사용해 데이터를 조작할 수 있는 커맨드라인 도구와 셸도 함께 제공된다.

State machine(상태 기계)

'유한 상태 기계finite-state machine', '유한 오토마톤finite automaton' 또는 간단히 '상태 기계state machine'는 특정 입력 시퀀스를 기반으로 유한한 수의 상태나 노드 사이에서 초점이 이동하는 계산 모델이다.

STDOUT/STDERR/STDIN

유닉스와 유사한 커맨드 셸에는 '표준 출력standard output', '표준 오류standard error', '표준 입력standard input'이라는 세 가지 특수 파일/스트림이 있다. 각각 'STDOUT', 'STDERR', 'STDIN'으로 약칭된다. 구성된 커맨드라인 도구는 이러한 스트림을 특별한 방식으로 처리하며 널리 사용된다. 특히 STDOUT는 일반적으로 '데이터' 출력이고, STDERR은 일반적으로 '상태' 출력이지만 터미널 세션에 산재해 있는 것처럼 보일 수 있다.

Stemming(어간 추출)

자연어 처리 목적으로 단어를 문법적 뿌리로 정규화한다. 표제어 추출Lemmatization과는 달리 어간 추출Stemming은 문맥 없이 단어를 개별적으로만 처리하므로 정확도가 떨어질 수 있다.

관련 개념: lemmatization

Structured data(구조화된 데이터)

'구조화되지 않은 데이터unstructured data'라는 용어가 자주 사용되지만 다소 잘못된 명칭이다. '느슨한 구조화loosely structured' 또는 '반구조화semi-structured'가 더 정확할 것이다. 예를 들어 텍스트 데이터의 패러다임적 예는 적어도 단어가 발생하는 특정 순서에 의해 구조화된다.

장이나 별도의 메시지 또는 기타 이러한 단위에 속하는 시퀀스로 더 구성될 가능성이 높으며(시퀀스에 의해 구조화됐을 가능성이 있음) 일반적으로 저자 아이덴티티, 주제 라인, 포럼, 스레드와 같은 다양한 메타데이터도 텍스트 자체와 관련이 있다.

Tab-Separated Values(TSV)(Comma-separated values 참조)

탭이 라인 구분자로 사용되는 구분된 파일이다.

Tabula

Tabula-java는 GUI 도구 Tabula의 기본 엔진이다. 다른 바인딩에는 루비용 tabula-extractor, 파이썬용 tabula-py, R용 tabulizer, Node.js용 tabula-js가 있다. 엔진과 이를 활용하는 도구는 PDF 문서에 표시된 테이블 형식 데이터를 추출하는 인터페이스를 제공한다.

Taxonomy

Taxonomy는 어떤 의미에서 온톨로지의 특별한 측면이다. 엔티티 범주 간의 계층적 관계를 설명한다. 예를 들어 일부 레이블은 특이성의 정도가 다양한 다른 레이블의 인스턴스일 수 있다. 하나의 범주형 변수가 엔티티가 '포유동물'이고 다른 하나는 '고양이 과'이며 다른 하나는 '집 고양이'임을 나타내는 경우 이들은 모두 다른 분류학적 수준에서 동일한 엔티티에 대한 설명일 수 있다. 따라서 도메인 온톨로지의 일부다.

Taxonomy는 온톨로지보다 훨씬 좁지만 해당 도메인의 좁은 영역이 아니라 도메인의 전역적인 수준에 초점을 맞추는 경향이 있다. Taxonomy에 대해 말할 때 일반적으로 모든 엔티티 클래스 간의 모든 관계에 대한 관심을 나타내며 이러한 관계가 트리와 유사하고 계층적일 것이라는 기대를 나타낸다. 하나의 엔티티나 작은 엔티티 컬렉션의 온톨로지적 특징을 설명할 수 있지만 Taxonomy는 일반적으로 가능한 모든 엔티티의 전체 도메인을 설명한다.

참조: ontology

tibble(티블)

R 라이브러리 tibble은 데이터 프레임 추상화의 구현이지만 다른 라이브러리보다 덜 수행한다. 다음은 공식 문서에서 인용한 내용이다.

> Tibbles는 게으르고 무뚝뚝한 data.frame이다. 덜 수행(예, 변수 이름이나 타입을 변경하지 않고 부분 일치를 수행하지 않음)하고 더 많이 불평한다(예, 변수가 존재하지 않는 경우). 따라서 문제를 더 일찍 해결해야 하며, 일반적으로 더 깔끔하고 표현력이 풍부한 코드가 생성된다.

참조: data.frame, data.table

Tidyverse

Tidyverse는 API 설계의 공통 철학을 공유하고 함께 잘 동작하게 설계된 R 패키지 컬렉션이다. Tidyverse의 핵심 라이브러리는 ggplot2, dplyr, tidyr, readr, purrr, tibble, stringr, forcats이다. 다른 다양한 옵션 패키지도 기본 컬렉션과 잘 동작하게 설계됐다.

핵심적으로 Tidyverse는 1장에서 더 자세히 설명한 것처럼 데이터를 '정돈된' 형식으로 만드는 관점을 가진다. 또한 Tidyverse 내의 도구는 '능숙한 프로그래밍' 스타일로 메서드 간에 데이터를 파이핑해 구성에 활용할 수 있다.

Tuple(튜플)(Row 참조)

동의어: 관측치observation, 레코드record, 행row, 샘플sample

Unsigned integer(부호 없는 정수)

특정 길이의 컴퓨터 비트로 표시되는 정수다. 부호 없는 정수Unsigned integer에서는 정수의 부호(음수 또는 양수)를 유지하고자 예약된 비트가 없으므로 최대 크기에서 숫자 0만 나타낼 수 있다. 숫자를 저장하는 *N*비트의 경우 표현할 수 있는 가장 큰 숫자는 $2^N - 1$이다.

많은 프로그래밍 언어의 정수 크기는 최신 CPU의 메모리 단위 크기와 일치하며 8비트, 16비트, 32비트, 64비트, 128비트가 될 수 있다. 다른 비트 길이는 거의 정의되지 않는다. 데이터 형식과 데이터베이스에서 크기는 2진 비트가 아닌 10진수 숫자로 정의될 수 있다.

파이썬, TCL, Mathematica와 같은 일부 프로그래밍 언어(기본 정수) 및 특정 라이브러리를 사용하는 기타 여러 프로그래밍 언어는 크기 제한이 없는 임의의 정밀 정수 arbitrary-precision integers를 허용한다. 이들은 필요에 따라 더 많은 수를 저장하고자 더 많은 비트를 동적으로 할당해 이를 수행한다.

참조: 부호 있는 정수signed integer

Variable(변수)(Column 참조)

동의어: 열column, 특징feature, 필드field, 측정measurement

Web 0.5

'웹Web 0.5'라는 용어는 '웹 2.0'이라는 용어의 신조어 및 백컨스트럭션back-construction이다. 후자는 2000년대 후반에 용어로 인기를 얻었다. 웹 2.0은 월드와이드웹을 고도의 대화형, 고도로 동적이고 시각적으로 풍부한 콘텐츠로 진화시킨 반면, 웹 0.5는

1990년대 초에 개발된 정적이고 간결하며 텍스트 지향적인 웹 페이지로 되돌아가기 위한 것이다. 작가 대니 이Danny Yee가 이 용어를 발표했지만 사용하는 정도는 적었다.

웹 0.5 웹 페이지는 주로 컴퓨터 서버와 애플리케이션 간에 데이터를 통신하기 위한 RESTful 웹 서비스와 달리 주로 인간 독자를 위한 것이다. 그러나 관련되는 경우 그러한 단순성으로 인해 웹 스크래핑 기술로 쉽게 액세스할 수 있다.

Whitening(화이트닝)

분해 중인 데이터의 정규화다. 주성분 분석PCA, Principle Component Analysis과 같은 변환은 각 후속 구성 요소의 분산을 연속적으로 줄인다. Whitening은 단순히 각 구성 요소 내의 데이터를 공통 규모와 중심으로 재조정하는 것이다.

동의어: sphering

XML

XMLeXtensible Markup Language은 문서를 표현하기 위한 문법을 정의하고 광범위한 문법 내에서 방언을 정의하기 위한 보조 스키마 언어를 정의하는 마크업 언어다. XML의 내용은 항상 텍스트며 원칙적으로 사람이 읽을 수 있는 동시에 자동화된 처리를 위한 엄격한 구조를 적용한다. 본질적으로 XML은 임의의 요소가 배열될 수 있게 계층적 형식을 정의한다.

XML은 사무실 애플리케이션의 내부 형식, 지리 공간 데이터 표현, 협력 서비스 간의 메시지 전달, 과학 데이터, 기타 여러 애플리케이션 사용과 같은 도메인에서 널리 사용된다.

Xpdf

PDF용 오픈소스 보기 및 처리 라이브러리다. 특히 Xpdf에는 PDF 파일을 텍스트를 포함한 다른 형식으로 변환하기 위한 여러 커맨드라인 도구가 포함돼 있다.

Poppler 포크는 Xpdf 작성자가 해당 프로젝트의 범위를 벗어난 것으로 간주하는 추가 기능을 통합하는 것을 목표로 한다.

참조: Poppler

YAML

YAML은 'YAML Ain't Markup Language' 또는 'Yet Another Markup Language'의 약자다. 이는 프로그래밍 언어에서 널리 사용되는 대부분의 데이터 구조 및 데이터 타입을 나타내는 형식으로, 사람이 읽을 수 있고 사람이 쓸 수 있는 형식으로 고안됐다. 네이티브 데이터 구조에서 YAML 읽기와 쓰기를 지원하는 라이브러리는 다양한 프로그래밍 언어에서 사용할 수 있다.

> **경험 공유**
>
> 시간을 내어 이 책을 읽어줘 감사하다. 이 책이 유용했다면 다른 사람들이 찾을 수 있게 도와주기 바란다. https://www.amazon.com/dp/1801071292에 리뷰를 남겨주기 바란다.

| 찾아보기 |

ㄱ

ㄴ

ㅂ

ㅅ

ㅇ

ㅈ

ㅊ

ㅎ

A

B

C

G

H

I

J

K

L

M

Q

R

S

T

U

V

W

X

Y

Z

데이터 과학 효율을 높이는 데이터 클리닝
불량 데이터의 문제를 발견하고 해결하는 방법

발 행 | 2023년 1월 28일

옮긴이 | 유 동 하
지은이 | 데이비드 메르츠

펴낸이 | 권 성 준
편집장 | 황 영 주
편 집 | 김 진 아
임 지 원
디자인 | 윤 서 빈

에이콘출판주식회사
서울특별시 양천구 국회대로 287 (목동)
전화 02-2653-7600, 팩스 02-2653-0433
www.acornpub.co.kr / editor@acornpub.co.kr

ISBN 979-11-6175-709-4
http://www.acornpub.co.kr/book/data-cleaning

책값은 뒤표지에 있습니다.